수험서의 혁명이다

의사소통 | 수리 |
문제해결 | 조직이해

직업

2018 NCS

국민연금 사무직 공단

NPS 직업기초능력평가
종합직무지식평가

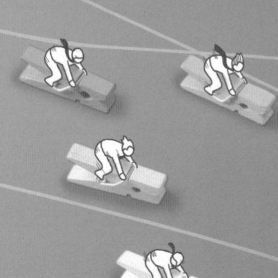

한국고시회
gosinet
(주)고시넷

머리말

오늘날의 기업들은 다변화하는 글로벌 시대에 발맞추어 유능하고 경쟁력 있는 인재를 구하기 위해 다양한 전형 방법을 개발하여 입사 시험을 치르고 있다. 다수의 공사·공단 공기업들은 학교에서 배운 학문적인 지식만을 가진 엘리트 보다는 창의와 열정을 지닌 인재를 선발하고자 한다.

이에 따라 불필요한 스펙(Over-spec)이 아니라 해당 직무에 맞는 스펙(On-spec)을 갖춘 인재를 선발하기 위해 국가직무표준(NCS)을 도입하여 신입사원 채용 전형 과정에 변화를 주었다.

우선 서류전형에서 수험생의 응시 기회를 많이 늘리기 위해 학력, 전공, 경력, 연령 등 제한이 거의 없고 응시요건을 갖춘 적격자는 모두 필기시험을 볼 수 있는 블라인드채용으로 방식으로 진행하고 있다. 공기업의 필기시험은 대부분 NCS 직업기초능력평가를 중심으로 하는데, 국민연금공단의 경우 일부 직렬에 한하여 종합직무지식평가(전공과목)도 채택하여 시행한다. 새롭게 도입되는 NCS 직업기초능력평가에 대해 수험생들이 적잖은 어려움을 겪을 것이라 판단하여 이에 대한 대비책으로 「NCS 직업기초능력평가 + 종합직무지식평가」를 출간하게 되었다.

이 책은 여러 가지 문제 유형을 실어 국민연금공단 NCS 직업기초능력평가에서 처음 접하는 문제가 나오더라도 당황하지 않고 학습한 경험을 살려 충분히 대처할 수 있도록 구성하였다.
또한 경영학, 경제학, 법학, 행정학 등 전공과목을 실어 종합직무지식평가에 대비하도록 하였다.

한편, 본서에 수록된 「기출 근거 표시 문제」는 수험생들의 기억을 바탕으로 실제문제와 학습내용이나 유형이 같은 문제 등으로 새롭게 구성, 창작한 것들이다. 따라서 실제문제의 원안과 동일하지는 않지만 시험의 출제 경향과 출제 수준, 그리고 난도를 파악하는 데 있어서 실제 문제를 다루는 것과 똑같은 효과를 거둘 수 있을 것이다.

NPS 국민연금공단 안내

"국민을 든든하게, 연금을 튼튼하게"
고객의 내일을 위해 한결같이 노력해 온 국민연금 30년, 이제 새로운 도약을 시작하면서
"100세 시대, 국민이 가장 먼저 찾는 행복 파트너"로서 국민의 행복한 삶에 공헌하는
기관이 되고자 한다.

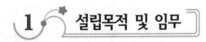

1 설립목적 및 임무

1 설립 목적(국민연금법 제1조)

국민의 노령, 장애 또는 사망에 대하여 연금급여를 실시함으로써 국민의 생활 안정과 복지 증진에 이바지하는 것을 목적으로 한다.

2 임무(국민연금법 제25조)

- 가입자에 대한 기록의 관리 및 유지
- 연금보험료의 부과
- 급여의 결정 및 지급
- 가입자, 가입자였던 자, 수급권자 및 수급자를 위한 자금의 대여와 복지시설의 설치 · 운영 등 복지사업
- 가입자 및 가입자였던 자에 대한 기금증식을 위한 자금 대여사업
- 국민연금 가입대상과 수급권자 등을 위한 노후준비서비스 사업
- 국민연금제도 · 재정계산 · 기금운용에 관한 조사연구
- 국민연금에 관한 국제협력
- 국민연금법 또는 다른 법령에 따른 위탁사업
- 국민연금사업에 관하여 보건복지부장관이 위탁하는 사항

2 비전 및 전략 체계

행복+ NPS 2025

미 션　지속가능한 연금급여와 복지서비스로 국민의 안정된 생활보장

비 전　100세 시대, 국민의 든든한 평생 파트너

핵심가치

TOP+ 　신뢰(Trust)　　열정(Passion)　　책임(Responsibility)
　　　　공정(Fairness)　공유(Sharing)

경영슬로건　　국민을 든든하게　연금을 튼튼하게

전략 목표	1국민 1연금 실현	기금운용 안정적 수익증대	국민공감 복지서비스 구현	사회적 가치창출 경영체계 확립
전략 과제	1. 국민연금 사각지대 해소 2. 고품격 연금급여 서비스제공 3. 제도의 장기지속성 제고	1. 투자다변화 및 국민의 주주가치 제고 2. 리스크관리 고도화 3. 운용지원 인프라 강화	1. 생애주기별 노후준비서비스 실현 2. 장애인·취약계층 복지서비스향상 3. 기초연금운용 내실화 4. 국민에게 필요한 공공서비스확충	1. 공익에 기여하는 사회적 책임실천 2. 고객만족 Smart & Safe ICT 3. 참여와 협력으로 미래성장형 조직체계 구축

3 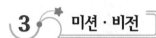 미션 · 비전

미 션 지속가능한 연금급여와 복지서비스로 국민의 안정된 생활보장
"신뢰 높은 연금제도 운영으로 제도의 장기 지속성을 제고하고,
국민수요 기반의 서비스로 국민의 생활안정을 보장합니다."

비 전 100세 시대, 국민의 든든한 평생파트너
"사각지대 없는 연금제도 운영과 맞춤형 복지로,
100세 시대 국민의 믿음직한 버팀목이 되겠습니다."

4  핵심가치

신뢰(Trust)
모든 관계에서 신뢰중시
- 국민과의 신뢰를 최우선으로 연금과 복지
  서비스를 제공한다.

책임(Responsibility)
국민의 이익을 최우선으로 생각
- 모든 의사결정 과정에서 국민에게 미치는
  영향을 고려하고, 국민의 이익을 최우선으로
  생각한다.

공유(Sharing)
항상 소통하고 공감하는 자세
- 국민과 이해관계자 참여를 원칙으로, 항상
  소통하고 공감한다.

공정(Fairness)
정의로운 실천으로 포용적 성장
- 취약계층에 대한 포용적 복지를 실천하고,
  기관운영 전반에 공정을 유지한다.

열정(Passion)
세계 최고가 되기 위한 열정
- 최고가 되기 위한 열정으로 세계적인 일류
  기관이 된다.

5 경영슬로건

국민을 든든하게 연금을 튼튼하게

국민을 든든하게	연금을 튼튼하게
• 기본적인 소명을 충실히 완수하여 국민 신뢰를 제고한다. • 고객이 감동할 때까지 연금서비스의 가치를 높인다.	• 지속적으로 발전하는 선진 국민연금을 만든다.

6 바람직한 연금인상

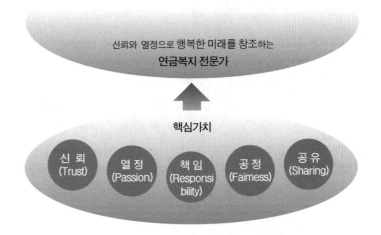

신뢰와 열정으로 행복한 미래를 창조하는
연금복지 전문가

핵심가치

신 뢰
(Trust)

열 정
(Passion)

책 임
(Responsi bility)

공 정
(Faimess)

공 유
(Sharing)

CONTENTS

CONTENTS

CONTENTS

Chapter 1 의사소통능력

빈출예제

01 다음은 국민연금공단에 궁금한 점을 문의한 A의 질문과 공단 측의 답변 내용이다. 빈칸 (가)~(마)에 들어갈 말을 순서대로 나열한 것은?

> A : "국민연금에서 받을 수 있는 급여 혜택은 어떤 것들이 있나요?"
>
> 공단 : "(가)는 가입 기간 10년 이상인 분이 수급연령(1953년생 이후부터 출생 연도별로 61~65세 수령)에 도달하면 매월 받는 급여입니다. 노령연금에는 원래 수급연령보다 최대 5년 먼저 받는 조기노령연금, 이혼 시 혼인 기간에 해당하는 노령연금액의 50%를 받을 수 있는 분할연금이 있습니다. 또한, 노령연금은 최대 5년까지 수급 연기가 가능한데, 이를 연기연금제도라고 합니다. (나)는 질병이나 부상이 초진일 당시 연금보험료를 일정 기간 낸 가입자 또는 가입자였던 분에게 해당 질병 또는 부상으로 인한 장애가 남았을 때 장애 정도(1~4등급)를 심사하여 장애가 존속하는 동안 지급되는 급여입니다. (다)는 연금보험료를 일정 기간 낸 가입자(가입자였던 자), 노령연금 또는 장애 2급 이상의 장애연금을 받고 계신 분이 사망한 경우에 그에 의해 생계를 유지하고 있던 유족에게 지급되는 급여입니다. (라)는 노령연금을 받기 위한 최소 가입 기간(10년)을 충족하지 못하고 지급연령에 도달한 경우, 가입자(가입자였던 자)가 사망하였으나 유족연금을 받을 수 없는 경우, 국적상실 또는 국외 이주와 같이 향후 국민연금 재가입 가능성이 희박한 경우에 지급됩니다. (마)는 가입자(가입자였던 자)의 사망 시 유족연금 또는 반환일시금을 받을 수 없는 경우에 배우자, 자녀, 부모, 손자녀, 조부모, 형제자매, 생계를 유지한 4촌 이내의 방계혈족 중 최우선 순위자에게 지급됩니다."

① 장애연금, 노령연금, 유족연금, 반환일시금, 사망일시금
② 노령연금, 유족연금, 장애연금, 사망일시금, 반환일시금
③ 장애연금, 노령연금, 반환일시금, 유족연금, 사망일시금
④ 유족연금, 장애연금, 노령연금, 사망일시금, 반환일시금
⑤ 노령연금, 장애연금, 유족연금, 반환일시금, 사망일시금

🔍 수급연령이 되면 노령연금을, 장애를 입은 경우에는 장애연금을, 사망 시에는 유족에게 유족연금을 지급하게 되며, 반환일시금, 사망일시금 등과 같이 일시 지급되는 형태의 연금이 있다.

02 다음은 국민연금공단뿐 아니라 국민건강보험공단, 근로복지공단에서도 공통적으로 사용하는 문서 양식의 일부이다. 국민연금공단의 경우 다음과 같은 내용이 포함되는 문서의 명칭은?

접수번호		접수일		처리기간 3일(고용보험은 7일)	

사업장	사업장관리번호		명칭	전화번호	FAX번호
	소재지				우편번호(–)

보험사무 대행기관	명칭	번호	하수급인 관리번호(건설공사 등의 미승인 하수급인에 한함)

연번	성명	주민(외국인)등록번호	전화번호(휴대전화번호)	국민연금			건강보험								[]고용보험 []산재보험			
				상실연월일	상실부호	초일취득·당월상실자납부여부	상실연월일	상실부호	연간 보수총액				퇴직 전 3개월간 평균 보수	상실연월일	상실사유		해당 연도 보수총액
									해당 연도		전년도				구체적 사유	구분코드	
									보수총액	산정월수	보수총액	산정월수					
						희망[ ]											
						희망[ ]											
						희망[ ]											
						희망[ ]											
						희망[ ]											
						희망[ ]											
						희망[ ]											

① 사업장가입자 내용변경 신고서
② 사업장가입자 자격취득 신고서
③ 사업장가입자 자격상실 신고서
④ 사업장가입자 연금보험료 납부 예외 신청서
⑤ 사업장가입자 연금보험료 납부 재개 신청서

🔍 공단별로 자격상실 또는 고용종료 사항에 대한 내용을 기재해야 하는 것으로 보아 자격상실 신고서 또는 고용종료 신고서이며, 국민연금공단의 경우 '사업장가입자 자격상실 신고서'에 해당된다.

03 다음 중 (가)에 들어갈 내용으로 적절하지 않은 것은?

> 2014년 7월부터 시행되고 있는 기초연금은 노인의 생활안정과 복지증진을 목적으로 한다. 65세 이상 노인 소득 하위 70%를 대상으로 개인인 경우 2018년 4월 기준으로 단독가구인 경우 최대 209,960원, 부부인 경우 최대 335,920원을 지급한다. 이러한 기초연금은 기존 기초노령연금과 비교할 때 급여액이 최대 2배 상향되었고, 기초노령연금의 '한시적' 성격을 극복하여 우리나라 노인 기초보장제도의 전환을 가져왔다고 평가할 수 있다. 또한, 급여 확대를 통해 기존 기초노령연금과 비교할 때 기초연금 예산이 증가하여 2015년 기초연금 지급액으로 연간 10조 원(국비 7조 6천억, 지방비 2조 4천억)이 집행된 후 증가하고 있다. 이렇게 대규모 예산이 투입되는 기초연금이 제도의 본래 목적을 잘 달성하고 있는지, 또한 기초연금 수급자에게 미치는 영향이나 효과는 어떠한지 현시점에서 검토하고 평가할 필요가 있다. 보다 구체적으로는 기초연금 도입에 따라, (가   )와 관련된 내용이 그 예가 될 수 있겠다.

① 노인의 소득이 증가하면서 그에 따라 수급자들의 지출이 증가하였는지
② 기초연금 수급자들은 기초연금 급여를 주로 어디에 사용하며 기초연금이 생활에 얼마나 도움을 주고 있는지
③ 제도 도입 시점의 기금 운용 계획과 집행 예산 내용을 비교하여 효과적인 기초연금 지급이 이루어지고 있는지
④ 제도 도입에 대한 평가와 기초연금제도에 대한 만족도와 같은 수급자들의 제도에 대한 인식과 평가는 어떠한지
⑤ 기초연금 수급이 노인들의 사회적 관계와 심리적 변화에 어떠한 변화를 가져왔는지

🔍 글의 첫머리에서 기초연금은 노인의 생활안정과 복지증진을 목적으로 한다고 밝히고 있다. 그리고 마지막 부분에서 기초연금이 제도의 본래 목적을 잘 달성하고 있는지, 기초연금 수급자에게 미치는 영향이나 효과는 어떠한지 현시점에서 검토하고 평가할 필요가 있다고 하였다. 따라서 기초연금이 수급자에게 미치는 영향이나 효과와 관계된 사례가 등장해야 한다. ③은 재원 유지 측면에서 기초연금 수급자가 아닌 공단 측의 검토 내용이 되어야 할 것이다.

04 다음 글에서 발견할 수 있는 오타의 개수는?

[추후납부제도]

가. 개요

가입 기간에 실직 등으로 보험료를 납부할 수 없었던 기간에 대하여 추후납부능력이 있을 때 연금 보험료 추후납부를 신청하여 납부함으로써 가입 기간을 늘려 연금급여 혜택을 받을 수 있도록 함.

나. 추납 대상 기간

① 연금보험료 납부 예외기간

② 연금보험료를 납부한 날 이후의 무소득 배우자(1999년 4월 이후), 기초생활보장 수급자(2001년 4월 이후) 및 1년 이상 행방불명자(2008년 1월 이후) 사유로 적용제외된 기간

③ 1988. 1. 1. 이후 군복무 기간(공무원연금 등 타 공적연금 가입 기간 제외)

다. 추납 보험료 납부신청

(1) 신청대상 요건

• 현제 자격유지 기간 중이어야 함.

– 적용제외자의 경우 임의가입 후 신청 가능

• 연금보험료를 납부한 날은 최소 1개월분(과소납 불인정, 반환일시금 지급된 기간 불인정)의 연금보험료를 납부한 날을 의미

(2) 신청 시 필요서류

– 혼인 관계증명서(상세), 재적등본

라. 납부방법

(1) 일시납부 : 납부횟수 1회, 납부기한은 신청일이 속하는 달의 다음 달 말일

(2) 분할납부 : 월 단위 최대 60회, 납부기한은 신청일 속하는 달의 다음 달부터 분할납부가 끝나는 달까지의 매월 말일

(3) 이자율 : 해당 기간에 적용되었던 1년 만기 정기예금 이자율

---

① 1개　　　　② 2개
③ 3개　　　　④ 4개
⑤ 5개

🔍 발견할 수 있는 오타는 2개로 다음과 같다.
현제 → 현재
재적 → 제적

실 전 문 제 연 습

01 N공단에서는 보고서 결재 시 다음 행정 효율과 협업 촉진에 관한 규정 및 행정 효율과 협업 촉진에 관한 규정 시행규칙을 적용하고 있다. 주어진 상황에서 결재 양식이 올바르게 작성된 것은?

2016. 6. 4. 국민연금공단

[행정 효율과 협업 촉진에 관한 규정]

제10조(문서의 결재) ① 문서는 해당 행정기관의 장의 결재를 받아야 한다. 다만, 보조기관 또는 보좌기관의 명의로 발신하는 문서는 그 보조기관 또는 보좌기관의 결재를 받아야 한다.

② 행정기관의 장은 업무의 내용에 따라 보조기관 또는 보좌기관이나 해당 업무를 담당하는 공무원으로 하여금 위임전결하게 할 수 있으며, 그 위임전결 사항은 해당 기관의 장이 훈령이나 지방자치단체의 규칙으로 정한다.

③ 제1항이나 제2항에 따라 결재할 수 있는 사람이 휴가, 출장, 그 밖의 사유로 결재할 수 없을 때에는 그 직무를 대리하는 사람이 대결하고 내용이 중요한 문서는 사후에 보고하여야 한다.

[행정 효율과 협업 촉진에 관한 규정 시행규칙]

제7조(문서의 결재) ① 결재권자의 서명란에는 서명날짜를 함께 표시한다.

② 영 제10조 제2항에 따라 위임전결하는 경우에는 전결하는 사람의 서명란에 "전결" 표시를 한 후 서명하여야 한다.

③ 영 제10조 제3항에 따라 대결(代決)하는 경우에는 대결하는 사람의 서명란에 "대결" 표시를 하고 서명하되, 위임전결사항을 대결하는 경우에는 전결하는 사람의 서명란에 "전결" 표시를 한 후 대결하는 사람의 서명란에 "대결" 표시를 하고 서명하여야 한다.

④ 제2항과 제3항의 경우에는 서명 또는 "전결" 표시를 하지 아니하는 사람의 서명란은 만들지 아니한다.

　　장애인 지원 업무 담당자 김무영 대리는 장애인 자립생활 지원센터 건립 보고서를 결재 받으려고 한다. 이는 위임전결에 관한 규칙에 의해 박정학 업무이사 전결사항인데, 업무이사는 현재 출장 중이라 장애인지원실 이상구 실장에게 해당 직무를 맡긴 상태이다.

①

담당자	실 장	이 사	이사장
김무영 16.11.3	대 결 이상구 16.11.3	전 결	전 결

②

담당자	실 장	이 사
김무영	대 결 이상구	

③

담당자	실 장	이 사	이사장
김무영 16.11.3	대 결 이상구 16.11.3	전 결	

④

담당자	실 장	이 사
김무영 16.11.3	대 결 이상구 16.11.3	전 결

🔍 ①, ③ 서명 또는 "전결" 표시를 하지 아니하는 사람의 서명란은 만들지 아니한다고 하였으므로 이사장의 서명란이 들어가서는 안 된다.

② 결재권자의 서명란에는 서명날짜를 함께 표시해야 하며, 위임전결사항을 대결하는 경우에는 전결하는 사람의 서명란에 "전결" 표시를 해야 한다.

02 다음 제시된 단어를 보고 공통점이 있는 것 3개를 골라 연상되는 단어를 유추하여 고르면?

> 수화 바퀴 귀 마음 노래 지렁이 신사 주유소 경적

① 숙 녀　　　　　　② 자동차
③ 벌 레　　　　　　④ 소 음

🔍 바퀴, 주유소, 경적을 통해 자동차를 유추할 수 있다.

03 다음 제시된 단어 사이의 관계가 같아지도록 (　　) 안에 들어갈 알맞은 말을 고르면?

> 상의 : 셔츠＝감정 : (　　)

① 사 랑　　　　　　② 마 음
③ 감 각　　　　　　④ 느 낌

🔍 상의의 하위어인 셔츠, 감정의 하위어인 사랑을 고르는 것이 적절하다.

04 다음 중 문서작성의 원칙으로 옳지 않은 것은?

① 문서를 구분하기 쉽도록 간단한 표제를 붙인다.
② 문서를 작성할 때에는 상대방이 이해하기 쉽도록 작성한다.
③ 문서작성 시 뜻을 충분히 전달할 수 있도록 한자를 병기한다.
④ 문서는 "～는 …이다."와 같은 긍정문으로 작성하도록 한다.

🔍 문서를 작성할 때에는 되도록 한자의 사용을 자제하고 우리말로 순화하여 적도록 한다.

〔05~07〕 다음은 안전보건공단에서 제정한 가스누출감지경보기 설치에 관한 기술상의 지침이다. 아래 내용을 읽고 주어진 질문에 알맞은 답을 고르시오.

[가스누출감지경보기 설치에 관한 기술상의 지침]

제정 1993. 5. 24. 고시 제1993-18호
개정 2001. 1. 9. 고시 제2001-3호
제정(폐지 후 재발령) 2009. 9. 25. 고시 제2009-42호
개정 2012. 9. 25. 고시 제2012-90호

제1조(목적) 이 고시는 「산업안전보건법」 제27조에 따라 가연성 또는 독성물질의 가스나 증기의 누출을 감지하기 위한 가스누출감지 경보설비 설치에 관하여 사업주에게 지도 · 권고할 기술상의 지침을 규정함을 목적으로 한다.

제2조(용어의 정의) ① 이 고시에서 사용하는 용어의 뜻은 다음 각 호와 같다.

1. "가스"란 해당 물질의 가스나 증기를 말한다.

2. "가스누출감지경보기"란 가연성 또는 독성물질의 가스를 감지하여 그 농도를 지시하며, 미리 설정해 놓은 가스농도에서 자동적으로 경보가 울리도록 하는 장치를 말한다.

② 그 밖에 이 고시에서 사용하는 용어의 뜻은 이 고시에 특별한 규정이 없으면 「산업안전보건법」, 같은 법 시행령 및 시행규칙, 「산업안전보건기준에 관한 규칙」에서 정하는 바에 따른다.

제3조(선정기준) ① 가스누출감지경보기를 설치할 때에는 감지대상 가스의 특성을 충분히 고려하여 가장 적절한 것을 선정하여야 한다.

② 하나의 감지대상 가스가 가연성이면서 독성인 경우에는 독성가스를 기준하여 가스누출감지경보기를 선정하여야 한다.

제4조(설치장소) 가스누출감지경보기를 설치하여야 할 장소는 다음 각 호와 같다.

1. 건축물 내 · 외에 설치되어 있는 가연성 및 독성물질을 취급하는 압축기, 밸브, 반응기, 배관 연결 부위 등 가스의 누출이 우려되는 화학설비 및 부속 설비 주변

2. 가열로 등 발화원이 있는 제조설비 주위에 가스가 체류하기 쉬운 장소

3. 가연성 및 독성물질의 충진용 설비의 접속부 주변

4. 방폭지역 안에 위치한 변전실, 배전반실, 제어실 등

5. 그 밖에 가스가 특별히 체류하기 쉬운 장소

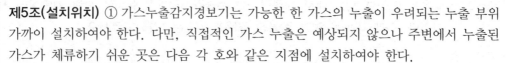

제5조(설치위치) ① 가스누출감지경보기는 가능한 한 가스의 누출이 우려되는 누출 부위 가까이 설치하여야 한다. 다만, 직접적인 가스 누출은 예상되지 않으나 주변에서 누출된 가스가 체류하기 쉬운 곳은 다음 각 호와 같은 지점에 설치하여야 한다.

1. 건축물 밖에 설치되는 가스누출감지경보기는 풍향, 풍속, 가스의 비중 등을 고려하여 가스가 체류하기 쉬운 지점에 설치한다.

2. 건축물 안에 설치되는 가스누출감지경보기는 감지대상 가스의 비중이 공기보다 무거운 경우에는 건축물 내의 하부에, 공기보다 가벼운 경우에는 건축물의 환기구 부근 또는 해당 건축물 내의 상부에 설치하여야 한다.

② 가스누출감지경보기의 경보기는 근로자가 상주하는 곳에 설치하여야 한다.

제6조(경보설정치) ① 가연성 가스누출감지경보기는 감지대상 가스의 폭발하한계 25% 이하, 독성가스 누출감지경보기는 해당 독성가스의 허용농도 이하에서 경보가 울리도록 설정하여야 한다.

② 가스누출감지경보의 정밀도는 경보설정치에 대하여 가연성 가스누출감지경보기는 ±25% 이하, 독성가스 누출감지경보기는 ±30% 이하이어야 한다.

제7조(성능) 가스누출감지경보기는 다음 각 호와 같은 성능을 가져야 한다.

1. 가연성 가스누출감지경보기는 담배연기 등에, 독성가스 누출감지경보기는 담배연기, 기계세척유가스, 등유의 증발가스, 배기가스 및 탄화수소계 가스와 그 밖의 가스에는 경보가 울리지 않아야 한다.

2. 가스누출감지경보기의 가스 감지에서 경보발신까지 걸리는 시간은 경보농도의 1.6배인 경우 보통 30초 이내일 것. 다만, 암모니아, 일산화탄소 또는 이와 유사한 가스 등을 감지하는 가스누출감지경보기는 1분 이내로 한다.

3. 경보정밀도는 전원의 전압 등의 변동률이 ±10%까지 저하되지 않아야 한다.

4. 지시계 눈금의 범위는 가연성가스용은 0에서 폭발하한계값, 독성가스는 0에서 허용농도의 3배값(암모니아를 실내에서 사용하는 경우에는 150)이어야 한다.

5. 경보를 발신한 후에는 가스 농도가 변화하여도 계속 경보를 울려야 하며, 그 확인 또는 대책을 조치할 때에는 경보가 정지되어야 한다.

제8조(구조) 가스누출감지경보기는 다음 각 호와 같은 구조를 가져야 한다.

1. 충분한 강도를 지니며 취급 및 정비가 쉬워야 한다.

2. 가스에 접촉하는 부분은 내식성의 재료 또는 충분한 부식방지 처리를 한 재료를 사용하고 그 외의 부분은 도장이나 도금처리가 양호한 재료이어야 한다.

3. 가연성가스(암모니아를 제외한다) 누출감지경보기는 방폭성능을 갖는 것이어야 한다.

4. 수신회로가 작동상태에 있는 것을 쉽게 식별할 수 있어야 한다.

5. 경보는 램프의 점등 또는 점멸과 동시에 경보를 울리는 것이어야 한다.

제9조(보수) 가스누출감지경보기는 항상 작동상태이어야 하며, 정기적인 점검과 보수를 통하여 정밀도를 유지하여야 한다.

제10조(재검토기한 3년) 「훈령·예규 등의 발령 및 관리에 관한 규정」(대통령훈령 제248호)에 따라 2015년 9월 24일까지 법령이나 현실여건의 변화 등을 검토하여 폐지 또는 개정한다.

부칙〈제2012-90호, 2012. 9. 25〉

이 고시는 발령한 날부터 시행한다.

---

05 다음 A~D 중 가스누출감지경보기를 적절한 곳에 설치하지 않은 사람은?

① A : 방폭지역 내에 위치한 변전실에 가스누출감지경보기를 설치하였다.

② B : 공기보다 비중이 무거운 라돈 가스의 특성을 고려하여 가스누출감지경보기를 건물의 환기구 부근에 설치하였다.

③ C : 가스누출감지경보기를 근로자들이 상주하는 곳에 설치하였다.

④ D : 건물 밖에 설치된 가연성 및 독성물질을 취급하는 압축기의 주변에 가스누출감지경보기를 설치하였다.

🔎 제시된 자료의 제5조 제1항 제2호에 따르면, 비중이 공기보다 무거운 가스의 경우 가스누출감지경보기를 건축물 내의 하부에, 공기보다 가벼운 경우에는 건축물의 환기구 부근 또는 해당 건축물 내의 상부에 설치해야 한다고 나와 있다.

06 다음 중 가스누출감지경보기의 성능이 의심되는 경우는?

① 등유의 증발가스가 누출되었음에도 불구하고, 독성가스누출감지경보기의 경보가 울리지 않았다.

② 독성가스를 감지하는 경보기는 0에서 허용농도의 3배값 범위의 눈금을 가지고 있다.

③ 경보 발신 후 곧바로 조치를 취할 수 없는 상황이라 그대로 두었더니, 가스농도의 변화에 따라 저절로 경보가 정지되었다.

④ 일산화탄소를 감지하는 가스누출감지경보기를 설치하였는데, 경보농도의 1.6배인 상태에서 30초 이내로 경보가 울리지 않았다.

🔎 제시된 자료의 제7조 제5항을 살펴보면, 경보가 발신된 후에는 가스 농도가 변화하여도 계속 경보가 울려야 하며, 그 확인 또는 대책을 조치하여야 경보가 정지되어야 한다고 하였다. 따라서 가스 농도의 변화에 따라 저절로 경보가 멈춘 경보기의 경우, 그 성능을 의심해 보아야 한다.
① 독성가스 누출감지경보기는 담배연기, 기계세척유가스, 등유의 증발가스, 배기가스, 탄화수소계 가스와 그 밖의 가스에 경보가 울리지 않는다.
② 경보기의 지시계 눈금의 범위는 가연성가스용은 0에서 폭발하한계값까지이고, 독성가스는 0에서 허용농도의 3배값이 되어야 한다.
④ 가스누출감지경보기가 가스를 감지하고 경보를 발신하기까지 걸리는 시간은 경보농도의 1.6배 시 보통 30초 이내여야 하지만, 암모니아나 일산화탄소 또는 이와 유사한 가스 등을 감지하는 경보기의 경우에는 1분 이내로 한다고 하였다.

07 다음 중 가스누출감지경보기가 갖추어야 할 구조에 대한 설명으로 옳지 않은 것은?

① 가스에 접촉하는 부분은 내식성 재료나 충분히 부식방지 처리가 된 재료를 사용하며, 그 외의 부분은 도장이나 도금처리가 양호한 재료를 사용한다.

② 경보는 램프의 점등 또는 점멸의 방식을 사용하거나 경보가 울리는 방식을 사용해야 한다.

③ 가연성가스의 누출감지경보기는 방폭성능을 갖춘 것이어야 한다.

④ 충분한 강도여야 하며, 취급 · 정비가 쉬워야 한다.

🔎 제시된 자료의 제8조 제5항을 보면, 경보는 램프의 점등 또는 점멸과 동시에 경보를 울리는 것이어야 한다.

08 다음은 사원들이 아래의 신문기사를 읽은 후 나눈 대화이다. 대화의 흐름상 괄호 안에 들어갈 말로 가장 알맞은 것은?

△△일보

△△일보 제1234호 | ◇◇년 ○○월 ○○일 월요일   안내전화 : 02-000-000 | www.gosinet.co.kr

치매와 예술

'죽은 왕녀를 위한 파반느'라는 곡으로 유명한 프랑스 음악가 모리스 라벨(1875~1937)이 작곡한 '볼레로'는 그의 치매로 인해 탄생한 곡이라고 한다. 이 곡의 특징은 하나의 리듬이 169번이나 반복되면서 2개의 멜로디가 15분 넘게 이어짐에도 불구하고 악기의 음색이 조금씩 바뀜으로써 지루함의 가능성을 배제했다는 점이다. 그런데 이러한 반복적인 리듬이 당시 그가 앓고 있던 진행성 언어장애 타입의 전두측두치매로 인해 나타났을 것이라는 주장이 있다. 즉, 이 병을 앓게 되면 특별한 이유 없이 하던 행동 또는 생각을 계속 반복하는 증세를 보이게 되는데, 모리스 라벨의 '볼레로'에 나타난 반복적 리듬과 멜로디가 그러하다는 것이다.

치매로 인해 탄생한 것으로 보이는 작품은 미술계에도 존재한다. 캐나다의 화가 앤 아담스의 그림 '볼레로를 해석하며'가 그것인데, 이 역시 볼레로의 음악처럼 비슷한 도형이 반복되는 형식으로 표현된 작품이다. 앤 아담스는 이 그림을 완성하고 몇 년 뒤 진행성 언어장애 타입의 전두측두치매 진단을 받은 바 있다.

이처럼 치매가 예술로 승화된 예가 있어 사람들의 흥미를 일으키고 있다.

소연 : 신기하다. 치매가 예술을 탄생시킨 하나의 촉매가 된 거나 다름 없네.
희선 : 그러게. 언어장애를 꼭 불행으로만 단정 지을 수도 없겠어. 안 그래?
현미 : 내 생각은 달라. (   )
은영 : 다 그런 건 아니겠지만 그래도 불행에서 싹튼 예술을 우리가 향유할 수 있으니, 불행과 예술은 전혀 뗄 수만은 없는 관계인 것 같기는 해.

① 전두측두치매를 앓는 환자들에게 예술적 재능이 발견될 수 있도록 장려하는 프로그램이 개발되면 좋겠어.

② 전두측두치매를 앓는 사람 모두가 그런 잠재적 재능이 있는 건 아닐 거야. 난 평범하게 살지언정 그런 질병은 걸리지 않았으면 좋겠어.

③ 저런 재능이 발굴되고 난 후 치매의 증상이 완화된 사례가 있는지 찾아봐야겠는걸?

④ 치매뿐 아니라 다른 신체적 장애가 있음에도 저런 예술이 탄생할 수 있다는 건 참 놀라운 일이야.

🔍 현미는 전두측두치매 환자가 예술작품을 탄생시켰다는 특수한 사실보다는, 치매라는 질병 자체에 대한 부정적 인식을 강하게 가지고 있음을 유추할 수 있다.

[09~10] 다음은 전세보증금반환보증의 약관 중 일부이다. 물음에 답하시오.

제2조(보증채무의 성립 및 책임)

① 보증회사의 보증채무는 보증회사가 보증서를 발급한 때부터 이 약관이 정한 바에 따라 유효하게 성립합니다.

② 보증회사는 보증조건에 부합하게 체결된 전세계약에 따른 주채무자의 전세보증금 반환의무에 대하여 보증서에 기재된 내용과 이 약관이 정한 바에 따라 보증책임을 부담합니다.

제3조(보증책임범위)

보증회사는 보증서에 기재된 보증기간 이내에 미반환된 전세보증금에 한하여 보증책임을 부담합니다.

제4조(보증조건의 변경)

① 주채무자 및 보증채권자는 보증회사로부터 서면에 의한 동위를 받지 아니하고는 보증조건을 변경할 수 없습니다.

② 보증조건의 변경은 보증회사가 변경사항을 주채무자 및 보증채권자에게 서면으로 알리거나 보증서의 보증조건을 장정하여 재교부한 경우에만 성립합니다.

제5조(통지의무)

① 주채무자 또는 보증채권자는 다음 각 호의 어느 하나에 해당하는 사유가 발생한 경우에는 1월 이내에 서면으로 그 내용을 보증회사에 통집하여야 합니다.

1. 주채무자 또는 보증채권자가 변경되었을 때
2. 주채무자, 보증채권자, 연대보증인의 주소가 변경되었을 때
3. 경·공매의 개시 결정을 통보받았을 때
4. 보증사고가 발생하였을 때

5. 보증사고 사유가 해소되었을 때

6. 전세계약이 종료되었을 때

7. 기타 보증회사의 보증채무에 영향을 미치는 사항이 발생하였을 때

② 보증회사는 주채무자 또는 보증채권자가 정당한 사유 없이 제1항의 통지를 지연하거나 하지 않음으로써 증가된 채무는 부담하지 아니합니다.

제6조(보증사고)

① 보증사고라 함은 아래에 열거된 보증사고사유 중 하나를 말합니다.

1. 보증채권자가 전세계약기간 종료 후 1월까지 정당한 사유 없이 전세보증금을 반환받지 못하였을 때

2. 전세계약 기간 중 전세목적물에 대하여 경매 또는 공매가 실시되어, 배당 후 보증채권자가 전세보증금을 반환받지 못하였을 때

② 제1항 제1호의 보증사고에 있어서는 전세계약기간이 갱신(묵시적 갱신을 포함합니다)되지 않은 경우에 한합니다.

③ 보증사고가 발생한 이후 보증회사의 보증이행 없이 해당 사고사유가 해소된 경우(2개 이상의 보증사고 발생시 그 보증사고 사유 전부가 해소된 경우)에는 그 보증사고는 처음부터 발생되지 아니한 것으로 봅니다.

제8조(보증채무 이행청구)

① 보증채권자는 보증사고 유형에 따라 다음과 같이 보증회사에 보증채무의 이행을 청구하여야 합니다.

1. 주택임대차보호법의 우선변제권(대항력 및 확정일자를 포함한다) 갖춘 자가 전세계약 종료 후 1월까지 전세보증금을 반환받지 못하였을 경우에는 주택 임차권등기명령을 마친 후(환가절차 종료 시 제외) 이행 청구하여야 합니다.

2. 전세계약 기간 중 전세목적물에 대하여 경매 또는 공매가 실시되어, 배당요구 후 보증채권자가 전세보증금을 반환받지 못하였을 경우에는 배당표 등 전세보증금 미수령액을 증명하는 서류를 제출하여 이행 청구하여야 합니다.

② 제1항에 관련하여 보증채권자는 보증회사로부터 필요한 서류의 교부 또는 보증회사가 담보로 설정한 담보물의 교부·이전등기 등 권리의 실행 등을 위하여 필요한 조치를 요청받은 때에는 지체 없이 응하여야 합니다.

③ 보증채권자는 보증사고일로부터 2월 이내에 보증회사에 보증의 이행을 청구하여야 합니다.

제9조(보증채무 이행청구 시 제출서류)

① 보증채권자가 보증채무의 이행을 청구할 때에는 보증회사에 다음 각 호의 서류를 제출하여야 합니다.

1. 보증채무이행청구서
2. 신분증 사본
3. 보증서 또는 그 사본(보증회사가 확인 가능한 경우에는 생략할 수 있습니다)
4. 전세계약이 해지 또는 종료되었음을 증명하는 서류
5. 명도확인서 또는 퇴거예정확인서
6. 배당표 등 전세보증금 중 미수령액을 증명하는 서류(경 · 공매 시)
7. 회사가 요구하는 그 밖의 서류
② 보증채권자는 보증회사로부터 전세계약과 관계있는 서류사본의 교부를 요청받은 때에는 이에 응하여야 합니다.
③ 보증채권자가 제1항 내지 제2항의 서류 중 일부를 누락하여 이행을 청구한 경우 보증회사는 서면으로 기한을 정하여 서류보완을 요청할 수 있습니다.

09 약관의 제4조, 제5조에서 잘못된 글자는 모두 몇 개인가?

① 2개 　　　　　　　② 3개
③ 4개 　　　　　　　④ 5개

제4조(보증조건의 변경)
① 주채무자 및 보증채권자는 보증회사로부터 서면에 의한 동의를 받지 아니하고는 보증조건을 변경할 수 없습니다.
② 보증조건의 변경은 보증회사가 변경사항을 주채무자 및 보증채권자에게 서면으로 알리거나 보증서의 보증조건을 정정하여 재교부한 경우에만 성립합니다.
제5조(통지의무)
① 주채무자 또는 보증채권자는 다음 각 호의 어느 하나에 해당하는 사유가 발생한 경우에는 1월 이내에 서면으로 그 내용을 보증회사에 통지하여야 합니다.
1. 주채무자 또는 보증채권자가 변경되었을 때
2. 주채무자, 보증채권자, 연대보증인의 주소가 변경되었을 때
3. 경 · 공매의 개시 결정을 통보받았을 때
4. 보증사고가 발생하였을 때
5. 보증사고 사유가 해소되었을 때
6. 전세계약이 종료되었을 때
7. 기타 보증회사의 보증채무에 영향을 미치는 사항이 발생하였을 때
② 보증회사는 주채무자 또는 보증채권자가 정당한 사유 없이 제1항의 통지를 지연하거나 하지 않음으로써 증가된 채무는 부담하지 아니합니다

10 약관을 바탕으로 고객센터 게시판에 올라온 질문에 답변을 하려고 한다. 다음 중 옳지 않은 것은?

① Q : 보증서에 적혀 있는 보증기간이 딱 하루 지났는데 보증회사에서 미반환된 전세보증금을 받을 수 있나요?

A : 보증회사는 보증서에 기재된 보증기간 이내에 미반환된 전세보증금에 한하여 보증책임을 부담하므로 보증회사에서 미반환된 전세보증금을 받으실 수 없습니다.

② Q : 원룸에 전세로 살고 있는데 그 원룸이 경매에 넘어갔어요. 배당 후에도 전세금을 돌려주지 않고 있는데 어떻게 해야 하나요?

A : 1월 이내에 그 내용을 보증회사로 통지해야 합니다. 그리고 배당표 등 전세보증금 미수령액을 증명하는 서류를 제출하여 보증 책임 이행을 청구하시기 바랍니다.

③ Q : 현재 살고 있는 전세방에서 이사를 가려고 했는데 계약 만료 기간을 깜박하고 집 주인에게 이사 간다는 것을 말하지 않아서 묵시적 갱신이 되었어요. 집 주인이 다른 사람과 계약을 할 때까지는 전세보증금을 줄 수 없다고 하는데 보증회사에서 미리 받을 수 있나요?

A : 묵시적 갱신이 된 경우는 보증사고에 해당하지 않으므로 보증회사가 보증 책임을 부담하지 않습니다.

④ Q : 보증채권자는 언제까지 보증회사에 보증 책임의 이행을 청구할 수 있나요?

A : 보증채권자는 보증사고일로부터 1월 이내에 보증회사에 보증의 이행을 청구하여야 합니다.

🔍 제8조 제3항에 따르면, 보증채권자는 보증사고일로부터 2월 이내에 보증회사에 보증의 이행을 청구하여야 한다.
① 제3조, ② 제5조 제1항, 제8조 제1항, ③ 제6조 제2항

11 다음은 사원들이 아래의 신문기사를 읽은 후 나눈 대화이다. 대화의 결론으로 가장 적절한 것은?

○○일보

○○일보 제5678호 | ◇◇년 ○○월 ○○일 월요일 　　　　안내전화 : 02-000-000 | www.gosinet.co.kr

---

　　우주 쓰레기란 우주 공간에서 떠도는 인공적인 물체로, 주로 버려지거나 작동이 중단되어 지구 주위를 떠돌고 있는 인공위성의 잔해들을 일컫는다. 1970년대 위성을 발사하기 시작하면서부터 생겨나기 시작한 우주 쓰레기는 현재 길이 1cm 이상이 50만 개, 10cm 이상이 2만 1,000개에 이르며, 소총 탄환 속도의 7배인 초속 7km 이상으로 돌고 있어 충돌 시 심각한 피해를 낳는다. 지난 2일, 미국 합동우주작전본부(JSPoC)가 그린란드 해상공에서 우리나라의 과학기술위성 3호와 위성파편들이 23m 거리를 두고 스쳐갈 것이라고 통보하면서 위성과 파편의 충돌가능성이 제기되었으나, 실제로는 1km 이상의 거리를 유지하고 지나가면서 충돌을 모면하였다.

김 대리 : 우주 쓰레기는 저궤도에 속하는 800~1,000km 고도 사이에 가장 많이 몰려 있는데, 그 고도에 있는 우주 쓰레기들이 자연적인 고도 낙하로 소멸되는 시간이 많이 걸려서 그런 거래.

송 대리 : 그래서인가? 전문가들은 우주 쓰레기가 급증하면서 인공위성에 근접하는 경우가 잦아 이로 인한 충돌을 막으려면 대책 마련이 시급하다고 지적했어.

박 대리 : 맞아. 그래서 여러 나라가 우주 쓰레기에 레이저를 쏘아서 궤도를 바꾸거나, 그물을 이용하여 우주 쓰레기를 모으는 '청소 위성' 등을 구상하고 있대.

① 우주 쓰레기를 자원으로 활용할 수 있는 방안도 모색해 보아야 한다.

② 우주 쓰레기 때문에 인류는 인공위성을 운용하지 못하게 될 것이다.

③ 우주 쓰레기로부터 위성을 보호하기 위해서는 국제사회의 상호 공조가 중요하다.

④ 우주 쓰레기 문제가 해결될 때까지 우주왕복선 등의 탐사를 중단해야 한다.

🔍 여러 나라들이 우주 쓰레기의 궤도를 바꾸기 위해 레이저를 이용한다는 것이나 청소 위성 등을 구상하고 있다는 내용으로 보아, 국제사회의 상호 공조를 통해 우주 쓰레기로 인한 충돌을 방지하는 것이 대화의 결론임을 알 수 있다.

12 다음은 사원들이 리더십과 관련된 자료를 보고 각자의 견해를 정리한 것이다. 글의 취지에 반하는 사람은?

어떤 연구자는 리더십을 「목표달성을 위해 행사되는 영향력」이라 정의내리고, 리더의 공통된 자질로서는 지력, 교양, 전문지식, 정력, 용기, 정직, 상식, 판단력, 건강을 꼽았다. 그러나 실제로 리더가 갖추어야 할 조건이란 이론적인 것이며, 상황에 따라 달라지는 것이 사실일 것이다.

정치세계에 있어서의 리더십의 요건이 경제계, 군대 또는 교육계에 있어서의 요건과 같을 개연성은 없다. 정계만을 생각할 때, 그 나라가 어떠한 상황에 놓여 있는가에 따라 필요한 리더십도 달라진다. 즉, 어디에서나 기능하는 유일하고 절대적인 리더십의 존재는 수긍하기 어렵다. 리더십을 강력한 통솔력인 것처럼 해석하는 사람도 있으나, 자유방임형이나 상담형의 리더십이란 것도 있을 수 있으며, 상황에 따라서는 후자의 유형이 유효하게 기능하는 일도 있다. 물론 어떤 조직에서는 다른 유형의 리더십이 제대로 기능하는 경우도 있을 수 있다. 리더십이란 특정인만이 갖고 있는 특수한 자질인 것은 아니다. 리더가 될 수 있는 잠재적 능력은 선천적·생득적(生得的)인 것이 아니라 오히려 후천적인 것이며, 거의 대부분의 사람은 인위적 훈련에 따라 어떤 형태의 리더십이든지 몸에 익히는 것이 가능하다. 그러나 모든 조직, 집단, 국가는 광의에 있어서의 환경 속에 존재하며, 이것과의 적합성이 항상 의문시된다.

어려운 것은 리더십을 몸에 익히는 것보다도 어떠한 리더십을 몸에 익히고, 발휘하면 되는 것인가 하는 문제이다. 통솔력이 뛰어난 강력한 리더가 되는 것보다도 그 조직 또는 환경에 있어서 바람직한 리더상이 무엇인가를 간파하는 것이 더욱 어려우며, 또 본질적으로 중요한 문제이기도 하다.

① A 사원 : 조직별로 리더에게 요구되는 자질은 다르므로 뛰어난 장군이 뛰어난 정치가가 될 수 있다고는 단정 지을 수 없다.

② B 사원 : 독재형 리더십이 제대로 기능할 수 없었던 조직이나 국가에서도 상담형 리더가 정점에 서면 잘 될 가능성이 있다.

③ C 사원 : 지금까지의 리더와 전혀 다른 자질·사고방식의 소유주가 리더가 되더라도 종래와 마찬가지로 통치나 관리를 잘 수행할 수도 있다.

④ D 사원 : 리더십은 선천적인 것은 아니므로, 거의 대부분의 사람은 훈련에 따라 강력한 통솔력을 몸에 익힐 수 있다.

🔎 두 번째 단락에서 리더십을 단순히 강력한 통솔력이라 간주하는 일부 견해에 국한하지 않고, 자유 방임형이나 상담형 등 다양한 유형의 리더십이 형성될 수 있다는 내용을 서술하였다. 따라서 '리더십=강력한 통솔력'이라는 D 사원의 견해는 옳지 않다.

정답 11 ③ 12 ④

13 19세기 유럽의 경제성장에 대한 보고서를 작성하기 위해 관련된 〈경제 이론〉과 19세기 유럽 경제에 관한 〈역사적 사실〉을 다음과 같이 정리 · 수집하였다. 이로부터 추론할 수 없는 것은?

〈경제 이론〉

Ⅰ. 생산 요소는 자원 · 노동 · 자본으로 삼분할 수 있다.

Ⅱ. 생산성의 결정요인 중 인적자본은 지식 또는 숙련에 대한 투자에서 창출된다.

Ⅲ. 인구는 기하급수적으로 증가하나 식량 공급은 산술급수적으로 증가하는 경향이 있기 때문에 결국 인간은 최저 생활수준을 영위할 수밖에 없다.

Ⅳ. 경제성장을 분석하기 위해서는 생산의 결정요인을 다양하게 분류할 필요가 있다. 총생산은 자원 · 인구 · 자본 · 기술 · 제도의 함수로 상정될 수 있다.

Ⅴ. 한 사회가 자원을 최대한 사용하고 있을 경우, 경제성장을 위해서는 생산성을 높이는 기술적 · 제도적 측면에서 혁신이 필요하다.

Ⅵ. 농업 생산성이 증가하면 적은 노동력만 농업 부문에 투입할 수 있게 되어 타 부문에 투입될 수 있는 잉여노동력이 생기게 된다.

〈역사적 사실〉

㉠ 유럽의 인구는 1730년경부터 증가하기 시작하여 19세기에 들어서 약 2억 명에 달하였다.

㉡ 유럽에는 광물자원이 풍부하고, 새로운 자원 확보를 위한 활동도 활발하였다. 한편, 의무교육의 원리가 프랑스 혁명에 의해 보급되었으나, 19세기 말까지는 유럽 각국에서 큰 발전을 이루지는 못했다.

㉢ 증기기관의 제작기술은 19세기에 들어 중대한 발전을 이룩하여 증기기관의 동력과 열효율이 대폭 증대되었다.

㉣ 프랑스 혁명으로 봉건제의 잔재가 일소되었으며, 나폴레옹 법전에 의하여 보다 합리적인 법률제도가 구축되었다.

---

① 19세기 유럽의 경제성장의 원인으로 인적자본의 축적에 의한 생산성 증가를 제시하기는 어렵다.

② 19세기 유럽의 경제성장은 풍부한 인구와 자원을 바탕으로 기술적 · 제도적 혁신이 뒷받침되어 가능하였다.

③ 〈경제 이론〉 Ⅳ와 Ⅴ를 따른다면 〈경제 이론〉 Ⅰ은 19세기 유럽 경제성장의 주요 원인을 충분히 설명할 수 없다.

④ 19세기 유럽의 경제성장의 원인으로 농업 생산성 증가로 인한 농업 종사자 비율 감소가 타산업 부문의 성장을 유발한 것을 들 수 있다.

🔍 자체에 모순이 있는 점이 바로 '농업 생산성 증가로 인한 농업 종사자 비율 감소'이다. 당연히 옳지 않은 진술이다.

① 〈역사적 사실〉 ⑨과 ⑤의 인과관계에 의해서 설명될 수 있는 것이다(인구는 계속 증가했지만 큰 발전을 이루지 못했다는 사실).

② 〈역사적 사실〉 ⑥에 의해 뒷받침되는 진술이다.

③ 〈경제 이론〉 Ⅳ와 Ⅴ의 핵심은 '생산성을 높이는 기술적 · 제도적 측면에서 혁신과 자원 · 인구 · 자본 · 기술 · 제도의 함수관계'를 말한 것인데, 〈경제 이론〉 Ⅰ의 '생산 요소는 자원 · 노동 · 자본으로 삼분할 수 있다'만을 가지고는 주요 원인인 기술과 제도가 빠졌기 때문에 충분한 설명이 되지 못한다.

14 다음을 통해 "신축 아파트의 내부 대기에는 건설된 지 오래된 아파트의 내부 대기보다 유해물질이 더 많이 포함되어 있다."는 주장을 할 경우, 지문의 내용만으로는 논리적 타당성이 부족하다. 다음 중 이 주장을 뒷받침할 수 있는 논거로 가장 적절한 것은?

> 새로 건설되는 아파트들은 주로 대도시나 신도시 개발이 활발히 진행되는 지역에 위치하는 경우가 많다. 그런데 이들 지역은 공사 시 발생하는 먼지 및 유해물질과 교통 혼잡에 따른 차량 배기가스 등이 대기를 오염시킨다. 이렇게 오염된 대기는 아파트 안에도 축적되어 내부 대기를 오염시킨다.

① 오래된 아파트는 내부가 낡고 환기가 원활하게 되지 않아, 세균과 곰팡이가 잘 번식하므로 내부 대기가 오염되기 쉽다.

② 대규모로 건설되는 새 아파트에는 입주한 인구만큼 자동차나 편의 시설이 늘어나, 여기서 나오는 배기가스와 오염물질 때문에 아파트의 내부 대기 또한 오염될 가능성이 높다.

③ 새 아파트를 시공할 때 사용되는 벽지나 건축자재 등에서 벤젠, 폼알데하이드, 석면, 일산화탄소, 부유세균 등의 발암 · 오염물질이 발생하여 내부 대기가 오염된다.

④ 교통량의 차이가 있는 수도권과 지방의 아파트 내부 대기를 비교해보면, 수도권에 위치한 아파트의 내부 대기가 지방에 있는 아파트보다 더 오염되어 있으므로 교통량에 따른 대기의 오염도를 짐작해 볼 수 있다.

🔍 제시된 글은 새로 건설되는 아파트 주변의 개발과 교통량이 원인이 되어, '새 아파트의 내부 대기가 오래된 아파트보다 좋지 않다'는 내용인데, 이는 오래된 아파트가 새 아파트와 같은 지역에 있을 때에는 적절한 근거가 될 수 없어 논리적으로 타당하지 못하다. '새로 지은 아파트의 내부 대기에는 오래된 아파트보다 유해물질이 더 많이 포함되어 있다'는 주장을 하기 위해서는, 공통으로 작용하는 주변의 환경적 요인보다는 아파트 자체에 따른 오염 원인을 찾는 것이 더 적절하다. 따라서 새 아파트에 들어가는 내부 벽지나 건축자재 등에서 발생하는 발암 · 오염물질을 근거로 주장하는 편이 더 설득력을 얻을 수 있다.

15 (가) 병원에 근무하는 A씨는 홈페이지에 올릴 예약 안내문 초안을 작성하였다. 초안을 검토하면서 수정해야 할 사항에 체크한 것이 다음과 같을 때, 수정하지 않아도 되는 것을 고르면?

(가) 병원은 고객님들의 편의를 위해 다음과 같이 예약진료 서비스를 제공하고 있습니다.

1. 예약 가능 시간
- **평일** : 09 : 30∼17 : 40 ＜㉠ 점심시간(13 : 00∼14 : 00) 추가
- **토요일** : 09 : 30∼12 : 40

2. 전화예약

1234-5678

초진 상담 후 진료과를 선택하여 예약해드리며, 재진 진료 시간에 맞추어 원하는 시간과 날짜를 말씀해주시면 그 일시에 예약해드립니다. 당일예약은 어려우며, 주치의의 진료시간에 맞추어 2∼3일 전에 예약하셔야 합니다. 당일 진료를 원하실 경우 전화로 예약 후 진료를 받으시길 바랍니다.
↳ ㉡ '직접 내원하여 접수 후'로 수정

3. 온라인 예약

처음 방문하시는 분도 가능하며, 진료과와 주치의를 확인하신 후 진행하시면 더욱 빠른 예약이 가능합니다. 당일예약은 불가하며, 궁금한 사항은 고객센터로 연락주시기 바랍니다.

4. 방문예약

외래진료를 받으신 후 원무과에서 수납하실 때, 다음 진료 날짜와 시간을 말씀하시면 예약이 가능합니다.＜㉢ 접수 취소에 관한 내용 추가

5. 기타
- 예약을 하셔도 접수 후 진료가 이루어지므로 예약시간보다 조금 일찍 오셔서 접수를 완료해 주시기 바랍니다.
- 예약을 하신 분은 반드시 접수할 때 접수창구에 말씀해 주셔야 합니다.
  ↳ ㉣ 온라인 예약 항목 아래로 이동
- 진료의뢰서, 촬영사진 등이 있는 경우에는 접수할 때 제출해 주시기 바랍니다.

---

① ㉠   ② ㉡
③ ㉢   ④ ㉣

🔍 접수 시 예약 사실을 접수창구에 말해야 한다는 것은 온라인 예약뿐만 아니라 모든 예약에 해당하는 내용이므로 온라인 예약 항목 아래로 이동하기보다는 현재 위치에 그대로 두어야 한다.
② 당일예약이 어렵다고 하였으므로 당일 진료를 원할 때 전화로 예약하라는 내용은 수정하는 것이 옳다.

〔16~17〕 다음은 A기업이 임금피크제를 도입하기 위해 작성한 자료이다. 물음에 답하시오.

[기업 개요]

업 종	근로자 수	유 형
운송업	18,347명	임금 조정형

[주요 내용]

1. 사전준비
정년 연장으로 늘어날 수 있는 인건비를 중 · 장기적으로 분석하여 노사협상 시 활용

2. 임금피크제 제도 설계
- 직원들 간의 형평성을 고려하여 임금피크제 적용 시점을 주민등록상의 생년월일을 기준으로 월별 적용
- 임금피크제 정부지원금을 활용하여 임금피크제 도입 이후에도 임금수령액의 차이가 크지 않음.

3. 복지 지원 강화
임금피크제 적용 대상 근로자가 정년 연장 기간만큼 자녀학자금 등의 복지혜택을 일반 근로자와 동일하게 받게 되어 이로 인해 임금감액분을 상쇄할 수 있음.

[세부 내용]

1. 사전준비
- 기업문화 특성상 명예퇴직 등 미실시
- 고직급화 및 인력 고령화, 영업이익 적자 등에 따라 노사 모두 임금피크제 도입이 필요하다는 점에 공감하며 교섭 진행
  - 노사교섭과 별도로 관리자(부장급 이상)를 대상으로 임금피크제 도입 필요성에 대한 교육 실시
  - 국내 타기업 사례 검토

2. 현황분석
- 중 · 장기 비용분석을 실시하여 노사협상 시 활용
  - **정년 연장으로 인한 인건비 비용 분석 자료 작성** : 2016년 100억 원 → 2017년 215억 원 → 2018년 331억 원 → 2019년 428억 원

3. **적용대상 및 감액기준 결정**
- **적용대상** : 일반직 직원
- **감액기준** : 호봉제일 경우 기본급, 연봉제일 경우 직위급으로 임금감액 대상 기준을 달리 적용
- **임금피크제 적용 비율** : 임금 구성항목 중 임금피크제 적용을 받는 감액대상이 한정적

호봉제		연봉제(차장 이상 관리직)	
기본금	85%	직위급	86%
상여금	–	직무급	5%
제수당(자격수당 등)	15%	업적급	9%

4. **제도유형 결정**

정년연장형(56세 → 60세)

5. **임금굴절점 결정**
- **만 56세가 되는 달이 피크시점** : 만 56세가 되는 날의 익월부터 월별로 적용
- 타 직원과의 형평성을 고려하여 주민등록상의 생년월일을 기준으로 월별 적용

6. **임금감액률 결정**
- **감액기준** : 전년도 임금

구 분	만 56세	만 57세	만 58세	만 59세
감액률	전년임금 대비 10%	전년임금 대비 10%	전년임금 대비 10%	전년임금 대비 10%
지급률	피크임금 대비 90%	피크임금 대비 81%	피크임금 대비 73%	피크임금 대비 66%

- 사측은 임금피크 적용자 및 신규채용 인력을 고려, 최초 감액률을 '30−40−50−60%'로 설계하였으나, 노사 교섭 시 감액률을 최소화하는 방향으로 감액률 조정

7. **근로조건 등의 조정**
- 임금피크제 도입 논의와 함께 적정한 임금인상 반영(3.8%, 2014년 소급 적용)
- 노사교섭 시 임금피크제 지원금이 포함된 임금수령액 전후 비교표를 제시하여 노사 합의에 의한 임금피크제 도입
  - **임금피크제 적용 시 직원 수령금액 예시**(2급, 1년차)

구 분	도입 전	도입 후
기존임금	6,666만 원	6,081만 원
정부지원금	–	585만 원
실질임금	6,666만 원	6,666만 원

- 신규채용이 불가능한 상황이 계속 되면 기존 근로자들도 인사상 불이익을 받을 수밖에 없는 상황 설명
- 임금감액 외 복리후생에 변동이 없어 장기적으로 임금감액분을 상쇄시킴을 설득
  - **자녀 1인당 학자금 최대 수령 가능액**(정년 연장 4년) : 4,640만 원(1학기당 지원 한도 580만 원)

8. **직무ㆍ직책의 조정**
   변동 없음(임금만 감액).

16 위 자료에 대한 설명으로 옳은 것은?

① A기업의 임금피크제 적용 대상은 모든 직원이다.
② 호봉제일 경우 임금피크제의 적용비율이 가장 높은 임금 항목은 기본금이다.
③ 임금 감액은 만 56세가 되는 달부터 적용된다.
④ 임금피크시점을 넘긴 직원의 직무 및 직책은 임금 감액 액수에 따라 조정된다.

🔍 ① A기업의 임금피크제 적용 대상은 일반직 직원이다.
③ 임금 감액은 만 56세가 되는 날의 익월부터 적용된다.
④ 임금피크제가 적용되어도 직무 및 직책의 변동은 없다.

17 A기업의 직원인 B의 2014년 임금피크제 도입 논의 전 연봉은 4,000만 원이었고, 연령은 만 55세였다. 2014년에 임금피크제가 적용되었다면 B의 2016년 연봉은 약 얼마이겠는가? (단, B의 생년월일과 정부지원금은 고려하지 않는다)

① 약 3,240만 원　　　　　② 약 3,243만 원
③ 약 3,360만 원　　　　　④ 약 3,363만 원

🔍 임금피크제 도입 논의와 함께 임금이 3.8% 인상되어 2014년 소급 적용되었으므로 직원B의 2014년 연봉은 4,152만 원이다. 2016년에는 B가 만 57세가 되므로, 피크임금 대비 81%의 임금을 받게 된다.

$4,152 \times \dfrac{81}{100} = 3,363.12 ≒ 3,363$(만 원)

[18~19] 다음은 문서 작성 요령에 대한 지침이다. 각 물음에 답하시오.

[문서 작성 요령]

1. 문서의 종류
대내문서는 회사 내 부서 간, 본사와 사업장 간 및 사업장 상호 간에 수발되는 문서이며, 대외문서는 회사와 외부기관 간에 수발되는 문서이다.

2. 문서의 용어
- 외래어는 국립국어원 제정 외래어표기법에 의해 표기하며, 한자 및 외래어는 필요시 병기 가능하다.
- 숫자는 부득이한 경우를 제외하고 아라비아 숫자로 표기한다.
- 문서에 사용하는 연월일은 숫자로 표시하는 것이 원칙이며, 연월일의 문자를 생략하고 그 자리에 온점(.)을 찍어 구분한다. 또한 요일은 (　　)로 표시한다.
- 문서에 사용되는 시간은 24시간제에 의하며, 시, 분의 문자는 생략하고 콜론(:)을 찍어 시, 분을 구분한다.

3. 문서의 수정
문서의 일부분을 수정하거나 삭제할 때에는 글자의 중앙에 가로로 두 줄(=)을 긋고, 수정·삭제한 위에 수정자가 날인을 하며, 첨가할 때에는 삽입표시(∨)를 기입한다. 단, 계약서 등의 문서 수정 시에는 그 난 밖에 기재한 자수를 표시하고 날인한다.

4. 두문 표시
- 두문은 문서의 발신기관, 발신 연월일과 요일, 수신란으로 다음에 따라 구성한다.
- 발신기관의 표시는 대외문서에는 회사명을, 대내문서에는 부서명 또는 사업장명을 표시한다.
- 발신 연월일은 대외문서의 경우 우측 한계선에서 끝나도록 한다.
- 수신란은 경유, 수신 및 참조로 구분한다.
  - 문서 내용이 경유를 필요로 하는 경우, 경유기관을 표시하며 경유기관장은 의견을 첨가할 수 있다.
  - 수신의 표시는 수신기관 및 기관장의 직명을 쓰며 귀하, 앞 등의 칭호를 생략한다.
  - 참조의 표시는 문서를 직접 처리하는 부, 과장 또는 담당자의 직명을 기재한다.

5. 본문 표시
- 본문은 제목과 내용으로 표시한다.
- 제목 표시는 수신기관 다음 줄에 제목이라 기입하고 1자 띄어 간단명료하게 표현하되, 제목이 2줄 이상 겹칠 때에는 첫 줄의 첫 자에 맞춘다.
- 문서를 항목별로 세분할 경우 1, 가, 1), 가), (1), (가)의 순으로 부호를 붙인다.

- 문서의 내용이 복잡할 경우, 부전지에 그 내용을 요약하여 첫 장에 첨부할 수 있다.
- 문서에 첨부물이 있는 경우 한 줄 띄어서 '붙임' 표시를 한 후 첨부물의 명칭과 내용, 수량 등을 기재한다.
  - 본문이 끝나면 한자 띄어서 '끝'자를 기재한다. 단, 본문이 우측 한계선에서 끝난 때에는 그 바로 아래에, 첨부물이 있는 경우에는 그 수량 표시 다음에 기재한다.

18 A 사원은 자신이 작성한 광고기획서의 일부를 '3. 문서의 수정' 항목에 따라 수정하려고 한다. 다음 중 옳지 않은 것은?

> **기획 의도** : 대부분의 숙취해소 음료 광고는 광고 모델의 술에 취한 코믹연기나 위트와 중독성이 있는 CM송 등을 이용한 ⓒ 형식을 취하고 있다. 이러한 광고에서는 직장인들이 술에 취해 실제로 겪을 법한 일들을 유머러스하게 그려내어 재미있고 유쾌한 분위기를 만들어내는 것이 주를 이룬다. ⓒ 이와는 다르게 우리는 자사제품을 섭취함으로써 술에 취해도 흐트러지지 않는 직장인의 모습을 보여주고자 한다. 따라서 제품의 ⓒ 위트에 보다 중점을 두고 제품에 포함된 성분의 성능을 강조할 것이며, 이를 위해 진중한 ② 느낌과 이미지를 가지고 있는 배우 ○○○을/를 모델로 기용하여 광고를 하고자 한다.

① ⓒ : 삽입표시(∨)를 한 후 '유머광고'라는 말을 추가한다.
② ⓒ : '이와는 다르게 우리는'에 두 줄을 긋고, 그 위에 '우리는 이러한 기존의 천편일률적인 광고스타일에서 벗어나'라는 말을 적은 후 날인한다.
③ ⓒ : '위트'를 두 줄로 긋고 그 위에 '신뢰성'이라 쓴 후, '3글자 수정'이라고 표시하고 날인한다.
④ ② : '느낌과'를 삭제하기 위해 두 줄을 긋고 날인한다.

🔎 수정한 글자의 자수를 쓰는 것은 계약서를 수정하는 경우뿐이므로 수정자가 수정한 부분에 날인만 하면 된다.

19 다음은 인사부 신입사원 B가 작성한 대내문서이다. 문서 작성 요령에 맞게 수정하고자 할 때 옳지 않은 것은?

발 신	인사부
발신일	① 2015년 5월 11일 월요일
수 신	각 부서 관리자
제 목	관리자 ② 워크샵 개최 관련

안녕하십니까? 인사부 사원 B입니다.
2015년 상반기 관리자 워크샵이 개최될 예정이오니, 각 부서 관리자들은 다음 내용을 확인하시어 일정에 차질이 생기지 않도록 준비 부탁드립니다. 감사합니다.

1. 워크샵 주제

가. 관리자의 역할과 책임　　　　　나. 회의 진행방법
다. 연간 계획 수립

2. 워크샵 일시 및 장소

가. 일시 : 2015.5.22.(금) ~ 2015.5.23.(토)
나. 장소 : 오산 교육원 정문(③ 08:30까지 정문에서 모인 후 이동)

3. 워크샵 주요 내용

가. 관련 강의 수강　　　　　　　　나. 관련 내용 발표 및 피드백
다. 부서별 연간계획 수립　　　　　라. 자유시간

④ 붙임 세부 일정표 1부.

끝

① 발신일을 '2015년 5월 11일 월요일'에서 '2015.5.11.(월)'로 수정한다.
② 국립국어원 외래어표기법에 따라 문서의 '워크샵'을 '워크숍'으로 모두 수정한다.
③ 보다 정확한 표시를 위해 '08:30'를 'AM 08:30'로 수정한다.
④ 세부 일정표가 첨부되어 있으므로 '1부.' 뒤에 '끝'을 표시한다.

🔍 '2. 문서의 용어' 항목에서 문서에 사용되는 시간은 24시간제에 의한다고 하였으므로 별도의 AM, PM을 추가하지 않는다.
　① 문서에 연월일을 표시할 경우 연월일의 문자를 생략하고 온점을 찍어 구분하며, 요일은 ( )로 표시하므로 2015.5.11.(월)로 수정하는 것이 옳다.
　② 국립국어원 외래어표기법에 따르면 '워크숍'이 올바른 표현이므로 수정해야 한다.
　④ 본문 표시에서 첨부물이 있는 경우에는 수량 표시 다음에 '끝'을 기재한다고 했으므로 옳은 내용이다.

20 다음의 공문을 이해한 것으로 잘못된 것은?

○○공단

수　신　○○공단 협력사
참　조
제　목　공단 신입사원 교육 안내

---

1. 귀사의 무궁한 발전을 기원합니다.
2. ○○공단은 신입사원 역량 강화를 위해 다음과 같이 교육을 실시합니다.
3. 협력사 여러분들의 많은 관심과 협조 부탁합니다.

-다　음-

　　　가. 연 수 명 : ○○공단 신입사원 연수교육
　　　나. 시행목적 : 신입사원 기초업무 및 역량개발 교육
　　　다. 일　　시 : 2016년 3월 6일(금) 10:00~17:00
　　　라. 장　　소 : ▽▽협회 본관 2층 대강당
　　　마. 접　　수 : 공단 홈페이지에서 온라인 등록

붙임 : 1. ○○공단 신입사원 연수교육 세부일정 1부
　　　 2. 2016년 연간 연수교육 계획(안) 1부
　　　 3. 본회 약도 1부. 끝

○○공단 이사장

담당　　　　　　임태주 **팀장**　　　　　　배수민 **이사장**　　　　　조찬욱

① 협력사를 대상으로 ○○공단에서 발송한 공문이다.
② ○○공단 사원이 참여할 수 있는 연수교육이 진행될 예정이다.
③ 연수교육에 참여하기 위해서는 홈페이지를 통해 등록해야 한다.
④ 연수교육의 세부 일정은 홈페이지를 통해서 확인할 수 있다.

🔍 연수교육의 세부 일정은 붙임 문서를 통해 확인할 수 있으며, 홈페이지를 통해서 확인할 수 있는지 여부
　 는 알 수 없다.

21 다음은 노인장기요양보험에 대한 기사와 그것을 읽고 나눈 대화이다. 다음 중 기사 내용을 잘못 이해한 사람은 누구인가?

건강일보

건강일보 제313호 | ◇◇년 ○○월 ○○일 월요일   안내전화 : 02-000-000 | www.gosinet.co.kr

75세 박 모 씨는 2012년 치매 진단을 받았다. 그러나 치매 증상 외에 별다른 질병이 없다는 이유로 장기요양등급은 인정받지 못하였다. 요양 시설에 가자니 금전적인 부담이 커서 노인복지관 무료 서비스를 이용했지만, 점차 치매 증상이 악화되면서 그마저도 어려워졌다. 그러다 2014년 여름 장기요양에 치매 5등급이 신설되면서 올해부터는 주·야간 보호센터를 이용하고 있다. 음악, 미술 등 다양한 치료 프로그램을 통하여 증세가 호전된 박 씨는 보호센터를 이용하면서 건강이 좋아져 가족의 부담을 덜게 되었다고 말했다. 그동안 복지 사각지대에 놓여 있던 가벼운 치매 노인까지 장기요양법의 수급 범위에 포함시켰기에 가능한 결과다. 이처럼 생애주기별 맞춤형 복지 정책으로 도입된 노인장기요양보험의 활용 방안을 알아보기로 한다.

노인장기요양보험은 노인성 질환을 앓고 있는 어르신을 찾아가 신체활동을 돕고 지원하는 사회보험제도이다. 건강보험에 가입한 사람과 그 가족은 누구나 혜택을 받을 수 있다. 장기요양이 필요한 사람은 먼저 국민건강보험공단 지사나 노인장기요양보험 운영센터를 방문하여 신청서를 접수해야 한다. 우편, 팩스, 인

터넷으로도 가능하다. 이후 공단의 조사를 거쳐 질환의 정도를 판단하는 등급판정위원회의 심의를 받는다. 그 결과 1~5등급 수급자로 판정되면 그 등급에 따라 월 지원 한도가 결정되며 초과 금액은 본인이 부담하면 된다.

장기요양 서비스는 환자의 상태에 따라 최소 1년에서 최대 3년 6개월까지 받을 수 있다. 그 후에도 서비스를 계속 받고자 할 경우에는 유효기간 만료 30~90일 전까지 갱신신고를 하면 된다.

장기요양급여는 가족 요양비, 재가급여, 시설급여 등 3가지로 나뉜다. 가족 요양비는 도서벽지 등 방문요양기관이 현저히 부족한 지역에 살거나 유사한 사정이 있는 수급자에게 매월 15만 원의 수가를 지급하며 대상자는 장기요양 1~3등급 판정을 받은 사람이다.

재가급여는 수급자의 집을 방문하여 목욕 및 가사활동을 돕거나, 주·야간 보호와 단기보호 등의 신체활동을 지원한다. 이 재가급여 서비스를 받을 때에는 장기요양급여의 15%를 본인이 부담해야 한다. 단, 국민기초생활보장법에 따른 수급자는 본인 부담금이 면제되고 의료급여 수급권자는 본인 부담금의 절반을 내면 된다. 이는 시설급여 수급자에도 동등

하게 적용된다. 시설급여는 노인장기요양기관과 노인요양 공동생활 가정 등에서 식사를 비롯한 생활 전반에 관한 서비스를 장기간 제공한다. 노인요양 공동생활 가정은 주택과 같은 공간에서 생활을 돕는데 시설급여는 본인이 20%를 부담하며, 음식재료비와 이·미용비 등은 추가로 부담해야 한다. 수급자의 통상적인 본인 부담금은 40~60만 원 정도이다.

정미 : 생애주기별 맞춤형 복지정책으로 건강보험에 가입한 사람과 가족들이 노인장기요양보험의 혜택을 받을 수 있게 되었대.

희정 : 그것참 잘된 일이다. 예전에는 가벼운 치매 노인들은 수급 범위에 포함되지 않아서 장기요양 서비스를 받을 수 없었잖아.

정미 : 맞아. 이제는 치매 5등급이 신설되어서 보호센터를 이용할 수 있게 되었다니 정말 다행이야.

나래 : 그런데 장기요양 서비스는 등급판정위원회의 심의를 받아 등급에 따라 지원 한도가 달라진대.

솔이 : 응. 장기요양급여의 종류로는 가족 요양비, 재가급여, 시설급여가 있는데, 재가급여 서비스를 이용하는 사람은 모두 본인 부담금을 내야만 해.

나래 : 장기요양 서비스는 기간의 제한 없이 계속 이용할 수 있는 거니?

솔이 : 그렇지는 않아. 환자의 상태에 따라서 달라지는데, 1년에서 3년 6개월까지는 받을 수 있대.

희정 : 만약에 서비스를 더 이용하고 싶다면 유효기간이 만료되기 전에 갱신신고를 하면 된다니까 너무 걱정할 필요는 없을 것 같아.

① 정 미   ② 희 정
③ 나 래   ④ 솔 이

🔍 솔이는 장기요양급여 서비스를 이용하려면 모두 본인 부담금을 내야만 한다고 했는데, 기사의 다섯 번째 문단에 국민기초생활보장법에 따른 재가급여 수급자는 본인 부담금이 면제된다고 나와 있다. 따라서 솔이가 기사 내용을 잘못 이해했음을 알 수 있다.

22 다음 뉴스 보도의 내용을 토대로 독거노인의 고독사 문제에 대한 보고서를 작성하려고 한다. 뉴스의 취지와 부합하는 내용으로 가장 적절한 것을 고르면?

> • **기자** : 일본 시가현 오쓰시 외곽, 혼자 사는 75살 나츠미 할머니의 집 곳곳에는 손바닥만한 흰색 전자장치들이 붙어 있습니다. 할머니의 체온을 감지해 시간대별 위치를 데이터로 저장하는 장치입니다.
> • **나츠미 노부코** : 예전에 화장실에서 갑자기 현기증이 나서 쓰러진 적이 있었는데 다행히 내 상황을 감지해가지고……
> • **기자** : 할머니가 침실에 있을 때는 B, 거실에 있을 때는 I, 주방에 있을 때는 D로 표시되고 현관을 통해 출입하면 E로 저장됩니다. 이 데이터가 메시지로 하루에 한 번 다른 도시에 사는 아들에게 전달됩니다. 시간대별로 표시된 이 메시지를 보면 할머니가 언제 일어나 집안에 머물다가 언제 외출했는지를 알 수 있습니다. 만약 할머니가 한 곳에 너무 오래 있는 것으로 표시되면 건강이나 다른 상황 등에 어떤 문제가 있다는 신호입니다. 이 서비스의 설치비용은 지방 정부가 부담하고 이용자는 3만 원 정도의 월정액을 내면 됩니다.
> • **기타가와 요시에** : 혼자 사는 나 같은 노인의 가스 사용량이 갑자기 중단되면 시에서 안부를 확인해주니까 안심이 돼요.
> • **기자** : 이 서비스는 노인에게 무료로 제공되고 있어 대부분의 노인이 이 서비스를 이용한다고 합니다.

> Ⅰ. **문제제기** : 이미 고령화 사회로 접어든 우리나라에서 독거노인의 경제적 독립이 가장 중요한 문제임을 제시한다. ……… ㉠
> Ⅱ. **현황 분석 및 대응단계** : 독거노인의 고독사를 막기 위한 조사
> 　　1. **독거노인의 실태 조사** : 만 65세가 넘는 독거노인의 수를 조사하여 지역별로 그 비율을 비교한다. …… ㉡
> 　　2. **독거노인의 환경 조사** : 현재 독거노인에게 제공되는 서비스를 살펴보고, 안정적으로 식생활을 유지할 수 있는 대책을 마련한다. ……… ㉢
> 　　3. **시급히 지원해야 할 문제 조사** : 독거노인이 지속적으로 외부와 연락을 유지할 수 있는 현실적인 방안이 무엇인지 조사한다. ……… ㉣
> Ⅲ. **해결방안 및 대안** : 독거노인이 응급상황 발생 시 외부와 연락을 취할 수 있는 장치를 설비하는 데 필요한 기술 및 예산을 확보할 것을 촉구한다.

① ㉠   ② ㉡
③ ㉢   ④ ㉣

🔍 뉴스에서는 독거노인의 고독사를 방지하기 위해 일본이 도입·시행하고 있는 시스템을 보여주고 있으며 이와 가장 부합한 취지의 내용은 ㉣이다. ㉠은 독거노인의 경제적 자립에 초점을 맞추고 있어 적절하지 않고, ㉡에서 독거노인의 비율을 지역별로 비교하는 것은 문제를 개선하는 데 직접 연결되는 것은 아니다. 또한 ㉢에서는 독거노인의 식생활에 초점을 맞추고 있어 논지와 거리가 있다.

23 다음 글을 읽고 [보기]와 같은 문화 현상에 대해 글쓴이의 입장에서 할 수 있는 말로 가장 적절한 것을 고르면?

> 19세기 중반 이후 사진·영화 같은 시각 기술 매체가 발명되면서 예술 영역에는 일대 변혁이 일어났다. 작품에서는 일회성과 독창성이 사라지고, 수용자는 명상적인 수용에서 벗어나기 시작하였다. 그리고 비디오, 위성, 컴퓨터 등의 '위대한 신 발명들'로 인해 매체는 단순한 수단 이상의 적극적이고 능동적인 의미를 부여받게 되었다. 이제 이러한 매체와의 소통이 곧 '문화'로 규정되고 있다.
>
> '정보'와 '소통'이라는 비물질적 요소가 사회의 토대로 작용하는 매체 시대를 맞아 이성과 합리성에 의해 억압되었던 '감각'과 '이미지'의 중요성이 부각되고 있다. 또한 현실과 허구, 과학과 예술의 경계가 무너지면서 그 자리에 '가상 현실'이 들어서게 되었다. 가상 현실에서는 실재하는 것이 기호와 이미지로 대체되고, 그 기호와 이미지가 마치 실재하는 것처럼 작동한다. 따라서 현실 세계의 모방이라는 예술 영역의 기본 범주가 매체 사회에서는 현실과 허구가 구분되지 않는 시뮬레이션이라는 범주로 바뀌게 되었다.
>
> 매체 시대의 특징은 속도이다. 텔레비전이 공간의 차이를 소멸시키고, 컴퓨터가 시간의 차이까지 소멸시킴으로써 매체 시대에는 새로운 지각 방식이 대두되었다. 매체에 의해 합성된 이미지는 과거·현재·미래가 구분되는 '확장된 시간'이 아니라 과거·현재·미래가 공존하는 '응집된 시간'에 의존하며, 이는 문학과 예술의 서술 형태까지도 변화시킨다. 뮤직 비디오의 경우 시간적 연속성 구조가 파괴된 장면들이 돌발적인 사슬로 엮인다.

이러한 매체 시대의 특징들을 바탕으로 매체 이론가들은 '매체 작품'이라는 개념을 제시한다. 전통적으로 예술 작품은 고독한 예술가의 창작물로 간주되었으며, 예술가는 창작 주체로서의 특권화된 위치를 차지하였다. 특정 질료를 독창적으로 다루어 만들어낸 예술 작품은 그 누구도 모방할 수 없는 원본의 가치를 지니며, 모방물은 부정적으로 평가되었다. 그러나 오늘날의 매체 작품은 고독한 주체의 창조물이 아니라 매체들 간의 상호 소통의 결과물이다. 여기저기에서 조금씩 복사하여 책을 만들기도 하고, 예술가의 개별적인 작업보다는 협동 작업이 중시되기도 한다. 또한 홀로그래피, 텔레마틱 같은 새로운 장르 혼합 현상이 나타난다.

전통적인 미학론자들은 이러한 매체 작품이 제2의 문맹화를 가져오며 수용자에게 '나쁜' 영향을 끼칠 것이라고 평가한다. 그런데 이는 인쇄술의 발달과 함께 문학적 글쓰기가 대중성을 획득할 당시의 경고와 흡사하다. 예컨대 18세기 모리츠의 「안톤 라이저」는 '감각을 기분좋게 마비시키는 아편'으로 간주되었다. 그럼에도 불구하고 소설 문화는 이후 지속적으로 발전하였다. 이를 볼 때 지금의 매체 작품도 향후 지속적으로 발전하여 정상적인 문화 형태로 자리잡으리라는 전망이 가능하며, 따라서 전통적인 예술 작품과 매체 작품 모두 문화적 동인(動因)으로 열린 지평 안에 수용되어야 할 것이다.

> • 보 기 •
>
> 컴퓨터광들이 공동으로 한 작품을 창작하는 방식과 한 사람의 작가가 총체적인 계획 하에 자신의 고유한 작품을 완성하는 전통적인 글쓰기 방식이 공존하고 있다.

① 서로의 차이를 인정하고 존중하면서 상호 개방적인 태도를 취해야 한다.
② 두 문화 방식을 절충하여 가장 종합적이고 합리적인 대안을 찾아야 한다.
③ 기존의 예술 방식은 새로운 매체 환경에 적응하면서 변해야만 살아남을 수 있다.
④ 기술 매체에 의해 위협받고 있는 전통적인 예술과 문학의 방식이 보호되어야 한다.

🔍 마지막 단락을 보면, 글쓴이는 전통적인 예술 방식과 매체 시대의 새로운 예술 방식이 모두 문화적 동인으로서 수용되어야 한다고 하였으므로, [보기]의 문화 현상에 담긴 두 문화 방식을 모두 존중하는 평가가 합당하다.
②는 두 예술 방식이 절충되어야 한다는 견해는 나타나 있지 않다는 점에서, ③~④는 어느 특정 방식만을 옹호하는 견해라는 점에서 부적절하다.

24 다음 글에서 밑줄 친 <u>깨진 유리창</u> 이론의 예로 알맞은 것을 모두 고르시오.

> 한 텔레비전 프로그램에서 실험을 하기 위해 치안이 비교적 허술한 골목에 중고 승용차 두 대를 밤새 세워두었다. 그 중 한 대는 트렁크를 조금 열어 놓았고, 다른 한 대는 앞 창문이 깨진 상태였다. 다음 날 실험 결과에는 확연한 차이가 있었다. 트렁크만 열어둔 자동차는 특별히 그 어떤 변화도 일어나지 않았으나 유리창을 깬 상태로 놓아둔 자동차는 안에 보관해둔 지갑과 카메라 등 돈이 될만한 것이 전부 없어진 것이다. 사소한 차이가 이처럼 다른 결과를 가져왔다.
>
> 이러한 실험 결과를 설명하고 있는 것이 1982년 범죄학자 제임스 윌슨과 조지 캘링이 발표한 '깨진 유리창'이라는 이론이다. 이 이론에 따르면 건물 주인이 건물의 깨진 유리창을 수리하지 않고 방치해 두면 이는 곧 건물관리가 소홀하다는 것을 뜻하므로 절도나 건물파괴 등 더 큰 범죄를 일으키는 원인이 될 수 있다. 즉, 우리의 일상생활에서 사소한 위반이나 침해행위가 발생했을 때 이것들을 제때에 제대로 처리하지 않으면 결국에는 더 큰 위법행위로 발전한다는 것이다.

> ㉠ 10명의 학생들에게 시계 없이 빨간 방과 파란 방에 들어가 20분 후에 나오라고 하자 빨간 방에 들어갔을 때는 평균 17분 만에, 파란 방에 들어갔을 때는 평균 24분 만에 방에서 나왔다.
> ㉡ 모르는 남자에게 폭행을 당할 때 불특정 다수에게 도와달라고 외치기보다는 한 사람을 지목하여 도와달라고 하면 도와줄 가능성이 더 높다.
> ㉢ 뉴욕 지하철 역사 내부의 낙서를 모두 지우고 낙서하는 사람이 없도록 철저히 감시했더니 도시의 범죄율이 낮아졌다.
> ㉣ 일반적으로 보험에 가입하는 사람들은 질병 및 사고의 확률이 높은 경우가 많다.

① ㉠   ② ㉢

③ ㉠, ㉡   ④ ㉢, ㉣

🔍 ㉢은 지하철 역사 내부의 낙서를 모두 지움으로써 지속적인 관리가 이루어지고 있다는 것을 보여주어 범죄율을 낮춘 사례이므로 깨진 유리창 이론의 예시에 해당한다.

01 다음은 연령별 국민연금 임의가입자 현황이다. [보기]에서 이 도표를 올바르게 해석한 것을 모두 고르면?

(단위 : 명, %)

	총 계		임의가입자			
			2010년		2015년	
	인 원	비 율	인 원	비 율	인 원	비 율
계	17,056,789	100.00	90,222	100.00	240,582	100.00
18~19세	110,924	0.64	195	0.22	547	0.22
20~24세	747,833	4.38	558	0.62	2,508	1.04
25~29세	1,607,355	9.42	764	0.85	2,003	0.83
30~34세	2,128,771	12.48	3,071	3.40	7,833	3.26
35~39세	2,220,523	13.01	6,633	7.35	15,712	6.53
40~44세	2,538,883	14.88	10,730	11.89	29,957	12.45
45~49세	2,638,038	15.47	18,424	20.42	46,550	19.35
50~54세	2,547,495	14.93	27,406	30.38	70,200	29.18
55~59세	2,297,851	13.47	22,441	24.87	65,272	27.14

보기

㉠ 2015년 18~34세 청년층의 비중은 2010년 대비 10% 이상 증가하였다.
㉡ 2010년과 비교할 때 2015년 임의가입자의 증감률은 약 166.7%이다.
㉢ 인원이 가장 많은 연령층이 임의가입자의 수도 가장 많다.
㉣ 2010년 대비 2015년의 인원수 증감률이 가장 큰 연령층은 20~24세이다.

① ㉠, ㉡   ② ㉡, ㉣
③ ㉠, ㉡, ㉢   ④ ㉠, ㉢, ㉣
⑤ ㉡, ㉢, ㉣

🔍 ⓒ 2010년 90,222명에서 2015년 240,582명으로 증가하여 임의가입자의 증감률은 약 166.7%이다.

ⓓ 연령층별 2010년 대비 2015년의 인원수 증감률은 다음과 같다.

- 18~19세 : $\dfrac{547-195}{195}\times100\fallingdotseq180.5(\%)$ • 20~24세 : $\dfrac{2,508-558}{558}\times100\fallingdotseq349.5(\%)$

- 25~29세 : $\dfrac{2,003-764}{764}\times100\fallingdotseq162.2(\%)$ • 30~34세 : $\dfrac{7,833-3,071}{3,071}\times100\fallingdotseq155.1(\%)$

- 35~39세 : $\dfrac{15,712-6,633}{6,633}\times100\fallingdotseq136.9(\%)$

- 40~44세 : $\dfrac{29,957-10,730}{10,730}\times100\fallingdotseq179.2(\%)$

- 45~49세 : $\dfrac{46,550-18,424}{18,424}\times100\fallingdotseq152.7(\%)$

- 50~54세 : $\dfrac{70,200-27,406}{27,406}\times100\fallingdotseq156.1(\%)$

- 55~59세 : $\dfrac{65,272-22,441}{22,441}\times100\fallingdotseq190.9(\%)$

따라서 2010년 대비 2015년의 인원수 증감률이 가장 큰 연령층은 20~24세이다.

[매력적인 오답]

ⓐ 2010년 5.09%에서 2015년 5.35%로 소폭 증가하였다.

ⓑ 인원이 가장 많은 연령층은 45~49세이나 임의가입자 수는 2010년과 2015년 모두 50~54세가 가장 많다.

02 다음 자료는 국민연금 지급 현황에 대한 것이다. [보기] 중에서 옳은 것을 모두 고르면?

[급여지급 현황 – 연도별 현황]

(단위 : 명)

구 분	2011년 말	2012년 말	2013년 말	2014년 말	2015년 말	2016년 말
계	3,015,244	3,310,211	3,440,693	3,586,805	3,832,188	4,135,292
노령연금	2,489,614	2,748,455	2,840,660	2,947,422	3,151,349	3,412,350
장애연금	75,895	75,934	75,041	75,387	75,688	75,497
유족연금	449,735	485,822	524,992	563,996	605,151	647,445

[급여지급 현황 – 금액별 현황]

(단위 : 건)

구분(만 원)	노령연금	장애연금	유족연금
0~20만 원 미만	931,238	79	190,923
20~40만 원 미만	1,479,255	32,848	405,864
40~60만 원 미만	572,650	28,100	62,546
60~80만 원 미만	272,258	6,457	13,670
80~100만 원 미만	168,864	1,602	628
100만 원 이상	161,484	482	0

정답 01 ②

┌─ 보기 ──┐
㉠ 노령연금과 유족연금 수급자는 매년 증가세를 이어왔다.
㉡ 총 연금 수급자 수는 매년 늘어났다.
㉢ 모든 연금의 지급금액별 수급 건수의 순위는 동일하다.
㉣ 급여지급 건수가 가장 많은 금액대는 20~40만 원대이다.
└──┘

① ㉠, ㉡, ㉢   ② ㉠, ㉡, ㉣

③ ㉠, ㉢, ㉣   ④ ㉡, ㉢, ㉣

⑤ ㉠, ㉡, ㉢, ㉣

🔍 ㉠ 급여지급 연도별 현황을 통해 매년 노령연금과 유족연금을 지급받은 사람의 수가 늘어났음을 알 수 있다.

㉡ 급여지급 연도별 현황의 계 항목을 보면 매년 수급자 수가 증가하였다.

㉣ 급여지급 금액별 현황을 보면 노령연금, 장애연금, 유족연금 모두 20~40만 원대 지급건수가 가장 많다.

[매력적인 오답]

㉢ 모든 연금의 지급금액별 수급 건수의 순위는 같지 않다. 급여지급 금액별 현황을 보면 노령연금과 유족연금은 20만 원 미만의 수급자가 두 번째로 많은 반면 장애연금은 40~60만 원대가 두 번째로 많다.

03 김 사원 혼자 연금 수급자 현황 및 수급 내역을 파악할 경우 52분의 시간이 소요되며, 같은 일을 오 대리와 최 사원이 함께 하면 13분이 걸린다. 오 대리, 김 사원, 최 사원이 함께 작업을 하다가 팀장의 호출로 김 사원이 자리를 비우게 되어 남은 3분 동안은 오 대리와 최 사원만 작업을 하여 일을 끝냈다. 이때 전체 일을 시작하여 끝내는 데까지 걸린 시간은 얼마인가?

① 8분   ② 10분

③ 11분   ④ 12분

⑤ 13분

🔍 전체 일의 양을 1이라 하면, 김 사원이 혼자 작업할 때 걸리는 시간은 52분이므로 김 사원이 1분 동안 할 수 있는 일의 양은 $\frac{1}{52}$이다. 또한, 오 대리와 최 사원이 함께 일을 할 경우 13분이 소요되므로 이때 일의 양은 $\frac{1}{13}$이다. 세 명이 함께 작업을 한 시간을 x라고 하면,

$$\left(\frac{1}{52}+\frac{1}{13}\right)\times x+\frac{1}{13}\times 3=1 \qquad \frac{5}{52}x+\frac{3}{13}=1 \qquad 5x+12=52 \qquad x=8$$

세 명이 함께 작업하다가 3분 동안은 오 대리와 최 사원만 작업하였으므로 총 소요 시간은 8+3=11(분)이 걸린다.

04 주요국의 대학진학률을 조사하여 보고서를 작성 중인 강 대리는 컴퓨터 오류로 인해 최종 자료를 잃어버리고 말았다. 임시저장 파일을 복구하였으나 아래와 같이 대학진학률만 기재되어 있고 국가명은 손실된 상태이다. 강 대리는 자료를 매우 신중하게 분석하였던 터라 [보기]와 같은 힌트들을 간신히 정리해 낼 수 있었다. ㉠~㉠에 들어갈 국가명을 순서 대로 나열한 것은?

㉠	㉡	㉢	㉣	㉤	㉥	㉦	평균
68	47	46	37	28	27	25	39.7

> **보기**
>
> **(가)** 스웨덴, 미국, 한국의 진학률은 평균보다 높다.
> **(나)** 칠레, 멕시코, 독일의 진학률은 가장 높은 진학률을 보인 국가의 절반에 미치지 못한다.
> **(다)** 한국과 멕시코의 진학률을 더하면 스웨덴과 칠레의 진학률을 더한 것보다 정확히 20%p 많다.

① 미국 – 한국 – 스웨덴 – 일본 – 멕시코 – 독일 – 칠레
② 스웨덴 – 미국 – 한국 – 일본 – 칠레 – 멕시코 – 독일
③ 한국 – 미국 – 스웨덴 – 일본 – 독일 – 칠레 – 멕시코
④ 한국 – 스웨덴 – 미국 – 일본 – 독일 – 멕시코 – 칠레
⑤ 스웨덴 – 한국 – 미국 – 일본 – 칠레 – 독일 – 멕시코

🔍 우선, 선택지 모두 일본이 같은 위치에 있으므로 ㉣은 일본이다.
(가)와 (나)를 근거로 ㉠~㉢에는 스웨덴, 미국, 한국이, ㉤~㉦에는 칠레, 멕시코, 독일이 해당됨을 알 수 있다.
(다)에 따르면 ㉠과 ㉦의 합은 ㉢과 ㉥의 합보다 20%p 많으므로 한국이 ㉠, 멕시코가 ㉦이 되며, 스웨덴과 칠레가 각각 ㉢과 ㉥이 된다. 따라서 남은 두 국가는 ㉡이 미국, ㉤이 독일이다.

> **보충설명**
>
> **%와 %p의 차이**
> %는 백분율을 나타내고, %p는 두 백분율의 산술적 차이를 나타낸다.
> 예 '40%에서 50%로 증가하였다' → 25% 증가
> → 10%p 증가

실 전 문 제 연 습

01 다음은 2015년 우리나라에서 발생한 메르스 사태에 대한 통계 자료이다. 그래프를 보고 올바르게 말한 사람을 모두 고르시오.

2016. 6. 4. 국민연금공단

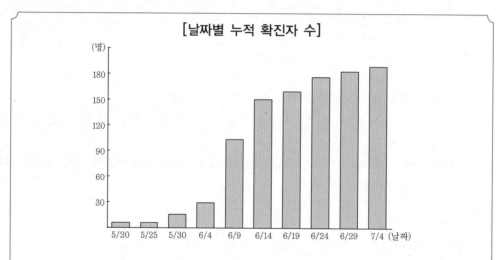

[날짜별 누적 확진자 수]

[감염단계별 확진자 수]

(단위 : 명)

최초 감염	2차 감염	3차 감염	4차 감염	미확인
1	30	124	23	8

[상태별 확진자 수]

(단위 : 명)

완치자	사망자
148	38

- **영주** : 6월 4일에서 6월 9일 사이에 가장 많은 추가 확진자가 발생하였다.
- **지호** : 6월 14일 이후 추가 확진자 수는 꾸준히 줄어들었다.
- **선호** : 전체 확진자 수는 186명이다.
- **미애** : 3차 감염 환자 중에서 사망자가 가장 많이 발생하였다.
- **아름** : 전체 확진자 중 사망자의 비율은 약 16.43%이다.

① 영주, 지호　　　　　　　② 영주, 선호

③ 미애, 아름　　　　　　　④ 지호, 선호, 아름

- **영주** : 6월 4일의 막대그래프와 6월 9일의 막대그래프의 차이가 가장 크므로 옳은 설명이다.
- **지호** : 추가 확진자 수가 꾸준히 줄어든 것이 사실이려면 6월 14일 이후 막대그래프들 간의 차이가 점점 줄어들어야 하는데 6월 14일의 막대그래프와 6월 19일 막대그래프의 차이보다 6월 19일의 막대그래프와 6월 24일의 막대그래프의 차이가 더 크므로 옳지 않다.
- **선호** : 상태별 확진자 수를 통해 답을 구하면 148+38=186(명)이다.
- **미애** : 3차 감염 환자 수가 가장 많은 것은 사실이지만 사망자가 가장 많이 발생하였는지는 알 수 없다.
- **아름** : $\frac{38}{186} \times 100 = 20.430\cdots(\%)$

[02~07] 다음 공통된 규칙을 찾아 ?에 들어갈 알맞은 답을 고르시오.

02

| 21 | 7 | 13 | 18 | 6 | 12 | (?) |

① 15   ② 17

③ 19   ④ 20

⑤ 23

$21 \xrightarrow{\div 3} 7 \xrightarrow{+6} 13 \xrightarrow{+5} 18 \xrightarrow{\div 3} 6 \xrightarrow{+6} 12 \xrightarrow{+5} ?$

03

| $\frac{5}{10}$ | (?) | $\frac{17}{86}$ | $\frac{33}{257}$ | $\frac{65}{770}$ |

① $\frac{3}{25}$ ② $\frac{5}{25}$

③ $\frac{7}{27}$ ④ $\frac{9}{29}$

$\frac{5}{10} \xrightarrow{\frac{5 \times 2 - 1}{10 \times 3 - 1}} ? \xrightarrow{\frac{9 \times 2 - 1}{29 \times 3 - 1}} \frac{17}{86} \xrightarrow{\frac{17 \times 2 - 1}{86 \times 3 - 1}} \frac{33}{257} \xrightarrow{\frac{33 \times 2 - 1}{257 \times 3 - 1}} \frac{65}{770}$

04

| 0.1 | 1.2 | 3.4 | 6.7 | 11.1 | 16.6 | 23.2 | (?) |

① 29.8   ② 30.9

③ 32.4   ④ 33.3

$$0.1 \xrightarrow{+1.1} 1.2 \xrightarrow{+2.2} 3.4 \xrightarrow{+3.3} 6.7 \xrightarrow{+4.4} 11.1 \xrightarrow{+5.5} 16.6 \xrightarrow{+6.6} 23.2 \xrightarrow{+7.7} ?$$

05

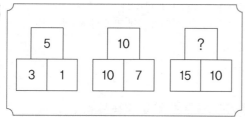

① 12   ② 23
③ 26   ④ 30

$(3-1)^2+1=5$
$(10-7)^2+1=10$
$(15-10)^2+1=?$

06

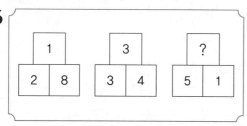

① 8   ② 12
③ 15   ④ 20

$2 \times 4 \div 8 = 1$
$3 \times 4 \div 4 = 3$
$5 \times 4 \div 1 = ?$

07

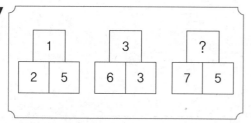

① 5   ② 6
③ 7   ④ 8

$(2+5) \div 2 = 3 \cdots 1$
$(6+3) \div 6 = 1 \cdots 3$
$(7+5) \div 7 = 1 \cdots ?$

〔08~10〕 다음을 주어진 단위에 알맞게 변환하시오.

08

| 3시간 =( )초 |

① 180 ② 300
③ 3,600 ④ 10,800

🔍 1시간=60분=3,600초이고, 3시간은 3,600×3=10,800(초)이다.

단 위	단위환산
길 이	1cm = 10mm, 1m = 100cm, 1km = 1,000m
넓 이	$1cm^2 = 100mm^2$, $1m^2 = 10,000cm^2$, $1km^2 = 1,000,000m^2$
부 피	$1cm^3 = 1,000mm^3$, $1m^3 = 1,000,000cm^3$, $1km^3 = 1,000,000,000m^3$
들 이	$1mL = 1cm^3$, $1dL = 100cm^3 = 100mL$, $1L = 1,000cm^3 = 10dL$
무 게	1kg = 1,000g, 1t = 1,000kg = 1,000,000g
시 간	1분 = 60초, 1시간 = 60분 = 3,600초
할푼리	1푼 = 0.1할, 1리 = 0.01할, 모 = 0.001할

09

| 100,000,000kg =( )톤 |

① 100 ② 1,000
③ 10,000 ④ 100,000

🔍 1,000kg=1톤이므로 100,000,000kg은 100,000(톤)이다.

10

| 3MB =( )KB |

① 2,048 ② 2,516
③ 3,072 ④ 4,096

🔍 1MB=1,024KB이므로 3MB는 3×1,024=3,072(KB)이다.

11 노트가 일반 매장에서는 700원에, 할인 매장에서는 550원에 판매된다. 할인 매장을 가면 편도 차비가 1,800원이라고 할 때, 할인 매장에서 몇 개 이상의 노트를 구입해야 일반 매장에서 구입하는 것보다 저렴한 값에 구입할 수 있게 되는가? (단, 노트를 구입하고 다시 출발지로 돌아온다고 가정한다)

① 23개

② 24개

③ 25개

④ 26개

할인 매장의 판매가에 왕복 차비 3,600원을 더한 값이 일반 매장의 판매가보다 작을 때, 할인 매장에서 구입하는 것이 저렴하게 된다.
구입한 노트의 개수를 x라고 하면,
$700x > 550x + 3,600$　　　$x > 24$
따라서 할인 매장에서 노트를 25개 이상 구입해야 일반 매장에서 구입하는 것보다 저렴하게 구입할 수 있다.

12 A는 연필을 1분에 12개 만들 수 있고, B는 1분에 8개 만들 수 있다. A가 120개, B가 20개의 연필을 만들어 놓은 상태라면, A의 연필 생산량이 B의 연필 생산량의 두 배가 되는 때는 몇 분 후인가?

① 20분

② 25분

③ 30분

④ 35분

연필을 만드는 데 걸리는 시간을 x분이라고 하면,
$12x + 120 = 2(8x + 20)$　　　$4x = 80$
$\therefore x = 20$(분)

13 커피숍을 운영하는 철수는 커피 한 잔에 원가의 3할의 이윤을 덧붙여 판매한다. 오전에는 타임할인을 적용하여 450원을 할인하여 판매하는데, 이때에는 원가의 15%의 이익을 남긴다고 한다. 오전에 커피 70잔을 팔면 이익금은 총 얼마겠는가?

① 30,500원

② 31,500원

③ 32,000원

④ 32,500원

커피 한 잔의 원가를 x라 하면,
$1.3x - 450 = 1.15x$　　　$0.15x = 450$　　　$x = 3,000$
따라서 커피 70잔을 팔았을 때의 총 이익금은 $3,000 \times \dfrac{15}{100} \times 70 = 31,500$(원)

14 어떤 셔츠에 4할의 이익을 예상하고 정가를 붙였다. 그런데 잘 팔리지 않아서 정가의 2할을 할인했더니 180원의 이익이 남았다. 셔츠의 원가는 얼마인가?

① 1,300원   ② 1,400원
③ 1,500원   ④ 1,600원

🔍 원가를 x원으로 하면 정가는 $1.4x$, 2할을 할인한 판매 가격은 $1.4x \times 0.8 = 1.12x$이므로,
이익은 $0.12x = 180$
∴ $x = 1,500$(원)

15 정수는 대중 목욕탕 리모델링 작업을 진행 중이다. 한쪽 벽을 두 가지 디자인 타일로 꾸미려고 할 때, (가) 타일과 (나) 타일은 각각 순서대로 몇 개씩 필요한가?

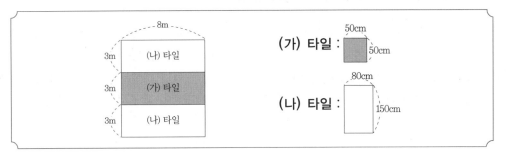

① 84개, 40개   ② 96개, 40개
③ 84개, 46개   ④ 96개, 46개

🔍 먼저 (가) 타일을 사용하는 벽의 넓이는 $300 \times 800 = 240,000 (\text{cm}^2)$이고 (가) 타일의 넓이는 50×50
$= 2,500 (\text{cm}^2)$이므로 필요한 타일의 개수는 $240,000 \div 2,500 = 96$(개)이다. 또한, (나) 타일을 사용하는
벽은 위·아래 두 곳으로 넓이는 $(300 \times 800) \times 2 = 480,000 (\text{cm}^2)$이고, (나) 타일의 넓이는 150×80
$= 12,000 (\text{cm}^2)$이므로 필요한 타일의 개수는 $480,000 \div 12,000 = 40$(개)이다.

16 A 상품의 가격은 B 상품의 3배이다. A 상품의 가격을 20% 할인하고, B 상품의 가격을 A 상품이 할인된 가격만큼 올려 판매하였더니 A 상품의 가격이 B 상품보다 12,000원 비쌌다. 현재 판매되고 있는 A 상품의 가격은 얼마인가?

① 32,000원   ② 36,000원
③ 38,000원   ④ 42,000원

🔍 원래의 B 상품의 값을 x원이라 하면, A 상품의 값은 $3x$원이 된다.
할인율을 적용하여 그만큼의 금액을 가감한 두 상품의 값을 나타내면,
$3x \times 0.8 = x + 3x \times 0.2 + 12,000$ $x = 15,000$(원)
따라서 A 상품의 현재 판매 가격은 $3 \times 15,000 \times 0.8 = 36,000$(원)이다.

17 A~E 다섯 명의 영어시험 평균 점수는 72점이다. A, B의 점수가 65점, C, D의 점수가 75점이라고 할 때, E의 점수는 몇 점인가?

① 70점   ② 75점

③ 80점   ④ 85점

E의 점수를 x로 놓고 식을 세우면,

$$\frac{(65\times2)+(75\times2)+x}{5}=72 \qquad 130+150+x=360 \qquad x=80$$

따라서 E의 점수는 80(점)이다.

18 다음 괄호 안에 들어갈 숫자로 알맞은 것은?

> 우리나라가 석유를 가장 많이 수입하고 있는 A국의 B 지역 석유매장량이 처음 석유 채굴이 시작된 7년 전에 비해 절반으로 감소하였다. 매 7년마다 석유매장량이 그전의 절반으로 감소한다고 할 때 지금으로부터 ( )년 후에는 처음 매장량의 6.25% 밖에 남지 않게 된다. 석유 수급에 대한 빠른 대책이 요구되는 시점이다.

① 7   ② 14

③ 21   ④ 28

7년 후에 석유매장량이 처음의 $\frac{1}{2}$이 되므로 $7n$년 후의 석유매장량은 처음의 $\left(\frac{1}{2}\right)^{n}$이 된다. 여기서 $6.25(\%)=\frac{6.25}{100}=\frac{625}{10,000}=\frac{1}{16}=\frac{1}{2^{4}}$이므로, $n=4$임을 알 수 있다. 따라서 석유매장량이 처음의 6.25%로 줄어드는 데 걸리는 기간은 $7\times4=28$(년)이다. 문제에서 '지금으로부터 ( )년 후'라고 하였고, 지문에 따르면 지금은 처음 석유 채굴이 시작된지 7년 후이므로 7년을 뺀 21년이 답이 된다.

19 K 공사의 대졸공채에 남자 A명과 여자 B명이 합격하였다. 대졸공채에 지원한 남녀의 수는 같고, 불합격한 남녀의 비율은 2 : 1일 때, 지원자 수는 모두 몇 명인가?

① (A-2B)명   ② 2(A-2B)명

③ (2B-A)명   ④ 2(2B-A)명

지원한 남녀의 수가 같으므로 남자 지원자와 여자 지원자의 수를 똑같이 x로 놓고 식을 세우면,

$(x-A):(x-B)=2:1$

$2(x-B)=x-A \qquad 2x-2B=x-A \qquad x=2B-A$(명)

따라서 지원자 수는 모두 2(2B-A)명이다.

20 민정 씨는 과장으로부터 다음 자료를 정리할 것을 지시받았다. 다음 중 민정 씨가 작성한 자료로 가장 적절한 것은?

> **과장** : 간단하게 표로 작성할 것
> 　　　　　현재 가축별 마릿수가 전년 동기 기준으로 동향 파악이 가능할 것
> 　　　　　증가 또는 감소된 내용을 구분하여 작성할 것

▶ 한·육우 사육 마릿수는 265만 8천 마리로 전년 동기 대비 15만 2천 마리(−5.4%), 전 분기 대비 10만 1천 마리(−3.6%) 각각 감소
　− 송아지 생산 감소 등에 기인
　* 한·육우 송아지 생산 : ('14.3) 139→('14.9) 181→('14.12) 146→('15.3) 130천 마리

▶ 젖소 사육 마릿수는 42만 5천 마리로 전년 동기 대비 3천 마리(−0.8%), 전 분기 대비 6천 마리(−1.4%) 각각 감소
　− 원유감산정책시행에 따른 노폐우 도태 증가 및 생산 감소 등에 기인
　* 도축 마릿수(농림축산검역본부) : ('13.12~'14.2월) 12→('14.9~11월) 15→('14.12~'15.2월) 18천 마리
　** 젖소 송아지 생산 : ('14.3) 39→('14.9) 42→('14.12) 46→('15.3) 37천 마리

▶ 돼지 사육 마릿수는 997만 1천 마리로 전년 동기 대비 27만 4천 마리(2.8%) 증가, 전 분기 대비 11만 9천 마리(−1.2%) 감소
　− 전년 대비는 가격 호조에 따른 모돈(母豚) 증가 및 생산 증가에 기인, 전 분기 대비로는 구제역(FMD) 발생 등에 따른 폐사 증가에 기인
　* 돼지 경락 가격(농업협동조합중앙회) : ('13.12~'14.2월) 3,744→('14.9~11월) 5,035→('14.12~'15.2월) 4,732원/kg
　** 모돈 마릿수 : ('14.3) 910→('14.9) 925→('14.12) 937→('15.3) 940천 마리
　*** 생산 마릿수 : ('14.3) 4,783→('14.9) 4,982→('14.12) 4,929→('15.3) 4,999천 마리
　**** FMD 돼지 살처분 현황('14.12~'15.2월, 농림축산식품부) : 11만 1천 마리

▶ 산란계 사육 마릿수는 6,887만 8천 마리로 전년 동기 대비 430만 6천 마리(6.7%), 전 분기 대비 120만 4천 마리(1.8%) 각각 증가, 육계는 8,274만 9천 마리로 전년 동기 대비 487만 마리(6.3%), 전 분기 대비 500만 3천 마리(6.4%) 각각 증가
　− 산란계는 지속적인 산지 계란 가격 호조에 따른 입식 증가 및 노계 도태 지연 등에 기인
　* 계란 산지 가격(특란 10개) : ('13.12~'14.2월) 1,406→('14.9~11월) 1,378→('14.12~'15.2월) 1,339원
　** 6개월 이상 마릿수 : ('14.3) 4,891→('14.9) 4,881→('14.12) 5,038→('15.3) 5,187만 마리
　− 육계는 산지 가격 호조에 따른 입식 증가 등에 기인
　* 육계 산지 가격(생체 kg) : ('13.12~'14.2월) 1,570→('14.9~11월) 1,575→('14.12~'15.2월) 1,681원

▶ 오리 사육 마릿수는 768만 1천 마리로 전년 동기 대비 110만 3천 마리(16.8%), 전 분기 대비 14만 1천 마리(1.9%) 각각 증가
　－ AI 피해 이후 입식 증가 등에 기인
　* 가구당 마릿수 : ('14.3) 12.8→('14.9) 11.8→('14.12) 12.5→('15.3) 13.2천 마리

①

구 분	사육 마릿수	대비 동향
한 · 육우	2,658,000	▼ 152,000마리
돼 지	9,971,000	▲ 274,000마리
젖 소	425,000	▼ 3,000마리
산란계	68,878,000	▲ 4,306,000마리
육 계	82,749,000	▲ 4,870,000마리
오 리	7,681,000	▲ 1,103,000마리

②

구 분		대비 동향
전년 동기 대비 증가	돼 지	▲ 274,000마리(2.8%)
	산란계	▲ 4,306,000마리(6.7%)
	육 계	▲ 4,870,000마리(6.3%)
	오 리	▲ 1,103,000마리(16.8%)
전년 동기 대비 감소	한 · 육우	▼ 152,000마리(−5.4%)
	젖 소	▼ 3,000마리(−0.8%)

③

구 분		사육 마릿수	대비 동향(마리)
전년 동기 대비 증가	돼 지	9,971,000	▲ 274,000(2.8%)
	산란계	68,878,000	▲ 4,306,000(6.7%)
	육 계	82,749,000	▲ 4,870,000(6.3%)
	오 리	7,681,000	▲ 1,103,000(16.8%)
전년 동기 대비 감소	한 · 육우	2,658,000	▼ 152,000(−5.4%)
	젖 소	425,000	▼ 3,000(−0.8%)

④

전년 동기 대비 증가	돼지(2.8%), 산란계(6.7%), 육계(6.3%), 오리(16.8%)
전년 동기 대비 감소	한 · 육우(−5.4%), 젖소(−0.8%)

🔍 과장은 전년 동기 기준 가축별 마릿수 및 동향이 드러나고, 증가 · 감소된 내용을 구분하여 작성할 것을 지시하였다. 이를 모두 충족하는 표는 ③이다.
　① 증가 · 감소된 내용을 구분하지 않았다.
　② · ④ 가축별 마릿수 정보가 없다.

21 다음 표를 통해 추론할 때, 옳지 않은 그래프는?

[주요 국가별 소비자물가 전년 대비 증감률]

(단위 : %)

구 분	2010년	2011년	2012년
한 국	3.0	4.0	2.2
일 본	-0.7	-0.3	0.0
캐나다	1.8	2.8	1.5
미 국	1.6	3.1	2.1
프랑스	1.5	2.0	2.0
독 일	1.1	2.1	2.0
이탈리아	1.6	2.7	3.1
영 국	3.3	4.5	2.8
뉴질랜드	2.3	4.4	0.9

① 연도별 한국의 소비자물가

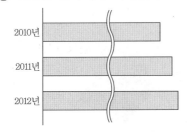

② 연도별 일본의 소비자물가

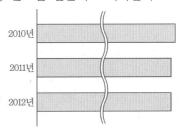

③ 연도별 프랑스의 소비자물가

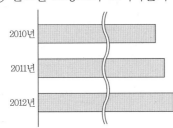

④ 연도별 뉴질랜드의 소비자물가

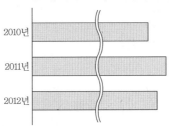

제시된 표는 소비자물가의 증감률을, 선택지의 그래프는 소비자물가를 나타내고 있음에 주의한다. 소비자물가의 증감률이 양의 정수일 경우 소비자물가는 증가하게 되고, 증감률이 0일 경우 소비자물가는 변동이 없으며, 증감률이 음의 정수일 경우 소비자물가는 감소한다. 따라서 뉴질랜드의 소비자물가 증감률이 계속 양의 정수인데 2012년 소비자물가가 감소한 ④가 답이 된다.

22 다음은 노년층과 출산율에 관한 보고서이다. 보고서의 내용과 일치하지 않는 자료는?

> •보고서•
>
> 국민소득 수준의 향상과 의학의 발달로 인간의 평균 수명은 점차 연장되고 있다. 1990년 214만 명이던 우리나라의 65세 이상 노인 인구는 2010년 543만 명으로 20년 만에 330만 명 가까이 늘었다. 2010년의 총인구를 100으로 볼 때 0~14세의 비율이 16.1%, 15~64세의 비율이 72.8%로 노인층의 비율이 유·소년층과 비슷한 수준으로 나타났는데 이것은 유·소년층 인구(0~14세)에 대한 노년층 인구(65세 이상)의 비율을 가리키는 노령화 지수 역시 높아지고 있음을 말한다. 1995년 노령화 지수가 25.2%이던 것에 비해 2000년은 34.3%, 2005년에는 47.3%, 2010년에는 1995년의 2.7배를 넘어섰다. 노동력은 부족하고 부양해야 할 노인은 많다는 뜻이다.
>
> 반대로 출산율은 1995년 1.70명에서 2000년에 1.51명, 2005년에는 1.22명으로 점차 줄고 있어 문제는 더욱 심각하다. 다행히 적어진 출산율을 우려하는 목소리에 2010년에는 1.29명으로 다소 늘었다.
>
> 구체적으로 우리나라의 최근 출생아 수의 변화를 살펴보면 2005년 43만 5,000명에서 2006년 44만 8,100명, 2007년 49만 3,100명으로 늘었다가, 2008년에는 46만 5,800명, 2009년에는 44만 4,800명으로 점차 줄고 있다.

① 65세 이상 노인 인구 변화

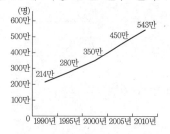

② 2010년 나이대별 인구 비율

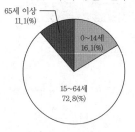

③ 노령화 지수 추이

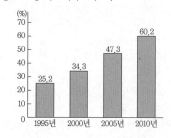

④ 출산율 추이

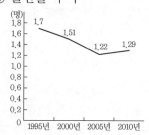

🔍 2010년 노령화 지수는 1995년의 2.7배를 넘었다고 제시되어 있는데 ③의 그래프에서는 약 2.38배만 증가하였다.
60.2÷25.2≒2.38(배)

23 △△은행에 근무하는 정 사원은 다음 자료의 정리를 상사에게 지시받았다. 2013~2014년 신용카드와 체크카드의 발급 수와 2014년 이용 건수를 알맞게 정리한 것은?

한국은행이 최근 발표한 '2014년도 지급결제보고서'를 보면 2014년 한 해 동안의 신용카드 발급은 9천 232만 장으로 전년도(1억 202만 장)보다 970만 장(-9.5%) 감소하였다. 이는 휴면카드 자동 해지와 지난해 초 발생한 KB국민·NH농협·롯데카드 3사의 고객정보 유출 사고의 영향이 크다고 한국은행 측은 설명하였다.

신용카드 발급 장수는 신용카드 불법 모집 근절 대책 시행과 휴면카드 정리·자동해지 제도 도입으로 2011년 1억 2천 214만 장을 정점으로 3년 연속 감소하는 추세를 보여왔다. 반면에 체크카드 발급은 2013년 1억 340만 장에서 2014년 1억 875만 장으로 535만 장(5.2%) 늘어 증가세를 지속했다. 체크카드 발급 장수는 2013년 처음으로 신용카드(138만 장)를 추월한 이후 지난해 격차를 1천 643만 장으로 늘렸다. 체크카드 이용 건수와 금액은 2014년 1천 205만 건, 3천억 원으로 전년 대비 증가율이 각각 27.7%, 18.3%로 높았다. 신용카드 2014년 이용 건수는 2천 427만 건, 이용 금액은 1조 6천억 원으로 전년 대비 각각 8.6%, 2.0%의 증가율에 그쳤다.

한국은행 측은 세제 혜택 확대와 카드사의 영업 강화로 인해 체크카드의 고른 증가세가 이어지고 있다고 분석하였다.

①

구 분	2013년 발급 수	2014년 발급 수
체크카드	103,400,000장	108,750,000장
신용카드	102,020,000장	92,320,000장

②

구 분	2013년 발급 수	2014년 발급 수	전년 대비
체크카드	103,400,000장	108,750,000장	▲ 5.2%
신용카드	102,020,000장	92,320,000장	▼ 9.5%

③

구 분	2013년 발급 수	2014년 발급 수	2014년 이용 금액
체크카드	103,400,000장	108,750,000장	300,000,000,000원
신용카드	102,020,000장	92,320,000장	1,600,000,000,000원

④

구 분	2013년 발급 수	2014년 발급 수	2014년 이용 건수
체크카드	103,400,000장	108,750,000장	12,050,000건
신용카드	102,020,000장	92,320,000장	24,270,000건

①·② 2014년 이용 건수 내용이 없다.
③ 2014년 이용 금액은 필요한 내용이 아니다.

24 다음은 2008년 A, B, C 지역의 기후자료이다. 이 자료에 근거하여 작성한 그래프로 옳지 않은 것은?

| 지역 | 기후 요소 | 겨울 | | 봄 | | | 여름 | | | 가을 | | 겨울 | 연간 합계 |
		1월	2월	3월	4월	5월	6월	7월	8월	9월	10월	11월	12월	
A	평균기온(℃)	-0.2	1.8	6.8	12.9	17.5	21.6	25.2	25.6	20.8	14.6	8.0	1.8	-
	최고기온(℃)	6.6	8.7	13.7	20.1	24.5	27.4	29.8	30.6	26.8	22.2	15.3	9.3	-
	최저기온(℃)	-6.0	-4.4	0.3	5.7	10.7	16.6	21.4	21.5	15.8	8.2	1.8	-4.0	-
	강수량(mm)	22	30	54	105	104	201	242	230	136	50	43	17	1,234
	강수일수(일)	3	4	5	7	7	9	11	10	7	4	4	2	73
B	평균기온(℃)	1.6	3.2	7.4	13.1	17.6	21.1	25.0	25.7	21.2	15.9	9.6	4.0	-
	최고기온(℃)	7.0	8.5	12.7	18.7	23.2	25.7	28.9	29.8	25.8	21.6	15.5	9.9	-
	최저기온(℃)	-2.7	-1.3	2.7	7.7	12.3	17.1	21.7	22.3	17.4	11.0	4.8	-0.7	-
	강수량(mm)	38	42	72	108	101	185	195	233	166	61	51	24	1,276
	강수일수(일)	4	5	6	8	9	10	12	11	8	5	4	3	85
C	평균기온(℃)	-1.3	0.8	5.7	12.3	17.2	21.2	24.9	25.1	19.8	13.6	6.9	0.9	-
	최고기온(℃)	4.8	7.1	12.4	19.4	24.3	27.1	29.5	30.2	26.0	21.3	14.0	7.6	-
	최저기온(℃)	-6.5	-4.7	-0.3	5.1	10.1	16.0	20.6	20.9	14.8	7.3	1.0	-4.6	-
	강수량(mm)	24	27	49	76	79	141	200	204	129	41	38	15	1,023
	강수일수(일)	3	4	5	5	6	8	10	9	7	3	3	2	65

① B 지역의 월별 최고기온과 최저기온의 차이

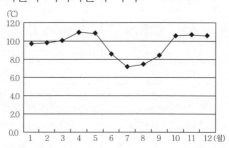

② B 지역의 월별 강수량 분포

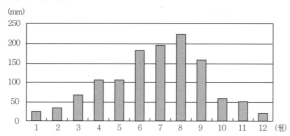

③ B 지역과 C 지역의 계절별 강수일수

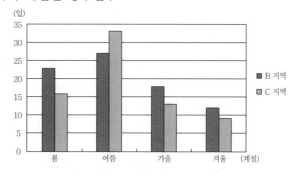

④ A 지역의 계절별 강수량 분포

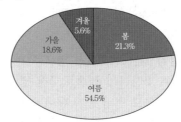

🔍 B 지역의 여름(6~8월) 강수일수는 33일이고, C 지역의 여름 강수일수는 27일이다.

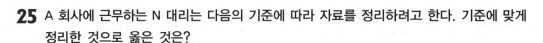

25 A 회사에 근무하는 N 대리는 다음의 기준에 따라 자료를 정리하려고 한다. 기준에 맞게 정리한 것으로 옳은 것은?

◦ 기준 ◦

> 하나의 표로 작성하고 시 · 군 지역의 취업자와 실업자의 수와 전년 동기 대비 동향이 드러날 것

◦ 자료 ◦

▶ **취업자 및 고용률**

ㅁ2014년 하반기(´14년 10월) 9개 도의 시 지역 취업자는 1,170만 8천 명으로 전년 동기 대비 33만 6천 명(3.0%) 증가하였고, 군 지역은 210만 9천 명으로 4만 6천 명(−2.1%) 감소하였음.

　＊´14년 7월 1일 기준으로 충청북도 청주시에 통합된 (구)청원군을 시 지역에 포함하여 집계함.

　＊＊´13년 하반기 (구)청원군을 시 지역에 포함할 경우 시 지역 취업자는 전년 동기 대비 25만 6천 명(2.2%), 군 지역 취업자는 3만 4천 명(1.6%) 증가

ㅁ시 지역의 고용률은 58.6%로 전년 동기 대비 0.5%p 상승하였고, 군 지역의 고용률은 66.4%로 0.5%p 상승하였음.

　−군 지역의 고용률이 시 지역보다 7.8%p 높게 나타났음.

　＊군 지역이 시 지역에 비해 고용률이 높은 것은 군 지역이 상대적으로 농림어업부문의 경제활동이 많고 취업자 중에서 고령층 및 여성이 차지하는 비중이 높은 데 기인함.

▶ **실업자 및 실업률**

ㅁ9개 도의 시 지역 실업자는 32만 4천 명으로 전년 동기 대비 2만 6천 명(8.6%) 증가하였고, 군 지역은 2만 4천 명으로 2천 명(10.6%) 증가하였음.

ㅁ시 지역의 실업률은 2.7%로 전년 동기 대비 0.1%p 상승하였고, 군 지역의 실업률도 1.1%로 전년 동기 대비 0.1%p 상승하였음.

　−시 지역의 실업률이 군 지역보다 1.6%p 높게 나타났음.

▶ **고용률 상 · 하위 지역**

ㅁ시 지역에서는 제주특별자치도 서귀포시(72.2%), 충청남도 당진시(68.0%), 전라남도 나주시(65.8%) 등에서 고용률이 높게 나타났고, 강원도 춘천시(51.8%), 경기도 과천시(52.3%), 동두천시(53.1%) 등에서 낮게 나타났음.

ㅁ군 지역에서는 경상북도 울릉군(79.8%), 전라남도 신안군(76.6%), 충청남도 태안군(75.3%) 등에서 고용률이 높게 나타났고, 경기도 연천군(56.7%), 양평군(58.2%), 전라남도 화순군(60.0%) 등에서 낮게 나타났음.

①

구 분	시 지역 취업자	군 지역 취업자	시 지역 고용률	군 지역 고용률
2014년 하반기	11,708,000명	2,109,000명	58.6%	66.4%
전년 동기 대비	336,000명 증가 (3.0%)	46,000명 감소 (-2.1%)		

②

구 분	시 지역 취업자	군 지역 취업자	시 지역 실업자	군 지역 실업자
2014년 하반기	11,708,000명	2,109,000명	324,000명	24,000명
전년 동기 대비	0.5% 상승	0.5% 상승	0.1% 상승	0.1% 상승

③

구 분	시 지역 취업자	군 지역 취업자	시 지역 실업자	군 지역 실업자
2014년 하반기	11,708,000명	2,109,000명	324,000명	24,000명
전년 동기 대비	336,000명 증가 (3.0%)	46,000명 감소 (-2.1%)	26,000명 증가 (8.6%)	2,000명 증가 (10.6%)

④

구 분	시 지역 취업자	시 지역 고용률	군 지역 취업자	군 지역 고용률
2014년 하반기	11,708,000명	58.6%	2,109,000명	66.4%
전년 동기 대비	336,000명 증가 (3.0%)		46,000명 감소 (-2.1%)	

 ①·④ 고용률은 반영하지 않는다.
② 전년 동기 대비 수치가 틀리다.

26 다음은 연도별 노인돌봄종합서비스 이용 및 매출 현황을 나타낸 자료이다. 이에 대한 설명으로 옳지 않은 것은?

[표 1] 연도별 전국 노인돌봄종합서비스 이용 현황

구 분 \ 연 도	2008	2009	2010	2011
이용횟수(건)	104,712	88,794	229,100	253,211
이용자수(명)	11,159	8,421	25,482	28,108
이용시간(시간)	313,989	272,423	775,986	777,718

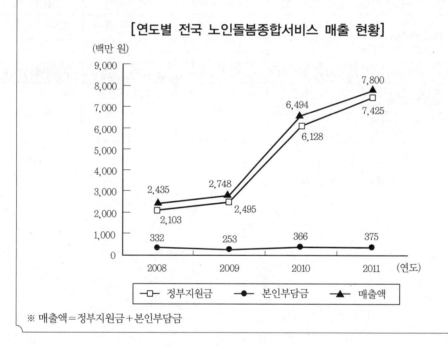

[연도별 전국 노인돌봄종합서비스 매출 현황]

※ 매출액=정부지원금+본인부담금

[표 2] 연도별 7대 도시 노인돌봄종합서비스 이용자 수

(단위 : 명)

도 시 \ 연 도	2008	2009	2010	2011
서 울	1,570	2,071	2,626	2,488
부 산	1,010	1,295	2,312	2,305
대 구	513	960	1,191	1,276
인 천	269	624	873	1,017
대 전	290	389	777	813
광 주	577	530	796	785
울 산	150	162	327	415
계	4,379	6,031	8,902	9,099

① 전국 노인돌봄종합서비스의 이용자수 대비 이용횟수가 가장 높은 연도는 2009년이다.

② 전국 노인돌봄종합서비스 매출액에서 본인부담금이 차지하는 비중은 매년 감소하였다.

③ 2008년 서울과 부산의 노인돌봄종합서비스 이용자수 합은 2008년 7대 도시 노인돌봄종합서비스 이용자수 합의 절반 이상이다.

④ 전국 노인돌봄종합서비스의 이용시간당 매출액은 매년 증가하였다.

🔍 [표 1]과 그래프를 통하여 연도별 전국 노인돌봄종합서비스의 이용시간당 매출액을 구해보면

2008년 $= \dfrac{2,435백만\ 원}{313,989시간} ≒ 7,755원$, 2009년 $= \dfrac{2,748백만\ 원}{272,423시간} ≒ 10,087원$, 2010년 $= \dfrac{6,494백만\ 원}{775,986시간} ≒ 8,369원$,

2011년 $= \dfrac{7,800백만\ 원}{777,718시간} ≒ 10,029원$이므로, 전국 노인돌봄종합서비스의 이용시간당 매출액은 2010년에 전년에 비해 감소했다.

① [표 1]에서 연도별 전국 노인돌봄종합서비스의 이용자수 대비 이용횟수를 구하면

2008년 $= \dfrac{104,712건}{11,159명} ≒ 9.4회$, 2009년 $= \dfrac{88,794건}{8,421명} ≒ 10.5회$, 2010년 $= \dfrac{229,100건}{25,482명} ≒ 9.0회$,

2011년 $= \dfrac{253,211건}{28,108명} ≒ 9.0회$이므로, 전국 노인돌봄종합서비스의 이용자수 대비 이용횟수가 가장 높은 연도는 2009년이다.

② 그래프에서 연도별 전국 노인돌봄종합서비스 매출액에서 본인부담금이 차지하는 비중을 구하면

2008년 $= \dfrac{332}{2,435} × 100 ≒ 13.6\%$, 2009년 $= \dfrac{253}{2,748} × 100 ≒ 9.2\%$, 2010년 $= \dfrac{366}{6,494} × 100 ≒ 5.6\%$,

2011년 $= \dfrac{375}{7,800} × 100 ≒ 4.8\%$이므로, 전국 노인돌봄종합서비스 매출액에서 본인부담금이 차지하는 비중은 매년 감소하였다.

③ [표 2]에서 2008년 서울과 부산의 노인돌봄종합서비스 이용자수 합은 2,580명(1,570+1,010)으로, 2008년 7대 도시 노인돌봄종합서비스 이용자수 합인 4,379명의 약 59% $\left(\dfrac{2,580}{4,379} × 100\right)$이다.

정답 26 ④

27 다음은 인터넷 쇼핑몰 이용자에 대한 통계와 오프라인 쇼핑몰과 비교했을 때 인터넷 쇼핑몰의 장단점을 설문조사한 결과이다. 그래프를 통해 추론한 것으로 옳은 것을 모두 고르시오.

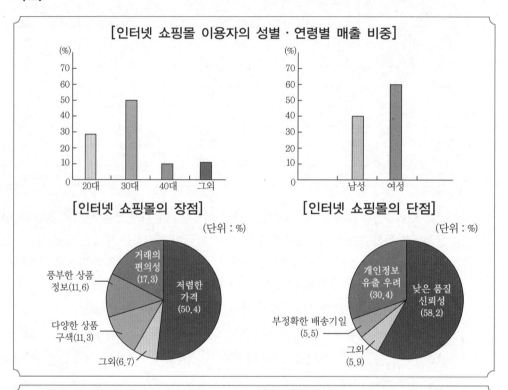

[인터넷 쇼핑몰 이용자의 성별·연령별 매출 비중]

[인터넷 쇼핑몰의 장점] (단위 : %)

[인터넷 쇼핑몰의 단점] (단위 : %)

(가) 제품과 상관없이 인터넷 쇼핑몰을 홍보하려 한다면 연령은 30대를, 성별은 여성을 타깃으로 하는 것이 가장 효과적일 것이다.

(나) 오프라인 쇼핑몰이 인터넷 쇼핑몰과의 경쟁에서 우위를 차지하려면 무엇보다 거래의 편의성을 개선해야 한다.

(다) 사람들이 인터넷 쇼핑몰을 이용할 때 가장 걱정하는 것은 물건의 질을 직접 확인할 수 없어 질이 좋지 않은 물건이 올 수도 있다는 점이다.

① (가) ② (나)
③ (가), (나) ④ (가), (다)

🔍 인터넷 쇼핑몰의 장점이 저렴한 가격이라고 응답한 사람이 절반 이상이므로, 오프라인 쇼핑몰이 인터넷 쇼핑몰과의 경쟁에서 우위를 차지하기 위해서는 가장 먼저 가격 경쟁력을 높여야 한다.

28 다음은 국토교통부가 제공한 '광역상수도 및 공업용수도' 관련 자료이다. 아래의 자료를 정리한 내용으로 적절하지 않은 것은?

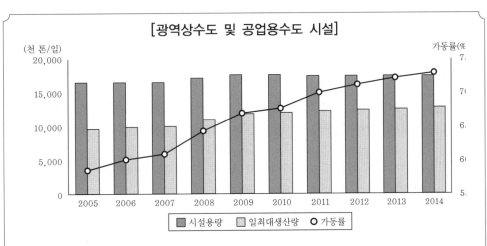

[광역상수도 및 공업용수도 시설]

연 도\구 분	2006	2007	2008	2009	2010	2011	2012	2013	2014
시설용량(A)	16,482	16,546	17,200	17,682	17,682	17,462	17,462	17,462	17,553
일최대생산량(B)	9,907	10,076	11,064	11,851	11,980	12,222	12,434	12,603	12,799
가동률(B/A, %)	60.1	60.9	64.3	67.0	67.7	70.0	71.2	72.2	72.9

※ 가동률 = $\dfrac{일최대생산량}{시설용량}$ ×100 (가동률은 전년도 실적을 익년도 3월 말까지 확정치를 작성)

▶ **광역상수도 및 공업용수도 개념**

　－광역상수도 및 공업용수도 가동률이란 수도시설의 일 최대생산량을 시설용량으로 나눈 값의 비율로, 2014년의 시설용량은 일일 17,553천 톤으로 일일 최대생산량 12,799천 톤을 공급하여 72.9% 수준임(적정가동률의 97.2% 수준).
　　* 적정 가동률은 예비율(25%)을 감안 시설용량의 75% 수준(상수도시설 기준)
　－수도시설은 사회기반시설로 계획·설계 및 시공에 장기간(10년 이상) 소요되며, 장기적으로는 처리능력 감소에 따른 시설개량, 노후관 갱생 및 교체, 사고시 등 공급시설의 안정성 확보를 위해 25% 정도의 예비용량이 필요함.
　－시설용량은 하루 동안 최대로 공급할 수 있는 용량을 말하며, 일 최대생산량은 연간 공급량 중 하루 동안 최대로 생산한 용량을 가리킨다.

▶ **광역상수도 및 공업용수도 가동률의 의의 및 활용도**

  ─광역상수도 및 공업용수도 가동률은 상수도 시설용량에 대한 최대생산량(1일 기준)의 비율로, 상수도 시설이 가동되는 정도와 여유량을 나타내는 지표임.

  ─2014년 실적 기준으로 광역상수도의 용수공급 능력에는 여유가 있는 상황이며, 이는 수도관로 파손·가뭄 등의 각종 재난재해 시 단수 등으로 인한 피해를 최소화할 수 있는 비상대처능력을 그만큼 확보하고 있다는 것을 의미함.

    그러나 상수도 가동률이 너무 낮은 경우 즉, 시설 여유량이 너무 많은 경우에는 불필요한 과잉투자가 될 수 있으므로, 상수도 시설의 합리적인 운영을 위해서는 적정한 수준으로 가동률을 유지하는 것이 바람직함.

  ─광역상수도 가동률은 합리적이고 효율적인 상수도 운영관리 및 시설확충계획 수립 시 중요한 자료로 활용되고 있음.

▶ **가동률 변동추이와 변동요인 분석**

  ─용수 사용량 급증에 따른 상수도시설 확충으로 광역상수도 및 공업용수도 시설용량은 1996년 이후 최근 10여 년간 약 1.6배 증가하였고, 용수사용량은 1997년 외환위기 이후 각종 개발계획 유보 등 경기침체로 인해 2004년까지 소폭 감소 또는 정체를 보이다가 2005년부터 점차 증가하고 있음.

  ─장래 기후변화로 인한 물 부족에 대비하여 한정된 수자원을 절약하기 위한 정부의 지속적인 물수요 관리정책 추진으로 인해 용수수요량 및 광역상수도 가동률의 증가 추세는 둔화되고 있음.

  ─2014년 72.9%인 광역상수도 가동률을 적정가동률(75%) 수준으로 제고하기 위해 광역상수도 사용 확대를 위한 제도개선 및 기존시설의 여유물량을 용수부족지역에 전환 공급하는 급수체계 조정사업 등 다양한 대책을 수립하여 추진 중이므로 광역상수도 가동률은 점차적으로 증가될 것으로 예상됨.

  ─정부에서는 용수수요 예측 및 공급방안 등에 대하여 지자체 등 관련기관과의 긴밀한 협조체계를 구축하여, 광역상수도와 지방상수도 간의 중복투자를 방지하는 등 합리적인 수도시설 계획 및 운영을 도모하고 있음.

▶ **국제 간 비교**

구 분	일본 삿포로	미국 덴버시	한 국
가동률(%)	71.2	55.7	72.2

① 가동률은 일 최대생산량을 시설용량으로 나눈 백분율이며 이전 연도의 실적을 다음해 3월말까지의 자료를 포함하여 계산한다.

② 2014년의 시설용량은 전년대비 약 0.5% 증가하였고, 일 최대생산량은 전년대비 약 1.6% 증가하였다.

③ 2014년 자료를 기준으로 볼 때, 재난재해 등의 비상 시 대처할 수 있는 여유량을 부족하지 않게 확보하고 있다.

④ 용수 사용량은 상수도시설의 확충으로 인해 외환위기 이후부터 꾸준히 증가하였으며, 우리나라의 가동률은 일본과 비슷한 수준을 나타낸다.

🔑 용수 사용량은 1997년 외환위기 이후 각종 개발계획이 유보되고 경기침체로 인하여 2004년까지 소폭 감소 또는 정체를 보이다가 2005년부터 점차 증가하였다고 하였으므로, 외환위기 이후 꾸준히 증가했다는 설명은 적절하지 않다.

② 2014년 시설용량 전년대비 증가율 $= \dfrac{17,553 - 17,462}{17,462} \times 100 ≒ 0.52 \cdots$

2014년 일 최대생산량 전년대비 증가율 $= \dfrac{12,799 - 12,603}{12,603} \times 100 ≒ 1.555 \cdots$

29 다음은 국내 암 발병자 수 및 발생률을 나타낸 자료이다. 이에 대한 설명으로 옳은 것은?

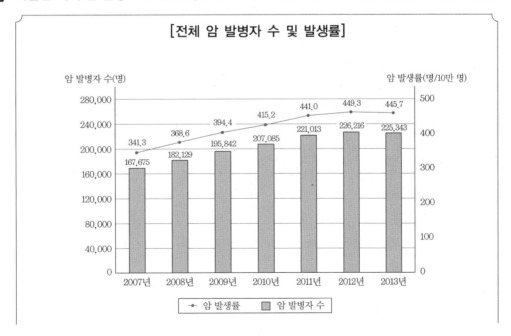

[전체 암 발병자 수 및 발생률]

[6대 암 발병자 수]

(단위 : 명)

구 분	2007년	2008년	2009년	2010년	2011년	2012년	2013년
위 암	26,811	28,392	30,011	30,642	31,895	31,010	30,184
폐 암	21,505	23,172	25,456	26,565	28,487	29,250	27,618
간 암	15,476	15,897	16,139	16,293	16,684	16,363	16,192
대장암	18,436	19,142	20,045	21,226	22,118	22,335	23,177
유방암	12,000	12,836	13,648	14,639	16,128	16,683	17,292
자궁경부암	3,762	4,008	3,806	3,965	3,771	3,619	3,633

① 2007~2012년 6대 암 발병자 수는 모두 해마다 증가하였다.

② 전체 암 발병자 수가 가장 높은 증가율을 보인 것은 2007~2008년 사이이다.

③ 2007~2013년 평균 암 발생률은 407.9명/10만 명이다.

④ 2011년 폐암 발생률은 약 56.8명/10만 명이다.

2013년에는 전년도보다 암 발병자 수가 줄어들었으므로, 2012년까지의 증가율만 살펴보면 다음과 같다.

- 2007~2008년 사이의 증가율 : $\dfrac{182,129 - 167,675}{167,675} \times 100 = 8.620\cdots \fallingdotseq 8.6(\%)$

- 2008~2009년 사이의 증가율 : $\dfrac{195,842 - 182,129}{182,129} \times 100 = 7.529\cdots \fallingdotseq 7.5(\%)$

- 2009~2010년 사이의 증가율 : $\dfrac{207,085 - 195,842}{195,842} \times 100 = 5.740\cdots \fallingdotseq 5.7(\%)$

- 2010~2011년 사이의 증가율 : $\dfrac{221,013 - 207,085}{207,085} \times 100 = 6.725\cdots \fallingdotseq 6.7(\%)$

- 2011~2012년 사이의 증가율 : $\dfrac{226,216 - 221,013}{221,013} \times 100 = 2.354\cdots \fallingdotseq 2.36(\%)$

따라서 2007~2008년 사이의 암 발병자 증가율이 가장 높다.

① 2012년 위암 발병자 수와 간암 발병자 수가 전년 대비 감소하였으므로 모두 증가하였다는 것은 옳지 않은 설명이다.

③ $\dfrac{341.3 + 368.6 + 394.4 + 415.2 + 441.0 + 449.3 + 445.7}{7} = 407.928\cdots \fallingdotseq 407.9(\text{명}/10\text{만 명})$

④ 2011년 전체 암 발생률이 441.0명/10만 명이므로 폐암의 발생률은 $441.0 \times \dfrac{28,487}{221,013} = 56.841\cdots$ $\fallingdotseq 56.8(\text{명}/10\text{만 명})$이다.

30 다음은 장기요양기관 평가결과에 대한 자료이다. 이에 대한 설명 중 옳은 것을 모두 고르면?

[표 1] 등급별 기관수 및 등급산정기준

(단위 : 개소)

등 급	기 관	등급산정기준
A	319	종합점수 순위 상위 10% 이내
B	639	종합점수 순위 상위 10% 초과 30% 이내
C	1,278	종합점수 순위 상위 30% 초과 70% 이내
D	639	종합점수 순위 상위 70% 초과 90% 이내
E	320	종합점수 순위 상위 90% 초과 100% 이내
계	3,195	—

[표 2] 기관규모별 평가결과

(단위 : 개소, 점)

기관규모	기 관	종합 점수 평균	영역별 점수 평균				
			기관 운영	환경 · 안전	권리 · 책임	급여 제공 과정	급여 제공 결과
전 체	3,195	75.9	73.2	81.5	76.9	73.5	74.3
30인 이상	1,144	84.4	82.9	88.9	83.8	83.8	82.4
10인 이상 30인 미만	915	74.7	72.0	80.1	76.3	72.3	72.9
10인 미만	1,136	68.3	64.3	75.2	70.3	64.2	67.4

※ 1. 개별기관의 종합점수는 5개 영역별 점수의 평균값임.

2. 각 기관규모의 종합점수(영역별 점수) 평균 $= \dfrac{\text{각 기관규모 내 개별기관의 종합점수(영역별 점수)의 합}}{\text{각 기관규모의 기관수}}$

[표 3] 종합점수별 기관분포

(단위 : 개소, %)

합	90점 이상		80점 이상 90점 미만		70점 이상 80점 미만		60점 이상 70점 미만		60점 미만	
	기관	비율	기관	비율	기관	비율	기관	비율	기관	비율
3,195	693	21.7	798	25.0	700	21.9	448	14.0	556	17.4

> **(가)** '30인 이상' 기관 중 C, D 또는 E등급을 받은 기관이 있다.
>
> **(나)** '80점 이상 90점 미만' 종합점수를 받은 기관 중 B등급을 받은 기관수는 C등급을 받은 기관수의 50% 이상이다.
>
> **(다)** 모든 영역에서 '10인 미만' 기관의 영역별 점수 평균은 '30인 이상' 기관의 영역별 점수 평균보다 각각 낮다.
>
> **(라)** 모든 기관규모에서 '기관운영' 영역의 영역별 점수 평균은 '급여제공과정' 영역의 영역별 점수 평균보다 각각 낮다.

① (가), (나)　　　　　　　② (가), (다)

③ (가), (라)　　　　　　　④ (가), (나), (다)

🔍 (가) [표 2] 기관규모별 평가결과에서 '30인 이상' 기관은 총 1,144개소인데, [표 1] 등급별 기관수 및 등급산정기준에서 A등급과 B등급을 받은 기관이 모두 958개소(319+639)이므로, '30인 이상' 기관이 모두 A등급이나 B등급을 받았다고 가정하더라도 적어도 186개 기관은 C, D 또는 E등급을 받았을 것이다.

(다) [표 2] 기관규모별 평가결과 중 영역별 점수 평균을 비교해보면 모든 영역에서 '10인 미만' 기관의 영역별 점수 평균이 '30인 이상' 기관의 영역별 점수 평균보다 각각 낮다.

(나) [표 1]과 [표 3]을 통해 A등급을 받으려면 종합점수 순위 상위 10% 이내에 들어야 하며, 90점 이상을 받은 기관 693개소가 A등급을 받을 수 있는 대상에 해당되지만, 실제로 319개소의 기관만 A등급을 받았으므로 나머지 374개소의 기관은 B등급을 받게 된다는 것을 알 수 있다. 따라서 B등급을 받은 639개소의 기관 중 374개소를 제외하면 265개소가 남게 되며, 이는 80점 이상 90점 미만을 받은 기관 798개소로 채워지게 된다. 즉, 798개소 기관 중 265개소는 B등급을, 533개소는 C등급을 받게 된다.

따라서 '80점 이상 90점 미만' 종합점수를 받은 기관 중 B등급을 받은 기관수는 C등급을 받은 기관수의 50% 이하이다.

(라) [표 2] 기관규모별 평가결과 중 영역별 점수 평균을 보면 10인 미만의 기관규모에서는 '기관운영' 영역의 영역별 점수 평균이 '급여제공과정' 영역의 영역별 점수 평균보다 높다.

31 다음 글과 [보기]의 상황을 근거로 판단할 때, A, B, C가 받을 수 있는 최대 배상 금액으로 모두 옳은 것은?

○○국의 층간소음 배상에 대한 기준은 아래와 같다.

- **층간소음 수인(受忍)한도**(1분 평균)
  - 주간 최고소음도 : 55dB(A)
  - 야간 최고소음도 : 50dB(A)
  - 주간 등가소음도* : 40dB(A)
  - 야간 등가소음도 : 35dB(A)
- **층간소음 배상 기준금액** : 수인한도 중 하나라도 초과 시

피해기간	피해자 1인당 배상 기준금액
6개월 이내	500,000원
6개월 초과~1년 이내	650,000원
1년 초과~2년 이내	800,000원

- **배상금액 가산기준**
  (1) 주간 혹은 야간에 최고소음도와 등가소음도가 모두 수인한도를 초과한 경우에는 30% 이내에서 가산
  (2) 최고소음도 혹은 등가소음도가 주간과 야간에 모두 수인한도를 초과한 경우에는 30% 이내에서 가산
  (3) 피해자가 환자, 1세 미만 유아, 수험생인 경우에는 해당 피해자 개인에게 20% 이내에서 가산
- **둘 이상의 가산기준에 해당하는 경우 기준금액을 기준으로 각각의 가산금액을 산출한 후 합산**

  예 피해기간은 3개월이고, 주간의 최고소음도와 등가소음도가 수인한도를 모두 초과하였고, 피해자가 1인이며 환자인 경우 최대 배상금액 : 500,000원+(500,000원×0.3)+(500,000원×0.2)

* 등가소음도 : 변동하는 소음의 평균치

> **보기**
>
> • △△ 아파트에 살고 있는 A와 그의 가족은 위층 집에서 3개월 전부터 주간에 소음을 발생시키자, 이에 대해 문제를 제기하였다. 주간에 소음을 측정한 결과, 최고소음도는 57dB(A), 등가소음도는 40dB(A)이었다. A의 가족은 총 3명이며, 그 중 수험생인 A만 가산기준 (3)에 해당된다.
>
> • □□ 오피스텔에서 혼자 살고 있는 B는 위층에 사는 사람이 1년 6개월 전부터 지속적으로 소음을 발생시키자 문제를 제기하였다. 소음 측정 결과, 최고소음도는 주간과 야간 모두 수인한도를 초과하지 않았으나, 주간 등가소음도는 45dB(A), 야간 등가소음도는 37dB(A)이었다.
>
> • ◇◇ 아파트에 살고 있는 C 부부는 1년 전부터 야간에 지속되어 온 위층의 소음에 대해 문제를 제기하였다. 야간에 소음을 측정한 결과, 최고소음도는 52dB(A), 등가소음도는 38dB(A)이었다. 피해자 C 부부에게는 10개월 된 딸이 한 명 있으며 이들 부부는 가산기준 (3)에 해당되지 않는다.

	A	B	C
①	1,600,000원	1,040,000원	2,665,000원
②	1,600,000원	800,000원	2,080,000원
③	2,050,000원	1,040,000원	2,080,000원
④	2,050,000원	800,000원	2,665,000원

배상 기준금액 및 가산기준에 따라 각각의 상황을 정리하면 다음과 같다.

- A : 피해기간은 3개월이고, 최고소음도는 수인한도를 초과하였으나 등가소음도는 수인한도 내이므로 가산되지 않는다. 그러나 총 3명의 피해자 중 수험생인 A는 (3)에 의해 20%를 가산받을 수 있다.
  ∴ $(500,000원 \times 3명) + (500,000원 \times 0.2) = 1,600,000(원)$

- B : 피해기간은 1년 6개월이고, 등가소음도가 주간과 야간에 모두 수인한도를 초과하였으므로 (2)에 의해 30%가 가산된다.
  ∴ $800,000원 + (800,000원 \times 0.3) = 1,040,000(원)$

- C : 피해기간은 1년이고, 야간에 최고소음도와 등가소음도가 모두 수인한도를 초과하였으므로 30%가 가산된다. 피해자는 총 3명이며 이 중 1세 미만의 유아가 1명 있으므로 해당 유아에게 20%가 추가로 가산된다.
  ∴ $(650,000원 \times 3) + (650,000원 \times 0.3 \times 3) + (650,000원 \times 0.2) = 2,665,000(원)$

32 다음 자료는 2001~2006년 한·중·일 무역관계와 2006년 한·중·일 상호간 무역관계를 나타낸 것이다. 다음 중 틀린 것은? (단, 한·중·일 3국 이외에 타국과의 무역관계는 배제한다)

[한·중·일 3국간 무역관계]

(단위 : 억 불)

구 분 연 도	한 국		중 국		일 본	
	수 출	수 입	수 출	수 입	수 출	수 입
2001	797	812	965	1,473	1,307	784
2002	759	786	959	1,457	1,379	854
2003	814	802	1,021	1,557	1,421	897
2004	867	890	1,215	1,705	1,456	943
2005	845	865	1,164	1,633	1,478	989
2006	858	870	( )	1,423	1,289	( )

※ 무역수지는 수출에서 수입을 뺀 값으로, 이 값이 양(+)이면 흑자, 음(−)이면 적자임.

[2006년 한·중·일 3국의 상호간 무역관계]

(단위 : 억 불)

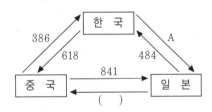

※ 화살표는 수출이 이루어지는 방향을 의미함.

① 2006년 일본의 수입 규모는 1,081억 불이다.
② 2002년 일본의 무역수지는 흑자이고 한국과 중국의 무역수지는 적자이다.
③ 한국은 2004년 이후 무역수지 적자 규모가 점차 줄어들고 있다.
④ 한·중·일 3국의 2006년 수출 규모는 2001년보다 400억 불 이상 늘었다.

2001년 한 · 중 · 일 3국의 수출 규모＝797＋965＋1,307＝3,069(억 불)
2006년 한 · 중 · 일 3국의 수출 규모＝858＋1,227＋1,289＝3,374(억 불)
따라서 3,374－3,069＝305(억 불)
① 2006년 일본의 수입＝841＋A
 A＝2006년 한국 수출－중국으로의 수출＝858－618＝240(억 불)
 따라서 2006년 일본의 수입 규모＝841＋240＝1,081(억 불)
② 2002년 한국의 무역수지＝759－786＝－27(억 불)
 2002년 중국의 무역수지＝959－1,457＝－498(억 불)
 2002년 일본의 무역수지＝1,379－854＝525(억 불)
 ✍ 모두 계산해보지 않아도 수출이 수입보다 많으면 무역수지는 흑자임을 알 수 있다.
③ 2004년 한국의 무역수지＝867－890＝－23(억 불)
 2005년 한국의 무역수지＝845－865＝－20(억 불)
 2006년 한국의 무역수지＝858－870＝－12(억 불)

〔33~36〕 다음은 코레일 수송현황이다. 물음에 답하시오.

[표 1] 수송총괄추이

연 도	역수(개)	여객수송		화물수송		수송밀도
		인원(명)	인키로(인km)	톤수(톤)	톤키로(톤km)	
2009	639	1,020,318	31,326,375	38,897	9,273,133	12,011.084
2010	652	1,060,941	33,012,478	39,217	9,452,369	11,937.382
2011	652	1,118,622	41,909,267	40,012	9,996,738	13,144.792
2012	662	1,150,359	42,738,126	40,309	10,271,230	14,772.325
2013	666	1,224,753	38,529,337	39,822	10,458,879	13,654.713
2014	671	1,263,436	39,498,481	37,379	9,563,603	13,665.496

※ 1. 인키로(Passenger－kilometer)＝여객수송인원×수송거리
 2. 톤키로(Ton－kilometer)＝화물수송톤수×수송거리
 3. 수송밀도＝$\dfrac{인키로＋톤키로}{철도키로}$

[표 2] 차종별 여객 수송실적

종 별	연 도	2009	2010	2011	2012	2013	2014
KTX	인 원	36,823	40,765	49,646	52,362	54,100	56,295
	인키로	9,786,285	10,822,565	13,374,958	14,082,529	14,271,948	14,712,827
새마을	인 원	10,820	10,845	10,136	9,379	9,004	9,825
	인키로	1,672,180	1,654,832	1,463,242	1,242,668	1,170,126	1,285,223
무궁화	인 원	55,034	58,263	60,232	63,333	66,944	66,775
	인키로	6,008,350	6,286,782	6,502,985	6,766,163	6,936,004	6,846,453
통 근	인 원	3,983	1,255	743	742	1,023	670
	인키로	124,180	33,815	19,466	20,621	30,884	22,261
수도권 전철	인 원	912,586	948,848	996,852	1,023,523	1,092,786	1,129,029
	인키로	13,482,355	13,993,862	20,306,065	20,380,580	15,905,066	16,428,246
건 설	인 원	1,072	965	1,013	1,020	896	842
	인키로	253,025	220,622	242,551	245,565	215,309	203,477
계	인 원	1,020,318	1,060,941	1,118,622	1,150,359	1,224,753	1,263,436
	인키로	31,326,375	33,012,478	41,909,267	42,738,126	38,529,337	39,498,487

33 제시된 표에 대한 설명으로 옳은 것은?

① 코레일 역의 개수는 2009년 대비 2014년에 4% 증가하였다.

② 2011년에 수도권전철로 수송한 여객 비율은 2011년 전체 수송인원의 90% 이상이다.

③ 여객 수송인원이 해마다 증가한 차종은 총 3종이다.

④ 2010년 대비 2014년의 새마을호 여객 수송인원은 9% 이상 감소하였다.

🔎 [표 2]에 의하면 새마을호의 2010년과 2014년의 여객 수송인원은 각각 10,845(명), 9,825(명)이므로, $\frac{9,825 - 10,845}{10,845} \times 100 = -9.405\cdots(\%)$가 되어 옳은 내용이다.

① [표 1]에 의하면 2009년 대비 2014년의 코레일 역의 개수는 $\frac{671 - 639}{639} \times 100 = 5.007\cdots(\%)$ 증가하였으므로 옳지 않다.

② 2011년 전체 차종 중 수도권전철로 수송한 여객 비율은 $\frac{996,852}{1,118,622} \times 100 = 89.114(\%)\cdots$이므로 옳지 않다.

③ [표 2]에 따르면 여객 수송인원이 해마다 증가한 차종은 KTX와 수도권전철로 총 2종이다.

💡 비율과 증감률을 구할 때에는 문제에서 정확한 수치를 요구하지 않는 한 어림잡아 계산하는 것이 시간을 절약하는 방법이다.

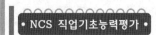

34 다음 중 2014년 여객수송거리 값이 높은 차종이 순서대로 바르게 연결된 것은?

① 건설−KTX−무궁화−새마을 　　　② KTX−건설−새마을−무궁화

③ KTX−통근−건설−무궁화 　　　④ 수도권전철−KTX−건설−무궁화

 [표 1]의 1.에 의하면 인키로＝여객수송인원×수송거리이므로, 수송거리＝$\dfrac{\text{인키로}}{\text{여객수송인원}}$이 된다.

2014년 각 차종별 여객수송거리를 살펴보면,

- KTX : $\dfrac{14,712,827}{56,295}=261.352\cdots$

- 새마을 : $\dfrac{1,285,223}{9,825}=130.811\cdots$

- 무궁화 : $\dfrac{6,846,453}{66,775}=102.530\cdots$

- 통근 : $\dfrac{22,261}{670}=33.225\cdots$

- 수도권전철 : $\dfrac{16,428,246}{1,129,029}=14.550\cdots$

- 건설 : $\dfrac{203,477}{842}=241.659\cdots$

따라서 여객수송거리 값은 KTX−건설−새마을−무궁화 순으로 높다.

35 다음 중 2014년 철도키로(Railway−km)의 값으로 옳은 것은?

① 약 2,980 　　　　　　　　② 약 3,320

③ 약 3,600 　　　　　　　　④ 약 4,150

 [표 1]의 3.에 의하면 수송밀도＝$\dfrac{\text{인키로+톤키로}}{\text{철도키로}}$이므로, 2014년의 철도키로를 x라 하면,

$13,665.496=\dfrac{39,499,629+9,563,603}{x}$ 　　$13,665.496x=49,063,232$ 　　$\therefore x=3,590.300\cdots$

따라서 가장 근사치인 ③이 답이 된다.

36 다음 중 여객수송거리 값이 가장 높은 해는?

① 2009년   ② 2011년

③ 2012년   ④ 2014년

🔍 제시된 각각의 수송거리를 계산해보면,

• 2009년 : $\dfrac{31,326,375}{1,020,318}=30.702\cdots$

• 2011년 : $\dfrac{41,909,267}{1,118,622}=37.465\cdots$

• 2012년 : $\dfrac{42,738,126}{1,150,359}=37.151\cdots$

• 2014년 : $\dfrac{39,498,487}{1,263,436}=31.262\cdots$

따라서 2011년의 여객수송거리 값이 가장 높다.

37 다음은 임차인 A ~ E의 전·월세 전환 현황에 대한 자료이다. 이에 대한 설명 중 옳은 것만을 모두 고르면?

[임차인 A ~ E의 전·월세 전환 현황]

(단위 : 만 원)

임차인	전세금	월세보증금	월세
A	( )	25,000	50
B	42,000	30,000	60
C	60,000	( )	70
D	38,000	30,000	80
E	58,000	53,000	( )

※ 전·월세 전환율(%) $= \dfrac{월세 \times 12}{전세금 - 월세보증금} \times 100$

ⓐ A의 전·월세 전환율이 6%라면, 전세금은 3억 5천만 원이다.

ⓑ B의 전·월세 전환율은 10%이다.

ⓒ C의 전·월세 전환율이 3%라면, 월세보증금은 3억 6천만 원이다.

ⓓ E의 전·월세 전환율이 12%라면, 월세는 50만 원이다.

① ㉠, ㉡   ② ㉠, ㉢

③ ㉠, ㉣   ④ ㉢, ㉣

🔍 ㉠ A의 전·월세 전환율이 6%일 경우 전세금을 구하면 다음과 같다.

$$전·월세 전환율(\%) = \frac{월세 \times 12}{전세금 - 월세보증금} \times 100$$

$$전세금 - 월세보증금 = \frac{월세 \times 12}{전·월세 전환율} \times 100$$

$$전세금 = \left(\frac{50 \times 12}{6} \times 100 \right) + 25,000$$

∴ 전세금 = 10,000 + 25,000 = 35,000(만 원)

㉣ E의 전·월세 전환율이 12%일 경우 월세를 구하면 다음과 같다.

$$12 = \frac{월세 \times 12}{58,000 - 53,000} \times 100$$

월세 × 1,200 = 5,000 × 12

∴ 월세 = 50(만 원)

㉡ B의 전·월세 전환율 $= \frac{60 \times 12}{42,000 - 30,000} \times 100 = \frac{720}{12,000} \times 100 = 6\%$이다.

㉢ C의 전·월세 전환율이 3%일 경우 월세보증금을 구하면 다음과 같다.

$$3 = \frac{70 \times 12}{60,000 - 월세보증금} \times 100$$

$$60,000 - 월세보증금 = \frac{70 \times 12}{3} \times 100$$

∴ 월세보증금 = 60,000 - 28,000 = 32,000(만 원)

Chapter 3 : 문제해결능력

빈 출 예 제

01 다음 중 국민연금과 관련된 용어에 대한 설명이 적절하지 못한 것은?

용 어	내 용
사업장	근로자를 사용하는 사업소 및 사무소 ·················· ㉠ ※ 사업장별로 사업장 가입자에 대한 연금보험료를 신고 · 납부함
근로자	사업장에서 노무를 제공하고 그 대가로 임금을 받아 생활하는 자(법인의 이사 · 임원 포함)
사용자	해당 근로자가 소속되어 있는 사업장의 사업주 ·················· ㉡
소 득	근로자 : 근로를 제공하여 얻은 수입에서 소득세법에서 정하는 비과세 금액을 제외한 금액(근로소득) 개인사업장 사용자 : 사업 및 자산을 운영하여 얻는 수입 총액(사업소 득금액) ·················· ㉢
기준소득 월액	연금보험료와 급여를 산정하기 위하여 가입자의 소득월액을 기준으로 하여 「국민연금법 시행령」에서 정하는 금액 ·················· ㉣
사업장 가입자	사업장에 고용된 근로자 및 사용자로서 제8조에 따라 국민연금에 가입된 자
특수직종 근로자	상시 갱내작업에 종사하는 광원(입갱수당 지급자) ·················· ㉤ 어선에서 직접 어로작업에 종사하는 부원

① ㉠
② ㉡
③ ㉢
④ ㉣
⑤ ㉤

🔍 개인사업장 사용자의 소득은 사업 및 자산을 운영하여 얻는 수입에서 필요경비를 제외한 금액을 의미한다.

02 김 씨, 이 씨, 박 씨는 장애연금, 유족연금, 노령연금 중 하나를 받는다. 다음 조건이 모두 사실일 때 항상 참인 명제는?

> • 김 씨, 이 씨, 박 씨는 장애연금, 유족연금, 노령연금 중 서로 다른 연금을 받았다.
> • **김 씨** : "나는 유족연금을 받았어."
> • **이 씨** : "나는 유족연금을 받지 않았어."
> • **박 씨** : "나는 노령연금을 받지 않았어."
> • 세 명 중 한 명만 진실을 말한다.

① 김 씨는 장애연금을 받았다. 　　　② 박 씨는 유족연금을 받았다.
③ 김 씨는 유족연금을 받았다. 　　　④ 이 씨는 유족연금을 받았다.
⑤ 박 씨는 노령연금을 받았다.

🔍 김 씨의 말이 진실이라면, 김 씨는 유족연금을 받았다. 이때, 이 씨의 말은 거짓이므로 이 씨도 유족연금을 받은 것이 된다. 따라서 모순이 된다.
　　이 씨의 말이 참이라면, 이 씨는 유족연금을 받지 않았으므로 장애연금 또는 노령연금을 받았다. 박 씨의 말은 거짓이므로 박 씨는 노령연금을 받았다. 따라서 이 씨는 장애연금을 받은 것이 되고 남는 것은 유족연금이므로 김 씨는 유족연금을 받았다. 그런데, 김 씨의 말은 거짓이므로 모순이 된다.
　　박 씨의 말이 참이라면, 박 씨는 장애연금이나 유족연금을 받는다. 이 씨의 말은 거짓이므로 이 씨는 유족연금을 받았다. 따라서 박씨는 장애연금을 받게 된다. 김씨의 말은 거짓이므로 노령연금을 받는다. 이 경우에만 논리가 성립하게 된다.
　　따라서 김 씨는 노령연금, 이 씨는 유족연금, 박 씨는 장애연금을 받았다.

03 다음은 중복급여의 조정에 관한 안내문과 이를 도표로 정리한 것이다. (가)~(마) 중 안내문과 일치하지 않는 것은?

> **[중복급여의 조정]**
>
> 　우리보다 앞서 사회보장제도를 실시하고 있는 일본, 영국, 미국, 덴마크 등과 같이 우리나라에서도 한 사람에게 국민연금 또는 다른 사회보험에 의한 급여가 중복 지급되는 것을 제한하거나 조정하고 있습니다. 이는 한 사람에게 급여가 집중되는 것을 방지하여 한정된 재원으로 좀 더 많은 사람들이 골고루 혜택을 누려야 한다는 사회보험의 원리에 따른 것입니다.

한 사람에게 둘 이상의 국민연금 급여가 발생한 경우 원칙적으로 선택한 하나만 지급받을 수 있으나, 일정한 경우에는 선택하지 않은 급여의 일부를 받을 수 있습니다. 예를 들어 장애연금을 받고 있는 사람에게 노령연금이 발생한 경우에는 선택한 하나의 연금이 지급되고 다른 연금의 지급은 정지되나 선택하지 아니한 급여가 유족연금일 경우 선택한 급여와 유족 연금액의 30%를 지급(단, 선택한 급여가 반환일시금일 경우 유족연금액의 30%를 지급하지 아니함)하며, 선택하지 아니한 급여가 반환일시금일 경우 선택한 급여를 전액 지급하고 반환일시금은 '국민연금법 제80조제2항에 상당하는 금액(사망일시금 상당액)'을 지급합니다.(단, 선택한 급여가 장애연금이고 선택하지 않은 급여가 본인의 연금보험료 납부로 인한 반환일시금일 경우 장애연금만 지급함)

선 택	비선택	최종지급
장애연금	노령연금	(가) 장애연금
장애연금	유족연금	(나) 장애연금+유족연금의 30%
반환일시금	유족연금	(다) 반환일시금+유족연금의 30%
급여 중 하나	반환일시금	(라) 선택한 급여 전액+사망일시금 상당액
장애연금	반환일시금	(마) 장애연금

① (가)   ② (나)
③ (다)   ④ (라)
⑤ (마)

🔍 선택하지 않은 급여가 유족연금일 경우 선택한 급여와 유족연금의 30%도 함께 지급이 되나, 이때 선택한 급여가 반환일시금일 경우엔 유족연금의 30%를 지급하지 않는다고 규정되어 있다.

04 다음 중 '실업크레딧 제도'에 대해 바르게 이해한 것은?

[실업크레딧 제도]

□ **지원대상**

구직급여 수급자가 연금보험료 납부를 희망하는 경우 보험료의 75%를 지원하고 그 기간을 가입기간으로 추가 산입하는 제도

※ 구직급여 수급자 – 고용보험에 가입되었던 사람이 이직 후 일정수급요건을 갖춘 경우 재취업 활동을 하는 기간에 지급하는 급여

※ 실업기간에 대하여 일정요건을 갖춘 사람이 신청하는 경우에 가입기간으로 추가 산입하는 제도이므로 국민연금 제도의 가입은 별도로 확인 처리해야함

□ **제도안내**

(1) (지원대상) 국민연금 가입자 또는 가입자였던 사람 중 18세 이상 60세 미만의 구직급여 수급자
- 다만 재산세 과세금액이 6억 원을 초과하거나 종합소득(사업·근로소득 제외)이 1,680만 원을 초과하는 자는 지원 제외

(2) (지원방법) 인정소득 기준으로 산정한 연금보험료의 25%를 본인이 납부하는 경우에 나머지 보험료인 75%를 지원
- 인정소득은 실직 전 3개월 평균소득의 50%로 하되 최대 70만원을 넘지 않음

(3) (지원기간) 구직급여 수급기간으로 하되 최대 1년(12개월)까지 지원
- 구직급여를 지급받을 수 있는 기간은 90~240일(월로 환산 시 3~8개월)

(4) (신청장소 및 신청기한) 전국 국민연금공단 지사 또는 고용센터
- 고용센터에 실업신고 하는 경우 또는 실업인정신청 시 실업크레딧도 함께 신청 가능하며, 구직급여 수급인정을 받은 사람은 국민연금공단 지사에 구직급여를 지급받을 수 있는 날이 속한 달의 다음 달 15일까지 신청할 수 있음

① 실직 중이라도 실업크레딧 제도의 혜택을 받은 사람은 자동적으로 국민연금에 가입된 것이 된다.

② 국민연금을 한 번도 거르지 않고 납부해 온 62세의 구직급여 수급자는 실업크레딧의 지원 대상이 된다.

③ 실업 중이며 조그만 자동차와 별도의 사업소득으로 약 1,800만 원을 받는 구직급여 수급자인 A씨는 실업크레딧 지원 대상이다.

④ 인정소득 70만원, 연금보험료는 63,000원인 구직급여 수급자가 15,750원을 납부하면 나머지 47,250원을 지원해 주는 제도이다.

⑤ 회사 사정으로 급여의 변동이 심하여 실직 전 3개월 간 각각 300만 원, 80만 원, 60만 원의 급여를 받았고 재산세와 종합소득 기준이 부합되는 자는 실업크레딧 지원 대상이다.

🔍 63,000원의 25%인 15,750원을 납부하면 나머지 75%인 47,250원을 지원해 주는 제도이다.

[매력적인 오답]
① 국민연금 제도의 가입은 별도로 확인 처리해야 한다고 언급되어 있다.
② 18세 이상 60세 미만의 구직급여 수급자로 제한되어 있다.
③ 종합소득(사업·근로소득 제외)이 1,680만 원을 초과하는 자는 지원 제외 대상이다.
⑤ 3개월 간 급여가 300+80+60=440(만 원)이므로 평균소득이 약 147만 원이다. 147만 원의 50%는 70만 원을 넘으므로 인정소득 한도를 넘게 된다.

실 전 문 제 연 습

〔01~02〕 다음 제시된 명제를 참(眞)으로 할 때 옳은 것을 고르시오.

01
- 팀장이 출장을 가면 업무처리가 늦어진다.
- 고객의 항의 전화가 오면 실적 평가에서 불이익을 받는다.
- 업무처리가 늦어지면 고객의 항의 전화가 온다.

① 고객의 항의 전화가 오면 팀장이 출장을 간 것이다.
② 업무처리가 늦어지면 팀장이 출장을 간 것이다.
③ 실적 평가에서 불이익을 받지 않으면 팀장이 출장을 가지 않은 것이다.
④ 실적평가에서 불이익을 받으면 팀장이 출장을 가지 않는다.

🔍 팀장이 출장을 가면 업무처리가 늦어지고, 업무처리가 늦어지면 고객의 항의 전화가 오며, 고객의 항의 전화가 오면 실적 평가에서 불이익을 받는다. 따라서 "팀장이 출장을 가면 실적 평가에서 불이익을 받는다."는 참이 되고 이 명제의 대우인 "실적 평가에서 불이익을 받지 않으면 팀장이 출장을 가지 않은 것이다."도 참이 된다.

02
- 요리를 잘하는 사람은 반드시 청소도 잘한다.
- 청소를 잘하는 사람은 반드시 키가 크다.
- 나는 요리를 잘한다.

① 키가 크면 청소를 잘한다.
② 청소를 잘하면 요리를 잘한다.
③ 키가 작으면 청소를 잘한다.
④ 나는 키가 크다.

🔍 첫 번째 명제와 두 번째 명제를 조합해보면 "요리를 잘하는 사람은 반드시 키가 크다."가 참이 되므로 "나는 키가 크다."가 성립한다.

[03~04] 다음 전제와 결론이 모두 참일 때, 빈칸에 들어갈 알맞은 문장을 고르시오.

03

[전 제] • 심성이 온순한 어린이는 인간관계가 원만하다.
　　　 • _____

[결 론] 우울증에 걸린 어린이는 심성이 온순하지 않다.

① 우울증에 걸린 어린이는 심성이 온순하지 않다.
② 우울증에 걸린 어린이는 인간관계가 원만하지 않다.
③ 우울증에 걸리지 않은 어린이는 인간관계가 원만하다.
④ 심성이 온순하지 않은 어린이는 우울증에 걸린다.

🔍 'A→B, B→C면 A→C이다.'의 삼단논법에 따라 빈칸인 전제 2를 추론해볼 수 있다. '심성이 온순함 : p', '인간관계가 원만함 : q', '우울증에 걸림 : r'이라고 하면, 첫 번째 전제는 「p→q」이고, 결론은 「r→~p」이다. 그런데 결론이 참이면 결론의 대우도 참이므로 「p→~r」이 성립한다. 따라서 빈칸에 들어갈 전제 2는 「q→~r」이며, 그 대우인 ②가 답이 된다.

04

[전 제] • 건강에 관심이 많지 않은 사람은 종합비타민제를 챙겨먹지 않는다.
　　　 • 건강에 관심이 많은 사람은 규칙적으로 운동을 한다.
　　　 • _____

[결 론] A는 종합비타민제를 챙겨먹지 않는다.

① A는 규칙적으로 운동을 하지 않는다.
② A는 건강에 관심이 많다.
③ 규칙적으로 운동을 하면 종합비타민제를 챙겨 먹는다.
④ A는 규칙적으로 운동을 하지만 건강에 관심이 없다.

🔍 '종합비타민제 : p', '건강에 관심 많음 : q', '규칙적인 운동 : r'이라고 하면 전제 1과 2는 각각 「~q→~p」, 「q→r」이고, 전제와 결론 모두 참이므로 전제 1의 대우인 「p→q」도 참이 된다. 이를 정리하면 「종합비타민제(p)→건강에 관심 많음(q)→규칙적인 운동(r)」이므로 「p→r」이 성립한다. 결론 「~p」를 얻기 위해 추가로 필요한 전제는 혼합 가언 삼단논법(후건 부정식)을 적용하여 구할 수 있다.
• 종합비타민제를 챙겨먹는 사람은 규칙적으로 운동을 한다(p이면 r이다).
• _____(r이 아니다).
• (그러므로) A는 종합비타민제를 챙겨먹지 않는다(p가 아니다).
따라서 'A는 규칙적으로 운동을 하지 않는다.'가 전제 3이 된다.

[05~06] 다음 명제가 참일 때 참이 아닌 것을 고르시오.

05
- A 회사에 다니는 사람은 일본어에 능통하지 못하다.
- B 대학교를 졸업한 사람은 일본어에 능통하다.
- C 학원에 다니지 않은 사람은 B 대학교를 졸업했다.

① B 대학교를 졸업하지 않은 사람은 C 학원에 다녔다.
② 일본어에 능통하지 못한 사람은 C 학원에 다녔다.
③ B 대학교를 졸업한 사람은 C 학원에 다니지 않았다.
④ A 회사에 다니는 사람은 B 대학교를 졸업하지 않았다.

🔍 'A 회사에 다닌다 : p', '일본어에 능통하다 : q', 'B 대학교를 졸업했다 : r', 'C 학원에 다녔다 : s'로 나타낼 경우, 제시된 명제에 의해 「p→~q」, 「r→q」, 「~s→r」이 되고, 명제가 참이므로 그 대우인 「q→~p」(일본어에 능통하다→A 회사에 다니지 않는다), 「~q→~r」(일본어에 능통하지 못하다→B 대학교를 졸업하지 않았다), 「~r→s」(B 대학교를 졸업하지 않았다→C 학원에 다녔다) 역시 참이 된다. 이상의 식을 감안하여 생각하면 「p→~q→~r→s」의 관계가 성립하므로, 「p→~r」(A 회사에 다닌다→B 대학교를 졸업하지 않았다), 「~q→s」(일본어에 능통하지 못하다→C 학원에 다녔다)도 참이 된다.

06
- 윤아가 빨리 오면 태연이 늦게 오거나 수영이 늦게 온다.
- 태연이 늦게 오면 윤아는 빨리 온다.
- 수영이 늦게 오면 태연도 늦게 온다.

① 윤아가 늦게 오면 태연은 빨리 온다.
② 수영이 빨리 오면 태연도 빨리 온다.
③ 태연이 빨리 오면 윤아는 늦게 온다.
④ 수영이 늦게 오면 윤아는 빨리 온다.

🔍 ① 명제가 참이면 그 대우는 참이므로 이는 두 번째 명제의 대우로 참이 된다.
③ 세 번째 명제의 대우는 "태연이 빨리 오면 수영이도 빨리 온다."이다. 또한, 첫 번째 명제의 대우는 "태연과 수영이 빨리 오면 윤아는 늦게 온다."이다. 따라서 두 명제를 연결하면 참임을 알 수 있다.
④ 세 번째 명제와 두 번째 명제를 연결하면 참임을 알 수 있다.

[07~09] 다음 문장을 읽고 밑줄 친 부분에 들어갈 알맞은 것을 고르시오.

07

> 축구를 잘하는 사람은 감기에 걸리지 않는다. 감기에 걸리지 않는 사람은 휴지를 아껴 쓴다. 나는 축구를 잘한다.
> 그러므로 _____

① 나는 감기에 자주 걸린다.　　　　② 환자는 휴지를 아껴 쓴다.
③ 나는 축구를 자주 한다.　　　　　④ 나는 휴지를 아껴 쓴다.

🔍 'p→q이고 q→r이면 p→r이다.'의 삼단논법을 적용하면, '나는 축구를 잘하는 사람'이므로 '나는 감기에 걸리지 않는다.'가 성립하고, '나는 감기에 걸리지 않는 사람'이므로 '나는 휴지를 아껴 쓴다.'가 성립한다.

08

> 시계가 산이면 나무는 바다가 아니다. 나무는 바다다.
> 그러므로 _____

① 시계는 산이다.　　　　　　　　② 산은 나무이다.
③ 시계는 산이 아니다.　　　　　　④ 시계가 산인지 알 수 없다.

🔍 혼합 가언 삼단논법(후건 부정)에 따라 '시계가 산이면(p이면) 나무는 바다가 아니다(q이다), 나무는 바다다(q가 아니다), 그러므로 시계는 산이 아니다(p가 아니다).'가 된다.

09

> 진달래를 좋아하는 사람은 감성적이다. 백합을 좋아하는 사람은 보라색을 좋아하지 않는다. 감성적인 사람은 보라색을 좋아한다.
> 그러므로 _____

① 감성적인 사람은 백합을 좋아한다.
② 백합을 좋아하는 사람은 감성적이다.
③ 진달래를 좋아하는 사람은 보라색을 좋아한다.
④ 보라색을 좋아하는 사람은 감성적이다.

🔍 삼단논법에 따라 'p→q이고, q→r이면 p→r이다.'가 성립한다. 따라서 '진달래를 좋아하는 사람→감성적', '감성적→보라색을 좋아한다.'이므로 '진달래를 좋아하는 사람→보라색을 좋아한다.'가 성립한다.

[10~11] 다음 글을 읽고 아래의 물음에 답하시오.

> 영업부의 박 부장은 월요일부터 목요일까지 매일 남녀 각 한 명씩 두 사람을 회사 홍보 행사 담당자로 보내야 한다. 영업부에는 현재 남자 사원 4명(길호, 철호, 영호, 치호)과 여자 사원 4명(영숙, 옥숙, 지숙, 미숙)이 근무하고 있으며, 다음과 같은 제약 사항이 있다.
>
> **(가)** 매일 다른 사람을 보내야 한다.
> **(나)** 치호는 철호 바로 전날에 보내야 한다.
> **(다)** 옥숙은 수요일에 보낼 수 없다.
> **(라)** 철호와 영숙은 같이 보낼 수 없다.
> **(마)** 영숙은 지숙과 미숙 이후에 보내야 한다.
> **(바)** 치호는 영호보다 앞서 보내야 한다.
> **(사)** 옥숙은 지숙 이후에 보내야 한다.
> **(아)** 길호는 철호를 보낸 바로 다음 날 보내야 한다.

10 만일 영호와 옥숙을 같은 날 보낼 수 없다면, 목요일에 보내야 하는 남녀 사원은 누구인가?

① 길호와 영숙 ② 영호와 영숙
③ 치호와 옥숙 ④ 영호와 옥숙

🔍 먼저 서로 연관이 있거나 공통적인 조건을 함께 묶어서 정립시켜 나간다. (나), (바), (아)를 서로 묶어 판단하면, 치호는 철호 전날, 철호는 길호 전날이고, 치호가 영호보다 앞서므로 남자 사원의 순서는 치호>철호>길호>영호의 순으로 나온다.
그렇게 되면 일단 ① · ③번은 사라진다. 그 다음 여자 사원의 순서인데 (다), (마), (사)를 종합해보면 옥숙은 화요일 아니면 목요일에 갈 수밖에 없으며 영숙은 최소한 수요일 이후에 보내야 하므로 ②가 답이 된다.

11 만일 영호를 철호보다 앞서 보내야 한다면, 수요일에 보내야 하는 남녀 사원은 각각 누구인가?

① 길호－영숙 ② 영호－미숙
③ 영호－영숙 ④ 철호－미숙

🔍 영호를 철호보다 앞서 보내야 한다면 가능성이 있는 것은 철호가 둘째 날에서 셋째 날로 밀려나는 것이기 때문에 답은 의외로 쉽게 나온다. 즉 여자 사원은 고려하지 않더라도 철호가 화요일에서 수요일로 밀려나기 때문이다.

12 다음은 ◇◇ 공사의 여비규정과 K의 출장 일정이다. K가 받을 총 여비는 얼마인가?

[여비규정]

제00조(일반출장) ① 일반출장여비는 운임, 일비, 숙박비, 식비로 한다.

　　② 출발일과 도착일은 여행일수에 포함한다.

제00조(운임의 구분과 적용) ① 운임은 철도임, 버스임으로 구분한다.

　　② 철도임은 철도여행에, 버스임은 철도 외의 육로여행에 각각 적용한다.

제00조(일비) ① 일비는 '별표 제1호'에 따라 지급한다.

　　② 일비는 여행일수에 따라 지급한다.

제00조(숙박비) 숙박비는 '별표 제1호'의 상한액 내에서 실비를 지급한다.

제00조(식비) 식비는 1일 2식비를 기준으로 '별표 제1호'에 따라 지급하되, 숙박의 경우 1식비를 추가로 지급한다.

[별표 제1호]

(단위 : 원)

구 분	운 임		일비(1일당)	숙박비(1일당 상한액)	식비(1일당)
	철도임	버스임			
직 원	실 비	실 비	16,000	70,000	18,000

[직원 K의 출장 일정]

날 짜	일 정	시 각	비 고
1일차	출 발	10 : 00	철도 이용 23,500원
	식 사	13 : 00	식사 비용 8,000원
	숙 박	–	숙박비 75,000원
2일차	회 의	09 : 00	–
	만 찬	17 : 00	–
	숙 박	–	숙박비 60,000원
3일차	복 귀	11 : 00	철도 이용 26,500원

① 280,000원　　　　　　　　② 300,000원

③ 320,000원　　　　　　　　④ 340,000원

🔍 운임은 실비로 지급하므로 23,500+26,500=50,000(원)이고, 일비는 출장 기간이 총 3일이므로 16,000×3=48,000(원)이다. 숙박비는 75,000원과 60,000원이 쓰였지만 1일당 상한액이 70,000원이므로 여비로 지급 가능한 금액은 70,000+60,000=130,000(원)이다. 식비는 1일 2식비가 18,000원이므로 1식비는 9,000원인데, 1일차와 2일차에는 숙박을 하므로 기본 2식비에 1식비를 더해 18,000+9,000=27,000(원), 3일차에는 2식비로 18,000원을 지급하므로 식비는 27,000+27,000+18,000=72,000(원)이다. 따라서 K가 받을 총 여비는 50,000+48,000+130,000+72,000=300,000(원)이다.

[13~14] 자동차회사에 입사한 A는 총무팀에서 근무하고 있다. 이 자동차회사의 본사는 서울에 있고, 공장은 밀양에 있다. A는 직원들이 출장이나 외근 시 필요한 교통편을 예약하는 업무를 하고 있다. 아래의 상황을 보고 주어진 물음에 답하시오.

[역간운임표]

(단위 : 원)

KTX →

새마을호 열차 ↓	서 울	7,600	12,800	21,500	38,600	43,200	46,800	48,100
	7,200	광 명	10,600	19,300	36,700	41,200	44,800	46,200
	8,700	7,200	천안·아산	8,700	25,700	29,500	33,100	34,400
	15,000	11,200	7,200	대 전	17,000	22,200	25,400	26,800
	29,400	25,600	20,700	14,400	동대구	7,600	9,300	10,900
	34,300	30,600	25,600	19,400	7,200	밀 양	7,600	7,600
	38,200	34,500	29,600	23,300	8,900	7,200	구 포	7,600
	39,700	36,000	31,000	24,800	10,400	7,200	7,200	부 산

[KTX 예매일별 할인]

승차권 구입시기 ＼ 탑승시기	월~금요일	토·일요일, 공휴일
출발 20일 전~15일 전까지	15% 할인	7.5% 할인
출발 14일 전~7일 전까지	7% 할인	3.5% 할인

13 A는 오늘 오전에 B 대리로부터 다음의 메일을 받았다. 메일 내용에 나와 있는 상황을 고려했을 때 B 대리의 총 운임 비용은 얼마인가? (단, 서울에서 출발한다)

> 안녕하세요. 본사 기획팀 B 대리입니다.
> 제가 9일 후인 다음 주 월요일에 부산으로 열흘 동안 출장을 갑니다.
> 내일 KTX 왕복표를 예매하고 결제하려고 하는데 총 운임 비용이 얼마나 나올까요?

① 85,618원   ② 89,466원
③ 90,909원   ④ 92,833원

🔍 부산행의 경우 월요일 탑승이고 8일 전 구매이므로 48,100원에서 7%의 할인을 받고, 서울행의 경우 수요일 탑승이고 17일 전 구매이므로 15%의 할인을 받는다. 따라서 총 운임은 $(48,100 \times 0.07) + (48,100 \times 0.15)$ $= 44,733 + 40,885 = 85,618$(원)이다.

14 A는 상사인 L 부장에게서 다음의 지시를 받았다. 총 운임 비용은 얼마인가?

> • 본사에서 공장으로 출장을 가야 함.
> • 서울에서 동대구까지는 KTX를 타고, 동대구에서 밀양까지는 새마을호 열차를 탈 것임.
> • KTX와 새마을호 열차를 상호 환승하는 경우에 새마을호 열차 운임의 30%를 할인 받을 수 있는 회원권이 있음.

① 39,340원   ② 39,620원
③ 43,640원   ④ 43,920원

🔍 서울에서 동대구까지 38,600원이고 동대구에서 밀양까지는 7,200원에서 30% 할인된 금액인 5,040 원이다. 따라서 총 운임비용은 $38,600 + 5,040 = 43,640$(원)이다.

[15～16] 다음은 리모델링 자금보증에 대한 설명이다. 물음에 답하시오.

1. 리모델링 자금보증이란?

리모델링 주택조합이 리모델링에 필요한 사업자금을 조달하기 위해 금융기관으로부터 대출받은 사업비대출금의 원리금 상환을 책임지는 보증상품

2. 개 요

보증대상	리모델링 행위허가를 득한 리모델링사업
보증구분	조합원이주비보증, 조합원부담금보증, 조합사업비보증
보증채권자	「은행법」에 의한 금융기관, 산업은행, 기업은행, 농협, 수협 등
보증채무자	보증채권자로부터 리모델링자금 대출을 받는 차주
보증금액	이주비대출원금, 부담금대출원금, 사업비대출원금
보증기간	대출실행일로부터 대출원금 상환 기일까지
기 타	• 보증금지 요건 　－보증심사 결과 심사평점표의 종합평점이 70점 미만인 경우 　－총 건립세대 규모가 150세대 미만인 사업장인 경우 　－보증신청 당시 조합설립인가, 행위허가 등의 무효 또는 취소를 다투는 소송이 진행 중으로 사업에 차질이 예상되는 경우 　－위조 또는 변조된 서류를 제출하는 등 속임수에 의하여 보증을 받고자 하는 경우 　－기타 보증함이 적절하지 못하다고 판단되는 경우 • 사업비대출보증 시공자요건 　－신용평가등급이 BBB－등급 이상 　－고객 상시 모니터링 결과 경보등급에 해당하지 않아야 함. 　－책임준공 의무 부담

3. 보증한도

구 분	보증한도	주채무자(연대보증인)
조합원이주비보증	조합원별 종전자산 평가액의 60%	조합원(조합)
조합원부담금보증	조합원별 부담금의 60%	조합원(조합)
조합사업비보증	총 사업비의 50%	조 합

4. 보증료

• 보증료 산정식

보증료＝보증금액×보증료율×(보증기간에 해당하는 일수/365)

• 심사등급별 보증료율

상품명	이주비	부담금	사업비		
			1등급	2등급	3등급
보증료율(연)	0.35%	0.20%	0.45%	0.62%	0.92%

15 사업비보증을 받으려고 하는 다음 3개 조합 중 보증료가 높은 순서대로 바르게 나열한 것은? (단, 천의 자리에서 반올림한다)

구 분	등 급	보증금액	보증기간
A 조합	1등급	200억	100일
B 조합	2등급	50억	365일
C 조합	3등급	100억	100일

① A 조합>B 조합>C 조합   ② A 조합>C 조합>B 조합
③ B 조합>A 조합>C 조합   ④ B 조합>C 조합>A 조합

🔍 각 조합의 보증료를 계산해보면 다음과 같다.
- A 조합 : $20,000,000,000 \times \frac{0.45}{100} \times \frac{100}{365} = 24,657,534.2465\cdots \fallingdotseq 2,466$(만 원)
- B 조합 : $5,000,000,000 \times \frac{0.62}{100} \times \frac{365}{365} = 31,000,000 = 3,100$(만 원)
- C 조합 : $10,000,000,000 \times \frac{0.92}{100} \times \frac{100}{365} = 25,205,479.452 \fallingdotseq 2,521$(만 원)

16 조합원 A는 보증회사로부터 최대한 많은 액수의 이주비보증을 받으려고 한다. A의 종전 자산 평가액은 10억이고 보증기간은 60일일 때, 보증료는 얼마인가? (단, 백의 자리에서 반올림한다)

① 30만 5천 원   ② 31만 원
③ 32만 5천 원   ④ 34만 5천 원

🔍 A의 종전자산 평가액이 10억이므로 이주비보증을 받을 수 있는 한도는 10억의 60%인 6억이다. 보증료를 계산하면,
$600,000,000 \times \frac{0.35}{100} \times \frac{60}{365} = 345,205.479\cdots \fallingdotseq 345$(천 원)

〔17~19〕 우체국에서 근무하는 P는 소포 및 택배 요금에 관련된 업무를 담당하고 있다. 아래의 상황을 보고 주어진 물음에 답하시오.

[표 1] 국내소포 가격

(단위 : 원)

구 분		2kg	5kg	10kg	20kg	30kg
등기소포 (익일배달)	동일지역	3,500	4,500	5,500	6,500	7,500
	타지역	4,500	5,000	5,500	6,500	8,000
	제주항공	5,000	6,000	7,000	8,000	10,000
	제주선편(D+2일)	4,500	5,000	5,500	6,500	8,000
보통소포 (등기취급안함, D+3일배달)	동일지역	2,200	2,700	3,700	4,700	5,700
	타지역	2,700	3,200	4,200	5,200	6,700
	제주지역	2,700	3,200	4,200	5,200	6,700

※ 중량 기준을 초과하게 되면, 다음 단계의 요금을 적용한다.

[표 2] 국내택배 가격

(단위 : 원)

구 분		2kg	5kg	10kg	20kg	30kg
우체국택배 (익일배달)	동일지역	4,500	5,500	6,500	7,500	8,500
	타지역	5,000	6,000	7,000	8,000	9,000
	제주항공	6,000	7,000	8,000	9,000	11,000
	제주선편(D+2일)	5,000	6,000	7,500	8,500	9,000

※ 중량 기준을 초과하게 되면, 다음 단계의 요금을 적용한다.

[표 3] 부가 이용 수수료

(등기소포를 전제로 취급지역에 한함 / 단위 : 원)

구 분	당일특급	익일오전특급	휴일배달	착불소포	안심소포
개당요금(원)	2,000	1,000	2,000	500	해당요금＋해당요금의 50%＋50만 원 초과 매 10만 원마다 500원

[표 4] 소포 할인율

구 분		10%	15%	20%
창구접수	요금즉납	2개 이상	10개 이상	50개 이상
	요금후납	50개 이상	250개 이상	500개 이상
방문접수	요금즉납	2개 이상	10개 이상	50개 이상

17 P는 서울에 거주하는 고객으로부터 다음과 같은 문의사항을 받았다. 고객이 지불해야 할 배송비용은 총 얼마인가?

> 총 두 개의 물건을 보내려고 합니다.
> 하나는 하루 남은 친구의 생일선물을 제주도로 택배를 보내고, 나머지 하나는 해남에 사시는 아버지 친구분께 보낼 보통소포입니다.
> 친구 생일선물은 3kg이고, 아버지 친구분 소포는 7.5kg입니다. 총 배송비용은 얼마나 나올까요?

① 9,800원　　　　　　　　　　② 10,600원
③ 11,000원　　　　　　　　　　④ 11,200원

🔍 [표 1]과 [표 2]를 이용하여 구한다.
　• 친구 생일선물 배송비용 : 택배를 이용, 익일배달, 중량 3kg이므로 7,000원
　• 아버지 친구 분 보통소포 배송비용 : 보통소포, 타지역, 중량 7.5kg이므로 4,200원
　　따라서 고객이 지불해야 할 총 배송비용은 7,000+4,200=11,200(원)이다.

18 P는 아래 자료를 토대로 A, B, C 온라인 쇼핑몰의 배송비 할인금액을 검토하고 있다. 세 쇼핑몰 모두 익일에 배달되는 등기소포를 이용하고 있을 때, 한 달을 기준으로 할인금액이 높은 온라인 쇼핑몰 순서대로 알맞은 것을 고르면? (단, 물품은 4.3kg으로 동일하며, 모두 동일지역으로 배송한다)

	배송 빈도	한 번에 보내는 소포 개수	요금 납부	접수 방법
A 쇼핑몰	한 달에 10번	25개	즉 납	창구 접수
B 쇼핑몰	한 달에 한 번	300개	후 납	
C 쇼핑몰	한 달에 6번	52개		방문 접수

① A-C-B　　　　　　　　　　② B-C-A
③ C-A-B　　　　　　　　　　④ C-B-A

🔍 • A 쇼핑몰의 배송비 : 10번×25개×4,500원=1,125,000(원)
• A 쇼핑몰의 할인 금액 : 1,125,000×0.15=168,750(원)
• B 쇼핑몰의 배송비 : 1번×300개×4,500원=1,350,000(원)
• B 쇼핑몰의 할인 금액 : 1,350,000×0.15=202,500(원)
• C 쇼핑몰의 배송비 : 6번×52개×4,500원=1,404,000(원)
• C 쇼핑몰의 할인 금액 : 1,404,000×0.2=280,800(원)
따라서 할인금액이 높은 순서는 C−B−A이다.

19 P는 상사에게 다음과 같은 메모를 전달받고 총 배송비를 알려달라는 지시를 받았다. H 홈쇼핑이 지불해야 할 총 배송비를 계산하면 얼마인가?

> • H 홈쇼핑에서 유리그릇 세트 192개를 안심소포를 보내야 함.
> • 45개는 당일특급, 110개는 익일오전특급으로 보냄.
> • 유리그릇 세트 무게는 24kg, 구매자 중 제주도 거주자는 없음.
> • 소포 중에서 $\frac{1}{3}$은 타지역 거주자, 나머지는 동일지역 거주자임.

① 2,303,500원   ② 2,412,500원
③ 3,310,000원   ④ 3,502,000원

🔍 우선 부가 이용 수수료를 제외한 소포요금부터 구하는데, 안심소포로 신청하려면 등기소포를 전제해야 하기에 등기소포 값으로 계산한다. 192개 중에 타지역 구매자는 $\frac{1}{3}$로 64명이고, 제주도 거주자는 없으므로 동일지역 거주자는 128명이므로
• 동일지역 거주자 소포요금 : 7,500×128=960,000(원)
• 타지역 거주자 소포요금 : 8,000×64=512,000(원)
따라서 총 960,000+512,000=1,472,000원의 배송요금이 나온다.
여기서 H 홈쇼핑이 안심소포를 선택했으므로 해당요금 1,472,000원+해당요금 50%(736,000원)+(9×500원)=2,212,500원이다. 거기다 당일특급 비용[2,000×45=90,000(원)]과 익일오전특급 비용[1,000×110=110,000(원)]을 더해야 하므로 총 2,412,500(원)의 배송비를 내야 된다.

『20~21』 다음은 A가 성인 스마트폰 중독 자가진단을 한 내용이다. 물음에 답하시오.

[성인 스마트폰 중독 자가진단표]

번호	질문	전혀 그렇지 않다	그렇지 않다	그렇다	매우 그렇다
1	스마트폰의 지나친 사용으로 업무능률이 떨어졌다.		○		
2	스마트폰을 사용하지 못하면 온세상을 잃은 것 같은 생각이 든다.	○			
3	스마트폰을 사용할 때 그만해야지라고 생각은 하면서도 계속한다.				○
4	스마트폰이 없으면 불안하다.			○	
5	수시로 스마트폰을 사용하다 지적을 받은 적이 있다.			○	
6	가족이나 친구들과 함께 있는 것보다 스마트폰을 사용하는 것이 더 즐겁다.		○		
7	스마트폰 사용기간을 줄이려고 해보았지만 실패했다.			○	
8	스마트폰을 사용할 수 없게 된다면 견디기 힘들 것이다.		○		
9	스마트폰을 너무 자주 또는 오래한다고 가족·친구들로부터 불평을 들은 적이 있다.			○	
10	스마트폰 사용에 많은 시간을 보낸다.		○		
11	스마트폰이 옆에 없으면 하루종일 일이 손에 안 잡힌다.	○			
12	스마트폰을 사용하느라 지금 하고 있는 일(공부)에 집중이 안 된 적이 있다.				○
13	스마트폰 사용에 많은 시간을 보내는 것이 습관화되었다.			○	
14	스마트폰이 없으면 안절부절못하고 초조해진다.	○			
15	스마트폰 사용이 지금 하고 있는 일에 방해가 된다.		○		

[성인 스마트폰 중독 자가진단표]

채점방법	응 답	전혀 그렇지 않다	그렇지 않다	그렇다	매우 그렇다
	점 수	1점	2점	3점	4점
산출법		1요인	3요인	4요인	총 점
		1, 5, 9, 12, 15번 합계	4, 8, 11, 14번 합계	3, 7, 10, 13번 합계	1~15번 합계

[판정표]

고위험 사용자군	총 점	㉠ 44점 이상
	요인별	㉡ 1요인 15점 이상, ㉢ 3요인 13점 이상, ㉣ 4요인 13점 이상
	판 정	㉠에 해당하거나, ㉡~㉣ 모두에 해당하는 경우
잠재적 위험 사용자군	총 점	㉠ 40점 이상, 43점 이하
	요인별	㉡ 1요인 14점 이상
	판 정	㉠, ㉡ 중 한 가지라도 해당하는 경우
일반 사용자군	총 점	㉠ 39점 이하
	요인별	㉡ 1요인 13점 이하, ㉢ 3요인 12점 이하, ㉣ 4요인 12점 이하
	판 정	㉠~㉣ 모두 해당하거나 고위험 및 잠재적 위험군에 속하지 않는 경우

[스마트폰 중독 증상]

1. 내 성

스마트폰을 점점 더 많은 시간 동안 사용하게 되어 나중에는 많이 사용해도 만족감이 없는 상태

2. 금 단

스마트폰을 과다하게 사용하여 스마트폰이 없으면 불안하고 초조함을 느끼는 현상

3. 일상생활장애

스마트폰을 과다하게 사용하여 가정, 학교, 직장 등에서 문제를 일으키는 상태

4. 가상세계지향성

현실에서 직접 만나 관계를 맺기보다는 스마트폰을 활용하여 관계를 맺는 것이 편한 상태

20 A의 성인 스마트폰 중독 자가진단 총점과 판정 결과로 옳은 것은?

① 41점, 고위험 사용자군

② 41점, 잠재적 위험 사용자군

③ 36점, 잠재적 위험 사용자군

④ 36점, 일반 사용자군

🔍 A의 성인 스마트폰 중독 자가진단 총점은 36점이며, 1요인이 14점이므로 잠재적 위험 사용자군에 해당한다.

정답 **20** ③

21 위 자가진단표에서 각 요인별 점수가 높을 경우 나타날 수 있는 증상으로 알맞은 것은?

① 1요인 – 일상생활장애　　　　　　② 2요인 – 내성

③ 3요인 – 가상세계지향성　　　　　④ 4요인 – 금단

🔍 1요인이 1, 5, 9, 12, 15번의 합계, 3요인이 4, 8, 11, 14번의 합계, 4요인이 3, 7, 10, 13번의 합계이므로 2요인은 2, 6번의 합계이다. 각 문항의 내용과 스마트폰 중독 증상의 내용을 연결하여 생각해보면 1요인은 일상생활장애, 2요인은 가상세계지향성, 3요인은 금단, 4요인은 내성과 관련이 있음을 알 수 있다.

〔22~23〕 행사운영팀에 소속된 직원 P는 회사 행사 때 필요한 안내 책자를 제작하는 업무를 담당하고 있다. 아래에 주어진 상황을 보고 물음에 답하시오.

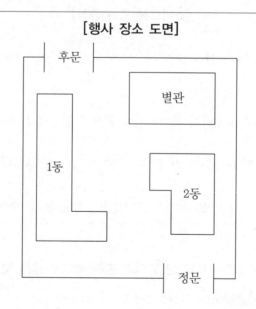

[행사 장소 도면]

• **안내 책자 제작 비용**(안내 책자 제작비 + 안내 책자 비치대 제작비)
　– 안내 책자 제작 비용 : 단면 한 권 10,000원, 양면 한 권 18,000원
　– 안내 책자 비치대 제작 비용 : 건물 내부용 8,000원, 건물 외부용 12,000원
• **행사 안내판 제작 비용**
　– 크기에 따라 비용이 다르며, 기본 크기에서 추가된 크기만큼 1m²당 1,500원씩 추가 비용이 발생한다.
　– 기본 크기는 2m×3m, 기본 크기 비용은 4,000원

22 다음은 제작할 안내 책자에 관한 정보이다. 안내 책자 제작에 필요한 비용은 총 얼마인가?

> • **안내 책자를 비치할 곳** : 1동 내부 한 곳, 2동과 별관 사이 한 곳, 후문 앞에 한 곳
> • **기타 사항** : 책자는 전부 단면으로 제작, 단 실내에 비치할 책자는 양면으로 제작, 각 장소마다 30권씩 제작

① 1,112,000원　　　　　　　　　② 1,132,000원
③ 1,172,000원　　　　　　　　　④ 1,320,000원

🔍 정보를 정리해 보면, 안내 책자는 단면 60권, 양면 30권 제작, 안내 책자 비치대는 내부용 1개, 외부용 2개를 제작해야 한다. 총 제작 비용을 구해보면,
  • 안내 책자 제작 비용 : (10,000원×60권)+(18,000원×30권)=1,140,000(원)
  • 안내 책자 비치대 제작 비용 : 8,000원+(12,000원×2)=32,000(원)
  따라서 총 제작 비용은 1,140,000+32,000=1,172,000(원)이다.

23 P는 안내 책자 제작 비용을 정리한 후 팀장에게 보고하였고, 이에 팀장은 다음과 같이 추가 지시 사항을 주었다. 행사 안내판 설치 비용은 총 얼마인가?

> "방문객이 편리하게 이용할 수 있도록 행사 안내판을 설치하면 좋겠습니다. 정문과 후문에 하나씩, 그리고 별관 앞에 하나 설치하는 게 좋겠군요. 정문에는 $2m×8m$의 크기, 후문과 별관 앞에는 $3m×5m$의 크기로 제작하는 걸로 해서 총 비용이 얼마인지 알려주세요."

① 54,000원　　　　　　　　　② 55,000원
③ 56,000원　　　　　　　　　④ 58,000원

🔍 팀장의 지시 사항을 정리하면, 정문에 $2m×8m$ 크기 한 개, 후문과 별관 앞에 $3m×5m$ 크기 각 한 개씩하여 총 세 개의 행사 안내판을 제작해야 한다. 총 비용을 계산해보면,
  • $2m×8m(=16m^2)$ 크기 행사 안내판 제작 비용 : 4,000원+{(16-6)×1,500원}=19,000(원)
  • $3m×5m(=15m^2)$ 크기 행사 안내판 제작 비용 : [4,000원+{(15-6)×1,500원}]×2=35,000(원)
  따라서 행사 안내판 총 설치 비용은 19,000+35,000=54,000(원)이다.

〔24~26〕 다음은 소규모 사업장에서 위험성평가를 수행할 수 있도록 제시한 위험성평가 실시계획서이다. 아래 내용을 읽고 주어진 질문에 알맞은 답을 하시오.

[역할과 책임]

조 직	역할과 책임(권한)
총괄관리책임자 (사업주 또는 공장장)	**위험성평가의 총괄 관리** • 사업주의 의지 구현 − 방침과 추진목표를 문서화하고 게시 − 위험성평가를 실행하기 위한 노력〔회의장소 제공, 회의 참석(주관) 등〕 − 실시계획서 작성 지원 − 위험성평가를 실행하기 위한 조직구성과 역할 부여 및 인지 • 위험성평가 교육 − 총괄관리책임자(사업주) 교육 이수 − 작업자에게 외부교육기관 교육기회 제공 • 예산지원 및 산업재해예방 노력 − 안전보건 설비개선비용 또는 개인보호구 구입 등 예산편성 및 집행 − 재해사례 수립·전파 및 중대 재해 예방을 위한 노력 • 무재해 운동 참여
관리감독자 (위험성평가담당자와 겸직가능)	**위험성평가 실시** • 유해위험요인을 파악하고 위험성 추정 및 결정 • 위험성 감소대책의 수립 및 실행 • 위험성평가 실시시기, 절차와 내용 숙지 • 책임과 권한인지 및 이행
근로자(작업자)	**위험성평가 참여** • 담당업무와 관련된 위험성평가 활동에 참여 • 담당업무에 대한 안전보건수칙 및 위험성평가결과 감소대책 숙지 • 비상상황에 대한 대비 및 대응방법 인지 • 출입허가절차 및 위험한 장소 인지
위험성평가담당자 (관리감독자와 겸직가능)	**위험성평가의 실행 관리 및 지원** • 위험성평가 실시 공고문을 게시판에 공고 및 관련회의 개최하고 기록유지 • 위험성평가 담당자 교육을 이수 • 위험성평가 연간계획 수립 및 실시 • 안전보건정보 수집 및 재해조사관련 자료 등을 기록 • 관련 직원에게 위험성평가 교육을 실시하고 기록유지 • 위험성평가 검토 및 결과에 대한 기록, 보관

[실시시기]

▶ **최초평가** : 처음으로 실시하는 위험성평가를 말하며 전체작업을 대상으로 한다.
▶ **정기평가** : 최초 평가 후 사업장 전반에 대해 매년(1회/년) 정기적으로 실시한다.
▶ **수시평가** : 해당 계획의 실행을 착수하기 전 또는 작업 개시(재개) 전에 실시한다.
 1. 중대산업사고 또는 산업재해(휴업 이상의 요양을 요하는 경우에 한정)가 발생한 때
 2. 작업장 변경 시(작업자, 설비, 작업방법 및 절차 등의 변경)
 3. 건설물, 기계·기구, 설비 등의 정비 또는 보수

[위험성평가 실시방법 및 추진절차]

▶ **실시방법**
 1. 사업주가 위험성평가 실시를 총괄 관리한다.
 2. 위험성평가 전담직원을 지정하는 등 위험성평가를 위한 체제를 구축한다.
 3. 작업내용 등을 상세하게 파악하고 있는 관리감독자에게 유해·위험요인의 파악, 위
    험성의 추정·결정, 위험성 감소대책의 수립·실행을 하게 한다.
 4. 유해·위험요인을 파악하거나 감소대책을 수립하는 경우 특별한 사정이 없는 한 해
    당 작업에 종사하고 있는 근로자를 참여하게 한다.
 5. 기계·기구, 설비 등과 관련된 위험성평가에는 해당 기계·기구, 설비 등에 전문지
    식을 갖춘 사람을 참여하게 한다.
 6. 위험성평가를 실시하기 위한 필요한 회의 및 교육 등을 실시한다.

▶ **추진절차**
위험성평가는 【1단계】 사전준비 → 【2단계】 유해·위험요인 파악 → 【3단계】 위험성 추정
→ 【4단계】 위험성 결정 → 【5단계】 위험성 감소대책 수립 및 실행의 절차에 따라 실시하
며, 일련의 전 과정에 대한 기록을 한다.
※ 위험성평가는 1회성으로 완료되는 것이 아니며, 위험성이 허용 가능한 수준이 될 때까지 위 순서를 반복해
  야 한다.

[위험성평가 시 유의사항]

▶ 위험성평가 대상에는 모든 근로자(협력업체, 방문객 포함)에게 안전·보건상 영향을 주
 는 다음 사항을 포함하여야 한다.
 1. 회사 내부 또는 외부에서 작업장에 제공되는 위험시설
 2. 작업장에서 보유 또는 취급하고 있는 모든 유해물질
 3. 일상적인 작업(협력업체 포함) 및 비일상적인 작업(수리 또는 정비 등)
 4. 발생할 수 있는 비상조치 작업

▶ 사업장은 위험성 평가결과, 위험을 제거 또는 감소시키기 위한 조치계획을 안전보건활동 추진계획에 포함하여 실시하고 모니터링 하여야 한다.

▶ 위험성 감소대책을 실행한 후 허용 가능한 위험성 수준이 될 때까지 추가의 감소대책을 수립·실행하여야 한다.

▶ 사업주는 중대재해, 중대산업사고 또는 심각한 질병이 발생할 우려가 있는 위험성으로서 감소대책의 실행에 많은 시간이 필요한 경우에는 즉시 잠정적인 조치를 강구하여야 한다.

▶ 사업주는 위험성평가를 종료한 후 남아 있는 유해·위험요인에 대해서는 게시, 주지 등의 방법으로 근로자에게 알려야 한다.

[기록관리]

▶ 위험성평가와 관련된 기록은 KRAS를 통해 온라인으로 관리하고 주기적으로 출력하여 대표에게 승인받는다.

▶ 위험성평가 기록은 우리 회사 안전보건 기록관리규정에 준하여 보관하되 3년 이상 보관한다.

▶ 기록은 연 1회 정도 정기적으로 검토를 하고 근로자의 의견을 반영한 후에 변경 여부를 결정하며, 모든 근로자가 알 수 있도록 배부 또는 게시한다.

24 다음 중 위험성평가의 실시방법으로 적절하지 않은 것은?

① 위험성평가를 실시하기 전에 필요한 회의나 교육 등을 실시한다.
② 설비와 관련된 위험성평가에는 해당 설비를 담당하는 근로자를 참여하게 한다.
③ 위험성평가를 전문적으로 담당하는 직원을 지정한다.
④ 관리감독자에게 위험성 감소대책을 수립하여 실행하도록 한다.

🔍 [위험성평가 실시방법]의 다섯 번째 항목에 따르면, 설비나 기계·기구와 관련된 위험성평가를 실시할 우, 해당 설비와 기계·기구 등에 전문지식을 갖춘 사람이 참여하게 한다.

25 다음 중 위험성평가에 대한 설명으로 옳지 않은 것은?

① 위험성평가 기록은 3년 이상 보관한다.

② 최초로 위험성평가를 실시한 이후에는 매년마다 정기적으로 실시한다.

③ 비일상적인 작업이나 비상조치 작업은 위험성평가의 대상이 되지 않는다.

④ 위험성평가는 1회성으로 그치지 않고, 위험성이 허용가능 수준이 될 때까지 평가를 반복한다.

🔎 [위험성평가 시 유의사항]에 따르면, 일상적인 작업 및 비일상적인 작업과 발생할 수 있는 비상조치 작업도 모든 근로자에게 안전 · 보건상 영향을 줄 수 있으므로 위험성평가 대상에 포함하고 있다.

26 제시된 위험성평가 실시계획서에 따른 역할과 다른 행동을 한 사람은?

① 총괄관리책임자인 A 씨는 위험성평가 교육을 이수받고, 관련 직원들에게 위험성평가 교육을 실시하였다.

② 관리감독자인 B 씨는 위험성평가 실시시기와 절차 등을 숙지하고, 위험성 감소를 위한 대책을 수립하였다.

③ 위험성평가담당자인 C 씨는 위험성평가의 연간계획을 수립하여 실시하였으며, 그 결과를 기록 및 보관하였다.

④ 근로자인 D 씨는 평소 비상상황이 발생할 경우 어떻게 대처할 것인지 대응방법을 인지하였다.

🔎 총괄관리책임자는 위험성평가의 총괄관리를 맡은 자로서, 위험성평가 교육을 이수하고, 예산지원 및 사업재해 예방에 힘쓰며, 무재해 운동에 참여하는 등의 역할을 한다. 관련 직원들에게 위험성평가 교육을 실시하고 그 기록을 관리하는 역할을 하는 사람은 위험성평가담당자이다.

【27~28】 다음은 어느 카페의 가격표이다. 물음에 답하시오.

COFFEE

아메리카노	2,300원
에스프레소	2,300원
카페라떼	2,900원
카푸치노	2,900원
헤이즐넛라떼	2,900원
바닐라라떼	3,000원
카페모카	3,200원
카라멜마끼야또	3,500원
카라멜초콜릿모카	3,500원
화이트초콜릿모카	3,500원
*샷/시럽/휘핑크림 추가	300원

ADE & TEA

캐모마일/페퍼민트/얼그레이/아이스티	
	2,700원
레몬에이드/유자에이드/자몽에이드	
	2,900원
밀크티/핫초코	2,900원

JUICE & YOGURT

키위/토마토/딸기/바나나 주스	3,200원
딸기바나나/키위 바나나 믹스	3,200원
계절과일	3,500원
프로즌/딸기/녹차/블루베리/복숭아 요거트	
	3,800원

TOAST & BAGEL

잼치즈토스트	3,200원
스위트시나몬토스트	3,200원
크림치즈베이글	3,000원
어니언베이글	3,500원
햄치즈베이글	4,200원
베베큐어니언베이글	4,500원

SANDWICH

햄치즈/튜나/치킨브레스트/핫치킨브레스트
/베이컨어니언/핫베이컨/에그/포테이토

4,200원

SET

토스트 + 아메리카노	3,800원
크림치즈베이글 + 아메리카노	3,800원
샌드위치 + 아메리카노	5,500원
샌드위치 + 라떼/카푸치노	6,000원
샌드위치 + 모카/마끼아또	6,500원
샌드위치 + 주스	6,500원
*토스트, 샌드위치 선택 가능	

10 + 2 EVENT!

*음료 종류 상관없이 10잔 구매 시 추가로 2잔 무료 제공

*단, SET 메뉴 주문 시 적용되지 않음.

*샷/시럽/휘핑크림 추가 시 추가 금액 별도 계산

27 A부서 직원 12명은 1인당 3,000원씩 모아서 다음과 같이 음료 12잔을 주문하려고 한다. 최소 금액으로 음료를 주문할 때, 남는 금액은 얼마인가?

> 아메리카노 2잔, 카페라떼 1잔, 바닐라라떼 3잔, 카라멜마끼아또(휘핑 추가) 1잔, 레몬에이드 1잔, 키위 주스 2잔, 딸기바나나 주스 1잔, 프로즌 요거트 1잔

① 5,500원   ② 6,000원

③ 6,300원   ④ 6,700원

🔍 음료 10잔 구매 시 추가로 2잔이 무료이므로 10잔 값만 계산하면 된다. 문제에서 최소 금액으로 음료를 주문한다고 하였으므로 가장 비싼 음료 2잔인 카라멜마끼아또와 프로즌 요거트의 가격을 제외하고 계산하되 휘핑 추가 금액은 별도 계산이므로 합산해야 한다.

$2,300 \times 2 + 2,900 + 3,000 \times 3 + 300 + 2,900 + 3,200 \times 2 + 3,200 = 29,300$(원)

12명이 3,000원씩 모았다고 하였으므로 남는 금액은 $3,000 \times 12 - 29,300 = 6,700$(원)이다.

28 A부서 직원 12명은 위의 음료 12잔에 추가로 샌드위치 6개를 더 주문하여 반씩 나눠먹기로 했다. 최소 금액으로 주문하려고 할 때 추가로 내야하는 금액은 1인당 얼마씩인가?
(단, 일의 자리에서 올림한다)

① 1,500원   ② 1,520원

③ 1,550원   ④ 1,580원

🔍 10+2 이벤트와 SET 메뉴 할인은 중복 적용이 불가능하므로 어느 쪽이 최소 금액인지 먼저 계산해야 한다. 10+2 이벤트로 구입할 경우 **27** 해설에서 계산한 금액에 샌드위치 가격만 추가하면 된다.

$29,300 + 4,200 \times 6 = 54,500$(원)

SET 메뉴로 구입할 경우 샌드위치+아메리카노의 원래 가격은 6,500원이므로 1,000원, 샌드위치+카페라떼의 원래 가격은 7,100원이므로 1,100원, 샌드위치+바닐라라떼의 원래 가격은 7,200원이므로 1,200원, 샌드위치+카라멜마끼아또 7,700원이므로 1,200원, 샌드위치+주스의 원래 가격은 7,400원이므로 900원을 할인 받을 수 있다. 따라서 가장 할인을 많이 받을 수 있는 구성으로 계산하면 다음과 같다.

$2,300 + 5,500 + 6,000 \times 4 + 6,500 + 300 + 2,900 + 3,200 \times 2 + 3,200 + 3,800 = 54,900$(원)

10+2 이벤트로 구입할 때 더 저렴하므로 이를 가지고 1인당 추가로 내야 하는 금액을 계산하면, $(54,500 - 36,000)/12 = 1,541.666\cdots$(원), 일의 자리에서 올림하면 1,550원이 된다.

『29~30』 K 기업의 재무팀에서 근무하는 사원 S는 주거래 은행인 A 은행 환율을 기준으로 업무를 처리하고 있다. 다음 물음에 답하시오.

[표 1] 2015년 4월 10일 기준 A 은행의 환율

(단위 : 원)

통화명	현 찰		송 금	
	살 때	팔 때	보낼 때	받을 때
미국 USD	1,112.94	1,074.66	1,104.50	1,083.10
일본 JPY 100	925.21	893.39	918.21	900.39
유럽연합 EUR	1,183.72	1,137.54	1,172.23	1,149.03
중국 CNY	188.24	167.14	177.68	174.18
캐나다 CAD	884.87	850.35	876.28	858.94

[표 2] 2015년 5월 12일 기준 A 은행의 환율

(단위 : 원)

통화명	현 찰		송 금	
	살 때	팔 때	보낼 때	받을 때
미국 USD	1,115.79	1,077.41	1,107.30	1,085.90
일본 JPY 100	929.58	897.62	922.55	904.65
유럽연합 EUR	1,259.34	1,210.20	1,247.11	1,222.43
중국 CNY	188.91	167.74	178.32	174.80
캐나다 CAD	823.94	791.80	851.94	799.80

29 K 기업의 해외지사에서 한국에 있는 본사로 송금을 하였는데, 미국 지사에서는 2015년 5월 12일에 25,800달러를 보냈고, 캐나다 지사에서는 캐나다 달러로 2015년 4월 10일에 59,400달러를 송금하였다. S가 미국 지사와 캐나다 지사로부터 본사가 송금 받은 총 금액을 정리하여 보고한다고 할 때, 그 금액은 대략 얼마인가?

① 73,000,000원 ② 75,000,000원
③ 78,000,000원 ④ 80,000,000원

🔍 각각 송금 받은 날짜에 따른 받을 때의 환율을 적용해 보면,
  • 2015년 5월 12일에 미국 지사에서 송금 받은 달러 : 25,800×1,085.90=28,016,220(원)
  • 2015년 4월 10일에 캐나다 지사에서 송금 받은 캐나다 달러 : 59,400×858.94=51,021,036(원)
  따라서 두 지사에서 본사가 송금 받은 총 금액은 28,016,220+51,021,036=79,037,256(원)으로, 이 금액과 가장 근사치인 ④가 답이 된다.

30 2015년 5월 12일에 독일로 출장이 예정되어 있는 해외영업 1팀이 출장지에서 사용할 금액인 1,500,000원을 S가 한 달 전인 2015년 4월 10일에 미리 유로화로 환전해 놓는다면, 출장 당일에 환전할 때보다 얼마의 이익을 보게 되는가? (단, 소수점 첫째 자리에서 반올림하고, 출장 당일을 기준으로 환율의 이익을 계산한다)

① 101,392원 ② 100,847원
③ 95,710원 ④ 92,133원

🔎 출장비 환전 날짜를 2015년 4월 10일과 2015년 5월 12일로 나누어 각각 계산해보면,
• 2015년 4월 10일에 유로화(EUR)로 환전 : 1,500,000÷1,183.72=1,267.19…≒1,267(유로)
• 2015년 5월 12일에 유로화(EUR)로 환전 : 1,500,000÷1,259.34=1,191.10…≒1,191(유로)
따라서 2015년 4월 10일에 유로화로 환전해 둘 경우, 당일에 환전하는 것보다 약 76(=1,267−1,191) 유로의 이익을 보게 된다. 그런데 제시된 보기의 단위가 원 단위이므로, 이를 원으로 환전하면 95,709.84(=76×1,259.34)원, 즉 95,710원임을 알 수 있다.

31 A는 아래와 같이 세 개의 단계를 순서대로 거쳐 16개의 구슬을 네 묶음으로 나누었다. 네 묶음의 구슬 개수는 각각 1개, 5개, 5개, 5개이다. 다음 조건에 따라 판단할 때 1단계에서 A가 나눈 두 묶음의 구슬 개수로 옳은 것은?

> • 1단계 : 16개의 구슬을 두 묶음으로 나누어, 한 묶음의 구슬 개수가 다른 묶음의 구슬 개수의 n배(n은 자연수)가 되도록 했다.
> • 2단계 : 5개 이상의 구슬이 있던 한 묶음에서 다른 묶음으로 5개의 구슬을 옮겼다.
> • 3단계 : 두 묶음을 각각 두 묶음씩으로 다시 나누어 총 네 묶음이 되도록 했다.

① 11개, 5개 ② 12개, 4개
③ 14개, 2개 ④ 15개, 1개

🔎 2단계에 따라 5개 이상의 구슬이 있던 한 묶음에서 다른 묶음으로 5개의 구슬을 옮기면 10개, 6개의 묶음이 되는데, 3단계에 따라 두 묶음을 각각 두 묶음씩으로 다시 나누어 각각 1개, 5개, 5개, 5개의 네 묶음이 되도록 할 수 있다.

1단계 : 15개, 1개 → 2단계 : 10개, 6개 → 3단계 : 5개, 5개, 5개, 1개

① 한 묶음의 구슬 개수가 다른 묶음의 구슬 개수의 n배가 되지 않는다.
②, ③ 2단계에 따라 5개 이상의 구슬이 있던 한 묶음에서 다른 묶음으로 5개의 구슬을 옮기면 ②번의 경우 7개, 9개의 묶음이 되고, ③번의 경우 9개, 7개의 묶음이 되는데, 3단계에서 두 묶음을 각각 두 묶음씩으로 다시 나누어 각각 1개, 5개, 5개, 5개의 네 묶음이 되도록 할 수 없으므로, 옳지 않다.

01 다음은 국민연금공단의 조직도이다. '실' 단위의 조직과 그 산하 부서를 잘못 연결한 것은?

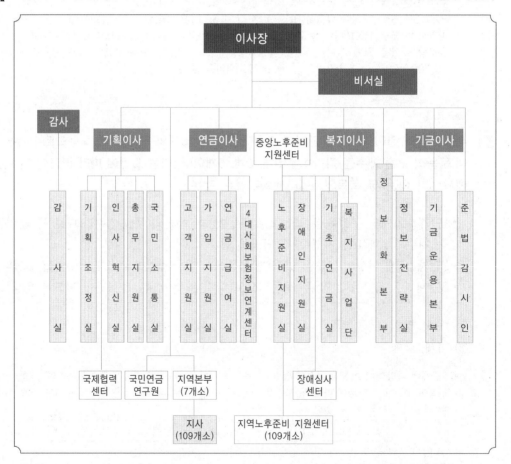

① 기획조정실-전략경영부, 기획예산부, 법무지원부
② 총무지원실-운영지원부, 시설사업부, 비상계획부
③ 가입지원실-가입추진부, 자격관리부, 대체투자실
④ 고객지원실-고객서비스부, 고객권리보호부, 개인정보보호부
⑤ 연금급여실-연금기획부, 연금지급부, 급여조사팀

🔍 '대체투자실'은 주식, 채권 등을 운용하는 업무를 전담하는 기금운용본부의 산하 부서이다. 가입지원실은 가입기획부, 가입추진부, 자격관리부, 보험료지원부로 구성된다.

02 N사의 A 대표는 몇 년간 지속된 노조의 경영참가제도 요구를 수용하였다. 다음 중 A가 우려할 사항이 아닌 것은?

① 노사 양측의 공동 참여로 인해 신속하지만 부실한 의사결정 우려
② 근로자의 경영능력 부족에 따른 부작용
③ 노조의 고유 기능인 단체 교섭력 약화
④ 제도에 참여하는 근로자가 모든 근로자의 권익을 효과적으로 대변할 수 있는지 여부
⑤ 경영자 고유 권한인 경영권 약화

🔍 경영참가제도의 문제점으로는 다음과 같은 점들을 꼽을 수 있다.
 • 경영능력이 부족한 근로자가 경영에 참여할 경우 의사결정 지체 및 합리성 저해
 • 경영참가제도를 통해 분배문제를 해결함으로써 노동조합의 단체교섭 기능이 약화
 • 대표로 참여하는 근로자가 조합원들의 권익을 지속적으로 보장할 수 있는가의 문제
 • 경영자의 고유한 권리인 경영권 약화

03 조직은 기능적 조직구조와 사업별 조직구조로 구분할 수 있다. 다음 중 조직의 구조를 바르게 이해하지 못한 진술은?

① "기능적 조직구조는 규모가 작은 기업에서 주로 활용하고 있는 조직구조의 형태라고 할 수 있지."

② "친구 회사를 방문해 보니까 부서명칭에 무슨 1팀, 2팀, 3팀이 그리 많던지... 매 층마다 그렇게 되어 있더라고. 그런 걸 사업별 구조라고 하는 건가봐."

③ "내가 알기로는 기능적 구조를 가진 조직이 의사결정도 더 빠르고 최고 경영자와의 유기적이고 직접적인 업무 처리가 훨씬 수월하다고 하던데..."

④ "사업별 조직구조는 회사의 CEO가 전체 조직을 장악하기 더 용이하고 말단 직원들과의 소통도 훨씬 잘 이루어진다고 하더군."

⑤ "기능적 조직구조는 생산 제품이 여러 개로 나뉘고 각 제품별 고르고 활발한 매출이 일어나는 경우엔 그다지 적절하지 않은 조직구조라고 볼 수 있겠지."

🔍 환경이 안정적이거나 일상적인 기술, 조직의 내부 효율성을 중요시하며 기업의 규모가 작을 때에는 업무의 내용이 유사하고 관련성이 있는 것들을 결합해서 기능적 조직구조 형태를 이룬다. 반면, 사업별 조직구조는 개별 제품, 서비스, 제품그룹, 주요 프로젝트나 프로그램 등에 따라 조직화된다. 제품에 따라 조직이 구성되고 각 사업별 구조 아래 생산, 판매, 회계 등의 역할이 각기 이루어진다.

04 [보기]의 내용과 가장 밀접한 관련이 있는 기업 경영 전략은?

> **보기**
> • 모든 고객을 만족시킬 수는 없다는 것과 회사가 모든 역량을 가질 수는 없다는 것을 전제로 선택할 수 있는 전략이다.
> • 기업이 고유의 독특한 내부 역량을 보유하고 있는 경우에 더욱 효과적인 전략이다.
> • 사업 목표와 타당한 틈새시장을 찾아야 한다.
> • 다양한 분류의 방법을 동원하여 고객을 세분화한다.

① 차별화 전략
② 집중화 전략
③ 비교우위 전략
④ 원가우위 전략
⑤ 고객본위 전략

🔍 집중화 전략은 전체 시장을 대상으로 하는 차별화 전략과 원가우위 전략과 달리 특정 시장을 대상으로 한다. 따라서 고객층을 세분화하여 타깃 고객층에 맞는 맞춤형 전략이 필요하다. 타깃 고객층에 자사가 가진 특정 역량이 발휘되면 더욱 판매를 늘릴 수 있다.

05 경영활동의 구성요소를 고려할 때, 다음 중 경영활동이라고 볼 수 없는 것은?

> **(가)** S 식품은 주변의 경쟁업소들과 매일 치열한 경쟁을 벌이며 생존을 위한 고객유치에 매진하고 있다.
>
> **(나)** M 교회는 도심 한복판에 자리한 주택가 끝에서 일상에 지친 도시민들에게 하느님의 가르침을 전파하기 위해 강의와 봉사활동을 목적으로 활동하고 있다.
>
> **(다)** PC방을 2개 운영하고 있는 J 씨는 그 중 한 곳에서 인건비 절감을 위해 본인이 직접 야간에도 근무를 하고 있다. 그는 가까운 미래에 5곳으로 업장을 늘릴 계획을 가지고 있다.
>
> **(라)** 임대료가 올라 이번 달에도 직원 한 명을 줄여야 하는 Y 씨는 편의점을 운영한다. 매출 신장을 위해 가게 앞 도로에 홍보물도 설치해 보지만 기대한 효과를 거둘 수 있을지 의문이다.
>
> **(마)** 40대 가장인 K는 잘 나가던 대기업을 퇴사하고 조그마한 노점상을 차렸다. 힘들고 고달프지만 나름의 계획을 가지고 추위와 싸워가며 열심히 수공예품을 판매하고 있다.

① (가)　　　　　　　　　　② (나)

③ (다)　　　　　　　　　　④ (라)

⑤ (마)

🔎 경영활동을 구성하는 요소는 경영목적, 인적자원, 자금, 경영전략이다. 따라서 (나)의 경우와 같은 종교 단체를 전략적인 집단으로 규정하는 것은 적절치 않다.

실 전 문 제 연 습

01 다음 지문의 내용으로 미루어볼 때, 괄호 안에 들어갈 국제기구의 약어로 알맞은 것은?

2016. 6. 4. 국민연금공단

> 지난 10월 유엔은 추가 보고서를 통해 시리아 정부군이 지난해 3월 이들리브주 크메나스에서 화학무기를 사용한 것을 확인하였다고 발표했다.
> 유엔 안전보장이사회에 제출된 네 번째 보고서에서 전문가들은 시리아군이 헬리콥터를 이용해 염소가스로 추정되는 독성 물질을 크메나스 상공에 떨어뜨렸다는 충분한 증거가 있다고 명시하였다.
> 이는 유엔과 국제 (   )가 시리아 7개 지역에서 발생한 9건의 화학무기 공격에 대해 1년 넘게 조사한 결과이며 지난 8월 바샤르 알 아사드 정권이 2014년 4월과 2015년 3월 이들리브 주 탈메네스와 사민에서 각각 염소가스를 사용했다고 밝힌 세 번째 보고서와 궤를 같이 한다.
> 염소가스는 1차 대전 당시 독일군에 의해 처음으로 화학무기로 사용했으며 1997년 화학무기금지협약이 발효됨에 따라 세계적으로 사용이 금지됐다.
> 과거 민간인을 상대로 사린가스를 사용했던 아사드 정권은 2013년 화학무기를 전량 폐기하기로 약속했으며, 이후 시리아 내에서 화학무기를 사용하지 않았다고 부인해 왔다.

① OPCW   ② NPT
③ IAEA   ④ UNEP

🔍 ① 화학 무기 금지 기구(Organisation for the Prohibition of Chemical Weapons : OPCW)
② 핵확산금지조약(Nuclear nonproliferation treaty : NPT)
③ 국제원자력기구(International Atomic Energy Agency : IAEA)
④ 유엔 환경 계획(United Nations Environment Program : UNEP)

02 조직의 경영전략에 대한 다음 설명 중 옳지 않은 것은?

① 조직의 경영전략은 위계적 수준을 가지고 있다.
② 경영전략의 대표적인 예로 원가우위전략, 차별화 전략이 있다.
③ 경영전략은 조직전략, 사업전략, 부문전략으로 구분할 수 있다.
④ 사업전략은 기능부서별로 사업전략을 구체화하여 세부적인 수행방법을 결정한다.

🔎 조직의 경영전략은 조직전략, 사업전략, 부문전략으로 구분되며 이들은 위계적 수준을 가지고 있다. 가장 상위단계인 조직전략은 조직의 사명을 정의하며, 사업전략은 사업수준에서 각 사업의 경쟁적 우위를 점하기 위한 방향과 방법을 다룬다. 또한 부문전략은 기능부서별로 사업전략을 구체화하여 세부적인 수행방법을 결정한다.

03 경영전략 추진과정으로 옳은 것은?

| ㉠ 경영전략 실행 | ㉡ 전략목표 설정 | ㉢ 환경 분석 |
| ㉣ 평가 및 피드백 | ㉤ 경영전략 도출 | |

① ㉡-㉢-㉠-㉤-㉣
② ㉡-㉢-㉤-㉠-㉣
③ ㉢-㉡-㉤-㉠-㉣
④ ㉢-㉤-㉡-㉠-㉣

🔎 조직은 우선 자신들이 달성하고자 하는 비전과 미션(전략목표)을 설정한 후, 이 목표를 이루기 위한 전략을 수립하기 위해 조직의 내·외부 환경을 분석한다. 환경 분석이 이루어지면, 이를 토대로 전략을 도출하여 실행한 후, 그 결과를 평가하여 피드백하게 된다.

04 조직의 의사결정에 대한 다음 내용 중 옳지 않은 것은?

① 조직에서의 의사결정은 개인의 의사결정에 비해 복잡하다.
② 조직에서의 의사결정은 한 사람의 관리자에 의해 결정된다.
③ 조직에서의 의사결정은 확실치 못한 환경에서 이루어질 수도 있다.
④ 조직에서의 의사결정은 현재의 체제 내에서 순차적, 부분적으로 이루어진다.

🔎 조직의 의사결정은 한 명의 관리자에 의해 결정되는 것이 아니라, 구성원들의 참여와 협력이 요구된다.

05 근대 올림픽은 1896년 그리스 아테네에서 시작되어 4년마다 개최되는 국제적인 스포츠 경기 대회이다. 국제올림픽위원회(IOC)에서 선정한 도시에서 개최되는데, 다음 중 IOC 출범 122년만에 최초로 선정된 2016년 올림픽 개최 국가로 옳은 것은?

① 미 국   ② 일 본
③ 스페인   ④ 브라질

🔍 2016년 8월 5일 브라질 리우데자네이루에서 제31회 하계올림픽이 개최되는데, 이는 IOC(국제올림픽위원회) 출범 최초로 남아메리카 대륙에서 개최되는 올림픽이다. 기존의 26개 종목에 골프와 럭비가 추가되어 총 28개 종목에 대한 경기를 치르게 된다(골프와 럭비는 2020년까지 정식종목으로 유지됨). 이후 2018년에는 대한민국 평창(동계)에서, 2020년에는 일본 도쿄(하계)에서 올림픽이 개최된다.

06 다음과 같은 사건이 일어난 국가의 위치를 지도에서 고르면?

> 2010년 12월 한 청년의 분신자살로 촉발된 대규모 반정부 시위로, 23년간의 독재정치와 극심한 생활고, 지도층의 부정부패에 반발하여 일어난 민주화혁명이다. 대통령은 통행금지, 인터넷 검열 등의 강경책과 일자리 창출, 내무장관 경질, 2014년 대선 불출마 등의 회유책을 제시하며 시위를 진압하려 했으나 국민들의 분노는 가라앉지 않았고, 결국 대통령이 2011년 1월에 사우디아라비아로 망명하면서 독재정권이 붕괴되었다.

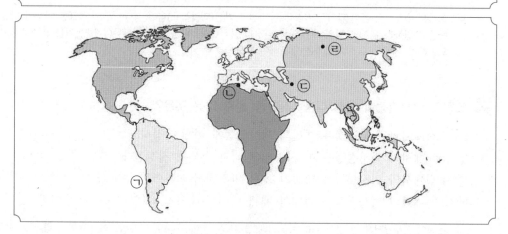

① ㉠   ② ㉡
③ ㉢   ④ ㉣

🔍 제시문은 아프리카 튀니지에서 일어난 재스민혁명(튀니지 혁명)에 대한 내용이다. 재스민혁명은 23년간 튀니지를 통치했던 벤 알리 대통령을 축출하기 위한 민주화혁명으로, 튀니지의 국화인 재스민의 이름을 따서 붙여졌으며, 독재정권에 시달리던 아프리카 및 아랍국가의 민주화 운동을 촉발시켰다.

07 각국의 에티켓에 대한 다음 설명 중 옳지 않은 것은?

① 미국에서는 악수를 할 때 상대방에게 예의를 갖추기 위해 손끝만 살짝 잡는다.

② 아프리카에서는 상대방의 눈을 보며 대화하면 실례이므로 코끝이나 다른 곳을 본다.

③ 러시아와 라틴아메리카에서는 주로 포옹을 하며 인사한다.

④ 아랍인들은 약속시간을 잘 지키지 않으며, 상대방이 기다려 줄 것을 당연하게 생각한다.

🔍 미국에서는 악수를 할 때 손끝만 잡으면 실례이다. 상대방의 눈이나 얼굴을 보며 오른손으로 상대방의 손을 잠시 힘주어서 잡았다가 놓아야 한다.

08 SWOT 분석에 대한 설명으로 옳지 않은 것은?

① 경영전략을 수립하기 위해 조직의 내·외부 환경을 분석하는 방법 중 하나이다.

② 조직의 강점과 약점은 내부 환경 요인에 해당하는 것이다.

③ 조직 활동에 이점을 주는 환경요인은 조직의 외부환경에 해당한다.

④ 조직의 효과적인 성과를 방해하는 자원, 기술, 능력 등은 위협 요인에 해당한다.

🔍 조직의 효과적인 성과를 방해하는 자원, 기술, 능력 등은 기업 내부 요인 중 약점에 해당된다.

09 1975년 석유파동 이후 세계경제의 회복을 모색하고자 시작된 회담으로, 다음 중 G7에 속하는 국가가 아닌 것은?

① 이탈리아   ② 캐나다

③ 호 주   ④ 일 본

🔍 G7은 1975년 두 차례의 석유파동을 겪으면서 세계경제의 회복을 모색하기 위해 서방 선진 6개국(G6)이 모여 시작된 회담으로 1976년 캐나다가 합류하면서 G7이 되었다. 미국, 일본, 영국, 프랑스, 독일, 이탈리아, 캐나다를 지칭하며, 이들 7개 선진국이 모여 연례 경제정상회담을 연다.

10 다음은 조직설계 학자인 리처드(Richard L. Daft)가 제시한 조직목표 분류를 나타낸 그림이다. ㉠, ㉡에 들어갈 요소로 알맞은 것은?

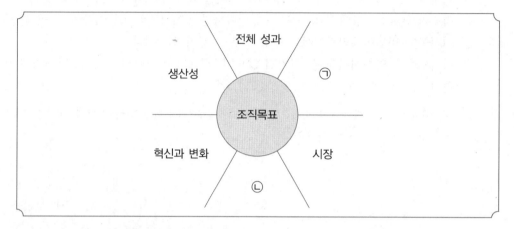

① ㉠ 관 리　㉡ 자원개발　　② ㉠ 이 윤　㉡ 자원개발
③ ㉠ 자 원　㉡ 인력개발　　④ ㉠ 관 리　㉡ 인력개발

🔍 조직목표는 다음과 같이 분류할 수 있다.
   • **전체 성과** : 영리조직은 수익성, 사회복지기관은 서비스 제공과 같은 조직의 성장목표이다.
   • **자원** : 조직에 필요한 재료와 재무자원을 획득하는 것이다.
   • **시장** : 시장점유율이나 시장에서의 지위향상과 같은 목표이다.
   • **인력개발** : 조직구성원에 대한 교육훈련, 승진, 성장 등과 관련된 목표이다.
   • **혁신과 변화** : 불확실한 환경변화에 대한 적응가능성을 높이고 내부의 유연성을 향상시키고자 수립하는 것이다.
   • **생산성** : 투입된 자원에 대비한 산출량을 높이기 위한 목표로 단위생산비용, 조직구성원 1인당 생산량 및 투입비용 등으로 산출할 수 있다.
   따라서 ㉠은 자원, ㉡는 인력개발이 들어가야 한다.

11 다음은 조직문화의 구성요소를 나타낸 7-S 모형이다. ㉠, ㉡에 들어갈 요소로 알맞은 것은?

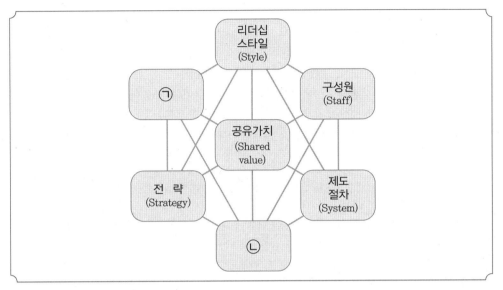

	㉠	㉡			㉠	㉡
①	통제기술	변 혁		②	통제기술	구 조
③	관리기술	변 혁		④	관리기술	구 조

🔍 제시된 그림은 세계적 기업인 맥킨지(McKinsey)에 의해 개발된 것으로, 조직문화를 구성하고 있는 '7S'를 모형화한 것이다. ㉠에는 관리기술, ㉡에는 구조가 들어간다.

💡 7S
- **공유가치**(Shared Value) : 조직 구성원의 행동 및 사고를 특정 방향으로 끌어가는 원칙·기준이다.
- **리더십 스타일**(Style) : 구성원들을 이끌어나가는 전반적인 조직관리 스타일이다.
- **구성원**(Staff) : 조직의 구성원은 조직의 인력 구성과 구성원들의 능력과 전문성, 가치관과 신념, 욕구와 동기, 지각과 태도, 그들의 행동 패턴 등을 의미한다.
- **제도, 절차**(System) : 조직 운영의 의사 결정과 일상 운영의 틀이 되는 각종 시스템을 의미한다.
- **구조**(Structure) : 조직의 전략을 수행하는 데 필요한 틀로서 구성원의 역할과 상호 관계를 지배하는 공식요소를 의미한다.
- **전략**(Strategy) : 조직의 장기적인 목적과 계획, 이를 달성하기 위한 장기적 행동지침을 의미한다.
- **관리기술**(Skill) : 하드웨어는 물론 이를 사용하는 소프트웨어 기술을 포함하는 요소를 의미한다.

〔12～16〕 다음은 SWOT 분석에 대한 설명이다. 아래 내용을 읽고 주어진 질문에 알맞은
         답을 고르시오.

SWOT 분석이란 기업 내부 요인인 강점(Strength)과 약점(Weakness), 외부 요인인 기회(Opportunity)와 위협(Threat)이라는 4가지 항목으로 기업 환경을 분석하는 기법이다. 기업에서는 이 분석 결과를 통해 각각에 대응하는 경영 전략을 도출하게 된다.

우선, SO 전략은 강점을 더욱 강화하여 기회를 최대한 활용하는 전략으로 가장 공격적인 전략이며, WO 전략은 약점을 보완하여 기회를 활용하는 전략이다. 또한, ST 전략은 강점을 활용하여 외부 환경의 위협요소를 최소화하거나 회피하는 전략이며, WT 전략은 약점을 보완하며 위협을 회피하는 전략으로 방어적 성격을 가진다.

	강점(Strength)	약점(Weakness)
기회(Opportunity)	① SO 전략(강점－기회 전략)	② WO 전략(약점－기회 전략)
위협(Threat)	③ ST 전략(강점－위협 전략)	④ WT 전략(약점－위협 전략)

12 다음 기업 환경 분석 결과에 대응하는 전략으로 가장 적절한 것은?

✍ 2016. 6. 4. 국민연금공단

강점(Strength)	• 저렴한 가격과 빠른 배송 • 탄탄한 단골 소비자 층의 존재
약점(Weakness)	• 다양하지 못한 상품 구색 • 단일화된 결제 방법의 불편
기회(Opportunity)	• 1인 가구, 딩크족의 증가로 국내 시장 확대 • 관련 제품에 대한 관심도 증가
위협(Threat)	• 신생 경쟁업체들의 시장 진입 • 인기 상품들의 불투명한 수입 전망

	강점(Strength)	약점(Weakness)
기회(Opportunity)	① 단골 위주의 안정적인 마케팅 시행	② 매장 규모를 축소하여 주요 상품의 전환 모색
위협(Threat)	③ 인기 수입 상품 위주의 홍보를 통한 소비자 흥미 유발	④ 새로운 거래처 개척을 통해 수입 루트 및 상품 다양화

🔍 새로운 거래처를 개척하여 수입 루트와 상품을 다양화함으로써 약점을 보완하고 위협을 회피할 수 있다.
① 국내 시장이 확대되고 관심도 역시 증가하고 있으므로 저렴한 가격과 빠른 배송을 바탕으로 보다 공격적인 마케팅을 시행해야 한다.
② 국내 시장이 확대되고 관심도가 증가하는 상황에서 매장 규모를 축소하는 것은 기회를 활용하는 전략으로 적절하지 않다.
③ 강점을 활용하려면 전망이 불투명한 수입 상품보다는 저렴한 가격과 빠른 배송을 중점적으로 홍보를 하는 것이 바람직하다.

13 다음 기업 환경 분석 결과에 대응하는 전략으로 가장 적절한 것은?

강점(Strength)	• 오랜 연구로 핵심 기술 및 생산 노하우 확보 • 탄탄한 인프라 구축
약점(Weakness)	• 불충분한 생산비용 • 인력 부족으로 생산 속도 저하
기회(Opportunity)	• 경쟁업체가 소수이므로 빠른 발전 가능성 • 온실가스 감축에 대한 국가적 차원의 관심
위협(Threat)	• 전기차에 대한 개인적 관심 미비 • 업계 전망에 대한 의문

	강점(Strength)	약점(Weakness)
기회(Opportunity)	① 지속적으로 업계 동향을 파악하며 상황을 관망	② 정부 자금을 지원받아 생산의 안정성 확보
위협(Threat)	③ 핵심 기술을 이용하여 전기차 시장 선점	④ 전기차와 자사 기술에 대한 홍보 강화

🔍 기술과 생산 노하우는 가지고 있으나 비용과 인적 자원이 부족한 것이 약점이므로, 온실가스 감축에 대한 국가적 관심이 높은 추세를 반영, 정부 자금을 지원받아 생산의 안정성을 확보함으로써 약점을 보완하고 성장 가능성에 대한 기회를 확보할 수 있다.
① 방어적인 전략의 모습을 보이므로, 가장 공격적이어야 하는 SO 전략에 부합하지 않는다.
③ 전기차에 대한 개인적 관심이 부족하고 업계 전망 자체에 대한 의문이 있는 상황에서 전기차 시장을 선점하는 것은 위협 요인을 최소화할 수 없으므로 적절하지 않다.
④ 약점을 보완하는 내용이 없으므로 WT 전략으로 옳지 않다.

14 다음 기업 환경 분석 결과에 대응하는 전략으로 가장 적절한 것은?

강점(Strength)	• 국내 동종업계 매출 1위 • 강력한 브랜드 파워 • 매장의 전국적 분포
약점(Weakness)	• 일부 점포와 품목에 매출 이익 의존 • 해외 물품에 의존
기회(Opportunity)	• 고가품에 대한 수요 증가 • 소비생활의 다양화·개성화 • 젊은 직장인들의 백화점 이용도 증가
위협(Threat)	• 경쟁업체의 성장 • 온라인·모바일 쇼핑에 의한 가격경쟁 심화

	강점(Strength)	약점(Weakness)
기회(Opportunity)	① 자사 및 해외의 여러 브랜드를 모아 편집숍 오픈	② 물품의 가격을 낮춤으로써 경쟁력 획득
위협(Threat)	③ 매출 이익을 고려하여 실적이 부진한 품목을 판매에서 제외	④ 매장을 추가 오픈함으로써 경쟁력 확보

🔍 강력한 브랜드 파워가 있으므로 이를 이용하여 편집숍을 오픈함으로써 소비자들의 다양성과 개성에 대한 만족감을 충족시킬 수 있다.
② 고가품에 대한 수요 증가라는 기회를 활용해야 하므로, 물품의 가격을 낮추는 방안은 적절하지 않다.
③ 강점을 활용하는 내용이 없으므로 ST 전략으로 적절하지 않다.
④ 전국적으로 매장이 분포되어 있으나 일부 점포에만 매출을 의존하고 있으므로 더 많은 매장을 오픈하는 것은 약점을 보완하는 것이라 보기 어렵다.

15 다음 기업 환경 분석 결과에 대응하는 전략으로 가장 적절한 것은?

강점(Strength)	• 타 경쟁업체에 비해 긴 운영시간과 다양한 운동 프로그램 • 넓은 공간으로 많은 인원 수용 가능
약점(Weakness)	• 변동폭이 큰 시간대별 이용률 • 유지비의 부담
기회(Opportunity)	• 건강에 대한 소비자들의 관심 증가 • 중고등학교 체육 시수 확대
위협(Threat)	• 주변 지역에 경쟁업체 다수 포진 • 경쟁업체로 인한 가격 경쟁력 약화

	강점(Strength)	약점(Weakness)
기회(Opportunity)	① 주변 학교와의 연계를 통한 체육 교육 시행	② 이용률이 저조한 시간대에는 시설의 운영을 제한
위협(Threat)	③ 운동 프로그램을 축소하여 전문성을 강조	④ 이용 가격을 높여 유지비의 부담을 경감

🔍 많은 인원이 수용 가능하다는 강점을 살려 주변의 중고등학교와 연계하여 체육교육을 시행함으로써 매출의 증가를 꾀할 수 있다.

　② 시간대별로 시설의 운영을 제한함으로써 유지비의 부담을 줄일 수는 있으나, 기회를 활용하지 못한 전략이므로 적절하지 않다.

　③ 여러 운동 프로그램을 가지고 있는 것이 강점이므로 이를 통해 위협 요인을 제거할 수 있는 전략이어야 한다.

　④ 이용 가격을 높이는 것은 경쟁업체로 인한 가격 경쟁력 약화라는 위협 요인을 더 심화시키는 방안이므로 옳지 않다.

16 다음 기업 환경 분석 결과에 대응하는 전략으로 가장 적절한 것은?

강점(Strength)	• 다양한 연령대를 타깃으로 한 상품 구성 • 속옷부터 겉옷에 이르기까지 폭넓은 선택 가능 • SPA 브랜드의 선발주자로 높은 인지도
약점(Weakness)	• 기본적인 디자인으로 브랜드만의 특색 부족 • 저렴한 가격으로 인한 낮은 이익률
기회(Opportunity)	• 저가품에 대한 수요 증가 • 회전률이 빠른 SPA 브랜드의 강세
위협(Threat)	• 다수의 개성있는 SPA 브랜드의 성장 • 국내 대기업들의 SPA 브랜드 출시

	강점(Strength)	약점(Weakness)
기회(Opportunity)	① 원가 절감으로 가격 경쟁력 획득 및 넓은 고객층 확보	② 특정 품목의 상품만 선별하여 브랜드만의 독보적 영역 확보
위협(Threat)	③ 브랜드의 정체성을 확립하여 소비자에게 인식	④ 유명 디자이너와의 콜라보레이션으로 한정판 상품 판매

🔍 기본적인 디자인이 약점이므로, 유명 디자이너와의 콜라보레이션을 통해 개성있는 한정판 상품을 개발·판매함으로써 약점을 극복하고 경쟁력과 개성을 갖추어 타 SPA 브랜드로 인한 위협을 최소화할 수 있다.

　① 원가를 절감하는 것은 강점 강화와 관련이 없으므로 적절하지 않다.

　② 다양한 연령층을 타깃으로 한 상품의 구성이 강점이므로, 특정 품목만 선별한다는 전략은 옳지 않다.

　③ 이미 업계의 선발주자로서 높은 인지도를 가지고 있으므로 소비자에게 브랜드를 인지시키는 전략만으로는 충분하지 않다.

17 다음은 석탄가스와 화력발전(IGCC)에 대한 SWOT 분석 자료이다. 자료를 통하여 내릴 수 있는 전략으로 적절하지 않은 것은?

강점(Strength)	약점(Weakness)
• 이산화탄소 포집 유리 • 중공업 제작기술 기반이 충분 • 국내 엔지니어링사들의 해외 화력발전 플랜트 설계 수주 등 시장참여능력 입증 • 200년 이상 사용 가능한 석탄의 청정 이용 기술로 활용 가능 • 생산된 합성가스를 전기, 수소, 액화유, 화학원료 등으로 활용 가능	• 석탄 자체에 대한 부정적 인식 • 선진국 대비 국내 석탄가스화 기술 개발 비용 열세 • 미국의 신석탄발전 세제지원과 같은 지원책 부족 • 국내 상용설비 건설 경험 부족 • 국내에 화력발전 분야 플랜트 엔지니어링 기술 인력 부족
기회(Opportunities)	위협(Threats)
• 화력발전 기술은 이산화탄소 저감능력이 다른 기술에 비해 우수하므로 시장능력이 급격히 확산될 것으로 예상 • 화력발전(IGCC)과 합성천연가스(SNG) 사업 등 2020년까지 약 3~7조 원으로 국내시장 확대 예상 • 중국 시장에서 대량 가스화플랜트 건설에 따른 건설비 저감 가능성 급증	• 중국의 석탄가스화 독자기술 실용화 단계 진입 • 초초임계발전(USC) 기술과 경쟁 가열 • 미국, 네덜란드, 독일, 일본 등 해외 선진 기술사들의 독과점 체제 형성

① SO 전략 : 중간 진입 전략을 통하여 상용 기술을 획득하고, 우리나라의 플랜트 기술을 활용하여 수출산업화 추진

② WO 전략 : 상용기술을 조기 획득하고 약점을 극복할 수 있도록 기술개발을 병행하여 추진

③ ST 전략 : 중국의 개발 기술 도입 시 저렴한 가스화설비와 국내기술화가 가능

④ WT 전략 : 시장의 위협을 회피하고 약점을 최소화할 수 있는 혁신기술 개발 추진

🔍 ST 전략은 강점(Strength)과 위협(Threats)을 적용하여 내리는 전략이고, WT 전략은 약점(Weakness)과 위협(Threats)을 적용하여 내리는 전략이다. ③에서 '중국의 개발 기술 도입 시 저렴한 가스화설비와 국내기술화가 가능'하다고 한 전략은 약점(Weakness)의 '선진국 대비 국내 석탄가스화 기술 개발 비용 열세' 부분과 위협(Threats)의 '중국의 석탄가스화 독자기술 실용화 단계 진입' 부분을 적용하여 내릴 수 있는 전략이다. 따라서 ③은 ST 전략보다는 WT 전략으로 더 적절하다.

[18~19] 다음 결재규정을 보고 이어지는 물음에 답하시오.

[결재규정]

- 결재를 받으려는 업무에 대해서는 최고결재권자(대표이사)를 포함한 이하 직책자의 결재를 받아야 한다.
- '전결'이라 함은 회사의 경영활동이나 관리활동을 수행함에 있어 의사 결정이나 판단을 요하는 일에 대하여 최고결재권자의 결재를 생략하고, 자신의 책임 하에 최종적으로 의사 결정이나 판단을 하는 행위를 말한다.
- 전결사항에 대해서도 위임 받은 자를 포함한 이하 직책자의 결재를 받아야 한다.
- **표시내용** : 결재를 올리는 자는 최고결재권자로부터 전결 사항을 위임 받은 자가 있는 경우 결재란에 전결이라고 표시하고 최종 결재권자란에 위임 받은 자를 표시한다. 다만, 결재가 불필요한 직책자의 결재란은 상향대각선으로 표시한다.
- 최고결재권자의 결재사항 및 최고결재권자로부터 위임된 전결사항은 아래의 표에 따른다.

구 분	내 용	금액기준	결재서류	팀 장	본부장	대표이사
접대비	거래처 식대, 경조사비 등	20만원 이하	접대비지출품의서 지출결의서	● ■		
		30만원 이하			● ■	
		30만원 초과				● ■
교통비	국내 출장비	30만원 이하	출장계획서 출장비신청서	● ■		
		50만원 이하		●	■	
		50만원 초과		●		■
	해외 출장비			●		■
소모품비	사무용품		지출결의서	■		
	문서, 전산소모품					■
	기타 소모품	20만원 이하		■		
		30만원 이하			■	
		30만원 초과				■
교육훈련비	사내외 교육		기안서 지출결의서	●		■
법인카드	법인카드사용	50만원 이하	법인카드신청서	■		
		100만원 이하			■	
		100만원 초과				■

※ ● : 기안서, 출장계획서, 접대비지출품의서
※ ■ : 지출결의서, 세금계산서, 발행요청서, 각종신청서

18 영업팀 사원 C는 거래업체 H사의 직원들과 저녁 식사를 위해 25만원을 지불하였다. C 사원이 작성한 결재 양식으로 옳은 것은?

①

결재	접대비지출품의서			
	담당	팀장	본부장	최종 결재
	C			전결

②

결재	접대비지출품의서			
	담당	팀장	본부장	최종 결재
	C	전결		팀장

③

결재	지출결의서			
	담당	팀장	본부장	최종 결재
	C		전결	본부장

④

결재	지출결의서			
	담당	팀장	본부장	최종 결재
	C			본부장

🔍 거래처 식대 30만원 이하(식대 25만원)에 대한 접대비지출품의서와 지출결의서의 결재권은 모두 본부장에게 위임 전결되었다. 따라서 팀장의 결재란은 그대로 두고, 본부장의 결재란에 전결이라고 표시하며, 최종 결재란에 본부장을 표시한다.

19 영업팀 사원 D는 해외바이어와의 미팅을 위해 중국행 비행기 티켓 40만원을 지불하였다. D 사원이 작성한 결재 양식으로 옳은 것은?

①

출장계획서			
결재	담당	팀장	본부장	최종 결재
	D			대표이사

②

출장계획서			
결재	담당	팀장	본부장	최종 결재
	D	전결		팀장

③

출장비신청서			
결재	담당	팀장	본부장	최종 결재
	D	전결		팀장

④

출장비신청서			
결재	담당	팀장	본부장	최종 결재
	D		전결	본부장

🔍 해외출장비는 금액에 상관없이 출장계획서는 팀장에게 위임 전결되었고, 출장비신청서는 대표이사에게 결재권이 있다. 따라서 출장계획서의 경우 팀장의 결재란에 전결이라고 표시하고, 본부장의 결재란은 상향대각선으로 표시하며, 최종 결재란에 팀장을 표시한다.

한편, 결재권이 대표이사에게 있는 출장비신청서의 결재 양식은 다음과 같다.

출장비신청서			
결재	담당	팀장	본부장	최종 결재
	D			대표이사

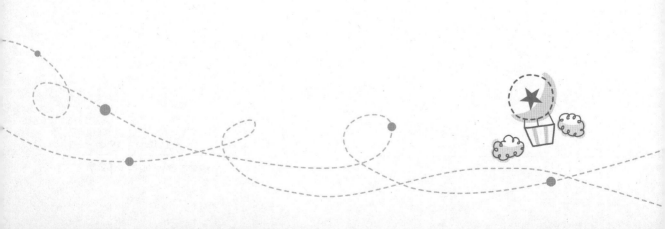

Part 2 법

Chapter 1 : 법학 일반

01 법의 의의

1. 법의 개념

(1) 당위규범

(2) 사회적 규범

(3) 정치적으로 조직된 사회의 강제규범

2. 법의 구조

법규범은 강제규범성을 기반으로 행위규범, 재판규범, 조직규범으로 이루어진 통일체이다.

02 법의 목적(이념)

1. 의 의

법의 목적이란 법에 의하여 달성하려고 하는 목적 또는 이념으로 법의 존재이유이며, 효력의 근거이고 법의 가치를 평가하는 척도이다.

2. 정의 · 합목적성 · 법적 안정성 – 라드부르흐(Radbruch)

(1) 정 의

인간과 사회와의 관계에 있어서 이상적 사회로서 인간이 추구하여야 할 가치기준이며, 사회 관계나 제도의 정당성을 판단하는 실질적인 가치기준이 된다.

(2) 합목적성

목적의 방향을 결정하는 원리나 기준으로서 정의에 대한 지침과 구체적 방식에 대한 답을 제시하는 법의 이념이다.

(3) 법적 안정성

법 자체의 안정성을 말한다. 괴테는 "부정의로운 법도 무질서보다는 낫다"라고 표현하였다.

03 법원(法源)

1. 의 의

법원이란 법의 연원(淵源)의 의미로서 법의 존재형식을 말하며 성문법과 불문법이 있다.

2. 성문법

성문법이란 문서의 형식을 갖추고 일정한 절차와 형식에 따라서 권한 있는 기관이 제정·공포한 법을 말한다. 독일·프랑스 등 대륙법계 국가에서는 성문법주의를 취하고 있다.

3. 불문법

불문법이란 성문으로 표현되지 않은 법 즉, 성문법 이외의 법을 말하며, 여기에는 관습법, 판례법, 조리가 있다. 영국·미국 등 영미법계 국가는 불문법주의를 취하고 있다.

04 법의 체계와 분류

1. 법의 체계

법의 체계란 일반적으로 법규범들을 논리적인 체계에 따라서 구체적으로 법률생활의 안전, 신속, 적정을 도모할 수 있도록 원활하게 형성하는 것을 의미한다.

2. 법의 분류

(1) 국내법과 국제법

(2) 공법·사법·사회법

(3) 실체법과 절차법

(4) 일반법과 특별법

(5) 강행법과 임의법

05 법의 적용과 해석

1. 법의 적용

(1) 의 의
법의 적용이란 구체적인 사안을 법규범에 적용하는 것을 말한다.

(2) 법의 적용절차
법의 적용은 3단 논법에 의하게 된다. 즉 법의 적용은 추상적 · 일반적 법규를 대전제로 하고 구체적 · 개별적 사실을 소전제로 하여 재판(집행)이라는 결론을 이끌어 내는 것이다.

(3) 사실의 확정
법의 적용을 위해 3단 논법의 소전제인 구체적 · 개별적 사실을 명백히 밝히는 것이다.

2. 법의 해석
법의 해석이란 개개의 구체적 사실에 적용하기 위하여 추상적 · 일반적으로 규정된 법규의 내용을 명확하게 하는 것이다. 즉, 법의 의미 내용을 확정하는 것을 말한다.

01 헌법총설

1. 헌법의 의의

(1) 개 념

헌법이란 정치적 공동체의 존재형태와 기본적 가치질서에 관한 국민적 합의를 법규범적인 논리체계로 정립한 국가의 기본법을 말한다.

(2) 헌법의 분류

① 존재형식에 따른 분류 : 성문헌법과 불문헌법
② 개정방법에 의한 분류 : 연성헌법과 경성헌법
③ 헌법제정주체에 의한 분류 : 흠정 · 민정 · 협약 · 국약헌법
④ 헌법의 효력에 따른 분류(Löwenstein) : 규범적 · 장식적 · 명목적 헌법

2. 헌법의 제정 · 개정과 헌법의 보호

(1) 헌법제정권력과 헌법개정권력의 비교

헌법제정권력	헌법개정권력
시원적 · 창조적 권력	제도화 · 창조된 권력
헌법을 정당화시키는 권력	헌법에 의해 정당화된 권력
실정법상 한계 없음	실정법상 한계 있을 수 있음

(2) 헌법의 개정절차

제안(대통령 또는 국회재적의원 과반수 발의) → 공고 → 국회의결(국회재적의원 2/3 이상의 찬성) → 국민투표(국회의원선거권자 과반수의 투표와 투표자 과반수의 찬성) → 공포

02 기본권

1. 기본권총론

(1) 기본권의 이중적 성격
주관적 권리이면서 동시에 헌법질서의 기본이 되는 객관적인 질서로서의 성격도 지닌다.

(2) 기본권의 경합과 충돌
기본권의 경합이란 하나의 기본권주체가 국가에 대하여 하나의 동일한 사건에서 둘 또는 그 이상의 기본권을 동시에 주장하는 경우를 말하고, 기본권의 충돌이란 서로 다른 기본권의 주체가 국가에 대하여 각기 대립되는 기본권의 효력을 주장하는 경우를 말한다.

(3) 기본권의 제한
국가안전보장 · 질서유지 또는 공공복리를 위하여 필요한 경우에 한하여 법률로써 제한할 수 있으며, 제한하는 경우에도 자유와 권리의 본질적인 내용을 침해할 수 없다.

2. 인간의 존엄과 가치 · 행복추구권 · 평등권

(1) 인간의 존엄과 가치 · 행복추구권

(2) 평등권

3. 자유권적 기본권
신체의 자유, 사생활영역의 자유, 정신생활영역의 자유, 경제생활영역의 자유로 구분할 수 있다.

4. 정치적 기본권
현행 헌법은 참정권으로서 선거권, 공무담임권, 국민투표권 등을 규정하고 있다.

5. 청구권적 기본권
기본권 보장을 위한 기본권이다. 현행 헌법은 청구권적 기본권으로 청원권, 재판청구권, 형사보상청구권, 국가배상청구권, 범죄피해자구조청구권 등을 규정하고 있다.

6. 국민의 기본적 의무
현행 헌법은 납세의 의무, 국방의 의무, 교육을 받게 할 의무, 근로의 의무, 환경보존의무 등을 규정하고 있다.

03 통치구조

1. 국 회

(1) 국회의 헌법상 지위

국민의 대표기관으로서의 지위, 입법기관으로서의 지위, 국정의 통제기관으로서의 지위에 위치하며, 최고기관의 하나이다.

(2) 국회의 권한

① 입법에 관한 권한 : 법률안심의 · 의결권, 조약체결비준 · 동의권, 헌법개정 제안 · 의결권 등
② 재정에 관한 권한 : 예산심의 · 확정권, 결산검사권, 국채모집동의권 등
③ 헌법기관 구성에 관한 권한 : 국무총리, 대법원장, 대법관, 헌법재판소장 등 임명동의권
④ 국정통제에 관한 권한 : 국정감사 · 조사권, 탄핵소추권, 긴급재정경제처분과 명령에 대한 승인권, 계엄해제요구권, 일반사면에 대한 동의권 등
⑤ 국회의 자율권 : 국회규칙제정권, 질서유지에 관한 자율권 등

2. 대통령과 정부

(1) 대통령

국가원수로서의 지위, 행정부수반으로서의 지위, 국민대표기관으로서의 지위를 가진다.

(2) 행정부

① 국무총리 : 행정에 관하여 대통령의 명을 받아 행정각부를 통할한다.
② 국무회의 : 최고의 심의기관이다.
③ 감사원 : 조직적으로는 대통령에 소속, 기능적으로는 독립해서 활동하는 합의제기관이다.

3. 법 원

사법기관으로서의 지위, 중립적 권력기관으로서의 지위, 기본권과 헌법보장기관으로서의 지위를 가진다.

4. 헌법재판소

위헌법률심판권, 탄핵심판권, 정당해산심판권, 권한쟁의심판권, 헌법소원심판권을 가진다.

01 총 칙

1. 권리의 주체

(1) 자연인

(2) 법인

2. 권리의 객체

(1) **물건의 의의**

물건이라 함은 유체물 및 전기 기타 관리할 수 있는 자연력을 말한다(민법 제98조).

(2) **물건의 종류**

부동산과 동산, 주물과 종물, 원물과 과실

3. 법률행위

(1) **의사표시**

① 의사와 표시의 불일치

  ㉠ 진의 아닌 의사표시 : 비진의표시는 원칙적으로 표시된 대로 효력이 발생한다(유효).

  ㉡ 허위표시 : 허위표시는 그 내용에 따른 효과가 발생하지 않는다. 즉, 무효이다.

  ㉢ 착오 : 법률행위의 내용의 중요부분에 착오가 있는 때에는 취소할 수 있다. 그러나 착오가 표의자의 중대한 과실로 인한 때에는 취소하지 못한다.

② 하자 있는 의사표시 : 사기나 강박에 의하여 내심의 의사와 다른 내용의 의사를 표시한 경우로서 취소할 수 있다.

(2) **법률행위의 대리**

① 대리행위의 요건

  ㉠ 현명주의 : 대리행위는 본인을 위한 것임을 표시하여야 한다.

  ㉡ 대리인의 능력 : 대리인은 행위능력자임을 요하지 아니한다.

② 대리권의 소멸 : 본인의 사망, 대리인의 사망, 성년후견의 개시 또는 파산은 법정대리·임의대리의 공통소멸원인이다.

③ 무권대리
    ㉠ 표현대리 : 대리권수여의 표시에 의한 표현대리(제125조), 권한을 넘는 표현대리(제126조), 대리권 소멸 후의 표현대리(제129조) → 본인에게 책임을 지우는 제도
    ㉡ 협의의 무권대리 : 본인이 이를 추인하지 않으면 본인에 대하여 효력이 없다.

02 물권법

1. 물권의 의의

물권이란 동산·부동산 등 특정의 물건을 직접 지배하여 이익을 얻는 배타적인 권리를 말한다. 물권은 직접지배성, 배타성, 절대권성을 갖는다.

2. 물권의 내용

(1) 점유권과 본권
① 점유권 : 사실적 지배, 즉 점유라는 사실을 법률요건으로 하여 인정되는 물권이다.
② 본권 : 점유할 수 있는 권리를 본권이라 한다.

(2) 소유권
소유권은 물건을 전면적으로 지배할 수 있는 관념적인 권리이다. 소유권은 물건의 사용가치와 교환가치의 전부를 지배할 수 있는 권리이며, 소멸시효에 걸리지 않는다.

(3) 제한물권
① 용익물권 : 지상권·지역권·전세권이 있으며, 이들은 모두 부동산만을 그 대상으로 한다.
② 담보물권 : 유치권·질권·저당권이 있으며, 담보물권은 부종성·수반성·불가분성·물상대위성을 가지고 있다.

03 채권법

1. 채권의 의의

채권은 특정인이 다른 특정인에 대하여 일정한 행위(급부)를 청구할 수 있는 권리이다.

2. 채권의 발생원인

(1) 계 약

계약은 보통 서로 대립하는 의사표시인 청약과 승낙의 합치에 의하여 성립한다. 민법은 전형적인 15종의 계약에 관하여 규정하고 있다. 증여, 매매, 교환, 소비대차, 사용대차, 임대차, 고용, 도급, 여행계약, 현상광고, 위임, 임치, 조합, 종신정기금, 화해가 그것이다.

(2) 사무관리

사무관리는 법적 의무 없이 타인을 위하여 사무를 처리하는 행위를 말한다.

(3) 부당이득

부당이득이란 법률상 원인 없이 타인의 재산 또는 노무로 인하여 이익을 얻고 이로 인하여 타인에게 손해를 가한 자가 그 이익을 타인에게 반환하도록 하는 것을 말한다.

(4) 불법행위

불법행위란 고의 또는 과실로 타인에게 위법하게 손해를 가하는 행위를 말한다.

3. 채권의 소멸

민법상 채권의 소멸사유로는 변제, 대물변제, 공탁, 상계, 경개, 면제, 혼동 등이 있다.

04 친족상속법

1. 친족법

(1) 친 족

8촌 이내의 혈족, 4촌 이내의 인척, 배우자로 정하고 있다(민법 제777조).

(2) 혼인과 이혼

① 혼인 : 만 18세가 된 사람은 혼인할 수 있다.
② 이혼 : 협의이혼과 재판상 이혼이 있다. 이혼한 자의 일방은 다른 일방에 대하여 재산분할을 청구할 수 있다(민법 제839조의2).

2. 상속법

(1) 상 속

상속은 피상속인의 사망으로 개시된다. 상속에 있어서는 피상속인의 직계비속, 피상속인의 직계존속, 피상속인의 형제자매, 피상속인의 4촌 이내의 방계혈족의 순위로 상속인이 된다.

(2) 유 언

유언은 만 17세에 달한 자가 할 수 있으며, 유언은 민법에서 정한 방식에 의하지 아니하면 효력이 생기지 않는다.

05 민사소송법

1. 민사소송의 의의

민사소송은 민사에 관한 소송으로 개인 상호간의 생활관계에서 발생하는 법률상의 분쟁과 이해관계의 충돌을 국가재판권에 의하여 강제적으로 해결하고 조정하는 절차이다.

2. 소송절차

(1) 제1심의 소송절차

① 소의 제기 : 소제기는 원칙적으로 소장을 제1심법원에 제출함을 요한다. 소장에는 당사자, 법정대리인, 청구취지와 청구원인을 기재하여야 한다.
② 심리의 제원칙 : 공개심리주의, 쌍방심리주의, 구술심리주의, 직접심리주의, 처분권주의, 변론주의, 적시제출주의, 집중심리주의
③ 판결 : 판결이란 법원이 소송사건에 의거한 종국적 또는 중간적인 판단을 표시하기 위하여 원칙적으로 변론을 거쳐서 행하는 재판을 말한다.

(2) 상소심절차

상소에는 제1심 판결에 대한 불복신청으로서의 항소, 제2심 판결에 대한 불복신청으로서의 상고, 결정·명령에 대한 불복신청으로서의 항고, 항고법원의 결정에 대한 불복신청으로서의 재항고가 있다.

(3) 재 심

확정된 종국판결에 대하여 재심사유에 해당하는 중대한 하자가 있는 경우에 그 판결을 취소하고 소송을 판결전의 상태로 회복시켜 다시 재판할 것을 구하는 비상의 불복신청방법이다.

Chapter 4 상 법

01 총 칙

1. 상법의 의의

① 실질적 상법 : 기업적 생활관계를 규율하는 법규의 전체(강학상 상법)
② 형식적 상법 : 법전의 형식으로 제정되어 상법이라고 불리우고 있는 성문법

2. 상법의 특징

영리성, 신속주의, 외관존중주의, 공시주의, 획일주의, 기업책임의 가중, 기업의 유지강화

02 회 사

1. 의의 및 특성

① 의의 : 상행위나 그 밖의 영리를 목적으로 하여 설립한 법인
② 특성 : 영리성, 법인성

2. 회사의 설립과 해산 및 청산

(1) 회사의 설립
① 설립과정 : 회사의 실체의 형성과 본점 소재지에서 설립등기를 함으로써 성립한다.
② 회사설립의 입법주의 : 자유설립주의 · 특허주의 · 면허주의 · 준칙주의 등이 있으며, 우리 상법은 준칙주의를 원칙으로 한다.

(2) 회사의 해산
① 사유 : 사원의 동의 또는 결의, 존립기간의 만료, 정관으로 정한 사유의 발생, 회사의 합병, 회사의 파산, 법원의 해산명령, 법원의 해산판결 등
② 내용 : 회사는 해산에 의하여 영업능력은 없으나 청산의 목적 범위 내에서는 권리능력이 인정되고, 청산절차가 끝나면 그때 비로소 법인격이 소멸된다.

(3) 회사의 청산

합병 또는 파산에 의한 해산의 경우에는 청산절차가 필요하지 않다.

03 어음 · 수표

1. 어 음

(1) 어음의 종류

환어음과 약속어음이 있다.

(2) 어음의 양도방법

배서에 의한다.

2. 수 표

(1) 의 의

발행인이 지급인인 은행에 대하여 수취인 기타 정당한 소지인에게 일정한 금액의 지급을 위탁하는 유가증권이다.

(2) 수표의 발행규정(수표법)

지급제시간은 10일이며, 횡선수표제도를 인정하고, 일람출급만 인정한다.

04 보 험

1. 손해보험

보험사고로 인한 피보험자의 재산상의 손해를 보상함을 목적으로 하는 보험으로서, 화재보험, 운송보험, 해상보험, 책임보험 등이 있다.

2. 인보험

생명보험과 상해보험이 있다.

01 형 법

1. 서 론

(1) 형법의 의의

형법이란 어떠한 행위가 범죄이고 이에 대한 법적 효과로서 어떠한 형벌 또는 보안처분을 과할 것인가를 규정하는 법규범의 총체를 말한다.

(2) 죄형법정주의

어떤 행위를 범죄로 하고 이에 대하여 어떤 형벌을 과할 것인가를 성문의 법률로 규정해 두어야 한다는 원칙을 말한다.

2. 범죄론

(1) 범죄의 의의와 종류

① 범죄의 개념 : 범죄란 국가형벌권의 발생요건인 행위로서 구성요건에 해당하고 위법하여 책임성 있는 행위, 즉 형법상의 형벌을 과할 수 있는 행위이다.
② 범죄의 성립요건 : 범죄가 성립하기 위한 구성요건해당성·위법성·책임을 말한다.

(2) 미수범

미수란 범죄의 실행에 착수하여 행위를 종료하지 못하였거나 결과가 발생하지 아니한 경우를 말한다. 이에는 장애미수(형법 제25조, 임의적 감경), 중지미수(형법 제26조, 필요적 감면), 불능미수(형법 제27조, 임의적 감면)가 있다.

(3) 공 범

구성요건상 단독범으로 규정되어 있는 범죄를 2인 이상이 협력·가공하여 실행하는 범죄를 말한다.

(4) 죄수론

범죄의 수가 1개인가 또는 수개인가의 문제와 이 경우에 어떻게 처벌할 것인지의 문제를 대상으로 한다.

3. 형벌과 보안처분

(1) 형벌론
형벌이란 국가가 형벌권에 기하여 범죄에 대한 법률상의 효과로서 범죄자에게 과하는 일정한 법익의 박탈을 말한다.

(2) 보안처분
보안처분이란 범죄에 대한 사회방위의 방법으로 범죄자가 범죄를 재발하는 것을 막기 위하여 형벌대신 교육이나 보호를 하는 형사처분을 말한다.

4. 형법 각론

(1) 개인적 법익에 대한 죄
① 생명과 신체에 대한 죄 : 살인의 죄, 상해와 폭행의 죄, 과실치사상의 죄, 낙태의 죄, 유기의 죄
② 자유에 대한 죄 : 협박의 죄, 체포와 감금의 죄, 약취와 유인의 죄, 강요의 죄, 강간과 추행의 죄
③ 명예와 신용에 대한 죄 : 명예에 관한 죄, 신용·업무와 경매에 관한 죄
④ 사생활의 평온에 대한 죄 : 비밀침해의 죄, 주거침입의 죄
⑤ 재산에 대한 죄 : 절도의 죄, 강도의 죄, 사기의 죄, 공갈의 죄, 횡령의 죄, 배임의 죄, 장물에 관한 죄, 손괴의 죄, 권리행사를 방해하는 죄

(2) 사회적 법익에 대한 죄
① 공공의 안전과 평온에 대한 죄 : 공안을 해하는 죄, 폭발물에 관한 죄, 방화와 실화의 죄, 일수와 수리에 관한 죄, 교통방해의 죄
② 공공의 신용에 대한 죄 : 통화에 관한 죄, 유가증권·우표와 인지에 관한 죄, 문서에 관한 죄, 인장에 관한 죄
③ 공중의 건강에 대한 죄 : 음용수에 관한 죄, 아편에 관한 죄
④ 사회의 도덕에 관한 죄 : 성풍속을 해하는 죄, 도박과 복표에 관한 죄, 신앙에 관한 죄

(3) 국가적 법익에 대한 죄
① 국가의 존립과 권위에 대한 죄 : 내란의 죄, 외환의 죄, 국기에 관한 죄, 국교에 관한 죄
② 국가의 기능에 대한 죄 : 공무원의 직무에 관한 죄, 공무방해에 관한 죄, 도주와 범인은닉의 죄, 위증과 증거인멸의 죄, 무고죄

02 형사소송법

1. 서 론

(1) 의 의

형사소송법이란 형사절차를 규정하기 위한 국가적 법률체계를 의미한다.

(2) 성 격

형사소송법은 공법, 사법(司法)법, 형사법, 절차법이다.

2. 수사와 공소제기

(1) 수 사

형사사건에 관하여 공소를 제기하고 이를 유지·수행하기 위하여, 범인의 발견·증거·범죄 사실 등을 조사·수집하는 활동을 말한다.

(2) 공소제기

검사가 특정한 형사사건에 대하여 유죄판결을 구하는 소송행위를 말하며, 검사의 공소제기가 없는 한 법원은 형사사건에 관한 심판을 할 수가 없다(불고불리의 원칙).

3. 공 판

(1) 공판절차

① **공판절차상의 기본원칙** : 공개주의, 구두변론주의, 직접주의, 집중심리주의(계속심리주의)

② **불고불리의 원칙** : 검사의 소추가 없으면 법원은 심판할 수 없다.

③ **공판준비절차** : 공판준비절차란 수소법원이 공판기일에서의 심리를 준비하기 위하여 공판기 일 전에 행하여지는 일련의 절차를 말한다.

④ **공판정의 심리** : 검사와 피고인의 출석은 공판개정의 요건이다. 그러나 변호인은 소송주체가 아니므로 변호인의 출석은 공판개정의 요건이 아니다.

⑤ **공판기일의 절차** : 진술거부권의 고지→인정신문→검사의 모두진술→피고인의 모두진술 →재판장의 쟁점정리→검사·변호인의 증거관계 등에 대한 진술→증거조사→피고인신 문→소송관계인의 진술(변론)→판결선고

(2) 재 판

재판이란 피고사건의 실체에 대한 법원의 공권적 판단을 말한다.

Chapter 6 : 행정법

National Pension Service

01 행정법 일반

1. 행정법의 의의

행정법은 행정에 고유한 법으로 행정의 조직과 작용 및 구제에 관한 국내공법이다.

2. 행정법의 특수성

① 내용적 특수성 : 행정주체의 우월성, 공익우선성, 집단성 · 평등성
② 형식의 특수성 : 성문성, 형식의 다양성
③ 성질의 특수성 : 재량성, 기술성, 획일 · 강행성, 명령규정성(단속법규성)

02 행정작용법

1. 행정입법

(1) 행정입법의 의의

행정기관이 일반적 · 추상적인 규범을 정립하는 작용 및 그에 의해 정립된 규범을 말한다.

(2) 법규명령

행정기관이 정립하는 일반적 · 추상적 규율 중에서 법규성을 가지는 것. 대외적 구속력이 인정된다는 점에서 내부적 효력만을 갖는 행정규칙과 구별된다.

(3) 행정규칙

행정기관이 정립하는 일반적 · 추상적인 규율로서 법규의 성질을 가지지 않는 것

2. 행정행위

(1) 행정행위의 개념

행정청이 구체적 사실에 관한 법집행으로서 행하는 권력적 · 단독적 공법행위를 말한다.

(2) 행정행위의 특수성

법적합성, 공정성, 구성요건성, 존속성(불가쟁성·불가변성), 강제성, 권리구제의 특수성

(3) 법률행위의 내용

① 법률행위적 행정행위 : 행정청의 의사표시를 요소로 하고 표시된 의사의 내용에 따라 법적 효과를 발생하는 행정행위를 말한다. 법률행위적 행정행위에는 명령적 행정행위(하명, 허가, 면제)와 형성적 행정행위(특허, 인가, 대리)가 있다.

② 준법률행위적 행정행위 : 의사표시 이외의 정신작용을 구성요소로 하고 법에 정한 별도의 효과가 발생하는 행정행위이다(확인, 공증, 통지, 수리).

(4) 행정행위의 효력

구속력, 공정력, 불가쟁력(형식적 존속력), 강제력, 불가변력(실질적 존속력)

(5) 행정행위의 무효

행정행위의 무효란 중대하고 명백한 하자가 있어 외형은 갖추고 있으나 처음부터 당연히 행정행위로서의 효력을 발생하지 못하는 것을 말한다.

(6) 행정행위의 취소

좁은 의미에서 행정행위의 취소란 일단 유효하게 성립된 행정행위에 대하여 그 성립에 있어서 하자를 이유로 그 효력을 전부 또는 일부를 소멸시키는 행정청의 의사표시를 말한다. 이를 직권취소라고 하며, 이에 대하여 넓은 의미의 취소란 직권취소 이외에 행정쟁송절차에 의한 취소, 즉 쟁송취소를 포함한다.

03 행정구제법

1. 행정상 손해전보

행정권에 의한 재산권의 침해를 전보하는 경우에, 적법행위로 인한 손실에 대한 손실보상제도와 위법행위로 인한 손해배상제도가 있다.

2. 행정상의 쟁송

행정작용이 위법 또는 부당하게 행하여진 경우에 행정작용에 대해 불복하는 자는 행정심판 및 행정소송을 제기할 수 있다.

Chapter 7 사회법

01 사회법 일반

1. 사회법의 의의와 종류

사회법은 자본주의 사회의 사회적 부조리, 즉 경제적 약자와 강자의 생활을 간섭·조정·보호하여 해결하려는 실정법 질서이다. 구체적으로는 노동법, 경제법, 사회보장법 등이 있다.

2. 사회법의 특징

사회법은 종래의 자본주의의 지도원리인 자유를 통제로, 개인본위를 사회공동체본위로, 그리고 근대시민법의 3대 원칙을 수정하여 이른바 사회정의의 실현을 도모한다.

02 노동법

1. 노동법의 의의

근로의 권리와 노동3권(단결권, 단체교섭권, 단체행동권)을 노동기본권이라 한다. 자본주의 사회에서 이러한 근로자의 인간다운 생활을 보장하고 노사 간의 실질적 평등을 도모하기 위해 노동관계를 규율하는 법규법의 총체를 노동법이라 한다.

2. 근로기준법

근로기준법은 근로조건의 최저기준을 정하여 보장하는 법이다.

3. 노동조합 및 노동관계조정법

(1) 노동조합의 의의

근로자가 주체가 되어 자주적으로 단결하여 근로조건의 유지·개선 기타 근로자의 경제적·사회적 지위의 향상을 도모함을 목적으로 조직하는 단체 또는 그 연합단체를 말한다.

(2) 단체교섭 및 단체협약

노동조합의 대표자는 그 노동조합 또는 조합원을 위하여 사용자나 사용자단체와 교섭하고 단체협약을 체결할 권한을 가진다.

(3) 쟁의행위

쟁의행위는 그 목적·방법 및 절차에 있어서 법령 기타 사회질서에 위반되어서는 아니된다. 사용자는 노동조합이 쟁의행위를 개시한 이후에만 직장폐쇄를 할 수 있다.

4. 근로자참여 및 협력증진에 관한 법률

노사협의회의 설치와 운영에 관하여 규정하고 있다.

03 사회보장법

1. 사회보장법의 의의

국민의 사회보장의 권리 및 이를 실현하여야 할 국가의 의무관계를 규정한 법체계이다.

2. 사회보장기본법

사회보장관련 법률의 기본법에 해당한다. 이 법상 사회보장의 기본개념으로서는 사회보험, 공공부조, 사회서비스 등이 있다(동법 제3조 제1호).

04 경제법

1. 경제법의 의의

국가가 국민경제를 정당하게 질서 지우기 위해 제정한 법제도 또는 법규범의 총체이다.

2. 경제법의 내용

자본의 집중과 독점 및 자본가의 횡포금지, 중소생산자나 소비자의 보호, 전쟁 등의 유사시 고도의 통제경제 실시

01 1987년 제9차 개정헌법의 내용이 아닌 것은? *2016. 12. 3. 국민연금공단*

① 국회의 국정조사권 신설   ② 헌법전문에 임시정부의 법통계승 명시

③ 적법절차의 보장 규정 신설   ④ 대통령 간선제에서 직선제로 전환

⑤ 대통령의 국회해산권 삭제

🔍 ① 국회의 국정조사권은 1980년 제8차 개정헌법에서 신설되었다.

02 기본권을 자연권(인간의 권리)과 실정권(국민의 권리)으로 나누는 경우 자연권에 속하는
것은?   *2016. 12. 3. 국민연금공단*

① 참정권   ② 생명권

③ 청원권   ④ 재판청구권

⑤ 사회적 기본권

🔍 자연권과 실정권
     1. 자연권(인간의 권리, 천부적 권리) : 인간의 존엄과 가치, 생명권, 행복추구권, 평등권, 자유권
     2. 실정권(국민의 권리, 국가내부 권리) : 참정권, 청구권적 기본권, 사회적 기본권(생존권)

03 다음 중 민법상 사단법인 정관의 필요적 기재사항이 아닌 것은?   *2016. 12. 3. 국민연금공단*

① 자산에 관한 규정   ② 이사의 임면에 관한 규정

③ 감사의 임면에 관한 규정   ④ 사원자격의 득실에 관한 규정

⑤ 존립시기나 해산사유를 정하는 때에는 그 시기 또는 사유

🔍 ③ 감사는 민법상 법인의 경우에 임의적 기관이므로 정관의 필요적 기재사항이 아니다.

보충설명

정관의 필요적 기재사항

사단법인	재단법인
㉠ 목적	㉠ 목적
㉡ 명칭	㉡ 명칭
㉢ 사무소의 소재지	㉢ 사무소의 소재지
㉣ 자산에 관한 규정	㉣ 자산에 관한 규정
㉤ 이사의 임면에 관한 규정	㉤ 이사의 임면에 관한 규정
㉥ 사원자격의 득실에 관한 규정	
㉦ 존립시기나 해산사유를 정하는 때에는 그 시기 또는 사유	

정답 **01** ①   **02** ②   **03** ③

04 다음 중 결과적 가중범이 아닌 것은?   2016. 12. 3. 국민연금공단

① 강간치상죄   ② 과실치사죄
③ 상해치사죄   ④ 연소죄
⑤ 특수공무방해치사죄

🔍 ② 과실치사죄는 결과적 가중범이 아니다.

보충설명

결과적 가중범

분 류	진정결과적 가중범	부진정결과적 가중범
개인적 법익	상해치사죄, 폭행치사상죄, 낙태치사상죄, 유기치사상죄, 인질치사상죄, 체포·감금치사상죄, 강간·강제추행치사상죄, 강도치사상죄, 해상강도치사상죄, 손괴치사상죄	중상해죄, 중유기죄, 중손괴죄, 중권리행사방해죄
사회적 법익	연소죄, 폭발성물건파열치사상죄, 가스전기 등 방류치사상죄, 가스전기 등 공급방해치사상죄, 교통방해치사죄, 음용수혼독치사죄	현주건조물방화치사상죄, 현주건조물일수치사상죄, 교통방해치상죄, 음용수혼독치상죄
국가적 법익	특수공무방해치사죄	특수공무방해치상죄

05 다음에서 자연법칙과 다른 사회규범의 특징을 모두 고르면?   2016. 6. 4. 국민연금공단

㉠ 당위법칙	㉡ 목적법칙	㉢ 자유법칙
㉣ 존재법칙	㉤ 인과법칙	㉥ 필연법칙

① ㉠, ㉡, ㉢   ② ㉠, ㉡, ㉥
③ ㉠, ㉢, ㉥   ④ ㉡, ㉣, ㉤
⑤ ㉣, ㉤, ㉥

🔍 사회규범과 자연법칙의 비교

사회규범	자연법칙
• 당위(Sollen)의 법칙 • 목적법칙 • 자유법칙	• 존재(Sein)의 법칙 • 인과법칙 • 필연법칙

06 정당에 관한 다음의 설명 중 옳지 않은 것은?　　　*● 2016. 6. 4. 국민연금공단*

① 정당의 설립은 자유이다.
② 복수정당제는 보장된다.
③ 정당은 그 목적·조직과 활동이 민주적이어야 한다.
④ 국가는 법률이 정하는 바에 의하여 정당운영에 필요한 자금을 보조할 수 있다.
⑤ 헌법재판소는 직권으로 정당을 해산할 수 있다.

🔍 ⑤ 정당의 목적이나 활동이 민주적 기본질서에 위배될 때에는 정부는 헌법재판소에 그 해산을 제소할 수 있고, 정당은 헌법재판소의 심판에 의하여 해산된다(헌법 제8조 제4항). 따라서 헌법재판소는 직권으로 정당을 해산할 수 없다.
①, ② 헌법 제8조 제1항
③ 헌법 제8조 제2항
④ 헌법 제8조 제3항

07 헌법상 사회적 기본권에 해당하지 않는 것은?　　　*● 2016. 6. 4. 국민연금공단*

① 인간다운 생활을 할 권리　　② 교육을 받을 권리
③ 참정권　　　　　　　　　　④ 근로의 권리
⑤ 환경권

🔍 ③은 정치적 기본권에 해당한다.
①, ②, ④, ⑤ 사회적 기본권(생존권적 기본권)이란 인간이 인간다운 생활을 하기 위하여 필요한 기본적인 생존 유지와 생활을 영위할 수 있도록 국가에 적극적인 배려를 요구를 할 수 있는 권리이다. 헌법에 규정된 사회권적 기본권으로는 교육을 받을 권리(제31조), 근로의 권리(제32조), 노동 3권(제33조), 인간다운 생활을 할 권리(제34조), 환경권(제35조), 보건에 관하여 국가의 보호를 받을 권리(제36조 제3항) 등이 있다.

08 법률제정절차에 관한 설명으로 옳지 않은 것은?　　　*● 2016. 6. 4. 국민연금공단*

① 국회의원과 정부는 법률안을 제출할 수 있다.
② 국회에서 의결된 법률안은 정부에 이송되어 15일 이내에 대통령이 공포한다.
③ 법률안에 이의가 있을 때에는 대통령은 이의서를 붙여 국회로 환부하고, 그 재의를 요구할 수 있다.
④ 대통령은 법률안의 일부에 대하여 또는 법률안을 수정하여 재의를 요구할 수 있다.
⑤ 법률은 특별한 규정이 없는 한 공포한 날로부터 20일을 경과함으로써 효력을 발생한다.

🔍 ④ 대통령은 법률안의 일부에 대하여 또는 법률안을 수정하여 재의를 요구할 수 없다(헌법 제53조 제3항).

09 다음 ㉠, ㉡에 들어갈 말이 바르게 연결된 것은? ⓖ 2016. 6. 4. 국민연금공단

> 재판의 (㉠)와/과 (㉡)은/는 공개한다. 다만, (㉠)은/는 국가의 안전보장 또는 안녕질서를 방해하거나 선량한 풍속을 해할 염려가 있을 때에는 법원의 결정으로 공개하지 아니할 수 있다.

	㉠	㉡		㉠	㉡
①	판 결	심 리	②	심 리	판 결
③	결 정	판 결	④	변 론	심 리
⑤	변 론	결 정			

🔎 ② 재판의 심리와 판결은 공개한다. 다만, 심리는 국가의 안전보장 또는 안녕질서를 방해하거나 선량한 풍속을 해할 염려가 있을 때에는 법원의 결정으로 공개하지 아니할 수 있다(헌법 제109조).

10 재단법인의 해산사유가 아닌 것은? ⓖ 2016. 6. 4. 국민연금공단

① 설립허가의 취소 ② 정관에 정한 해산사유의 발생
③ 존립기간의 만료 ④ 법인의 목적의 달성
⑤ 총회의 해산결의

🔎 ⑤ 총회의 해산결의는 사단법인에 특유한 해산사유이다.

11 다음 ( ) 안에 들어갈 알맞은 말은? ⓖ 2016. 6. 4. 국민연금공단

> 최고는 ( ) 내에 재판상의 청구, 파산절차참가, 화해를 위한 소환, 임의출석, 압류 또는 가압류, 가처분을 하지 아니하면 시효중단의 효력이 없다.

① 1개월 ② 2개월
③ 3개월 ④ 6개월
⑤ 9개월

🔎 ④ 최고는 6개월 내에 재판상의 청구, 파산절차참가, 화해를 위한 소환, 임의출석, 압류 또는 가압류, 가처분을 하지 아니하면 시효중단의 효력이 없다(민법 제174조).

12 소유권 취득에 관한 다음 설명 중 틀린 것은?
2016. 6. 4. 국민연금공단

① 무주의 부동산을 소유의 의사로 점유한 자는 그 소유권을 취득한다.

② 무주의 동산을 소유의 의사로 점유한 자는 그 소유권을 취득한다.

③ 유실물은 법률이 정한 바에 의하여 공고한 후 6개월 내에 소유자가 권리를 주장하지 않으면 습득자가 그 소유권을 취득한다.

④ 매장물은 법률에 정한 바에 의하여 공고한 후 1년 내에 그 소유자가 권리를 주장하지 아니하면 발견자가 그 소유권을 취득한다.

⑤ 타인의 동산에 가공을 한 자가 있을 때에는 그 가공물의 소유권은 원재료의 소유자에게 속한다.

🔍 ① 무주의 부동산은 국유로 한다(민법 제252조 제2항). 즉, 무주의 부동산과 문화재는 국유이므로 선점의 객체가 될 수 없다.
② 민법 제252조 제1항
③ 민법 제253조
④ 민법 제254조
⑤ 민법 제259조

13 채권양도에 관한 다음 설명 중 옳지 않은 것은?
2016. 6. 4. 국민연금공단

① 채권은 원칙적으로 양도할 수 있다.

② 채권은 당사자가 반대의 의사를 표시한 경우에는 양도하지 못한다.

③ 지명채권의 양도는 양도인이 채무자에게 통지하거나 채무자가 승낙하지 아니하면 그 효력이 발생하지 않는다.

④ 지명채권양도에 관한 통지나 승낙은 확정일자 있는 증서에 의하지 아니하면 채무자 이외의 제3자에게 대항하지 못한다.

⑤ 양도인이 채무자에게 채권양도를 통지한 때에는 아직 양도하지 아니하였거나 그 양도가 무효인 경우에도 선의인 채무자는 양수인에게 대항할 수 있는 사유로 양도인에게 대항할 수 있다.

🔍 ③ 지명채권의 양도는 양도인이 채무자에게 통지하거나 채무자가 승낙하지 아니하면 채무자 기타 제3자에게 대항하지 못한다(민법 제450조 제1항). 즉, 지명채권의 양도는 당사자인 채권자와 양수인의 합의만으로 그 효력이 발생하며, 채무자에 대한 통지나 채무자의 승낙은 대항요건에 불과하다.
① 그러나 채권의 성질이 양도를 허용하지 아니하는 때에는 그러하지 아니하다(민법 제449조 제1항).
② 그러나 그 의사표시로써 선의의 제3자에게 대항하지 못한다(민법 제449조 제2항).
④ 민법 제450조 제2항
⑤ 민법 제452조 제1항

14 형벌에 관한 설명 중 옳지 않은 것은? 2016. 6. 4. 국민연금공단

① 금고는 자유형이다.

② 자격정지는 1년 이상 15년 이하로 한다.

③ 벌금은 10만원 이상으로 한다. 다만, 감경하는 경우에는 10만원 미만으로 할 수 있다.

④ 현행 형법은 벌금의 선고유예는 인정하나 집행유예는 인정하지 않고 있다.

⑤ 구류는 1일 이상 30일 미만으로 한다.

🔍 ③ 벌금은 5만원 이상으로 한다. 다만, 감경하는 경우에는 5만원 미만으로 할 수 있다(형법 제45조).
② 형법 제44조 제1항
④ 다만, 형법 일부개정(2016.1.6. 법률 제13719호)에 의해 2018.1.7.부터는 500만원 이하의 벌금형을 선고할 경우에도 집행유예를 선고할 수 있게 된다.
⑤ 형법 제46조

15 甲은 평소 자신을 무시하는 친구 乙을 상해하기 위하여 한 밤중에 乙의 집 앞에서 숨어 기다리다 몽둥이로 타격을 가하였는데, 사실 甲의 오인으로 상해를 입은 것은 乙의 아버지 丙이었다. 이 경우 甲의 형사책임은? 2016. 6. 4. 국민연금공단

① 乙에 대한 상해기수죄　　② 丙에 대한 상해기수죄

③ 乙에 대한 과실치사죄　　④ 丙에 대한 과실치상죄

⑤ 乙에 대한 상해미수죄와 丙에 대한 과실치상죄의 상상적 경합

🔍 설문은 구체적 사실의 착오 중 객체의 착오에 해당하는 사례이다. 구체적 사실의 착오 중 객체의 착오에 대해서는 어느 학설(구체적 부합설, 법정적 부합설, 추상적 부합설)을 취하더라도 고의전용이 인정된다. 따라서 인식사실은 별도로 평가할 필요가 없고 발생사실에 대한 고의기수가 인정되므로 甲은 丙에 대한 상해기수의 죄책을 지게 된다.

16 재산죄 중 편취죄에 해당하는 것은? 2016. 6. 4. 국민연금공단

① 강도죄　　② 절도죄

③ 사기죄　　④ 장물죄

⑤ 횡령죄

🔍 ③ 사기죄, 공갈죄는 타인의 하자 있는 의사에 기한 처분행위에 의하여 재산을 취득하는 편취죄이다. 한편 타인의 의사에 기하지 않고 재산을 취득하는 탈취죄에는 절도죄, 강도죄, 장물죄, 횡령죄가 있다.

17 법이 변경된 경우에 어떠한 사실이 신법의 적용을 받는가 구법의 적용을 받는가에 대하여 설정해 두는 규정을 무엇이라 하는가?

⊚ 2015. 11. 28. 국민연금공단

① 강행규정   ② 임의규정
③ 경과규정   ④ 단속규정
⑤ 정의규정

🔍 ③ 경과규정이란 법령·규칙 등을 제정·개정·폐지하는 경우에 폐지·변경·신설되는 법령 등의 규정 내용을 적용함에 있어 그 범위·한계·기간 등을 명확히 하여 법령 등의 개정·폐지·신설에 따른 적용상의 혼란을 방지하기 위한 과도적 규정을 말한다.

① 강행규정이란 당사자의 의사에 의하여 그 규정의 적용을 물리칠 수 없는 규정을 말한다. 즉, 당사자의 의사와 관계없이 언제나 적용되는 규정이 강행규정이다.

② 임의규정이란 당사자의 의사에 의하여 그 규정의 적용을 물리칠 수 있는 규정을 말한다.

④ 단속규정이란 경제통제법규나 교통단속규정과 같이 어떤 행위를 함에는 일정한 조건을 요하거나, 행정단속을 목적으로 일정한 제한·금지를 가하는 규정을 말한다.

⑤ 정의규정이란 법령에서 어떤 의미로 그 용어를 사용하는가를 명확히 해 둠으로써 법령해석과 적용상의 혼란을 막을 수 있는 규정을 말한다.

18 입법자의 해석으로서, 법문으로 어떤 용어의 정의를 내리는 것은?

⊚ 2015. 11. 28. 국민연금공단

① 문리해석   ② 논리해석
③ 입법해석   ④ 유추해석
⑤ 사법해석

🔍 ③ 입법해석은 입법기관이 법을 제정하는 권한에 기초하여 특정한 법규의 내용이나 의미를 밝히는 것으로 실질적으로는 법의 해석이 아니라 하나의 입법이라고 할 수 있다.

19 다음 헌법 개정절차에 관한 내용이 바르지 않은 것은?

⊚ 2016. 12. 3. / 2015. 11. 28. 국민연금공단

① 헌법개정은 국회재적의원 과반수 또는 대통령의 발의로 제안된다.
② 제안된 헌법개정안은 대통령이 20일 이상의 기간 이를 공고하여야 한다.
③ 국회는 헌법개정안이 공고된 날로부터 60일 이내에 의결하여야 한다.
④ 국회의 의결은 재적의원 3분의 2 이상의 찬성을 얻어야 한다.
⑤ 헌법개정안은 국회가 의결한 후 60일 이내에 국민투표에 붙여 국회의원선거권자 과반수의 찬성을 얻어야 한다.

⑤ 헌법개정안은 국회가 의결한 후 30일 이내에 국민투표에 붙여 국회의원선거권자 과반수의 투표와 투표자 과반수의 찬성을 얻어야 한다(헌법 제130조 제3항).

20 다음 중 상향식 헌법침해에 대한 보호수단인 것은? ⓘ 2015. 11. 28. 국민연금공단

① 위헌법률심사제도   ② 정당해산제도

③ 탄핵제도   ④ 권력분립제도

⑤ 저항권

침해유형에 따른 헌법보호수단
1. 하향식 헌법침해에 대한 보호수단 ; 헌법개정절차를 엄격하게 규정, 헌법소송제도(위헌법률심사제도, 기관쟁의제도, 탄핵심판제도, 헌법소원제도), 권력분립제도, 저항권
2. 상향식 헌법침해에 대한 보호수단 ; 기본권의 실효제도, 정당해산제도

21 국회의 입법과정에 관한 설명으로 옳지 않은 것은? ⓘ 2015. 11. 28. 국민연금공단

① 국회의원과 정부는 법률안을 제출할 수 있다.

② 국회에서 의결된 법률안은 정부에 이송되어 20일 이내에 대통령이 공포한다.

③ 법률안에 이의가 있을 때에는 대통령은 이의서를 붙여 국회로 환부하고, 그 재의를 요구할 수 있다.

④ 대통령이 공포 또는 재의 요구를 하지 않으면 법률로서 확정된다.

⑤ 헌법 제40조에 의하여 입법권은 국회에 속한다.

② 국회에서 의결된 법률안은 정부에 이송되어 15일 이내에 대통령이 공포한다(헌법 제53조 제1항).
① 헌법 제52조
③ 헌법 제53조 제2항
④ 헌법 제53조 제5항

22 형법에 대한 설명으로 틀린 것은? ⓘ 2015. 11. 28. 국민연금공단

① 형법은 사법에 속한다.

② 형법은 실체법이다.

③ 형법은 행위규범이자 재판규범이다.

④ 형법은 의사결정규범이자 평가규범이다.

⑤ 형법은 일반국민뿐만 아니라 범죄인의 마그나 카르타라고 할 수 있다.

① 형법은 무엇이 범죄이고 그것에 어떠한 형벌을 과할 것인가를 규정한 법률로 공법에 속한다.

23 상상적 경합범에 관한 설명으로 틀린 것은? 2015. 11. 28. 국민연금공단

① 1개의 행위가 수개의 죄에 해당하는 경우이다.

② 수개의 죄에 해당한다는 것은 수개의 구성요건에 해당함을 말한다.

③ 수개의 죄는 동종의 죄이건 이종의 죄이건 불문하지만, 고의범이어야 한다.

④ 가장 중한 죄에 정한 형으로 처벌한다.

⑤ 과형상의 일죄이므로 공소제기의 효력과 기판력은 전체에 대하여 효력이 미친다.

🔍 ③ 수개의 죄는 고의범이건 과실범이건 불문한다.

24 형법상 국가적 법익에 대한 죄가 아닌 것은? 2015. 11. 28. 국민연금공단

① 범인은닉죄　　　　　　　　② 공무집행방해죄

③ 위증죄　　　　　　　　　　④ 방화죄

⑤ 무고죄

🔍 ④ 방화죄는 사회적 법익에 관한 죄 중 공공의 안전과 평온에 대한 죄에 속한다.

25 권리의 내용에 따른 분류에 해당하지 않는 것은? 2015. 4. 25. 국민연금공단

① 항변권　　　　　　　　　　② 인격권

③ 재산권　　　　　　　　　　④ 신분권

⑤ 사원권

🔍 권리의 분류
　1. 내용에 따른 분류 : 인격권, 사원권, 재산권, 신분권(가족권)
　2. 작용(효력)에 따른 분류 : 지배권, 청구권, 형성권, 항변권

26 다음은 민법 제15조 제1항의 규정이다. 여기에 쓰인 사실 확정의 방법은 무엇인가?

2015. 4. 25. 국민연금공단

> ┌ 보기 ┐
>
> 제한능력자의 상대방은 제한능력자가 능력자가 된 후에 그에게 1개월 이상의 기간을 정하여 그 취소할 수 있는 행위를 추인할 것인지 여부의 확답을 촉구할 수 있다. 능력자로 된 사람이 그 기간 내에 확답을 발송하지 아니하면 그 행위를 추인한 것으로 본다.

① 추 정 ② 간 주
③ 준 용 ④ 유 추
⑤ 입 증

🔍 ② 우리 민법에서 "~ 한 것으로 본다."라고 규정하고 있으면 이는 간주규정이다.

27 다음 (   ) 안에 들어갈 말이 순서대로 짝지어진 것은? 2015. 4. 25. 국민연금공단

> ┌ 보기 ┐
>
> 국회의원의 수는 (   )(으)로 정하되, (   ) 이상으로 한다.

① 헌법, 200인 ② 헌법, 300인
③ 법률, 200인 ④ 법률, 300인
⑤ 법률, 500인

🔍 ③ 국회의원의 수는 법률로 정하되, 200인 이상으로 한다(헌법 제41조 제2항).

28 다음 중 헌법재판소의 권한에 해당하지 않는 것은? 2015. 4. 25. 국민연금공단

① 위헌법률심판권 ② 권한쟁의심판권
③ 정당해산심판권 ④ 헌법소원심판권
⑤ 무효등확인심판권

🔍 헌법재판소는 위헌법률심판권, 탄핵심판권, 정당해산심판권, 권한쟁의심판권, 헌법소원심판권을 가진다.

29 재단법인의 해산사유가 아닌 것은?

2015. 4. 25. 국민연금공단

① 총회의 해산결의   ② 설립허가의 취소

③ 정관에 정한 해산사유의 발생   ④ 파 산

⑤ 존립기간의 만료

① 총회의 해산결의는 사단법인에 특유한 해산사유이다.

> **보충설명**
>
> 법인의 해산사유
> 1. **공통된 해산사유**(민법 제77조 제1항)
>   ㉠ 존립기간의 만료
>   ㉡ 법인의 목적의 달성 또는 달성의 불능
>   ㉢ 정관에 정한 해산사유의 발생
>   ㉣ 파산
>   ㉤ 설립허가의 취소
> 2. **사단법인에 특유한 해산사유**(민법 제77조 제2항)
>   ㉠ 총회의 해산결의(총사원의 4분의3 이상의 찬성)
>   ㉡ 사원이 없게 된 때

30 소유권 취득에 관한 다음 설명 중 옳은 것은?

2015. 4. 25. 국민연금공단

① 타인의 동산에 가공한 때에는 그 물건의 소유권은 가공자에게 속한다.

② 동산과 동산이 부합하여 훼손하지 아니하면 분리할 수 없는 경우에는 그 합성물을 공유하게 된다.

③ 유실물은 법률이 정한 바에 의하여 공고한 후 6개월 내에 소유자가 권리를 주장하지 않으면 습득자가 그 소유권을 취득한다.

④ 매장물은 법률에 정한 바에 의하여 공고한 후 6개월 내에 그 소유자가 권리를 주장하지 아니하면 발견자가 그 소유권을 취득한다.

⑤ 무주의 부동산을 소유의 의사로 점유한 자는 그 소유권을 취득한다.

③, ④ 유실물의 소유권이 습득자에게 귀속되는 기간은 6개월이고(민법 제253조), 매장물의 소유권이 발견자에게 귀속되는 기간은 1년이다(민법 제254조).
　① 타인의 동산에 가공한 때에는 그 물건의 소유권은 원재료의 소유자에게 속한다(민법 제259조).
　② 동산과 동산이 부합하여 훼손하지 아니하면 분리할 수 없거나 그 분리에 과다한 비용을 요할 경우에는 그 합성물의 소유권은 주된 동산의 소유자에게 속한다(민법 제257조).
　⑤ 무주 동산을 소유의 의사로 점유한 자는 그 소유권을 취득한다(민법 제252조). 그러나 무주의 부동산과 문화재는 국유이므로 선점의 객체가 될 수 없다.

31 변제에 관한 다음 설명 중 옳지 않은 것은?　　　🏅 2015. 4. 25. 국민연금공단

① 특정물의 인도가 채권의 목적인 때에는 채무자는 이행기의 현상대로 그 물건을 인도하여야 한다.

② 변제비용은 다른 의사표시가 없으면 채무자의 부담으로 한다.

③ 특정물의 인도는 채권성립당시에 그 물건이 있던 장소에서 하여야 한다.

④ 변제의 제공은 그 때로부터 채무불이행의 책임을 면하게 한다.

⑤ 영수증을 소지한 자에 대한 변제는 그 소지자가 변제를 받을 권한이 없는 경우에는 효력이 없다.

🔎 ⑤ 영수증을 소지한 자에 대한 변제는 그 소지자가 변제를 받을 권한이 없는 경우에도 효력이 있다. 그러나 변제자가 그 권한없음을 알았거나 알 수 있었을 경우에는 그러하지 아니하다(민법 제471조).
① 민법 제462조
② 민법 제473조
③ 민법 제467조 제1항
④ 민법 제461조

32 책임능력에 관한 설명으로 옳지 않은 것은?　　　🏅 2015. 4. 25. 국민연금공단

① 농아자의 행위는 벌하지 아니한다.

② 14세가 되지 아니한 자의 행위는 벌하지 아니한다.

③ 법관은 심신장애 여부에 대하여 전문가의 감정결과에 기속되지 않으며, 범행의 제반 사정을 종합하여 경험칙에 따라 규범적으로 판단한다.

④ 충동조절장애와 같은 성격적 결함은 원칙적으로 형의 감면사유인 심신장애에 해당하지 않는다.

⑤ 저항할 수 없는 폭력이나 자기 또는 친족의 생명, 신체에 대한 위해를 방어할 방법이 없는 협박에 의하여 강요된 행위는 벌하지 아니한다.

🔎 ① 농아자의 행위는 형을 감경한다(형법 제11조). 즉, 농아자는 필요적 감경사유이다.
② 형법 제9조(형사미성년자)
③ 대판 1999.8.24. 99도1194
④ 원칙적으로는 충동조절장애와 같은 성격적 결함은 형의 감면사유인 심신장애에 해당하지 않는다고 봄이 상당하고, 다만 그러한 성격적 결함이 매우 심각하여 원래의 의미의 정신병을 가진 사람과 동등하다고 평가할 수 있다든지, 또는 다른 심신장애사유와 경합된 경우에는 심신장애를 인정할 여지가 있을 것이다(대판 1995.2.24. 94도3163).
⑤ 형법 제12조(강요된 행위)

33 누범에 관한 설명 중 가장 옳지 않은 것은? (다툼이 있는 경우 판례에 따름)

2015. 4. 25. 국민연금공단

① 금고 이상의 형을 받아 그 집행을 종료하거나 면제를 받은 후 3년 내에 금고 이상에 해당하는 죄를 범한 자는 누범으로 처벌한다.

② 특별사면으로 출소한 후 3년 이내에 다시 죄를 범하면 누범가중사유가 된다.

③ 법정형 중 벌금형을 선택한 경우에도 누범가중을 하여야 한다.

④ 금고 이상의 형을 받고 그 형의 집행유예기간 중에 금고 이상에 해당하는 죄를 범하였어도 누범가중사유가 되지 아니한다.

⑤ 누범의 형은 그 죄에 정한 법정형의 장기만을 2배로 가중하며 단기까지 가중하는 것은 아니다.

🔍 ③ 형법 제35조 제1항에 규정된 "금고 이상에 해당하는 죄"라 함은 유기금고형이나 유기징역형으로 처단할 경우에 해당하는 죄를 의미하는 것으로서 법정형 중 벌금형을 선택한 경우에는 누범가중을 할 수 없다(대판 1982.9.14. 82도1702).
① 형법 제35조 제1항
② 형의 선고를 받은 자가 특별사면을 받아 형의 집행을 면제받고 또 후에 복권이 되었다 하더라도 형의 선고의 효력이 상실되는 것은 아니므로 실형을 선고받아 복역타가 특별사면으로 출소한 후 3년 이내에 다시 범죄를 저지른 자에 대한 누범가중은 정당하다(대판 1986.11.11. 86도2004).
④ 대판 1983.8.23. 83도1600
⑤ 대판 1969.8.19. 69도1129

34 화물상환증의 법적 성질이 아닌 것은?

2015. 4. 25. 국민연금공단

① 요인증권성　　　　　　　　② 상환증권성

③ 설권증권성　　　　　　　　④ 지시증권성

⑤ 요식증권성

🔍 ③ 비설권증권성 : 화물상환증은 운송계약에 의해 이미 발생한 권리를 표창할 뿐이다.

35 다음 중 법적용의 우선순위를 옳게 나열한 것은? 🔘 2014. 11. 22. 국민연금공단

① 상법 → 민법 → 상관습법

② 민법 → 상법 → 상관습법

③ 상법 → 상관습법 → 민법

④ 민법 → 상관습법 → 상법

🔍 상사에 관하여 본법에 규정이 없으면 상관습법에 의하고 상관습법이 없으면 민법의 규정에 의한다(상법 제1조).

36 다음 중 「악법도 법이다」라는 말과 관련이 있는 말은 무엇인가?
🔘 2014. 11. 22. 국민연금공단

① 정　의　　　　　　　　　② 규　범

③ 신의성실의 원칙　　　　　④ 법적 안정성

🔍 ④ 악법(부정의의 법)이 무질서보다는 낫다는 것으로 법이란 사회질서의 유지를 위하여 안정되어야 한다는 것이다.

37 대륙법계와 영미법계의 법문화에 관한 설명 중 틀린 것은? 🔘 2014. 11. 22. 국민연금공단

① 대륙법계에 속하는 국가는 독일 · 프랑스, 영미법계에 속하는 국가는 영국 · 미국 등이다.

② 대륙법계는 로마법의 영향이 강한 반면, 영미법계는 로마법의 영향이 약하다.

③ 대륙법계는 제정법이 제1차적 법원인 반면, 영미법계는 판례법이 제1차적 법원이다.

④ 대륙법계는 불문법주의, 영미법계는 성문법주의의 법문화를 형성하였다.

🔍 ④ 대륙법계는 성문법주의, 영미법계는 불문법주의의 법문화를 형성하였다.

38 무효와 취소에 관한 설명 중 틀린 것은? 🔘 2014. 11. 22. 국민연금공단

① 일단 성립한 법률행위는 취소가 있기 전까지 유효하다는 점에서 무효와 다르다.

② 취소의 의사표시는 취소권을 가진 자만이 행사할 수 있다는 점에서 무효와 다르다.

③ 취소를 하면 법률행위는 취소한 때로부터 무효인 것으로 본다.

④ 취소할 수 있는 법률행위를 추인하면 그 법률행위는 확정적으로 유효가 된다.

🔍 ③ 법률행위가 취소되면 그 법률행위는 처음부터 무효인 것으로 본다(민법 제141조 본문).
　① 무효는 누구의 주장을 기다릴 필요 없이 처음부터 당연히 효력이 발생하지 않는다.
　② 취소할 수 있는 법률행위는 제한능력자, 착오로 인하거나 사기·강박에 의하여 의사표시를 한 자, 그의 대리인 또는 승계인만이 취소할 수 있다(민법 제140조).
　④ 취소할 수 있는 법률행위를 추인하면 그 이후에는 더 이상 취소할 수 없고 유효한 법률행위로 확정된다(민법 제143조 제1항). 반면 무효인 법률행위는 추인하여도 그 효력이 생기지 않는 것이 원칙이다(민법 제139조).

39 개인의 재산과 관련된 법익을 침해하는 범죄, 즉 재산죄에 해당하지 않는 것은?

🔹 2014. 11. 22. 국민연금공단

① 절도죄　　　　　　　　　　② 사기죄
③ 모욕죄　　　　　　　　　　④ 손괴죄

🔍 ③ 모욕죄는 명예에 관한 죄에 해당한다.

40 형벌의 분류 중 자유형에 속하는 것은?　　🔹 2014. 11. 22. 국민연금공단

① 금　고　　　　　　　　　　② 사　형
③ 벌　금　　　　　　　　　　④ 자격상실

🔍 형벌의 분류
　1. 생명형 : 사형
　2. 자유형 : 징역, 금고, 구류
　3. 명예형 : 자격상실, 자격정지
　4. 재산형 : 벌금, 과료, 몰수

41 다음 중 그 수의 하한선이 헌법에 명시되어 있는 것은?　🔹 2014. 6. 21. 국민연금공단

① 국가안전보장회의의 구성원의 수
② 대법관의 수
③ 국회의원의 수
④ 각급 선거관리위원의 수

🔍 ③ 국회의원의 수는 법률로 정하되, 200인 이상으로 한다(헌법 제41조 제2항).
　①, ②, ④ 헌법에 구성원 수가 명시되어 있지 않다.

42 A가 금전 기타 대체물의 소유권을 B에게 이전할 것을 약정하고 B는 그와 같은 종류, 품질, 수량으로 반환할 것을 내용으로 하는 민법상 계약은? *2014. 6. 21. 국민연금공단*

① 대물변제약정   ② 사용대차
③ 임 치   ④ 소비대차

④ 소비대차는 당사자 일방이 금전 기타 대체물의 소유권을 상대방에게 이전할 것을 약정하고 상대방은 그와 같은 종류, 품질 및 수량으로 반환할 것을 약정함으로써 그 효력이 생긴다(민법 제598조).
① 대물변제약정은 채무자가 본래의 급부에 갈음하여 다른 급부로 이행할 것을 미리 약속하는 것을 말한다.
② 사용대차는 당사자 일방이 상대방에게 무상으로 사용 · 수익하게 하기 위하여 목적물을 인도할 것을 약정하고, 상대방은 이를 사용 · 수익한 후 그 물건을 반환할 것을 약정함으로써 그 효력이 생긴다(민법 제609조). 사용대차는 이용의 대가를 지급하지 않는다는 점에서 유상계약인 임대차와 다르다.
③ 임치는 당사자 일방이 상대방에 대하여 금전이나 유가증권 기타 물건의 보관을 위탁하고 상대방이 이를 승낙함으로써 효력이 생긴다(민법 제693조).

43 일정한 권리 및 법률관계에 있어서 소송당사자(원고 또는 피고)로서 유효하게 소송을 수행하고 판결을 받기 위하여 필요한 자격을 무엇이라 하는가? *2014. 6. 21. 국민연금공단*

① 당사자적격   ② 당사자능력
③ 소송능력   ④ 변론능력

① 당사자적격은 구체적 소송에 있어서 어떤 자를 당사자로 하여야 분쟁해결이 유효하고 적절할 것이냐 하는 관점에서 인정된 제도이므로 이를 소송수행권 또는 소송실시권이라고도 하고, 그 자만이 적법하게 당사자로서의 자격을 갖는다는 의미에서 정당한 당사자라고도 한다. 이처럼 당사자적격은 구체적 사건과의 관계에서 문제가 되는 것이므로 사건의 내용과 관계없이 인정되는 당사자능력이나 소송능력과는 다르다.

44 벌금의 형량은? *2014. 6. 21. 국민연금공단*

① 2천원 이상   ② 2만원 이상
③ 3만원 이상   ④ 5만원 이상

④ 벌금은 5만원 이상으로 한다. 다만, 감경하는 경우에는 5만원 미만으로 할 수 있다(형법 제45조).

45 상법상 주식에 관한 설명으로 틀린 것은? 2014. 6. 21. 국민연금공단

① 회사는 정관으로 정한 경우에는 주식의 전부를 무액면주식으로 발행할 수 있다.

② 액면주식의 금액은 균일하여야 한다.

③ 액면주식 1주의 금액은 50원 이상으로 하여야 한다.

④ 주식은 액면미달의 가액으로 발행하지 못한다.

🔍 ③ 액면주식 1주의 금액은 100원 이상으로 하여야 한다(상법 제329조 제3항).

46 다음 중 현대 복지국가 헌법의 내용과 맞지 않은 것은? 2014. 4. 19. 국민연금공단

① 사회적 기본권 보장

② 소극적인 자유방임주의

③ 형식적 법치주의보다 실질적 법치주의의 강조

④ 헌법재판제도의 도입

🔍 ② 소극적 자유방임주의는 근대 입헌주의 헌법의 내용이다.

47 다음 중 국가 구성의 3요소는 어는 것인가? 2014. 4. 19. 국민연금공단

① 국민, 법, 도덕

② 국민, 영토, 주권

③ 국민, 정당, 도덕

④ 영토, 종교, 법

🔍 ② 국가 구성의 3요소는 국민, 영토, 주권이다.

48 다음 중 현행 헌법이 채택하고 있지 않은 것은? 2014. 4. 19. 국민연금공단

① 대법원장의 중임제한

② 국무총리에 대한 탄핵

③ 헌법개정에 대한 국민투표제

④ 헌법개정에 대한 국민발안제

🔍 ④ 헌법개정에 대한 국민발안제는 제2차 개정헌법에서 신설되어 제6차 개정헌법까지 존속하였으나, 현행
헌법은 이를 채택하고 있지 않다.
① 헌법 제105조 제1항
② 헌법 제65조
③ 헌법 제130조 제2항

49 소선구제(다수대표제)의 장점에 관한 설명으로 옳은 것은? 🔍 2014. 4. 19. 국민연금공단

① 군소정당의 난립이 방지된다.

② Gerrymandering의 위험성이 적다.

③ 사표가 적으므로 소수의견이 존중된다.

④ 인물선택의 범위가 넓어서 국민대표에 적합한 후보자를 선택할 수 있다.

🔍 ① 소선거구제는 대정당에게 유리하므로 군소정당의 난립이 방지된다.
　②, ③, ④ 대선구제의 장점에 관한 설명이다.

50 민법상 법인에 관한 다음 설명 중 옳지 않은 것은? 🔍 2014. 4. 19. 국민연금공단

① 법인은 그 주된 사무소의 소재지에서 설립등기를 함으로써 성립한다.

② 법인의 사무는 주무관청이 검사·감독한다.

③ 법인은 법률의 규정에 좇아 정관으로 정한 목적의 범위 내에서 권리와 의무의 주체가 된다.

④ 법인설립의 허가가 있는 때에는 2주간 내에 주된 사무소소재지에서 설립등기를 하여야 한다.

🔍 ④ 법인설립의 허가가 있는 때에는 3주간 내에 주된 사무소소재지에서 설립등기를 하여야 한다(민법 제49조 제1항).
　② 민법 제37조
　① 민법 제33조
　③ 민법 제34조

51 계약의 종류에 대한 설명으로 틀린 것은? 🔍 2014. 4. 19. 국민연금공단

① 사용대차는 당사자일방이 목적물을 사용·수익하게 할 채무를 지고 상대방은 이를 반환해야 할 대가적 채무를 지므로 쌍무계약이다.

② 증여는 무상계약이다.

③ 교환계약은 낙성·불요식 계약이다.

④ 쌍무계약이 갖는 이행상의 견련성으로부터 동시이행의 항변권이 성립한다.

🔍 ① 사용대주는 목적물의 사용을 사용차주에게 허용할 채무를 부담하고 사용차주가 그 목적물을 반환할 채무를 부담한다 하더라도, 사용차주의 채무가 대가적 의미를 갖는 것이 아니므로 사용대차는 대표적인 무상의 편무계약이다.

52 계약의 청약에 관한 설명으로 옳지 않은 것은? 　　　　2014. 4. 19. 국민연금공단

① 계약의 청약은 청약자가 사전에 철회의 자유를 유보하였다 하더라도 이를 철회하지 못한다.

② 승낙의 기간을 정한 계약의 청약은 청약자가 그 기간 내에 승낙의 통지를 받지 못한 때에는 그 효력을 잃는다.

③ 승낙의 기간을 정하지 아니한 계약의 청약은 청약자가 상당한 기간 내에 승낙의 통지를 받지 못한 때에는 그 효력을 잃는다.

④ 당사자간에 동일한 내용의 청약이 상호교차된 경우에는 양 청약이 상대방에게 도달한 때에 계약이 성립한다.

🔍 ① 계약의 청약은 이를 철회하지 못한다(민법 제527조). 그러나 청약자가 사전에 철회의 자유를 유보한 경우에는 철회가 가능하다.
② 민법 제528조 제1항
③ 민법 제529조
④ 민법 제533조

53 다음 중 법관의 제척원인이 아닌 것은? 　　　　2014. 4. 19. 국민연금공단

① 법관이 피해자인 때

② 법관이 피고인 또는 피해자의 법정대리인인 때

③ 법관이 불공평한 재판을 할 염려가 있을 때

④ 법관이 전심재판에 관여한 때

🔍 ③ 기피사유에 해당한다(형사소송법 제18조 제1항 제2호).

54 다음 중 사회법에 해당하는 법은? 　　　　2014. 4. 19. 국민연금공단

① 헌 법　　　　　　　　　② 경제법

③ 상 법　　　　　　　　　④ 민 법

🔍 ② 사회법은 자본주의 사회에서 발생하는 사회적 부조리를 해결하려는 수정자본주의적 원리에 근거한 법이다. 노동법·경제법·사회보장법이 이에 속한다.

55 다음 중 우선변제권이 있는 권리는?　　　　　　　2013. 5. 25. 국민연금공단

① 손해배상청구권　　　　　　　② 채　권
③ 원상회복청구권　　　　　　　④ 질　권

　④ 질권 : 채권자가 채무담보로서 채무자나 제3자(물상보증인)로부터 인수한 물건을 채무변제가 있을 때까지 유치하여 채무변제를 간접적으로 강제하다가, 채무자가 변제하지 않을 경우 그 물건을 현금화(환가)하여 우선적 변제를 받을 수 있는 담보물권이다
　①, ②, ③은 우선변제권이 없다.

56 다음 중 국회의 동의가 필요없는 것은?　　　　　　2013. 5. 25. 국민연금공단

① 검찰총장 임명　　　　　　　② 헌법재판소장 임명
③ 국무총리 임명　　　　　　　④ 감사원장 임명

　① 검찰총장 · 합동참모의장 · 각군참모총장 · 국립대학교총장 · 대사 기타 법률이 정한 공무원과 국영기업체관리자의 임명은 국무회의 심의를 거쳐 대통령이 임명한다(헌법 제89조).
　② 헌법재판소의 장은 국회의 동의를 얻어 재판관중에서 대통령이 임명한다(헌법 제111조 제4항).
　③ 국무총리는 국회의 동의를 얻어 대통령이 임명한다(헌법 제86조 제1항).
　④ 원장은 국회의 동의를 얻어 대통령이 임명하고, 그 임기는 4년으로 하며, 1차에 한하여 중임할 수 있다(헌법 제98조 제2항).

57 다음 중 유추해석에 해당하는 것은?　　　　　　　2013. 5. 25. 국민연금공단

① 법문에 규정된 사항 이외의 사항도 물론 포함되는 것으로 하는 해석
② 법문에 일정한 사항이 규정되어 있는 경우에 그 반대의 것은 그 법이 규정한 것과 반대로 해석하는 것
③ 법문의 자구를 보통의 의미보다는 좁게 해석하여 법의 타당성을 확보하려는 해석
④ 어떤 시험에 관하여 이를 직접 규정한 법규가 없을 때 이와 유사한 규정의 법률의 특정 규정을 확대하여 적용하는 방법

　유추해석 : 어떤 사항을 직접 규정한 법규가 없을 때에 그와 비슷한 사항을 규정한 법규를 적용하는 법의 해석방법
　① 물론해석, ② 반대해석, ③ 축소해석

58 다음 정당방위에 대한 설명으로 틀린 것은?   2013. 5. 25. 국민연금공단

① 적법행위이다.

② 긴급행위에 해당한다.

③ 민사상 책임을 진다.

④ 위법성조각사유에 해당한다.

🔍 타인의 불법행위에 대하여 자기 또는 제3자의 이익을 방위하기 위하여 부득이 타인에게 손해를 가한 자는 배상할 책임이 없다(민법 제761조 제1항).

59 다음 설명 중 틀린 것은?   2012. 10. 21. 국민연금공단

① 갓 태어난 아이는 권리능력, 행위능력, 책임능력을 가진다.

② 미성년자가 법률행위를 함에는 법정대리인의 동의를 얻어야 한다.

③ 미성년자가 부담없는 증여를 받는 경우에는 법정대리인의 동의를 받지 않아도 된다.

④ 미성년자가 법정대리인으로부터 허락을 얻은 특정한 영업에 관하여는 성년자와 동일한 행위능력이 있다.

🔍 ① 갓 태어난 아이는 제한능력자이자 책임무능력자이다.
②, ③ 민법 제5조 제1항
④ 민법 제8조 제1항

60 대통령이 국회의 동의하에 할 수 있는 것은?   2012. 10. 21. 국민연금공단

① 특별사면   ② 긴급명령

③ 국군의 해외파병   ④ 계엄선포

🔍 ③ 국회는 선전포고, 국군의 외국에의 파견 또는 외국군대의 대한민국 영역안에서의 주류에 대한 동의권을 가진다(헌법 제60조 제2항).
① 일반사면을 명하려면 국회의 동의를 얻어야 한다(헌법 제79조 제2항).
② 긴급처분 또는 명령을 한 때에는 지체없이 국회에 보고하여 그 승인을 얻어야 한다(헌법 제76조 제3항).
④ 계엄을 선포한 때에는 대통령은 지체없이 국회에 통고하여야 한다(헌법 제77조 제4항).

61 다음 용익물권이 아닌 것은?   2016. 12. 3. / 2012. 10. 21. 국민연금공단

① 지역권   ② 전세권

③ 지상권   ④ 유치권

정답 55 ④   56 ①   57 ④   58 ③   59 ①   60 ③

🔎 **용익물권** : 타인의 토지 또는 건물을 일정한 목적을 위하여 사용 · 수익할 수 있는 물권으로 민법상의 용익물권은 지상권, 지역권, 전세권이 있다. 특별법상의 채석권, 광업권, 어업권, 입어권 등도 성질상 이와 유사하다. 유치권은 담보물권이다.

62 다음 중 우선의 원칙으로 틀린 것은? 2012. 10. 21. 국민연금공단

① 공법>사법 ② 신법>구법

③ 상위법>하위법 ④ 특별법>일반법

🔎 ① 공법과 사법은 적용되는 영역이 서로 다르므로 공법이 사법에 우선하여 적용될 수 없다.
② 신법우선의 원칙, ③ 상위법 우선의 원칙, ④ 특별법우선의 원칙

63 다음 교섭단체에 대한 설명 중 틀린 것은? 2012. 10. 21. 국민연금공단

① 당적을 두지 않은 의원들은 교섭단체를 만들 수 없다.

② 국회에 20인 이상의 소속의원을 가진 정당은 하나의 교섭단체가 된다.

③ 소속의원에 이동이 있거나 소속정당의 변경이 있을 때에는 그 사실을 의장에게 보고하여야 한다.

④ 각 교섭단체의 대표의원은 그 단체의 소속의원이 연서 · 날인한 명부를 의장에게 제출하여야 한다.

🔎 **교섭단체** : 국회에서 의사진행에 관한 중요한 안건을 협의하기 위하여 일정한 수 이상의 의원들로 구성된 의원단체로 국회에 20인 이상의 소속의원을 가진 정당은 하나의 교섭단체가 된다. 그러나 다른 교섭단체에 속하지 않는 20인 이상의 의원으로 따로 교섭단체를 구성할 수 있다(국회법 제33조 제1항). 각 교섭단체의 대표의원은 그 단체의 소속의원이 연서 · 날인한 명부를 의장에게 제출하여야 하고, 그 소속의원에 이동이 있거나 소속정당의 변경이 있을 때에는 그 사실을 의장에게 보고하여야 한다(국회법 제33조 제2항).

64 다음 비상상고에 대한 설명으로 맞는 것은? 2012. 10. 21. 국민연금공단

① 비상상고의 신청에 대하여는 기간의 제한을 받는다.

② 형사소송에서 판결이 확정된 후 법령이 위반된 것을 발견했을 때 검찰총장이 대법원에 신청하는 것이다.

③ 이미 원확정판결의 집행이 끝난 후에는 그 신청을 할 수 없다.

④ 공소시효, 형의 시효에 영향을 받는다.

📍 비상상고 : 형사소송법에서 판결이 확정된 후 그 사건의 심판이 법령에 위반한 것을 발견한 때에 신청하는 비상구제절차로 비상상고의 신청은 검찰총장이 대법원에 대하여 행하는데(형사소송법 제441조) 재심과 다르다. 비상상고의 신청은 법률상 의무적인 것은 아니고 구체적 사안에 대하여 비상상고의 이유를 인정한 경우에 한하여 그 신청여부는 검찰총장의 재량에 맡겨져 있다. 비상상고의 신청에 대하여는 기간의 제한이 없고 공소시효, 형의 시효에 구애되지 않고 그 신청을 할 수 있으며 이미 원확정판결의 집행이 끝난 후에도 신청을 할 수 있다.

65 다음 중 임의적 동의에 의하여 성립하는 특별권력관계는?　　🖋 2011. 7. 3. 국민연금공단

① 전염병환자 강제수용　　　　　② 국공립도서관의 이용
③ 학령아동의 초등학교 입학　　　④ 재개발조합의 강제가입

📍 1. 법률의 규정에 의하여 성립하는 경우 : 군입대, 전염병환자 강제수용, 교도소 수감, 재개발조합의 강제가입 등
　2. 상대방의 동의에 의하여 성립하는 경우
　　㉠ 자발적 동의에 의하여 성립하는 경우 : 공무원 임명, 국공립학교에의 입학, 국공립도서관의 이용 등
　　㉡ 강제적 동의에 의하여 성립하는 경우 : 학령아동의 초등학교 입학 등

66 다음 중 반의사불벌죄에 해당하는 것은?　　🖋 2011. 7. 3. 국민연금공단

① 상해죄　　　　　　　　　　② 가택침입죄
③ 폭행죄　　　　　　　　　　④ 과실치사죄

📍 • 반의사불벌죄 : 신고자 의사에 반해 처벌하지 않는 죄로 피해자의 고소가 없어도 수사기관이 수사해서 재판을 받게 하는 등 처벌할 수 있는 죄이지만, 그 과정에서 피해자가 처벌을 원치 않는다는 의사표시를 표명할 경우 처벌을 못하는 죄를 말한다. 반의사불벌죄에는 폭행죄, 협박죄, 명예훼손죄, 교통사고처리특례법에 의한 범죄, 외국의 국기 국장의 모독, 과실치상 등이 있다.
　• 친고죄 : 범죄의 피해자 기타 법률이 정한 자의 고소가 있어야 공소할 수 있는 범죄로 형법상 업무상비밀누설죄, 사자(死者)명예훼손죄, 모욕죄 등이 있다.

67 다음 설명 중 바르지 않은 것은?　　🖋 2011. 7. 3. 국민연금공단

① 행복추구권은 자연인뿐만 아니라 법인에게도 인정된다.
② 항변권은 청구권의 행사에 대하여 그 작용을 저지하는 작용을 가지는 사권이다.
③ 청구권은 타인에 대하여 일정한 행위(작위 · 부작위)를 요구할 수 있는 권리이다.
④ 인격권은 권리의 주체와 분리할 수 없는 인격적 이익을 내용으로 하는 사권이다.

🔍 헌법은 '모든 국민은 인간으로서의 존엄과 가치를 가지며, 행복을 추구할 권리가 있다'(제10조)고 하여, 개인의 가치를 무시하고 국가의 도구로 취급하는 전체주의를 배격하였는데 이 규정은 '인간의 존엄과 가치·행복추구권'을 천부인권, 즉 전국가적 자연권을 선언한 국가의 기본질서이며 법해석의 최고 기준인 근본규범이지만 자연인에 한하여 적용되고 법인에게는 적용되지 않는다.

68 다음 조약에 관한 내용으로 바르지 않은 것은?　　　🎯 2011. 7. 3. 국민연금공단

① 조약을 체결할 수 있는 주체는 원칙적으로 국가이지만, 한정된 범위 내에서 교전단체 및 국제기구도 국제적 합의의 주체가 된다.

② 조약은 서면형식이 필요하므로 반드시 명시적인 합의이어야 하며, 묵시적 합의인 관습과 구별된다.

③ 조약이 헌법에 위반될 경우 당연히 국제법상 불법이 된다.

④ 조약이 헌법에 위반되는 경우에는 국내법적 효력은 당연히 상실된다.

🔍 형식적으로 적법하게 성립한 조약은 그 내용이 체약국의 헌법에 위반하였다고 해도 국제법상으로는 유효하다고 국제관습법상 확립되어 있다('Danzig에서의 폴란드 국민사건' 상설국제사법재판소 권고적 의견, 1932. 2. 4 등. 조약법에 관한 비엔나협약 제27조는 그 원칙을 명문화한 것이다). 이것에 대해 조약에 국내적 효력이 인정되고 있는 국가에서 내용상 위헌인 조약이 국내법상 유효하다고 인정되는지 어떠한지는 그 국가의 국내법상 조약에 주어져 있는 서열에 관계한다. 따라서 조약은 국내법과 같은 서열이므로 국내법적 효력은 당연히 상실된다.

69 다음 중 사권에 해당하지 않는 것은?　　　🎯 2011. 7. 3. 국민연금공단

① 청구권　　　　　　　　　② 공용부담권
③ 항변권　　　　　　　　　④ 인격권

🔍 1. 사권(私權)
　　㉠ 내용에 따른 분류 : 인격권, 재산권, 가족권, 사원권 등
　　㉡ 작용에 따른 분류 : 지배권, 청구권, 형성권, 항변권 등
　　㉢ 효력범위에 따른 분류 : 절대권, 상대권 등
　　㉣ 그밖의 분류 : 일신전속권, 비전속권, 주된 권리, 종된 권리, 기성권, 기대권 등
　2. 공권(公權)
　　㉠ 국가적 공권 : 경찰권, 규제권, 공기업특권, 공용부담권, 과세권, 공물관리권, 재정권, 군정권, 하명권, 강제권, 형성권, 공법상물권 등
　　㉡ 개인적 공권 : 자유권, 수익권, 참정권 등

70 법문(法文)에 규정된 사항 이외의 사항도 물론 포함되는 것으로 하는 해석은?

2011. 7. 3. 국민연금공단

① 유추해석   ② 문리해석

③ 입법해석   ④ 물론해석

④ **물론해석** : 법문(法文)에 규정된 사항 이외의 사항도 물론 포함되는 것으로 하는 해석으로 학리해석 가운데 논리해석에 속한다.

① **유추해석** : 어떤 사항에 대하여 직접 규정한 법규정이 없을 때 그와 비슷한 사항에 대하여 규정한 조항을 적용하여 해석하는 방법이다.

② **문리해석** : 법문(法文)을 구성하고 있는 어구나 문장의 뜻을 문법의 규칙 및 사회통념에 따라서 상식적인 언어의 용법에 의하여 확정하는 해석방법이다.

③ **입법해석** : 입법기관이 법을 제정하는 권한에 기초하여 특정한 법규의 내용이나 의미를 밝히는 것으로 실질적으로는 법의 해석이 아니라 하나의 입법이라고 할 수 있다.

71 다음 중 지상권에 관한 설명으로 틀린 것은?

2011. 7. 3. 국민연금공단

① 지상권은 타인에게 양도할 수 없다.

② 지상권자가 2년 이상 지료를 지급하지 않는 때에는 지주는 지상권의 소멸을 청구할 수 있다.

③ 관습법상의 지상권 또는 법정지상권도 있으나, 보통은 당사자간의 계약에 의하여 지상권이 설정된다.

④ 지상권은 타인의 토지에 건물, 기타의 공작물이나 수목(樹木)을 소유하기 위하여 그 토지를 사용할 수 있는 물권이다.

지상권자는 지상권을 양도하거나 그 존속기간 내에서 그 토지를 임대할 수 있고(민법 제282조), 지상권에 저당권을 설정할 수 있다(제288조). 지상권 소멸 후에 지주에게 지상물매수청구권이 인정되며(제285조), 물권적 청구권과 상린관계의 규정이 준용된다(제290조 제1항).

72 다음 중 사면에 관한 내용으로 바르지 않은 것은?

2011. 7. 3. 국민연금공단

① 사면은 대통령의 고유권한으로 형벌권 자체의 전부 또는 일부를 소멸시키는 것이다.

② 일반사면은 국무회의의 심의를 거쳐야 하지만 국회의 동의를 받을 필요는 없다.

③ 형 선고를 받기 전의 범인에 대해서는 특별사면을 할 수 없다.

④ 기결수에 대해선 형선고가 효력을 상실하며 미결수에 대해서는 공소권을 소멸시키는 것이다.

🔍 일반사면은 대통령령으로 사면대상이 되는 범죄의 종류를 지정하여 범죄인 개개인을 따지지 않고 일괄적으로 행해지는 것으로 미결, 기결을 묻지 않으며 검거여부도 불문한다. 즉, 기결수에 대해선 형선고가 효력을 상실하며 미결수에 대해서는 공소권을 소멸시키는 것이다. 일반사면은 국무회의의 심의를 거쳐야 하고 반드시 국회의 동의를 받아야 한다.

73 다음 중 의사표시에 관한 내용으로 바르지 않은 것은?   🔖 2011. 7. 3. 국민연금공단

① 하자있는 의사표시는 당해 법률행위는 취소할 수 있다.

② 상대방과 통정한 허위의 의사표시는 무효로 한다.

③ 의사표시에 관하여 제3자가 사기나 강박을 행한 경우에는 상대방이 그 사실을 알았거나 알 수 있었을 경우에 한하여 그 의사표시를 취소할 수 있다.

④ 상대방이 표의자의 진의 아님을 알았거나 이를 알 수 있었을 경우에는 무효로 한다. 의사표시의 무효는 선의의 제3자에게 대항할 수 있다.

🔍 민법 제107조(진의 아닌 의사표시) ① 의사표시는 표의자가 진의 아님을 알고 한 것이라도 그 효력이 있다. 그러나 상대방이 표의자의 진의 아님을 알았거나 이를 알 수 있었을 경우에는 무효로 한다.
② 전항의 의사표시의 무효는 선의의 제3자에게 대항하지 못한다.

74 다음 중 합자회사에 관한 설명으로 틀린 것은?   🔖 2011. 7. 3. 국민연금공단

① 우리나라는 합자회사의 법인성을 부인하고 있다.

② 무한책임사원은 정관에 다른 규정이 없는 때에는 각자가 회사의 업무를 집행할 권리와 의무가 있다.

③ 유한책임사원은 무한책임사원전원의 동의가 있으면 그 지분의 전부 또는 일부를 타인에게 양도할 수 있다.

④ 유한책임사원은 신용 또는 노무를 출자의 목적으로 하지 못한다.

🔍 상법에서 "회사"란 상행위나 그 밖의 영리를 목적으로 하여 설립한 법인을 말한다(상법 제169조). 회사는 합명회사, 합자회사, 유한책임회사, 주식회사와 유한회사의 5종으로 한다(상법 제170조).

75 다음 행정행위에 관한 내용으로 틀린 것은? *2011. 7. 3. 국민연금공단*

① 행정행위의 공정력은 행정행위가 비록 위법이라고 해도, 권한이 있는 행정청 또는 법원에 의해 취소될 때까지는 일단 적법성의 추정을 받는다.

② 행정행위의 구속력은 절차법적 효과이고, 공정력은 실체법적 효과이다.

③ 행정행위의 불가쟁력 및 불가변경력은 일정한 기간(제소 기간)이 경과한 후에는 보통의 쟁송절차로서는 다툴 수 없는 효력 및 행정청 자신도 그 효력을 변경할 수 없는 효력이다.

④ 행정행위의 자력집행력은 원칙적으로 법원에 의한 채무명의 등을 얻지 않고, 자기 명의로 법률이 정하는 바에 따라 집행해 그 내용을 실현할 수 있는 효력이다.

🔍 행정행위의 구속력은 법률의 규정에 따라 일정한 효력을 발하게 하는 실체법적 효력이고, 행정행위의 공정력은 그 구속력이 있는 것을 승인시키는 절차법적 효력이다.

76 다음 중 반사회적 법률행위가 아니므로 무효가 아닌 것은? *2011. 7. 3. 국민연금공단*

① 자식이 부모와 동거하지 않겠다고 하는 계약

② 도박자금을 대여하는 행위

③ 경매나 입찰에 있어서 부정한 약속을 하는 담합행위

④ 무허가 음식점의 음식물 판매행위

🔍 반사회적 법률행위
 1. 정의의 관념에 반하는 행위 : 범죄 기타 부정행위를 권하거나 또는 이에 가담하는 계약(밀수입을 위한 자금의 대차나 출자, 부동산의 매도인에게 이중매도를 적극 권유하여 이를 매수하는 것, 경매나 입찰에 있어서 부정한 약속을 하는 담합행위 등)
 2. 윤리적 질서에 반하는 행위 : 자식이 부모에게 불법행위에 의한 손해배상을 청구하는 행위, 자식이 부모와 동거하지 않겠다고 하는 계약, 첩계약 등
 3. 개인의 자유를 매우 심하게 제약하는 행위 : 일생동안 결혼을 하지 않는다는 계약 등
 4. 생존의 기초가 되는 재산의 처분행위 : 자기가 앞으로 취득하게 될 전 재산을 양도한다는 계약 등
 5. 지나치게 사행적인 행위 : 도박자금을 대여하는 행위, 도박으로 부담한 채무의 변제로서 토지를 양도하는 계약, 도박에 패한 빚을 토대로 그 노름빚을 변제하기로 한 계약 등
 6. 타인의 무의식, 궁박을 이용하여 부당한 이익을 얻으려고 하는 행위 : 폭리행위

77 현행법상 부동산에 관하여 인정되지 않는 제도는? *2011. 1. 23. 국민연금공단*

① 유치권 ② 가 공
③ 공시의 원칙 ④ 시효취득

🔍 가공은 동산에 한하여 적용되는 제도이다(민법 제259조).

정답 **72** ② **73** ④ **74** ① **74** ② **75** ② **76** ④ **77** ②

78 다음 중 중지미수의 예가 아닌 것은? ✍ 2011. 1. 23. 국민연금공단

① 재물 강취 후 폭행하려 했으나 불쌍해서 그만 두었다.
② 낙엽 떨어지는 소리를 경찰 오는 소리로 알고 재물 강취를 중지했다.
③ 살해의사로 독약을 먹였으나 후회하고 해독제로 소생시킨 경우
④ 피고인이 피해자를 강간하려다가 피해자가 다음번에 만나 친해지면 응해주겠다는 취지의 간곡한 부탁을 하자 강간행위를 그만 둔 경우

🔍 중지미수란 범죄의 실행에 착수한 자가 그 범죄가 완성되기 전에 자의로 그 행위를 중지하거나 그 행위로 인한 결과 발생을 방지한 경우를 뜻한다(형법 제26조). ②는 자의로 행위를 중지한 것이 아니므로 중지미수라 할 수 없고, 장애미수에 해당한다.

79 법의 이념에 관한 설명 중 잘못된 것은?

① 법이 실현해야 할 궁극적 가치를 법의 이념이라고 한다.
② 라드브루흐는 정의 · 합목적성 · 법적 안정성을 법의 이념이라고 했다.
③ 법의 근본이념으로는 정의의 실현을 들 수 있다.
④ 법의 이념 가운데 정의는 법의 내용을 개별화하는데 반하여 합목적성은 법을 일반화하는 경향이 있다고 할 수 있다.
⑤ "악법도 법이다."라는 명세는 법적 안정성과 관련이 깊다.

🔍 ④ 합목적성은 법의 내용을 개별화하는데 반하여, 정의는 법을 일반화하는 경향이 있다.

80 다음 중 설명이 가장 잘못된 것은?

① 성문법은 시행일로부터 폐지일까지 효력을 가진다.
② 선박이나 항공기가 타국의 영역 내에 있을 때에도 자국법의 적용을 받는다.
③ 외국원수, 외교사절 등에게 타국의 법은 적용되지 않는다.
④ 신법이 도리어 관계자에게 유리하거나 소급시킬 공익상의 필요가 있을 때에는 법률불소급원칙이 배제된다.
⑤ 국제사회에 있어서 법의 대인적 효력에 관하여 속인주의가 원칙이고 속지주의는 보충적 역할을 한다.

🔍 ⑤ 법의 대인적 효력에 관하여 국제사회에서는 영토를 상호 존중하는 입장에서 속지주의를 원칙으로 하고 있다.

81 법원(法源)에 관한 설명으로 옳지 않은 것은?

① 법원이란 일반적으로 법의 존재형식을 말하며, 성문법과 불문법이 있다.

② 철학적 법원이란 법의 타당 근거가 무엇인가 하는 문제이다.

③ 형식적 법원에는 제정법, 관습법, 판례법 등이 있다.

④ 불문법의 법원으로 관습법, 판례법, 조례 등이 있다.

⑤ 성문법은 법적 안정성을 확보할 수 있다는 장점이 있다.

🔍 ④ 조례는 성문법의 법원이고, 조리가 불문법의 법원이다.

82 권리자의 일방적 의사표시로서 권리의 발생, 변경, 소멸 등의 법률효과를 발생시키는 권리에 해당하지 않는 것은?

① 취소권   ② 추인권

③ 항변권   ④ 해제권

⑤ 상계권

🔍 ③ 항변권은 타인이 요구하는 청구권에 대하여 이를 거절할 수 있는 권리이며, 보증인의 최고 · 검색의 항변권, 쌍무계약상 동시이행의 항변권 등이 이에 속한다.
　①, ②, ④ 권리자의 일방적 의사표시로서 권리의 발생 · 변경 · 소멸 등의 법률효과를 발생시키는 권리는 형성권이다. 취소권 · 추인권 · 해제권 · 상계권 · 철회권 등이 이에 속한다.

83 다음 중 경제에 관한 헌법의 규정과 부합하지 않는 것은?

① 농지의 소작제도, 임대차 및 위탁경영은 금지된다.

② 국가는 시장의 지배와 경제력의 남용을 방지할 수 있다.

③ 국가는 소비자보호운동을 법률이 정하는 바에 의하여 보장한다.

④ 국가는 대외무역을 육성하며, 이를 규제 · 조정할 수 있다.

⑤ 광물 기타 중요한 지하자원은 법률이 정하는 바에 의하여 일정한 기간 그 채취 · 개발 또는 이용을 특허할 수 있다.

🔍 ① 농지는 경자유전의 원칙에 입각하여 소작제도는 절대적으로 금지되나, 농업생산성의 제고와 농지의 합리적인 이용을 위하거나 불가피한 사정으로 발생하는 농지의 임대차와 위탁경영은 법률이 정하는 바에 의하여 인정된다(헌법 제121조).
　② 헌법 제119조 제2항
　③ 헌법 제124조
　④ 헌법 제125조
　⑤ 헌법 제120조 제1항

84 다음 중 신체의 자유에 대한 설명으로 틀린 것은?

① 범죄와 형벌은 법령 또는 관습법으로만 정한다.

② 신체의 자유는 인간의 모든 자유 중에서 가장 원시적인 자유이다.

③ 법률에 의하지 아니하고는 체포 · 구속 · 압수 · 수색 또는 심문을 받지 아니한다.

④ 법률과 적법한 절차에 의하지 아니하고는 처벌 · 보안처분 또는 강제노역을 받지 아니한다.

⑤ 체포 · 구속 · 압수 또는 수색을 할 때에는 적법한 절차에 따라 검사의 신청에 의하여 법관이 발부한 영장을 제시하여야 한다.

🔍 ① 범죄와 형벌은 성문의 법률로써 규정되어야 한다. 여기서 법률이란 국회에서 제정한 형식적 의미의 법률을 의미한다. 따라서 범죄와 형벌을 관습법으로 정할 수는 없다.
③, ④ 헌법 제12조 제1항
⑤ 헌법 제12조 제3항

85 다음 중 현행헌법이 국민의 의무로서 명문으로 규정하고 있지 아니한 것은?

① 납세의 의무

② 자녀에게 초등교육과 법률이 정하는 교육을 받게 할 의무

③ 모성의 보호를 위하여 노력할 의무

④ 환경보전을 위해 노력할 의무

⑤ 국방의 의무

🔍 ③ 모성의 보호를 위하여 노력할 의무는 국민의 의무가 아니라 국가의 의무이다(헌법 제36조 제2항).
①, ②, ④, ⑤ 헌법상 국민의 의무로는 교육을 받게 할 의무(헌법 제31조), 근로의 의무(헌법 제32조), 환경보전의 의무(헌법 제35조), 납세의 의무(헌법 제38조), 국방의 의무(헌법 제39조)등이 있다.

86 국회의원의 불체포특권과 관련한 다음 설명 중 가장 틀린 것은?

① 불체포특권은 체포되지 않을 특권일 뿐이지 범죄행위에 대한 형사상 책임 자체가 면제되는 것은 아니다.

② 휴회 중에도 현행범인이 아닌 한 국회의 동의 없이 체포 · 구금할 수 없다.

③ 현행범인 경우에는 국회의 회기 중이라고 하더라도 체포 또는 구금될 수 있다.

④ 국회의원이 회기 전에 체포된 경우라도 현행범이 아닌 한 국회의 요구가 있으면 회기 중 석방된다.

⑤ 국회의원의 불체포특권에 있어서 체포 · 구금에는 형사절차에 의한 체포 · 구금만 포함될 뿐, 경찰관직무집행법에 의한 보호조치 등과 같은 행정상의 절차에 의한 신체자유의 구속은 포함되지 않는다는 것이 통설이다.

⑤ 체포 구금이란 형사절차상 체포·구금에 한하지 않으며, 행정상의 강제처분(경찰관직무집행법상의 보호처분, 감호처분, 격리처분 등)으로 인한 신체의 구속을 포함한다(통설).

① 불체포특권은 회기 중에 한하여 일시적으로 체포를 유예 받는 일시적인 신체불가침특권인 점에서, 재임 중 및 임기종료 후에도 영구히 형사소추가 면제되는 인적처벌조각사유로서의 면책특권과 구별된다.

② 불체포특권은 휴회 중에도 인정된다.

③ 헌법 제44조 제1항

④ 헌법 제44조 제2항

87 의사표시에 관한 다음의 설명 중 가장 옳지 않은 것은?

① 상대방 있는 의사표시는 그 통지가 상대방에게 도달한 때로부터 그 효력이 생긴다.

② 표의자가 의사표시를 발송한 후 제한능력자가 되어도 의사표시의 효력에는 아무런 영향이 없다.

③ 사기 혹은 강박에 의한 의사표시의 취소는 선의의 제3자에게 대항할 수 있다.

④ 의사표시의 상대방이 제한능력자인 경우에는 그 의사표시로써 대항하지 못한다.

⑤ 상대방과 통정한 허위의 의사표시는 무효로 한다.

③ 사기 혹은 강박에 의한 의사표시의 취소는 선의의 제3자에게 대항하지 못한다(민법 제110조 제3항).

① 민법 제111조 제1항

② 민법 제111조 제2항

④ 민법 제112조

⑤ 민법 제108조 제1항

88 대리인에 관한 설명 중 잘못된 것은?

① 대리인으로서 대리행위를 하는 데는 대리인이 행위능력자임을 요하지 아니한다.

② 권한을 정하지 아니한 대리인은 본인인 채무자의 채무를 기한의 도래에 상관없이 언제나 변제할 수 있다.

③ 복수의 대리인이 있는 경우에 법률의 규정이나 수권행위에서 특별히 정하고 있지 않은 한 각자가 본인을 대리한다.

④ 의사표시의 효력이 의사의 흠결, 사기, 강박 또는 어느 사정을 알았거나 과실로 알지 못한 것으로 인하여 영향을 받을 경우에 그 사실의 유무는 대리인을 표준하여 결정한다.

⑤ 복대리인은 그 권한 내에서 본인을 대리한다.

② 권한을 정하지 아니한 대리인은 보존행위(예 말소등기청구), 대리의 목적인 물건이나 권리의 성질을
변하지 아니하는 범위에서 그 이용 또는 개량하는 행위(예 가옥의 임대)만을 할 수 있다(민법 제118조).
따라서 권한을 정하지 아니한 대리인이 기한이 도래한 채무를 변제하는 것은 보존행위로서 가능하
다고 할 것이나, 기한이 도래하지 않은 채무를 변제하는 것은 그 권한의 범위를 초과하는 행위로서
불가능하다.
① 민법 제117조
③ 민법 제119조
④ 민법 제116조 제1항
⑤ 민법 제123조 제1항

89 계약의 해제 및 해지에 관한 다음의 설명 중 가장 잘못된 것은?

① 계약 해제의 의사표시는 언제든지 철회할 수 있다.

② 당사자의 일방 또는 쌍방이 수인인 경우에는 계약의 해지나 해제는 그 전원으로부터
또는 전원에 대하여 하여야 한다.

③ 당사자 일방이 계약을 해지한 때에는 계약은 장래에 대하여 그 효력을 잃는다.

④ 계약의 해제로 인한 원상회복의 경우에 반환할 금전에는 그 받은 날로부터 이자를 기
산하여야 한다.

⑤ 계약의 해제는 손해배상의 청구에 영향을 미치지 아니한다.

① 계약 해제의 의사표시는 철회하지 못한다(민법 제543조 제2항). 해제를 자유롭게 철회하도록 인정
한다면 상대방의 이익을 지나치게 해하기 때문이다.
② 민법 제497조
③ 민법 제550조
④ 민법 제548조 제1항
⑤ 민법 제551조

90 불법행위에 관한 설명으로 틀린 것은?

① 수인이 공동의 불법행위로 타인에게 손해를 가한 때에는 연대하여 그 손해를 배상할
책임이 있다.

② 태아는 손해배상의 청구권에 관하여는 이미 출생한 것으로 본다.

③ 공작물의 설치 또는 보존의 하자로 인하여 타인에게 손해를 가한 때에는 공작물점유
자가 손해를 배상할 책임이 있다.

④ 도급인은 수급인이 그 일에 관하여 제3자에게 가한 손해에 관하여 원칙적으로 수급인
과 연대하여 이를 배상할 책임이 있다.

⑤ 불법행위로 인한 손해배상의 청구권은 불법행위를 한 날로부터 10년을 경과하면 시효
로 소멸한다.

④ 도급인은 수급인이 그 일에 관하여 제3자에게 가한 손해를 배상할 책임이 없다. 그러나 도급 또는 지시에 관하여 도급인에게 중대한 과실이 있는 때에는 그러하지 아니하다(민법 제757조).
① 민법 제760조
② 민법 제762조
③ 민법 제758조 제1항
⑤ 불법행위로 인한 손해배상의 청구권은 피해자나 그 법정대리인이 그 손해 및 가해자를 안 날로부터 3년, 불법행위를 한 날로부터 10년을 경과하면 시효로 소멸한다(민법 제766조).

91 민법상 상속 및 유언에 관한 설명으로 틀린 것은?

① 계자는 계모의 재산을 상속할 수 없다.
② 상속개시 전에도 특별한 사유가 있으면 상속을 포기할 수 있다.
③ 자필증서, 녹음, 공정증서, 비밀증서, 구수증서에 의한 유언만이 인정된다.
④ 상속채무의 초과사실을 몰라서 단순승인을 한 경우, 중과실이 없는 상속인은 그 사실을 안 날로부터 3월내에 한정승인을 할 수 있다.
⑤ 상속인이 수인인 때에는 상속재산은 그 공유로 한다.

② 상속의 포기는 상속이 개시되기 전에는 할 수 없다.
① 계모자, 적모서자관계 사이에서는 상속권이 없다. 1990년 1월 13일 민법 개정으로 인하여 계모자, 적모서자관계는 인척관계에 불과하다.
③ 만 17세 이상이면 누구나 자유롭게 유언을 할 수 있고, 그 방식은 법률이 정한대로 자필증서 · 녹음 · 공정증서 · 비밀증서 · 구수증서의 5가지로 해야만 법적 효력이 있다.
④ 상속인은 상속채무가 상속재산을 초과하는 사실을 중대한 과실 없이 3월내에 알지 못하고 단순승인을 한 경우에는 그 사실을 안 날부터 3월내에 한정승인을 할 수 있다(민법 제1019조 제3항).
⑤ 민법 제1006조

92 민사소송의 주체에 관한 다음 설명 중 옳은 것은?

① 보통재판적은 원칙적으로 원고의 주소지이므로 일단 원고의 주소지를 관할하는 지방법원에 소를 제기하면 토지관할을 갖추게 된다.
② 민사소송을 제기할 수 있는 자격 또는 지위를 당사자능력이라고 하며, 이는 민법상 권리능력과 동일하다.
③ 소송대리인은 변호사가 아니라도 원칙적으로 무방하다.
④ 미성년자는 소송능력이 없으므로 그 법정대리인이 소송행위를 대리한다.
⑤ 법인 아닌 사단은 대표자나 관리인이 있더라도 당사자능력이 인정되지 않는다.

④ 미성년자 또는 피성년후견인은 법정대리인에 의해서만 소송행위를 할 수 있다(민사소송법 제55조 제1항).

① 보통재판적은 원칙적으로 피고의 주소지이므로 일단 피고의 주소지를 관할하는 지방법원에 소를 제기하면 토지관할을 갖추게 된다.

② 소송의 주체가 될 수 있는 일반적 자격을 당사자능력이라 한다. 즉, 원고, 피고, 참가인이 될 수 있는 능력을 의미하며, 이러한 당사자능력은 민법상의 권리능력에 대응하는 것이기는 하나 권리능력과 동일한 것은 아니며 민법상의 권리능력보다는 넓은 개념이다.

③ 법률에 따라 재판상 행위를 할 수 있는 대리인 외에는 변호사가 아니면 소송대리인이 될 수 없다(민사소송법 제87조).

⑤ 법인이 아닌 사단이나 재단은 대표자 또는 관리인이 있는 경우에는 그 사단이나 재단의 이름으로 당사자가 될 수 있다(민사소송법 제52조).

93 다음 중 판결의 기초가 되는 소송자료의 수집과 제출의 책임을 당사자에게 맡기고 그 소송자료만을 재판의 기초로 삼는다는 원칙을 무엇이라 하는가?

① 변론주의   ② 직권진행주의
③ 공개심리주의   ④ 직접심리주의
⑤ 당사자주의

① 변론주의란 소송자료, 즉 사실과 증거의 수집 및 제출의 책임을 당사자에게 맡기고 당사자가 수집하여 변론에서 제출한 소송자료만 재판의 기초로 삼는 원칙을 의미한다. 이와 반대로 소송자료의 수집·제출책임이 법원에 있는 것을 직권탐지주의라 한다.

② 직권진행주의란 소송절차의 진행과 정리를 법원의 주도하에 두는 것을 말한다.

③ 공개심리주의란 재판의 심리와 판결의 선고는 일반인이 방청할 수 있는 상태에서 공개하여야 한다는 원칙을 말한다.

④ 직접심리주의란 판결을 하는 법관이 변론의 청취 및 증거조사를 직접 행하는 원칙을 의미한다.

⑤ 당사자주의란 소송의 주도권을 당사자가 가지고 원고와 피고가 서로 대립하여 공격·방어를 행하는 소송형식을 말한다. 처분권주의와 변론주의를 포함하여 당사자주의라 한다.

94 회사의 설립시 우리 상법이 채택하고 있는 것은?

① 면허주의   ② 특허주의
③ 자유설립주의   ④ 허가주의
⑤ 준칙주의

⑤ 우리 상법은 법률이 미리 정한 법인설립에 관한 일정한 요건만 갖추면 당연히 법인으로 인정하는 준칙주의를 채택하고 있다.

95 상법상 회사에 관한 다음 설명 중 틀린 것은?

① 회사는 영리성, 법인성을 그 특성으로 한다.

② 회사는 다른 회사의 무한책임사원이 될 수 없다.

③ 주식회사의 근본적 특질을 이루는 3가지 요소는 자본, 주식, 주주의 유한책임이다.

④ 주식회사를 설립하는 경우 발기인은 3인 이상이어야 한다.

⑤ 상법상 회사에는 합명회사, 합자회사, 유한책임회사, 주식회사, 유한회사의 5종류가 있다.

🔍 ④ 주식회사의 설립시 발기인의 수에는 제한이 없으므로 1인 이상이면 된다(상법 제288조).
     ② 상법 제173조
     ⑤ 상법 제170조

96 어음에 관한 다음 설명 중 틀린 것은?

① 어음도 주권이나 수표처럼 무기명식으로 발행할 수 있다.

② 어음소지인이 어음상의 권리를 양도하기 위하여 어음에 일정한 사항 등을 기재한 후 기명날인하여 교부하는 것을 배서라고 한다.

③ 배서에는 조건을 붙여서는 아니 된다. 배서에 붙인 조건은 적지 아니한 것으로 본다.

④ 환어음에 기재된 내용에 따라 어음금의 지급채무를 부담하겠다고 하는 지급인의 어음행위를 인수라고 한다.

⑤ 기한 후 배서란 거절증서작성 후 또는 거절증서작성기간경과 후의 배서를 말한다.

🔍 ① 어음은 무기명식으로 발행할 수 없다.
     ③ 어음법 제12조
     ④ 환어음의 지급인은 인수로 인하여 비로소 어음상의 지급채무자가 되며, 만기일에 어음금액을 지불할 의무가 있게 된다.
     ⑤ 기한 후 배서는 거절증서작성 후 또는 거절증서작성기간경과 후의 배서를 말하며, 만기일 이후의 배서인 만기 후 배서와 구별된다(어음법 제20조 제1항 참조).

97 다음 중 보험계약의 특성이 아닌 것은?

① 유상계약   ② 요식계약

③ 낙성계약   ④ 사행계약

⑤ 쌍무계약

🔍 ② 보험계약의 특성으로는 유상·쌍무 계약, 불요식의 낙성계약, 사행계약, 최대 선의의 계약, 계속적 계약, 부합계약 등을 들 수 있다.

98 다음 중 죄형법정주의의 파생원칙이 아닌 것은?

① 관습형법금지의 원칙   ② 절대적 부정기형 허용의 원칙

③ 유추해석금지의 원칙   ④ 명확성의 원칙

⑤ 형벌법규불소급의 원칙

🔎 ② 죄형법정주의의 파생원칙에는 명확성의 원칙, 절대적 부정기형 금지의 원칙, 적정성의 원칙, 형벌법규불소급의 원칙, 유추해석금지의 원칙, 관습형법금지의 원칙 등이 있다.

99 산에서 사슴을 쏘려고 총을 겨누었을 때 부근에 사람이 있는 것을 알고도 '설마 맞지 않겠지'하고 발사한 경우, 결과의 발생 그 자체는 불명확하나 행위자가 결과발생의 가능성을 인식한 고의를 무엇이라 하는가?

① 미필적 고의   ② 택일적 고의

③ 개괄적 고의   ④ 확정적 고의

⑤ 직접적 고의

🔎 ① 미필적 고의란 행위자가 구성요건적 결과의 발생을 확실하게 인식한 것이 아니라 그 가능성을 예견하고 행위를 한 경우를 말한다. 예컨대 A는 B를 살해할 의사는 없었으나 재물을 강취할 목적으로 B의 목을 조르면서 이로 인하여 B가 사망할 수도 있다고 생각하였지만 계속 목을 졸라 B를 살해한 경우가 여기에 해당한다.
② 택일적 고의란 행위자가 두 가지 이상의 구성요건 또는 결과 중에 어느 하나만 실현하기를 원하지만 그 중 어느 것에서 그 결과가 발생해도 좋다고 생각하고 행위를 하는 경우를 말한다. 예컨대 A를 향하여 발포하면서 그 옆에 있던 B가 맞아도 좋다고 생각하면서 총을 쏘는 경우가 여기에 해당한다.
③ 개괄적 고의란 행위자가 첫 번째의 행위에 의하여 구성요건적 결과가 발생했다고 믿었으나 실제로는 연속된 두 번째의 행위에 의하여 결과가 발생된 경우를 말한다. 예컨대 A가 B를 살해하기 위해 목을 졸라 B가 쓰러지자 A는 을이 죽은 것으로 믿고 범죄의 흔적을 은폐하기 위해 B를 강에 던졌는데 사실은 B가 목을 졸림으로써 죽지 않고 물에 빠짐으로써 죽은 경우가 이에 해당한다.
④, ⑤ 확정적 고의란 구성요건적 결과의 실현을 행위자가 인식하였거나 확실히 예견한 경우를 말하며, 직접적 고의라고도 한다. 확정적 고의는 행위의 대상이 분명하게 확정된 경우이며, 불확정적 고의에 대응하는 개념이다.

100 다음 중 필요적 공범만으로 된 항목은?

① 상해죄, 절도죄   ② 횡령죄, 배임죄

③ 뇌물죄, 도박죄   ④ 살인죄, 주거침입죄

⑤ 강도죄, 내란죄

③ 필요적 공범이란 구성요건 자체가 이미 2인 이상의 참가를 예정하고 있는 범죄유형으로 집합범과 대향범이 이에 해당한다. ㉠ 집합범은 다수인이 동일한 목표를 향하여 같은 방향에서 공동으로 작용하는 범죄이다. 내란죄, 소요죄, 다중불해산죄, 범죄단체조직죄 등이 이에 해당한다. ㉡ 대향범이란 2인 이상이 서로 다른 방향에서 동일한 목표를 실현하는 범죄이다. 뇌물죄, 아동혹사죄, 도박죄, 부녀매매죄, 범인은닉죄, 음화판매죄 등이 이에 해당한다.

101 다음 형벌 중 가벼운 것에서 무거운 것으로의 순서가 옳게 나열된 것은?

① 징역 → 자격정지 → 금고 → 자격상실
② 금고 → 자격정지 → 자격상실 → 징역
③ 구류 → 금고 → 자격정지 → 징역
④ 벌금 → 자격정지 → 금고 → 징역
⑤ 자격정지 → 자격상실 → 벌금 → 징역

④ 가벼운 형벌에서 무거운 형벌로의 순서 : 몰수 → 과료 → 구류 → 벌금 → 자격정지 → 자격상실 → 금고 → 징역 → 사형

102 범죄의 형태에 관한 설명으로 옳지 않은 것은?

① 실행의 수단 또는 대상의 착오로 인하여 결과의 발생이 불가능하더라도 위험성이 있는 때에는 처벌한다.
② 2인 이상이 공동하여 죄를 범한 때에는 각자를 그 죄의 정범으로 처벌한다.
③ 범죄의 음모 또는 예비행위가 실행의 착수에 이르지 아니한 때에는 법률에 특별한 규정이 없는 한 벌하지 아니한다.
④ 장애미수범에 대하여는 기수범에 비하여 그 형을 감경할 수 있다.
⑤ 미수범은 처벌하는 것이 원칙이다.

⑤ 미수범은 형법각칙에 처벌규정을 둔 경우에만 예외적으로 처벌된다(형법 제29조).
① 불능미수에 대한 설명이다(형법 제27조).
② 공동정범에 대한 설명이다(형법 제30조).
③ 예비·음모에 대한 설명이다(형법 제28조).
④ 장애미수범의 형은 기수범보다 감경할 수 있다(임의적 감경, 형법 제25조 제2항). 중지미수의 형은 감경 또는 면제한다(필요적 감면, 형법 제26조). 불능미수의 형은 형을 감경 또는 면제할 수 있다(임의적 감면, 형법 제27조).

103 법원이 직권으로 국선변호인을 선정하여야 하는 경우가 아닌 것은?

① 피고인이 미성년자인 때

② 피고인이 파산한 때

③ 피고인이 농아자인 때

④ 피고인이 심신장애의 의심이 있는 때

⑤ 피고인이 70세 이상인 때

🔍 ② 피고인이 ㉠ 구속된 때, ㉡ 미성년자인 때, ㉢ 70세 이상인 때, ㉣ 농아자인 때, ㉤ 심신장애의 의심
이 있는 때, ㉥ 사형, 무기 또는 단기 3년 이상의 징역이나 금고에 해당하는 사건으로 기소된 때에
변호인이 없는 때에는 법원은 직권으로 변호인을 선정하여야 한다(형사소송법 제33조 제1항).

104 다음 중 형사소송법상 법원이 피고인을 구속할 수 있는 사유로 볼 수 없는 것은?

① 사형, 무기, 단기 1년 이상의 징역에 처할 범죄를 범하였을 때

② 일정한 주거가 없는 때

③ 증거를 인멸할 염려가 있는 때

④ 도망할 때

⑤ 도망할 염려가 있는 때

🔍 ① 구속의 사유는 피고인이 ㉠ 일정한 주거가 없는 때, ㉡ 증거를 인멸할 염려가 있는 때, ㉢ 도망하거나
도망할 염려가 있는 때이다(형사소송법 제70조 제1항).

105 검사의 불기소처분에 대해 고소인 또는 고발인이 고등법원에 불복을 구하는 제도로서 고
등법원의 공소제기 결정을 통해 불기소처분의 시정을 구하는 제도는?

① 검찰항고   ② 헌법소원

③ 즉시항고   ④ 비상상고

⑤ 재정신청

🔍 ⑤ 고소권자로서 고소를 한 자(형법 제123조부터 제125조까지의 죄에 대하여는 고발을 한 자를 포함한
다)는 검사로부터 공소를 제기하지 아니한다는 통지를 받은 때에는 그 검사 소속의 지방검찰청 소재
지를 관할하는 고등법원에 그 당부에 관한 재정을 신청할 수 있다(형사소송법 제260조 제1항).

106 법규명령에 대한 설명으로 잘못된 것은?

① 집행명령도 법규명령의 한 유형이라고 볼 수 있다.

② 법규명령의 제정의 경우에는 행정절차법상의 입법예고절차의 대상이 된다.

③ 일반적 · 추상적 규범이라는 점에서는 법률과 차이가 없다.

④ 법규명령의 제정주체는 각부장관에 한한다.

⑤ 포괄적 위임은 금지된다.

🔍 ④ 법규명령의 제정주체는 대통령, 국무총리, 각부장관, 감사원, 중앙선거관리위원회 등이다.

107 다음 중 행정상 강제집행의 수단이 아닌 것은?

① 직접강제   ② 집행벌

③ 과태료   ④ 대집행

⑤ 행정상 강제징수

🔍 ③ 행정상 강제집행의 수단에는 집행벌, 대집행, 직접강제, 행정상 강제징수가 있다. 과태료는 행정질서
벌이다.

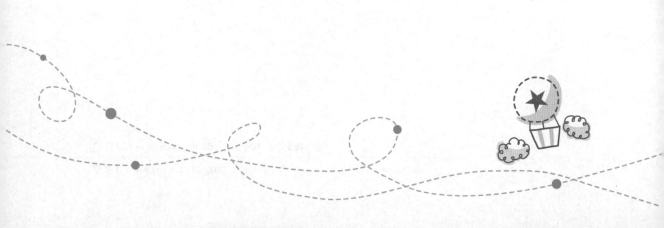

Part

3 행 정

행정학의 기초이론

01 행정의 본질

구 분	행정 관리설	통치 기능설	행정 행태설	발전 기능설	정책화 기능설	공공 관리설 (신공공경영설)
대두 시기	1880년대 – 1930년대	1930년대	1940년대	1960년대	1970년대	1980년대
학 자	W. Wilson, F. Goodnow, L. D. White, L. Gulick, L. Urwick	M. E. Dimock P. H. Appleby	C. I. Barnard, H. A. Simon	M. J. Esman, E. W. Weidner	H. D. Lasswell, I. Sharkansky	D. Osborn, T. Gaebler, Frederickson, Peters & Pierre
정치와 행정의 관계	정치·행정이원론 (기술적 행정학)	정치·행정일원론 (기능적 행정학)	새 정치·행정이원론 (논리실증주의)	새 정치·행정일원론 (행정우위론적 일 원론)	새 정치·행정일원론	
행정과 경영의 관계	공·사행정일원론	공·사행정이원론				
과학성과 기술성	과학성을 강조 (형식과학성)	기술성을 강조	과학성을 강조 (경험과학성)	기술성을 강조	과학성과 기술성을 모두 중시	
대두 배경	과학적 관리론의 영향, 엽관제의 폐해를 극복하기 위해 행정의 능 률성 추구	1929년 세계대 공황과 1930년대 의 뉴딜정책	행정의 과학화를 위해 가치와 사 실을 구분	신생국과 발전도 상국의 국가발전 의 필요성	미국을 비롯한 선 진국의 사회문제 의 해결을 위해	정부재정적자를 해 결하기 위한 감축 관리의 필요성
내 용	행정을 법령의 단 순한 집행으로 이해	행정을 정책결정 과 집행으로 이해	행정행태의 규칙 성을 과학적으 로 규명	행정주도의 국가 발전정책을 추구. 행정을 국가발전 목표의수립과 집 행으로 이해	행정의 정책형성 기능을 중시	감축관리를 통한 작은 정부의 실현

02 행정학의 주요이론

1. 과학적 관리론과 인간관계론

(1) 유사점

구 분	유사점
목표의 양립성	조직목표와 개인목표의 양립성을 인정
환경관	환경을 무시한 폐쇄체제이론
인간에 대한 태도	인간을 목표달성을 위한 수단으로 인식
궁극적인 목적	조직의 능률성과 생산성향상을 목표
동기부여방식	외재적 동기부여방식
연구대상	주로 작업계층을 연구함(관리층을 연구대상에서 제외).

(2) 차이점

구 분	과학적 관리론	인간관계론
인간관	합리적 · 경제적 인간관	사회 · 심리적 인간관
관리전략	McGregor의 X이론	McGregor의 Y이론
조직관	기계적 · 합리적 모형	자연체계적 모형
구 조	공식적 구조 중시	비공식적 구조 중시
추구이념	경제적 능률성	사회적 능률성(민주성)
리더십	권위적 리더십	민주적 리더십
주요연구	시간연구, 동작연구	호손실험(1924~1932)
보상체계	경제적 · 물질적 보상	비경제적 · 인간적 보상
공 헌	조직의 능률성 향상에 기여	조직의 민주화에 기여

2. 발전행정과 비교행정

구 분	차이점		양자의 상호관련성
	발전행정	비교행정	
대두시기	1960년대	1950년대	신생국행정에 대한 비교행정연구가 그 한계를 인식하고 신생국의 발전문제를 다루는 발전행정이 대두되었다.
중 점	• 이론의 처방성 중시 • 이론의 실용성 중시 • 이념으로서의 효과성	• 이론의 과학성 중시 • 행정이론의 일반화	
성 격	동태적 불균형이론	정태적 균형이론	

3. 발전행정과 신행정론

구 분	차이점		공통점
	발전행정	신행정론	
대두배경	비교행정의 한계를 극복하기 위해 등장	행태론의 한계를 극복하기 위해 등장	• 사회변동에의 대응 • 기성이론의 타당성 재검토 • 학제적 성격(범학문성) • 규범적·가치지향적 성격 • 이론의 처방성 • 정치·행정일원론 • 과학성 부족
적용국가	신생국, 발전도상국의 국가발전	미국의 격동하는 사회문제의 해결	
행정이념	효과성(목표달성도)	사회적 형평성	

4. 신행정론과 행태론

구 분	신행정론	행태론
학 자	H. G. Frederickson, F. Marini, M. M. Harmon	H. A. Simon
주 의	후기행태주의	행태주의
인식론	주관주의(직관에 의한 인식)	객관주의(경험에 의한 인식)
접근법	현상학적 접근법	사회심리적(과학주의적) 접근법
실증성	후기실증주의(반실증주의)	실증주의
가치성	가치지향주의	가치중립주의
이 념	적실성과 사회적 형평성, 처방성	이론의 과학성과 규칙성

5. 신공공관리론과 행정관리론

구 분	신공공관리론	행정관리론
조직환경관	개방체제이론	폐쇄체제이론
공행정과 사행정	공행정과 사행정의 차이성	공행정과 사행정의 동질성
관리방식	유연한 관리, 기업가정신 강조	경직적 관리, 관리기법 강조
추구목표	고객지향성, 고객만족의 향상	관리기법 자체의 생산성 향상
강조점	산출과 성과의 강조	조직구조와 관리원칙의 강조
대두배경	정부실패에 대한 반발	엽관주의에 대한 반발

Chapter 2 : 정책 및 기획론

01 정책결정론

1. 정책결정

(1) 특 성

공식성, 정치성과 권력성, 동태적 과정, 주요방향과 지침의 결정, 행동지향성, 의사결정, 미래지향성, 정치적 합리성, 정치·행정일원론

(2) 참여자

① 공식적 결정자 : 입법부, 행정수반, 행정기관, 사법부
② 비공식적 정책참여자 : 이익집단, 정당, 일반 시민, 외부전문가

2. 정책결정의 이론모형

(1) 합리모형

(2) 점증모형(Lindblom, Wildavsky)

(3) 만족모형(Simon, March)

(4) 사이버네틱스모형

(5) 연합모형 또는 회사모형(Cyert, March)

(6) 혼합주사모형(Etzioni)

(7) 최적모형(Dror)

(8) 쓰레기통모형(Olsen, Cohen, March)

02 정책분석론

1. 정책분석(PA)

(1) 특 성

정책분석과정에서는 경제적 합리성과 아울러 정치적 합리성, 공익성, 초합리성(직관 · 창의성) 등이 고려되어야 하며, 또한 정치인 · 전문가 · 이익단체의 의견이나 일반 시민의 여론이 대안의 탐색 · 평가과정에 반영되어야 한다.

(2) 절 차

문제파악 → 상황분석 → 대안탐색 → 모형설정 → 대안의 비교 · 평가 → 최선의 대안선택

2. 체제분석(SA)

(1) 비용편익분석

비용(편익)의 현재가치란 장기사업의 경우 미래에 발생할 비용(편익)을 현재의 시점에서 일정한 할인율을 적용하여 현재의 가치로 평가한 금액을 말한다.

(2) 비용효과분석

각 대안의 소요비용과 그 효과를 대비하여 대안을 신택하는 깃으로시, 효과적인 목표의 달성도를 금액 이외의 계량적 척도로 나타내게 된다. 이는 목표달성정도를 화폐가치로 표현할 수 없는 사업에 자원을 어떻게 가장 능률적으로 투입할 것인가의 문제에 적용하기가 제일 좋은 방법으로, 국방 · 경찰행정 · 운수 · 보건 · 기타 영역에서 사용되고 있다.

03 정책평가 및 정책종결

1. 정책평가

총괄평가	형성평가	과정평가	효과평가
정책이 집행되고 난 후에 정책이 사회에 미친 영향을 추정하는 판단 활동이다.	정책집행의 도중에 이루어지는 평가로서, 집행의 관리와 전략의 수정 · 보충을 위한 것이다.	특정한 정책이 정해진 지침에 따라서 어느 정도 집행되고 있는가에 대한 평가이다.	정책이 집행되고 난 후에 과연 그 정책이 의도했던 효과를 가져왔는지의 여부를 판단하는 활동이다.

2. 사회실험

	진실험	준실험	비실험
개 념	실험집단과 통제집단의 동질성을 확보하고 행하는 실험	실험집단과 통제집단의 동질성을 확보하지 않고 행하는 실험으로, 비교집단이 있는 경우	엄밀한 의미의 통제집단이나 비교집단 없이 실험대상에만 정책처리를 하여 정책효과를 추정하려는 실험방법
종 류	사전검사-사후검사 통제집단설계, 솔로몬 4개집단설계, 사후검사만을 행하는 통제집단설계	시계열설계, 복수의 시계열설계, 비동일 통제집단설계	단발사례연구(단일집단 사후측정), 단일집단 사전검사-사후검사설계, 정태집단비교
장 점	허위변수나 혼란변수의 개입을 막을 수 있고, 내적 타당성이 높음.	실험실시의 용이, 호손효과의 통제(외적 타당성이 높음), 모방효과의 방지	실험의 간편성과 시간 및 조사비의 절감효과
단 점	많은 시간과 비용이 소요, 호손효과가 나타남.	집단 특유의 사건효과, 선정과 성숙의 상호작용, 내적 타당성이 낮음.	내적 타당성이 낮고, 여러 개입변수의 통제에 무능한 방법이며, 인과관계를 규명하는 데 적합하지 않음.

04 기획론

1. 기획의 의의

(1) 특 성
① 하나의 과정이다. 기획은 목표달성을 위한 계속적인 과정임을 특질로 한다.
② 준비과정이다. 기획은 계획을 준비하는 일련의 과정이다. 그러므로 집행과는 구별된다.
③ 일련의 결정이다. 기획은 일련의 결정을 준비하는 과정이다.
④ 목표지향적이다. 기획은 설정된 목표를 달성하기 위한 수단을 준비하는 활동이다.
⑤ 장래지향적이다. 기획은 장래를 예측하여 사전에 준비하는 과정이다.
⑥ 행동지향적이다. 기획은 집행을 전제로 하는 행동지향적이다.

(2) Hayek는 '노예에의 길'에서 국가기획과 민주주의를 반대하였고, Finer는 '반동에의 길'에서 찬성하였다.

2. 기획과정

목표의 설정 → 정보의 수집·분석 → 기획전제의 설정(미래의 예측) → 대안의 탐색·평가 → 최종안의 선택

01 조직의 기초이론

1. 계층제의 원리

2. 분업(전문화)의 원리

3. 통솔범위의 원리

4. 명령통일의 원리

02 조직의 목표

1. 목표의 변동

조직이 원래의 목표를 버리고 그 목표를 달성하기 위한 수단을 오히려 목표의 위치에 격상시키는 것을 말한다.

2. MBO와 PPBS의 비교

MBO	PPBS	비 고
• 단기적 · 부분적 계획 • 분권적 성격 • 계선기관에 치중 • 참여적 관리에 치중 • 개별적 · 부분적 예산배정 • 최종산출의 경험적 평가 • 목표달성의 평가와 환류에 치중	• 종합적인 중 · 장기계획 • 집권적 성격 • 참모기관에 치중 • 분석적 전문기술에 치중 • 종합적 자원배분에 치중 • 객관적 비용편익분석 • 목표설정 · 정책결정과 소요비용에 치중	**양자의 관계** : PPBS의 문제점이 제기됨에 따라 MBO가 등장하였다. 양자는 목표를 설정하고 실천한 결과를 평가하는 점에서 유사성을 가지고 있다.

03 조직의 구조

1. 조직구조의 형성변수

(1) 기본변수

복잡성, 공식성, 집권성

(2) 외생적 상황변수

규모, 기술, 환경

(3) 내생적 상황변수(동적 상황변수)

전략, 권력작용

2. 공식조직과 비공식조직

공식조직	비공식조직
• 조직의 목표달성을 위해 존재 • 인위적 조직 • 제도적으로 명문화된 조직 • 능률의 논리 • 합리적 원리 • 전체적 질서 • 가시적 조직 • 수직적 관계	• 감정의 충족을 위해 존재 • 자연발생적 조직 • 현실적 · 동태적 대면조직 • 감정의 논리 • 비합리적 원리 • 부분적 질서 • 비가시적 조직 • 수평적 관계

04 조직변동론

1. 네트워크조직

각기 높은 독자성을 지닌 조직단위나 조직들 사이의 협력적 연계장치로 구성된 조직이다.

2. 학습조직

조직의 모든 구성원들이 끊임없이 학습하고 학습과정을 의식적으로 관리하는 조직이며, 새로운 지식과 이해를 통하여 행동을 수정하고 변신을 추구하는 조직이다.

01 행정조직관리의 기초이론

1. 총체적 품질관리(TQM)

고객만족을 서비스 질의 제1차적 목표로 삼고 조직구성원의 광범위한 참여하에 조직의 과정·절차를 지속적으로 개선하여 장기적인 전략적 질관리를 하기 위한 관리철학 내지 관리원칙을 의미한다.

2. 전략적 관리

환경과의 관계를 중시하는 변혁적 관리이다. 즉, 변화를 겪고 있는 조직에 새로운 지향노선을 제시하고 그에 입각한 전략·기술을 개발하여 집행함으로써 조직이 그 활동과 운명을 스스로 통제할 수 있게 하려는 것이다.

02 동기부여이론

1. X이론 · Y이론(McGregor)

(1) **X이론** : 인간의 하급욕구에 자극을 주거나 그것을 만족시켜 주는 데 주력하게 되며, 외재적 통제를 강화하는 방향으로 나아가야 한다.

(2) **Y이론** : 인간의 잠재력이 능동적으로 발휘될 수 있는 여건을 조성하여야 한다. 즉, 조직구성원을 감시하고 통제하는 관리가 아니라 조직구성원 개개인으로 하여금 자발적으로 근무의욕이 일어나도록 유도하여야 한다는 것이다.

2. Z이론

조직 내의 비조직화된 상태 또는 방임된 상태가 때로는 조직목표달성에 순기능을 수행할 수 있으며, 업무의 종류에 따라서는 느슨한 조직상태하에서 훌륭한 결과를 가져올 수도 있다고 하면서 실험실이나 대학에 있어서의 활동을 그 예로 들고 있다.

3. 욕구단계이론(Maslow)

생리적 욕구 → 안전욕구 → 소속 및 애정의 욕구 → 존경욕구 → 자기실현욕구

---

03 행정정보체계론

1. 행정정보공개제도

(1) 정보공개기관

국가기관, 지방자치단체, 「공공기관의 운영에 관한 법률」 제2조의 규정에 따른 공공기관, 그 밖에 대통령령으로 정하는 기관을 말한다.

(2) 공개대상정보

공공기관이 직무상 작성 또는 취득하여 관리하고 있는 문서(전자문서를 포함한다)·도면·사진·필름·테이프·슬라이드 및 그 밖에 이에 준하는 매체 등에 기록된 사항을 말한다.

2. 전자정부론

(1) 기 능

① 정부의 업무수행에 있어서 정보통신기술의 적극적이고 전략적인 활용과 수용을 한다.
② 고객지향적인 행정업무를 수행한다.
③ 업무처리방식의 재설계를 포함한 행정기관의 내부효율성을 증진시킨다.

(2) 주요특징

정보기술의 활용, 정보의 공유 및 신속한 행정서비스 제공, 작고 효율적인 정부, 행정의 생산성과 서비스의 질 향상, 정부조직 및 서비스 전달체제의 전자화, 민원자료의 데이터베이스화, 컴퓨터와 통신을 이용한 업무처리, 경쟁력있는 정부, 고객지향적 행정업무의 수행, 업무처리방식의 재설계, 국민의 사생활보호, 국제경쟁력의 향상, One Stop·Non Stop 서비스, 민주정부의 구현

01 인사행정의 발달

1. 엽관주의와 정실주의

(1) 엽관주의

민주정치의 발전, 정당정치의 발전, 행정의 단순성

(2) 정실주의

집권당이 교체되면 관료들이 대량으로 경질되지 않았고, 정당중심이 아닌 유력한 정치인을 중심으로 개별적으로 행하여졌으며, 관직 및 연금의 종신적인 부여라는 성격을 가지고 있었기 때문에 집권당의 교체로 큰 영향을 받지 않았다.

2. 실적주의

공직에의 임면이 당파성이나 정실관계에서가 아니라 자격·능력·실적 등을 기준으로 행해지는 인사행정제도이다.

02 공무원의 능력발전

1. 교육훈련

적응훈련, 재직자훈련, 감독자훈련, 관리자훈련, 교관훈련

2. 근무성적평정방법

(1) 방 법

① 도표식평정척도법 : 공무원의 질과 성격을 판단하기 위한 평정요소(근무수행실적·근무수행능력·근무수행태도)를 나열하고 이를 판단하는 등급(탁월·우수·보통·미흡 등)을 각 평정요소별로 세분하여 계량화함으로써, 각 평정요소에서 얻은 점수의 합계로 평정하는 방법이다. 연쇄효과, 집중화현상, 관대화경향 등의 결점이 나타날 수 있다.

② **강제배분법** : 집중화현상이나 관대화경향을 방지하기 위하여 성적분포의 비율을 미리 정해놓고 평정하는 방법이다.

③ **산출기록법** : 일정한 시간당 수행한 작업량을 측정하거나 일정한 작업량을 달성하는데 소요되는 시간을 계산하여 평정하는 방법이다.

④ **대인비교법** : 평정자의 부하 가운데서 가장 우수한 자, 중간에 해당하는 자, 가장 열등한 자 등을 구분하여 놓고 각각에 해당하는 표준적인 피평정자를 선정한 다음 나머지 인원을 각각 적절한 위치에 배분하는 것이다.

⑤ **프로브스트평정법** : 피평정자의 태도나 성격을 평정자가 직접 평정점수를 산출하지 않고, 다만 피평정자의 직무수행상태를 보고 체크하는 방법이다. 일명 체크리스트법이라고도 한다.

⑥ **행태기준평정척도법** : 실제로 관찰될 수 있는 행태를 서술한 문장으로 평정척도를 표시한 평정표를 통하여 평정하는 방법이다.

(2) 평정오차

① **연쇄적 효과**(헤일로효과) : 어느 특정한 평정요소가 극히 우수하다든가 극히 열등한 경우 그 평정요소에 나타난 성적의 일반적 인상이 다른 평정요소에 영향을 미치는 경향을 말한다.

② **집중화경향** : 모든 피평정자들을 평균(중간치)으로 평정하는 것을 말한다.

③ **관대화경향** : 집중화경향과 비슷하나, 다만 평점이 우수한 쪽에 집중하는 경향을 말한다.

④ **논리적 오차** : 각 요소간에 논리적으로 상관관계가 있는 경우, 그 양 요소 중의 하나가 우수하다면 다른 요소도 그와 같이 우수하게 평정해 버리는 경향을 말한다.

⑤ **상동적 태도** : 편견이나 고정관념에 의한 오차를 말한다.

⑥ **일관적 오차** : 어떤 평정자의 기준이 다른 사람보다 높거나 낮아서 항상 후한 점수를 주거나 박한 점수를 주는 경향을 말한다.

⑦ **총계적 오차** : 다른 평정자보다 경우에 따라서 높게도 평정하고 낮게도 평정하는 것을 말한다.

⑧ **대비오차** : 인간이 타인을 평정하는 경우, 어떤 특성에 대하여 평정자와 반대방향으로 평정하는 경향이 있는 것을 말한다.

⑨ **선입견** : 평정 외적 요인(출신학교·출신지방·종교 등)에 의한 인상이 평정에 영향을 주는 것을 말한다.

⑩ **최근 행태의 강조에 의한 오차** : 공식적인 평정시점에 가장 가까운 시기의 근무성적이 평정에 더 많은 영향을 미치는 것을 말한다.

⑪ **지각적 방어** : 자기가 지각할 수 있는 사실은 집중적으로 파고 들어가면서 보고 싶지 않은 것은 외면해 버리는 경향을 말한다.

Chapter 6 : 재무행정론

01 예산의 일반이론

1. 예산의 원칙

　행정부계획의 원칙, 행정부책임의 원칙, 보고의 원칙, 적절한 수단구비의 원칙, 다원적 절차의 원칙, 재량의 원칙, 시기신축성의 원칙, 상호교호적 예산기구의 원칙

2. 예산의 종류

(1) 일반회계예산과 특별회계예산

(2) 본예산 · 수정예산 · 추가경정예산

(3) 준예산 · 잠정예산 · 가예산(예산불성립시의 예산제도)

(4) 기금 · 정부투자기관예산

지방행정론

01 중앙정부와 지방정부 간의 관계

1. 중앙집권과 지방분권

(1) **집권화의 촉진요인** : 권위주의적 문화, 소규모·신설·영세조직, 하위층의 무능, 위기의 존재 및 신속한 결정, 상위자의 능력이 강하고 일인지배체제

(2) **분권화의 촉진요인** : 상급자의 업무부담 감소와 하급자의 책임감 강화, 관리자의 양성과 하위계층의 사기앙양, 신속한 업무처리, 민주적 통제의 강화, 지방실정에의 적응, 다원주의와 평등의식, 유능한 공무원의 확보, 높은 재정자립도

2. 신중앙집권화

(1) **특징** : 지도적 집권, 협동적 집권, 사회적 집권, 기술적 집권

(2) **촉진요인** : 행정기능의 양적 증대·질적 변화, 교통·통신수단의 발달, 경제권·생활권의 확대, 공공재정의 비중증대, 국민적 최저생활의 유지, 국제적 긴장

(3) **형태** : 사무권한의 상향적 흡수, 공관적 사무의 증대, 중앙정부 직속기관의 증설, 위임사무의 증대, 중앙계획기능의 확대, 중앙통제의 강화, 자치구역의 확대

02 지방자치의 이론체계

1. 주민자치와 단체자치

변 수	주민자치	단체자치
자치의 의미	정치적 의미	법률적 의미
자치권의 인정 주체	주 민	중앙정부(국가)
자치권의 범위	광 범	협 소
중시하는 권리	주민의 권리(주민참여)	자치단체의 권능(자치권)

이 · 념	민주주의	지방분권
권한부여방식	개별적 수권형	포괄적 수권형
중앙통제와 감독방식	입법통제 · 사법통제	행정통제
중앙정부와 지방정부의 관계	기능적 협력관계	권력적 감독관계
지방정부형태	기관통합형	기관대립형
우월적 지위	의결기관	집행기관
자치단체의 성격	단일적 성격(자치단체)	이중적 성격
사무의 구분 여부	구분하지 않음.	엄격히 구분함.
지방세제	독립세주의	부가세주의
발달한 국가	영 국	프랑스, 독일

2. 지방자치단체의 사무

(1) **자치사무**(고유사무) : 지방자치단체의 존립목적에 속하는 본래의 사무로서, 그 지방주민의 복리에 관한 사무를 포괄적으로 의미한다.

(2) **단체위임사무** : 지방자치단체가 법령의 특별한 규정에 의하여 국가 또는 다른 지방자치단체로부터 위임받아 처리하는 사무를 말한다. 위임된 이상 자치사무와 마찬가지로 취급된다.

(3) **기관위임사무** : 법령의 규정에 의하여 국가 또는 상급자치단체로부터 지방자치단체장에게 위임된 사무를 말한다.

Chapter 8

행정통제 및 행정개혁

National Pension Service

01 행정책임

공무원 또는 행정기관이 주권자인 국민의 기대 · 요망에 부응하여 공익 · 직업윤리 · 법령 · 행정목표 · 정책과 사업계획 등 일정한 기준에 따라 행동하여야 할 의무를 말한다.

02 행정통제론

1. 행정통제

구 분	공식성	통제유형	통제내용
외부통제 (민주통제)	외부 · 공식통제	입법통제	[사전적 통제] 법률에 의한 통제, 재정에 의한 통제, 외교에 대한 통제, 행정운영에 대한 통제
		사법통제	[사후적 통제] 헌법재판소에 의한 위헌심판, 행정소송의 심판, 법원에 의한 명령 · 규칙 · 처분의 심사
		옴부즈만제도	스웨덴에서 시작된 행정감찰관제도
	외부 · 비공식통제	민중통제	선거, 투표, 이익집단, 정당에 의한 통제, 여론, 시민참여
내부통제 (자율통제)	내부 · 공식통제	행정수반에 의한 통제	임명권 · 행정입법 · 행정개혁 · 정치적 리더십
		정책 및 기획통제	국정의 기본계획 및 정부의 주요정책과 기획
		운영통제 (관리통제)	계획 · 업무의 진행관리와 활동 · 업적의 평가인 심사분석에 의한 통제
		요소별통제	법제통제, 예산통제, 정원과 인사통제, 물자통제
		절차통제	행정이 수행되는 절차와 관련되는 보고와 지시제도 · 품의제 · 장부통제
		감사원에 의한 통제	직무감찰 · 행정감사와 회계검사 등을 통하여 행정활동의 적법성 · 타당성을 검토

		행정윤리의 확립	행정인 자신이 자발적 · 자율적으로 행정기준을 설정하고 이에 따라 행동하는 규범적 통제
	내부 · 비공식통제	대표관료제	직업적 · 계급적 · 지역적 배경으로 모든 계층, 모든 집단을 비교적 균형있게 대표하는 사람들로 구성

2. 옴부즈만제도

공무원의 위법 · 부당한 행위로 말미암아 권리의 침해를 받은 시민이 제기하는 민원과 불평을 조사하여 관계기관에 시정을 권고함으로써 시민의 권리를 구제하는 제도이다. 이 제도는 1809년 스웨덴에서 시작된 이래 여러 나라에서 채택하고 있다.

03 행정개혁

1. 구조적 접근방법

분권화의 확대, 통솔범위의 재조정, 권한배분의 수정, 명령통일의 개선 등에 관심을 둔다.

2. 과정적 · 기술적 접근방법

행정조직 내의 문서양식 · 절차 · 직무분석 · 사무기계화 등을 주요대상으로 한다.

3. 행태적 접근방법

조직발전기법을 활용하여 조직의 목표에 개인의 성장의욕을 결부시킴으로써 조직을 개혁하려는 것이다.

01 나카무라(R. T. Nakamura)와 스몰우드(F. Smallwood)의 정책집행자 유형 중 정책결정자가 정책집행자를 엄격히 통제하여 집행자가 결정된 정책내용을 충실히 집행하는 유형은?

2016. 12. 3. 국민연금공단

① 고전적 기술관료형
② 지시적 위임가형
③ 협상가형
④ 재량적 실험가형
⑤ 관료적 기업가형

🔍 ① **고전적 기술관료형** : 정책결정과 정책집행의 업무성질 및 담당주체면에서의 엄격한 분리에 입각하여 정책집행자는 정책결정자가 결정한 정책내용을 충실히 집행한다. 정책집행자는 목표의 달성을 위한 수단적이고 기술적인 사항에 대해서만 위임을 받았을 뿐이며 정책목표의 설정은 정책집행자를 통제하는 정책결정자에 의해 지배된다는 유형이다.
② **지시적 위임가형** : 정책결정자들에 의해 목표가 수립되고 대체적인 방침만 정해진 뒤 나머지 부분은 집행자들에게 위임되고, 목표달성을 위해 필요한 범위 내에서 행정적·기술적·협상적 권한도 정책집행자들이 보유한다.
③ **협상가형** : 정책결정자와 정책집행자가 목표나 그 목표를 달성하기 위한 수단에 대해 반드시 합의하고 있는 것이 아니므로 협상한다.
④ **재량적 실험가형** : 정책결정자는 구체적인 정책이나 목표를 설정하지 못해 막연하고 추상적인 정책목표를 결정하고 정책집행자에게 정책목표와 수단선택을 위임한다.
⑤ **관료적 기업가형** : 정책집행 담당 관료들이 큰 권한을 보유하고 정책과정 전체를 좌지우지하며, 결정권까지 행사한다.

02 과학적 관리론에 대한 설명으로 옳지 않은 것은?

2016. 6. 4. 국민연금공단

① 테일러(F. W. Taylor)에 의해 시작·발전되었다.
② 인간을 합리적 경제인으로 본다.
③ 기계적 능률성을 중시한다.
④ 공식적 구조를 중시한다.
⑤ 개방체제적 접근을 중시한다.

🔍 ⑤ 과학적 관리론은 폐쇄체제적 접근을 중시한다.

정답 **01** ① **02** ⑤

03 계급제와 직위분류제를 비교할 때, 직위분류제의 특징에 해당하는 것은?

@ 2016. 6. 4. 국민연금공단

① 부서간 교류와 협조가 용이하다.
② 인사의 탄력성과 융통성 증진에 유리하다.
③ 직업공무원제의 확립에 유리하다.
④ 넓은 시야를 가진 일반행정가의 양성에 유리하다.
⑤ 권한과 책임의 범위가 명확하다.

🔍 계급제와 직위분류제의 비교

분류	계급제	직위분류제
공직분류기준	인간 중심의 분류	직무(일) 중심의 분류 (과학적 관리법에 의거)
사회배경	계급사회의 전통이 강한 농업사회	계급사회의 전통이 없는 산업사회
해당 국가	영국, 프랑스, 독일, 한국, 일본 등	미국, 캐나다 등
차별화 기준	개인의 자격과 능력	직무의 종류·책임도·곤란도
보 수	생활급	직무급 (동일한 직무에 대한 동일한 보수)
인사배치	신축성과 융통성	비융통성
교육훈련	일반지식 중시	전문지식 중시
행정가의 양성	넓은 시야를 가진 일반행정가	좁은 시야를 가진 전문행정가
협조와 조정	부서간 협조와 조정 용이	부서간 협조와 조정 곤란
임 용	폐쇄형 임용	개방형 임용
신분보장	강 함	약 함
변동에의 적응	강 함	약 함
직업공무원제	직업공무원제의 확립에 유리	직업공무원제의 확립에 불리
직급의 수	비교적 적음(4대 계급제)	비교적 많음(미국은 18등급)

04 계획예산제도(PPBS)에 대한 설명으로 틀린 것은?

@ 2016. 6. 4. 국민연금공단

① 중장기계획을 추진하는 데 적합하다.
② 사업계획의 작성에 소요되는 시간과 노력이 절감된다.
③ 목표·계획·사업의 연계성을 높일 수 있으나 과도한 정보를 필요로 한다.
④ 의사결정의 절차를 일원화할 수 있다.
⑤ 자원을 합리적으로 배분할 수 있게 한다.

🔍 계획예산제도는 사업계획의 작성에 많은 시간과 노력 및 돈이 들게 된다. 즉, 사업계획안을 작성하는 데는 합리적 자원배분의 분석기법이 요구되는데 각 부처에 분석능력이 있는 전문인력이 과연 몇이나 있을 것이며, 있다고 할지라도 사업계획을 분석하고 대안을 마련하는 데는 많은 시간과 비용이 들게 되는 것이다.

보충설명

계획예산제도의 장단점

장 점	단 점
• 계획과 예산의 일치 • 의사결정의 일원화 · 합리화 • 장기적 시계의 제공 • 예산의 절약과 능률화 • 자원배분의 합리화 • 조직의 통합적 운영	• 목표의 명확한 제시 및 파악 곤란 • 지나친 중앙집권화 초래 및 계량화의 곤란 • 환산작업의 곤란과 문서의 과다 • 의회의 지위가 약화될 가능성(의회통제의 곤란) • 간접비 배분의 문제와 자원 배분시 비교의 곤란 • 목표설정의 정치성 • 과도한 절약

05 다음 중 신행정론의 특징이 아닌 것은?   🖋 2016. 6. 4. 국민연금공단

① 후기형태주의   ② 직관에 의한 인식
③ 후기실증주의   ④ 가치중립주의
⑤ 현상학적 접근법

🔍 신행정론과 형태론

구 분	신행정론	행태론
학 자	H. G. Frederickson, F. Marini, M. M. Harmon	H. A. Simon
주 의	후기행태주의	행태주의
인식론	주관주의(직관에 의한 인식)	객관주의(경험에 의한 인식)
접근법	현상학적 접근법	사회심리적(과학주의적) 접근법
실증성	후기실증주의(반실증주의)	실증주의
가치성	가치지향주의	가치중립주의
이 념	적실성과 사회적 형평성, 처방성	이론의 과학성과 규칙성

06 다음에서 설명하고 있는 전통적 예산원칙은?

2016. 6. 4. 국민연금공단

• 예산은 모든 국민이 이해할 수 있도록 편성하여야 한다는 원칙이다.
• 예산 공개의 전제조건이다.

① 명확성의 원칙
② 사전의결의 원칙
③ 정확성의 원칙
④ 완전성의 원칙
⑤ 한정성의 원칙

🔍 전통적 예산원칙

예산원칙	의 의	예 외
공개성의 원칙	예산의 편성 · 심의 · 의결과 예산의 집행 등 예산과정의 주요한 단계는 국민에게 공개되어야 한다는 원칙	신임예산, 국방비, 외교활동비, 정보비
명료성(명확성)의 원칙	예산은 모든 국민이 이해할 수 있도록 편성하여야 한다는 원칙	총액(총괄)계상예산, 안전보장 관련 예비비(예산회계에 관한 특례법)
사전의결(절차성)의 원칙	예산은 행정부가 집행하기에 앞서 미리 의회의 심의 · 의결을 거쳐야 한다는 원칙	준예산, 긴급재정경제처분, 예비비 지출, 전용, 사고이월, 선결처분
엄밀성(정확성)의 원칙	예산과 결산은 일치하여야 한다는 원칙	불용액, 이월, 계속비
한정성(한계성)의 원칙	예산은 사용목적(질적 한정성) · 범위(양적 한정성) 및 기간(시간적 한정성)에 있어서 명확한 한계가 있어야 한다는 원칙	• 질적 한정성 : 이용, 전용 • 양적 한정성 : 예비비 • 시간적 한정성 : 이월(명시이월, 사고이월), 계속비, 국고채무부담행위, 과년도수입, 과년도지출, 조상충용
단일성의 원칙	예산은 구조면에서 가급적으로 단일하여야 한다는 원칙	특별회계, 기금, 추가경정예산
통일성(국고통일)의 원칙	특정한 세입과 특정한 세출을 직접 연관시켜서는 안 된다는 원칙	특별회계, 기금, 목적세, 수입대체경비, 수입금마련지출제도
완전성(포괄성, 총계예산)의 원칙	국가의 모든 세입 · 세출은 모두 예산에 계상하여야 한다는 원칙	외국차관의 전대, 현물출자, 순계예산, 기금, 초과수입을 초과지출에 충당할 수 있는 수입대체경비, 출연금이 지원된 국가연구개발사업의 개발성과물 사용에 따른 대가

07 다음 중 서로 다른 배경을 가진 몇 사람의 연사들이 어떤 하나의 주제에 관하여 공동으로 토론을 하는 방법을 의미하는 것은?

2016. 6. 4. 국민연금공단

① 델파이(Delphi)법
② 포럼(Forum)
③ 패널(Panel)토론
④ 심포지엄(Symposium)
⑤ 신디케이트(Syndicate)

🔍 ③ **패널(Panel)토론** : 서로 다른 배경을 가진 몇 사람의 연사들이 어떤 하나의 주제에 관하여 공동으로 토론을 하는 방법이다.

① **델파이(Delphi)법** : 미래를 예측하는 질적 예측 방법의 하나로, 여러 전문가들의 의견을 되풀이해서 모으고, 교환하고, 발전시켜 미래를 예측하는 방법이다.

② **포럼(Forum)** : 1인의 연사가 어떤 견해를 발표하면 거기에 대한 여러 사람들의 질문을 중심으로 토론을 하는 방법으로, 반드시 어떠한 결론을 요하지 않는다는 점이 특징이다.

④ **심포지엄(Symposium)** : 패널토론과 유사한 방법이지만 연사들이 각각 별개의 주제에 관하여 발표·토론한다는 점이 다르며, 피훈련자를 대상으로 한다는 점에서 강의와 비슷하지만, 연사가 복수라는 점에서 강의와 구별된다. 그리고 복수의 연사가 발표·토론한다는 점에서는 회의방법과 유사하지만, 피훈련자들의 토론참가가 제약된다는 점에서 회의방법과 구별된다.

⑤ **신디케이트(Syndicate)** : 영국의 행정간부대학(Administrative Staff College)에서 사용하기 시작한 교육훈련방법으로 분임연구라고도 하며, 피훈련자를 10인 내외의 소집단으로 나누어 집단별로 동일한 문제를 토론하여 문제해결방안을 찾은 다음 전원이 한 장소에 모여 발표·토론함으로써 합리적인 최종안을 모색하는 방법으로, 참여자의 중지를 보다 효율적으로 모을 수 있어 정책대안을 모색하는 데 유용하다.

08 행정에 있어서 가외성(Redundancy)에 대한 설명으로 옳지 않은 것은?

2016. 6. 4. 국민연금공단

① 경제적 효율을 증대시킨다.
② 정책결정의 불확실성에 적절히 대비하게 하는 장점이 있다.
③ 상호간에 영향을 주고받는 조직의 체제성을 살려 조화가능성을 높여준다.
④ 타협이 불가피한 시대에 다양한 의견교환의 관점에서 그 필요성이 제기된다.
⑤ 기능의 중첩과 중복으로 인한 갈등, 충돌, 대립 및 책임의 모호성을 야기할 우려가 있다.

🔍 **가외성(Redundancy)** : 초과분(Excess), 남는 것, 여분 또는 없어도 되는 것 등을 의미하는 개념이지만, 초기부터 절약과 능률을 중요이념으로 받아들여온 행정학에서는 중복이나 반복, 등전위현상(동등대응능력)을 내포한 개념으로서 능률성을 저해하는 이념으로 간주되어 왔다. 원래 행정에 있어서의 능률화는 가외적인 요소들을 제거하는 것이 목적이었으나, 최근에는 이러한 가외성의 개념이 능률성으로 해결하기 힘든 여러 문제들을 해결하는 데 유용한 개념으로 인식되고 있다. 이미 컴퓨터나 정보과학 등 여러 분야에서 활발하게 논의되어 오던 가외성의 개념을 행정학에 도입함으로써 관심이 일게 된 것은 M. Landau에 의해서이다.

09 행정PR의 개념에 관한 설명 중 옳지 않은 것은?　　　🔎 2016. 6. 4. 국민연금공단

① 민주주의의 분위기 조성에서 도입된 개념이다.

② 행정을 국민대중에 접근시키는 노력이다.

③ 정부와 공중 간에 민주적 통합을 하는 기능을 말한다.

④ 행정의 국민에 대한 대응성이 감소한다.

⑤ 정부와 국민 간의 신뢰관계를 확보하려는 행정활동으로, 수평적 관계를 띤다.

🔎 행정PR

1. 의의 : 민주주의의 분위기 조성에서 도입된 개념으로, 정부의 업적을 국민에게 알리고 그것을 국민이 인정함으로써 정부와 국민 간의 신뢰관계를 확보하려는 행정활동이며, 정부의 일방적 이익을 위한 것이 아니고 정부와 국민 쌍방의 이익을 위한 것이다.
2. 특징 : 수평성, 의무성, 교류성, 객관성, 공익성, 교육성, 합리적 이성에 호소, 추종 · 모방
3. 목적
   ㉠ 정부에 대한 국민의 이해 증진
   ㉡ 새로운 정책에 대한 지지의 확보
   ㉢ 정부활동에 대한 국민의 참여 유도
   ㉣ 국민에 대한 계몽 · 교육
4. 기능

순기능	• 정보의 제공 • 정부에 대한 비판의 중화 • 국민에 대한 대응성 증대	• 국민의 동의확보 • 행정인의 사기양양 • 국민여론형성의 촉진
역기능	• 조작적 성격 • 국가기밀의 강조(정보의 제한 · 왜곡)	• 선전적 성격

10 다음 중 델파이기법에 대한 설명으로 보기 어려운 것은?　　　🔎 2015. 11. 28. 국민연금공단

① 응답자의 익명성이 보장된다.

② 주제에 대한 지속적인 관심과 사고를 촉진시킨다.

③ 전문가들의 의견에 의존하는 직관적 미래예측방법의 하나이다.

④ 객관성이 유지됨에 따라 설문방식에 따른 응답의 조작가능성이 배제된다.

⑤ 미래사건에 관한 학식 있는 의견을 개발 · 교환 · 획득하는 직관적 예측절차다.

🔎 ④ 전문가들에게 의견을 묻는 설문지의 구성방식에 따라 응답이 달라질 여지가 있기 때문에 응답의 조작 가능성이 존재한다.

11 다음은 신공공관리론과 뉴거버넌스이론을 비교한 것이다. 타당하지 않은 것으로만 바르게 묶인 것은?   ☑ 2015. 4. 25. 국민연금공단

> **보기**
>
> | | 〈신공공관리론〉 | 〈뉴거버넌스이론〉 |
> |---|---|---|
> | ㉠ 인식론적 기초 — | 신자유주의 | 공동체주의 |
> | ㉡ 관리기구 — | 시 장 | 네트워크 |
> | ㉢ 관리가치 — | 결 과 | 신 뢰 |
> | ㉣ 관료의 역할 — | 조정자 | 공공기업가 |
> | ㉤ 작동원리 — | 협 력 | 경 쟁 |

① ㉠, ㉢   ② ㉠, ㉤

③ ㉡, ㉢   ④ ㉣, ㉤

⑤ ㉢, ㉣

🔍 ㉣ 신공공관리론에서 관료의 역할은 공공기업가이고, 뉴거버넌스이론에서는 조정자이다.
㉤ 신공공관리론에서 작동원리는 경쟁이고, 뉴거버넌스이론에서는 협력이다.

12 행정은 고도의 합리성을 가진 인간의 협동행위라고 할 수 있다. 다음 중 행정이 추구해야 할 가치로서의 합리성에 관한 설명으로 옳지 않은 것은?   ☑ 2015. 4. 25. 국민연금공단

① 행정학은 정책결정과정이나 최적수단에 의한 목적달성과 관련시켜 합리성을 수단의 합목적성 내지 올바른 목적·수단의 관계로서 인식하는 경향이 강하다.

② P. Diesing의 이론에 의하면 사회적 합리성은 보다 나은 정책을 추진할 수 있는 정책 결정구조의 합리성을 의미하며 가장 비중이 높은 합리성이다.

③ 공유지의 비극(Tragedy Of The Commons)에 관한 이론은 개인적 합리성과 집단적 합리성 간의 갈등을 설명하고 있다.

④ 죄수의 딜레마(Prisoner's Dilemma)에 관한 이론은 합리적 행동이 항상 최적의 결과를 가져다주지는 않는다는 것을 지적하고 있는 이론으로, 개인적 합리성과 사회적 합리성의 관계를 설명하고 있다.

⑤ 베버(M. Weber)는 합리성의 유형을 이론적 합리성, 실천적 합리성, 형식적 합리성, 실질적 합리성으로 분류하였다.

🔍 ② 정책결정구조의 합리성을 의미하는 것은 정치적 합리성이다. 사회적 합리성은 사회통제의 구성요소 간의 조화 있는 통합성을 의미한다. 즉, 사회적 합리성은 사회 내에 있는 여러 가지 힘과 세력들이 질서 있는 방향으로 처리되고 갈등이 해결될 수 있는 장치를 가질 때 구현되며, 부분들 간의 상호조절을 통해서 발전하게 된다.

13 다음 중 이슈네트워크(Issue Network)와 비교한 정책공동체(Policy Community)의 상대적 특성으로 옳지 않은 것은?

　🎯 2015. 4. 25. 국민연금공단

① 정책결정을 둘러싼 권력게임은 공동의 이익을 추구하는 정합게임(Positive Sum Game)의 성격을 띤다.
② 참여자들 간에 비교적 균등한 권력을 보유한다.
③ 모든 참여자가 교환할 자원을 가지고 참여한다.
④ 참여자들이 기본가치를 공유하며 상호간 접촉빈도가 높다.
⑤ 참여자의 범위가 넓고 경계의 개방성이 높다.

🔍 ⑤ 이슈네트워크가 참여자의 범위가 넓고 경계의 개방성도 높다.

14 G. T. Allison이 제시한 3가지 정책모형에 대한 설명으로 옳은 것은?

　🎯 2015. 4. 25. 국민연금공단

① 합리모형의 경우 권력은 독립된 자유재량을 가진 개인적 행위자들에게 있다.
② 조직과정모형의 경우 목표들 간의 갈등은 각 목표에 대한 순차적인 관심에 의해 해결된다.
③ 관료정치모형의 경우 목표에 대한 공유 정도가 매우 강하다.
④ 표준운영절차 및 프로그램 레퍼토리는 관료정치모형의 중요한 정책결정방식이다.
⑤ 타협과 흥정은 합리모형의 중요한 정책결정방식이다.

🔍 ① 합리모형의 경우 권력은 최고관리층에게 있다. 권력이 독립된 자유재량을 가진 개인적 행위자들에게 있는 모형은 관료정치모형이다.
③ 관료정치모형은 목표에 대한 공유 정도가 매우 약하다. 목표에 대한 공유 정도가 강한 것은 합리모형이다.
④ SOP 및 프로그램 레퍼토리는 조직과정모형의 정책결정방식이다.
⑤ 타협과 흥정은 관료정치모형의 정책결정방식이다.

15 정책대안이 가져올 미래를 예측하는 기법 중 성격이 다른 하나는?

　🎯 2015. 4. 25. 국민연금공단

① 회귀분석법　　　　　　　　　　② 델파이기법
③ 상관관계분석　　　　　　　　　④ 선형계획법
⑤ 시계열분석

🔍 ② 델파이기법은 질적 기법이고, 나머지는 계량적 기법에 해당한다.

16 우리나라 고위공직자의 인사청문제도에 대한 설명으로 옳지 않은 것은?

2015. 4. 25. 국민연금공단

① 국무위원 후보자는 국회 인사청문의 대상이다.

② 국회는 임명동의안이 제출된 날부터 20일 이내에 인사청문을 마쳐야 한다.

③ 인사청문특별위원회 위원장은 인사청문경과를 국회 본회의에 보고한 후, 대통령에게 인사청문경과보고서를 송부한다.

④ 국회에 제출하는 임명동의안의 첨부서류에는 최근 5년간의 소득세 · 재산세 · 종합토지세의 납부 및 체납실적에 관한 사항이 포함되어 있다.

⑤ 증인 · 감정인 · 참고인에 대한 출석요구서는 늦어도 출석요구일 5일전에 송달되도록 하여야 한다.

🔍 ③ 인사청문특별위원회 위원장은 위원회에서 심사 또는 인사청문을 마친 임명동의안 등에 대한 위원회의 심사경과 또는 인사청문경과를 본회의에 보고하고, 국회의장은 공직후보자에 대한 인사청문경과가 본회의에 보고되면 지체 없이 인사청문경과보고서를 대통령 · 대통령당선인 또는 대법원장에게 송부하여야 한다. 다만, 인사청문을 마친 후 폐회 또는 휴회, 그 밖의 부득이한 사유로 위원장이 인사청문경과를 본회의에 보고할 수 없을 때에는 위원장은 이를 의장에게 보고하고 의장은 인사청문경과보고서를 대통령 · 대통령당선인 또는 대법원장에게 송부하여야 한다(인사청문회법 제11조).

① 대통령당선인은 국무총리 및 국무위원 후보자를 지명한 경우에는 국회의장에게 인사청문의 실시를 요청하여야 한다(대통령직 인수에 관한 법률 제5조 제2항).

② 국회는 임명동의안 등이 제출된 날부터 20일 이내에 그 심사 또는 인사청문을 마쳐야 한다(인사청문회법 제6조 제2항).

④ 국회에 제출하는 임명동의안의 첨부서류에는 최근 5년간의 소득세 · 재산세 · 종합토지세의 납부 및 체납실적에 관한 사항이 포함되어 있어야 한다(인사청문회법 제5조 제1항 제4호).

⑤ 인사청문특별위원회가 증인 · 감정인 · 참고인의 출석요구를 한 때에는 그 출석요구서가 늦어도 출석요구일 5일전에 송달되도록 하여야 한다(인사청문회법 제8조).

17 예산원칙 중 사전의결원칙의 예외에 해당하지 않는 것은?　*2015. 4. 25. 국민연금공단*

① 계속비　　　　　　　　　　② 준예산

③ 예비비 지출　　　　　　　　④ 선결처분

⑤ 긴급재정경제처분

🔍 사전의결원칙의 예외 – 준예산, 긴급재정경제처분, 예비비 지출, 전용, 사고이월, 선결처분

18 영기준예산제도(ZBB)에 관한 내용으로만 바르게 짝지어진 것은?

2015. 4. 25. 국민연금공단

> ┌ 보기 ┐
> ㉠ 사업의 효과성 제고 　　㉡ 중앙집권화의 촉진
> ㉢ 점증적 예산편성 　　㉣ 조세부담의 완화
> ㉤ 사업의 전면적 재평가 　　㉥ 감축관리

① ㉠, ㉡, ㉣, ㉥ 　　　② ㉠, ㉢, ㉣, ㉤
③ ㉡, ㉢, ㉣, ㉤ 　　　④ ㉠, ㉡, ㉤, ㉥
⑤ ㉠, ㉣, ㉤, ㉥

🔍 영기준예산제도의 장단점

장 점	단 점
• 재정운영의 탄력성	• 사업축소(새로운 프로그램의 개발문제 등한시)
• 관리자의 참여 확대	• 목표설정기능·계획기능의 위축
• 자원배분의 합리화	• 사업의 우선순위 결정 곤란
• 관리수단의 제공	• 업무부담의 과중
• 상하 간의 단절 방지	• 정치적·심리적 요인의 무시
• 조세부담의 완화	• 관료의 저항적 태도와 자기방위의식
• 사업의 전면적 재평가를 통한 효율성 향상	• 자료부족과 분석·평가능력의 제약
• 감축관리를 통한 자원난 극복	• 분석기법의 적용한계

19 계획과 예산을 밀접하게 연결시키기 위한 방안으로 잘못된 것은?

2015. 4. 25. 국민연금공단

① 중선거구나 대선거구제의 도입
② 계획·예산담당자 상호간의 인사교류
③ 의회통제를 강화할 수 있는 예산제도의 채택
④ 계획과 예산의 조정을 전담하는 위원회의 설치
⑤ 연동계획(이동식 계획)의 수립

🔍 ③ 의회의 통제를 강화할 수 있는 예산제도는 품목별 예산제도인데 이것은 계획과 예산을 밀접하게 연결시키기 어렵다는 단점을 가지고 있다. 한편, 계획과 예산을 밀접하게 연결시키기 위한 계획예산제도는 의회의 통제를 어렵게 한다.

20 다음 보기는 현행 우리나라 지방자치제도에 대한 설명이다. 이 중에서 옳지 않은 것으로만 모두 고른 것은?   2015. 4. 25. 국민연금공단

> **보기**
> ㉠ 제주특별자치도의 경우 자치계층과 행정계층이 일치하고 있다.
> ㉡ 조례의 제정과 개폐청구제, 주민투표제, 주민소송제, 주민소환제 등의 제도가 있다.
> ㉢ 지방자치권은 자치입법권, 자치재정권, 자치조직권, 자치사법권으로 구성되어 있다.
> ㉣ 중앙과 지방 간의 기능배분방식은 포괄적 예시원칙을 폐지하고 보충성의 원칙을 적용하고 있다.

① ㉠, ㉡, ㉢   ② ㉡, ㉢, ㉣
③ ㉠, ㉢, ㉣   ④ ㉠, ㉡, ㉣
⑤ ㉠, ㉡, ㉢, ㉣

🔍 ㉠ 제주특별자치도의 경우 특별자치도만 지방자치단체이고, 행정시(제주시, 서귀포시 등)는 행정계층이므로 자치계층과 행정계층이 일치하지 않고 있다.
㉢ 자치사법권은 지방자치권에 포함되지 않고 있다. 현재 우리나라의 지방자치권은 자치입법권, 자치재정권, 자치조직권, 자치행정권으로 구성되어 있다.
㉣ 중앙과 지방 간의 기능배분방식은 포괄적 예시원칙을 기준으로 하면서 보충성의 원칙을 가미하고 있다.

21 다음 중 넓은 의미로는 사회의 구성원 전체를 대상으로 하고 그들 생활의 여러 가지 측면에서 나타나는 사회생활의 곤란을 취급하는 정책이며, 좁은 의미로는 보다 제한된 사회적 약자를 대상으로 시혜하는 정책을 일컫는 말은?   2015. 4. 25. 국민연금공단

① 사회보험   ② 사회보장
③ 사회복지   ④ 국가부조
⑤ 공공부조

🔍 사회복지의 개념

협의의 사회복지	제한된 사회적 약자를 대상으로 시혜하는 정책으로, 구제사업이나 사회사업을 의미
광의의 사회복지	사회복지의 대상을 사회구성원 전체로 확대해서 파악하려고 하는 개념으로, 생활의 여러 가지 측면에서 나타나는 사회생활의 곤란을 취급하는 정책을 의미

22 엽관주의에 관한 설명으로 옳은 것은?   2014. 11. 22. 국민연금공단

① 엽관주의는 행정이 복잡화될수록 적용가능성이 높다.

② 엽관주의는 정치적 책임의 확보가 곤란해진다.

③ 엽관주의는 선거를 통하여 국민에게 책임을 지는 선출직 지도자들의 직업공무원들에 대한 통제를 용이하게 해준다.

④ 행정의 전문성·능률성·안정성·계속성을 제고할 수 있다.

🔍 ① 엽관주의는 입법국가시대의 행정의 단순성 때문에 등장한 제도인데, 당시의 행정은 질서유지적인 측면의 단순한 업무 위주였기 때문에 보통 사람들도 누구나 공무원의 직무를 담당할 수 있는 것으로 인식해 공직의 개방이 훨씬 쉽게 이루어질 수 있었다. 행정의 복잡화와 전문화 추세에도 불구하고 행정경험이 부족한 사람이 정치적으로 임용될 경우에는 행정의 능률이 저하되므로 행정이 복잡화될수록 적용가능성은 낮아지게 된다.

② 엽관주의란 정당에의 충성도와 공헌도를 관직의 임용기준으로 삼는 임용제도로, 국민의 요구에 대한 관료적 대응성을 향상시키고, 행정의 민주화에 기여한다. 즉, 정치적 책임성의 확보를 위한 장치이다.

④ 엽관주의는 정권이 바뀔 때마다 공무원이 교체됨으로써 행정의 계속성·안정성·지속성이 위협받게 되며, 전문성과 능률성이 떨어진다는 문제점이 있다. 전문성의 증진은 실적주의의 장점이다.

23 인간관계론과 과학적 관리론에 대한 비교설명 중 옳지 못한 것은?

       2014. 11. 22. 국민연금공단

① 인간관계론이 사회적 욕구를 강조한다면, 과학적 관리론은 보수를 강조한다.

② 인간관계론이 개방성을 띤다면, 과학적 관리론은 폐쇄성을 띤다.

③ 인간관계론과 과학적 관리론 모두 생산성 향상이 주된 목적이다.

④ 인간관계론과 과학적 관리론 모두 인간의 피동성을 전제로 한다.

🔍 인간관계론과 과학적 관리론
  1. 유사점

구 분	유사점
목표의 양립성	조직목표와 개인목표의 양립성을 인정
환경관	환경을 무시한 폐쇄체제이론
인간에 대한 태도	인간을 목표달성을 위한 수단으로 인식
궁극적인 목적	조직의 능률성과 생산성향상을 목표
동기부여방식	외재적 동기부여방식
연구대상	주로 작업계층을 연구함(관리층을 연구대상에서 제외).

2. 차이점

구 분	인간관계론	과학적 관리론
인간관	사회 · 심리적 인간관	합리적 · 경제적 인간관
관리전략	McGregor의 Y이론	McGregor의 X이론
조직관	자연체계적 모형	기계적 · 합리적 모형
구 조	비공식적 구조 중시	공식적 구조 중시
추구이념	사회적 능률성(민주성)	경제적 능률성
리더십	민주적 리더십	권위적 리더십
주요연구	호손실험(1924~1932)	시간연구, 동작연구
보상체계	비경제적 · 인간적 보상	경제적 · 물질적 보상
공 헌	조직의 민주화에 기여	조직의 능률성 향상에 기여

24 다음에서 설명하고 있는 것은?　　　　　　　　　　🖋 2014. 11. 22. 국민연금공단

　보기

• 소비에서 배제성과 비경합성을 특징으로 한다.
• 예로 수도, 전기, 통신, 교통 등이 있다.

① 집합재　　　　　　　　　　② 민간재
③ 공유재　　　　　　　　　　④ 요금재

　① 집합재 : 비배제성과 비경합성을 특징으로 외교, 국방, 교육 등이 있다.
　② 민간재 : 배제성과 경합성을 특징으로 시장을 통하여 살 수 있는 상품들이 민간재에 속한다.
　③ 공유재 : 비배제성과 경합성을 특징으로 공기, 물, 어장, 목초지 등이 여기에 속한다.

25 옴부즈만제도에 대한 설명 중 틀린 것은?　　　　　　　🖋 2014. 6. 21. 국민연금공단

① 행정행위의 합법성뿐만 아니라 합목적성 여부도 다룰 수 있다.
② 보통 국민의 불평제기에 의해 활동을 개시하지만 직권으로 조사를 할 수도 있다.
③ 법원이나 행정기관의 결정이나 행위를 무효로 하거나, 취소 또는 변경할 수 없다.
④ 입법부 및 행정부의 지휘 · 감독을 받는다.

　④ 옴부즈만은 입법부 및 행정부로부터 정치적으로 독립되어 있다.

26 우리나라의 보수곡선은 고위직에 올라갈수록 급경사가 되고 하위직일수록 완만하게 되는 J자 모양인데, 이를 탈피하고 임금수준이 정점을 지날 때 삭감하는 제도는?

2014. 6. 21. 국민연금공단

① 총액인건비제   ② 직무성과급제
③ 임금피크제   ④ 타임오프제

🔍 ③ **임금피크제** : 워크셰어링의 한 형태로 노사간 합의를 통해 일정연령이 되면 임금을 삭감하는 대신 정년은 보장하는 제도이다.
　① **총액인건비제** : 각 부처가 정해진 인건비 한도 내에서 인력의 수와 직급, 기구의 설치뿐만 아니라 인건비 배분까지 자율적으로 정해 인력운영의 유동성을 극대화하는 제도이다.
　② **직무성과급제** : 직무급과 성과급을 결합한 형태의 보수체계로 업무의 난이도·중요도를 반영한 직무등급에 따라 직무급이 책정되고 성과평가결과에 따라 성과급이 차등하여 지급되는 보수제도이다.
　④ **타임오프제** : 노조 전임자에 대한 사용자의 임금지급을 원칙적으로 금지하되 노사교섭, 산업안전, 고충처리 등 노무 관리적 성격이 있는 업무에 한해서 근무시간으로 인정하여, 이에 대한 임금을 지급하는 제도이다.

27 실제의 정책결정이 일정한 규칙에 따르는 것이 아니라 쓰레기통처럼 혼합된 상태에서 이루어진다고 보는 이론모형은?

2014. 6. 21. 국민연금공단

① 쓰레기통 모형   ② 혼합주사모형
③ 사이버네틱스모형   ④ 점증모형

🔍 ① **쓰레기통 모형**이란 정책결정이 일정한 규칙에 따라 이루어지는 것이 아니라, ㉠ 문제, ㉡ 해결책, ㉢ 선택 기회, ㉣ 참여자의 네 요소가 쓰레기통 속에서와 같이 뒤죽박죽 움직이다가 어떤 계기로 서로 만나게 될 때 이루어진다고 보는 정책결정 모형을 말한다.

28 다음 중 변혁적 리더십에 관한 설명으로 바르지 않은 것은? *2014. 6. 21. 국민연금공단*

① 조직의 노선과 문화를 변동시키는 데 관심을 둔다.
② 추구하는 변화는 점진적이기보다는 급진적이다.
③ 조직의 내적 능률성을 중요시한다.
④ 조직목표와 구성원의 목표를 통합하여 조직과 구성원의 일체화를 꾀하려는 조직에 적합하다.

🔍 ③ 변혁적 리더십은 조직의 내적 능률성보다는 조직의 환경에 대한 적응능력을 중요시한다.

29 다음 중 실적주의의 장점으로 보기 어려운 것은?   2014. 6. 21. 국민연금공단

① 공직취임의 기회균등
② 공무원 인적 구성의 다양화
③ 신분보장 및 정치적 중립
④ 행정의 계속성 · 전문성 향상

🔍 ② 공무원 인적 구성의 다양화는 대표관료제의 장점이다.

30 공공재와 행정서비스에 관한 설명으로 잘못된 것은?   2014. 4. 19. 국민연금공단

① 비배제성과 비경합성으로 인해 무임승차(Free-Riding)가 발생하기 쉽다.
② 시장실패의 발생가능성은 정부개입을 합리화하는 정당성을 제공한다.
③ 문화행사와 같이 사회구성원에게 일정수준까지 공급되어야 바람직하다고 판단되는 것이다.
④ 공동체를 유지하기 위한 국방은 일반적으로 정부가 공급한다.

🔍 ③ 공공재가 아니라 가치재(Merit Goods)에 대한 설명으로, 사적재(민간재)에 해당한다. 가치재는 사회구성원에게 일정수준까지 공급되어야 바람직하다고 판단되는 재화로 교육, 의료, 주택, 교통, 문화 등이 있다.

31 현대행정의 특징에 대한 설명으로 옳지 않은 것은?   2014. 4. 19. 국민연금공단

① 정부가 시장에 적극 개입하게 된다.
② 행정사무의 양적 증가와 질적 전문화가 이루어진다.
③ 행정의 기능이 소극적이고 단순화된다.
④ 행정평가제도의 도입이 증가한다.

🔍 ③ 현대행정은 행정의 기능이 전문화 · 기술화되는 특징이 있다.

32 행정문화에 대한 설명 중 바르지 못한 것으로만 묶인 것은?   ◎2014. 4. 19. 국민연금공단

> **• 보기 •**
>
> ㉠ 행정문화는 미래지향적인 규범성을 내포하고 있다.
> ㉡ 신공공관리론과 뉴거버넌스는 우리나라의 전통적인 행정문화와의 조화가 비교적 용이하다.
> ㉢ 우리나라의 행정문화의 특징에는 권위주의, 집단주의, 온정주의 등이 있다.
> ㉣ 행정문화는 행정체제의 구성원들이 공유하는 가치와 신념, 태도, 행동양식의 총체를 의미한다.
> ㉤ 행정문화는 항상 과거의 성향으로 회귀하려는 관성을 가지고 있기 때문에, 행정문화의 개혁은 지속적으로 이루어져야 한다.

① ㉠, ㉡   ② ㉡, ㉢
③ ㉠, ㉢, ㉤   ④ ㉢, ㉣, ㉤

🔍 ㉠ 행정문화는 과거로부터의 연속성을 가지며, 비교적 안정적이기 때문에 과거지향적이고 변화저항적이다.
㉡ 경쟁을 기본으로 하는 신공공관리론과 참여를 기본으로 하는 뉴거버넌스는 우리나라의 전통적인 행정문화인 안정주의, 온정주의, 권위주의, 집단주의 등과 조화되기보다는 충돌할 가능성이 높다.

33 다음 중 조직에 관한 원리를 설명한 것으로 옳지 않은 것은?   ◎2014. 4. 19. 국민연금공단

① 계층제의 원리는 직무를 권한과 책임의 정도에 따라 등급화하고 상하계층 간에 지휘와 명령복종관계를 확립하여 구성원의 귀속감과 참여감을 증진시키는 순기능을 가지고 있다.
② 전문화(분업)의 원리는 업무를 종류와 성질별로 구분하여 구성원에게 가급적 한 가지의 주된 업무를 분담시켜 조직의 능률을 향상시키려는 것이나 업무수행에 대한 흥미상실과 비인간화라는 역기능을 가지고 있다.
③ 조정의 원리는 공동목적을 달성하기 위하여 구성원의 행동통일을 기하도록 집단적 노력을 질서 있게 배열하는 과정이며 전문화에 의한 할거주의, 비협조 등을 해소하는 순기능을 가지고 있다.
④ 통솔범위의 원리는 1인의 상관 또는 감독자가 효과적으로 직접 감독할 수 있는 부하의 수에 관한 원리로서 계층의 수가 많아지면 통솔범위가 축소된다는 것이다.

🔍 ① 계층제는 하급구성원의 의사결정에의 참여를 제한하므로 귀속감이나 참여감이 떨어진다.

34 통솔범위의 결정요인에 대한 설명으로 가장 적절하지 못한 것은?

2014. 4. 19. 국민연금공단

① 감독자가 보좌관이나 참모들로부터 지원을 많이 받으면 통솔범위가 넓어진다.

② 신설조직보다 기성조직이나 안정된 조직의 감독자가 더 많은 부하를 통솔할 수 있다.

③ 공간적 요인으로 분산된 장소보다 동일한 장소에서 많은 부하를 통솔할 수 있다.

④ 업무의 성질상 복잡한 전문적 · 지적 업무를 담당하는 부하를 감독하는 것보다 동질적 이고 단순한 업무를 담당하는 부하를 감독하는 경우에 통솔범위가 좁아진다.

④ 업무의 성질상 복잡한 전문적 · 지적 업무를 담당하는 부하를 감독하는 것보다 동질적이고 단순한 업무를 담당하는 부하를 감독하는 경우에 통솔범위가 넓어진다. 그리고 감독자의 능력이 우수하고 부하들이 유능하고 잘 훈련된 경우에도 통솔범위가 확대된다.

35 다음 중 미국의 경영을 Theory A, 일본의 경영을 Theory B, 그리고 미국에서 일본식 경영을 하는 것을 Theory Z라 부르며, 일본기업이 미국기업보다 생산성이 높은 이유를 분석한 학자는?

2014. 4. 19. 국민연금공단

① W. G. Ouchi
② W. G. Bennis
③ A. Gouldner
④ M. S. Feldman

① 일본기업에 있어서 조직의 특성은 집단주의를 기초로 하여 인적 자원을 강조하는 데에 있으며, 미국의 경우는 구성원이 담당하는 노무의 전문화, 명시적인 통제메커니즘, 단기업적 및 개별책임전략 등을 들 수 있다. 문제의 지문은 W. G. Ouchi가 언급하였다.

36 다음 중 리더십이론에 대한 설명으로 타당하지 않은 것은?

2014. 4. 19. 국민연금공단

① R. J. House & M. Evans의 통로 · 목표이론(Path-Goal Theory Of Leadership)에 의하면 리더는 부하가 바라는 보상(목표)을 받게 해 줄 수 있는 행동(통로)을 명확하게 해주어야 부하의 성과를 높일 수 있다.

② P. Hersey & K. Blanchard의 3차원 리더십이론에 의하면 참여형, 지원형, 지시형, 성취형의 네 가지가 있다.

③ 생애주기이론은 추종자의 성숙단계에 따라 효율적인 리더십 스타일이 달라진다는 관점에 입각한 것이다.

④ 인식자원이론은 스트레스를 야기하는 불리한 상황적 조건에 초점을 맞춘 이론이다.

② 리더의 행태를 참여적 행태, 지원적 행태, 지시적 행태, 성취지향적 행태로 분류하는 것은 통로 · 목표이론이다.

37 다음 중 개방형 임용제도에 대한 설명으로 옳지 않은 것은?　ⓘ 2014. 4. 19. 국민연금공단

① 정치적 영향이나 압력으로부터 자유롭다.

② 민간부문과의 상호간 인적 교류를 촉진시킨다.

③ 공직사회의 탈관료제화에 기여할 수 있다.

④ 교육훈련 등 인력개발에 소요되는 시간과 비용을 절감할 수 있다.

🔍 ① 개방형 임용제도에서는 자의적 인사나 정실인사의 가능성이 커지므로 정치적 영향이나 압력으로부터 반드시 자유롭다고는 할 수 없다. 이를 시정하기 위하여 타당성 있는 실적평정방법과 과학적인 선발 도구를 발전시켜야 하고, 경쟁후보자들의 자격요건을 타당하게 설정하여야 하며, 모집망을 넓혀 유능한 인재들이 공평하게 경쟁할 수 있는 기회를 제공하는 것이 필요하다.

38 다음 중 계급정년제를 채택하는 이유라고 보기에 타당하지 않은 것은?

ⓘ 2014. 4. 19. 국민연금공단

① 정실작용의 방지　　　　　　② 무능력자의 배제

③ 공무처리의 질적 향상　　　　④ 공직의 적정한 이직률 유지

🔍 ④ 계급정년제는 전통적 관료문화를 타파하고, 정실개입을 봉쇄하며, 관료제의 민주화요청에 부응하고, 성취지향적인 풍토를 조성하며, 공무원의 유동률을 적정화하는 등의 장점이 있지만, 직업공무원제에 배치되며, 숙달된 인력을 배제하고, 공무원의 사기가 저하되며, 이직률 조절이 곤란하다는 단점이 있다.

39 다음 중 예산의 분류에 있어서 기능별 분류에 관한 설명으로 적합하지 않은 것은?

ⓘ 2014. 4. 19. 국민연금공단

① 행정부의 예산집행에 신축성이 있으며, 예산지출의 효율성을 높일 수 있다.

② 입법부의 예산심의와 재정통제를 용이하게 하며, 정부예산의 유통과정을 쉽게 파악할 수 있다.

③ 공공사업을 별개의 범주로 삼지 않으며, 공공사업 자체는 정부기획과 관련시켜서만 의의를 지닌다.

④ 기능별 분류의 대항목은 기관 또는 부처를 포괄적으로 망라하고 있어, 어느 부처에서 무엇을 하는지가 명백하지 않다.

🔍 ② 조직별 분류의 장점에 해당한다.

40 다음 중 중앙집권화의 장점으로 볼 수 없는 것은? 2014. 4. 19. 국민연금공단

① 전문화의 촉진　　　　　② 통일된 정책의 수행
③ 강력한 행정의 수행　　　④ 의사결정시간의 단축

🔍 ④ 의사결정시간의 단축은 분권화의 장점이다.

41 다음 전자정부에 대하여 틀린 것은? 2013. 5. 25. 국민연금공단

① 전자정부는 IT기술을 활용하여 행정의 효율성을 높일 수 있다.
② 정부의 고객인 국민에 대하여 질 높은 행정서비스를 제공하는 지식정보사회형 정부를 말한다.
③ 지식을 중심으로 집권화되고 조직화 되는 중앙정부를 말한다.
④ 전자정부는 21세기 국가경쟁력을 높이는 핵심 수단이다.

🔍 **전자정부** : 전자정부는 IT기술을 활용하여 행정의 효율성을 높이고, 대국민 서비스에 간편함과 신속함을 기여하기 위해 존재하는 정부로 21세기 국가경쟁력을 높이는 핵심 수단으로 인식되어 있다. 전자정부는 정보통신기술을 활용하여 행정활동의 모든 과정을 혁신하여 정부업무처리가 효율적이고 생산적으로 개선되고, 정부의 고객인 국민에 대하여 질 높은 행정서비스를 제공하는 지식정보사회형 정부를 말한다.

42 다음 네트워크 조직에 대한 설명으로 틀린 것은? 2013. 5. 25. 국민연금공단

① 전문화된 부문들을 프로젝트로 통합시키는 단위를 갖기 위해 고안된 조직형태이다.
② 상호 영향력과 의사소통을 극대화하는 조직이다.
③ 상황에 대해 효율적이며 적절하게 대응할 수 있다.
④ 고도로 분권화되어 있다.

🔍 ①은 매트릭스 조직의 특성이다.
네트워크 조직 : 권한의 형식적 위계보다 계약이나 동의에 의해 행동들이 조정되는 서로 다른 조직들의 집단으로 고도로 분권화되어 있으며 상호 영향력과 의사소통을 극대화하는 통합된 체계로서 급변하는 조직환경에 의해 발생하는 상황에 대해 효율적이며 적절하게 대응 할 수 있다. 네트워크조직의 기본원리는 공동목적, 독립적인 구성원, 자발적인 연결, 다수의 지도자, 계층통합 등으로 제시되고 있다.

정답 **37** ①　**38** ④　**39** ②　**40** ④　**41** ③　**42** ①

43 다음 중 애드호크라시에 대한 설명으로 틀린 것은?   ◎2013. 5. 25. 국민연금공단

① 융통적, 적응적, 혁신적 구조를 지닌다.
② 변화가 빠르고 적응적이며 임시적인 체제이다.
③ 복잡성, 공식화, 집권화의 정도가 모두 낮다.
④ 표준화된 절차가 있다.

🔍 애드호크라시 : 전통적 관료제 구조와는 달리 융통적 · 적응적 · 혁신적 구조를 지닌 특별임시조직으로 다양한 전문기술을 가진 비교적 이질적인 전문가들이 프로젝트를 중심으로 집단을 구성해 문제를 해결하는, 변화가 빠르고 적응적이며 임시적인 체제이다. 애드호크라시는 영구적인 부서나 공식화된 규칙, 일상적인 문제를 처리하기 위한 표준화된 절차가 없이 프로젝트에 따라 전문요원들이 팀을 구성해 상황에 맞게 문제를 해결해 간다. 즉 구조적 차원에서 볼 때 애드호크라시는 복잡성 · 공식화 · 집권화의 정도가 모두 낮다.

44 다음 실적주의의 장점이 아닌 것은?   ◎2013. 5. 25. 국민연금공단

① 신분이 보장된다.
② 공무원들의 사기가 진작된다.
③ 임용상의 기회가 균등하다.
④ 정치적 중립이 보장된다.

🔍 실적주의의 특징 : 실적에 의한 임용, 신분보장, 정치적 중립, 임용상의 기회균등, 공개경쟁 채용시험 등

45 다음 직위분류제의 장점이 아닌 것은?   ◎2013. 5. 25. 국민연금공단

① 직무의 특성이나 차이를 중심으로 하여 분류한다.
② 보수 제도의 합리적인 기초를 제공한다.
③ 인력의 수급계획을 세우기 편리하다.
④ 인사가 자유롭다.

🔍 직위분류제 : 조직 내의 직위를 각 직위가 내포하고 있는 직무 종류별로 분류하고, 또 직무 수행의 곤란성과 책임성에 따라 직급별 · 등급별로 분류해 관리하는 인사행정 제도
  1. 장점
    ㉠ 동일한 업무에 대해 동일한 급여의 지급이 가능하기 때문에 보수 제도의 합리적인 기초 제공
    ㉡ 임용 · 인사배치 · 근무성적평정 등의 인사행정에 있어서 객관적인 기준 제공
    ㉢ 직무를 성질별, 난이도와 책임도에 따라 구체적으로 구분하기 때문에 행정의 전문화를 촉진시키고 책임의 한계 분명
    ㉣ 객관적인 기준에 따라 공정한 인사행정을 할 수 있기 때문에 직원들의 사기 진작
    ㉤ 급료의 산출과 충원의 파악이 쉬우므로 인력의 수급계획을 세우기 편리

2. 단점
     ㉠ 인사행정의 경직화 초래 가능
     ㉡ 직무가 지나치게 전문화됨으로써 부서 상호간에 협조와 조정 어려움
     ㉢ 변화하는 직무의 내용을 제대로 반영하지 못함

46 다음 중 정부실패의 원인이 아닌 것은?   2013. 5. 25. 국민연금공단

① 외부효과   ② 권력분배의 불평등
③ X-비효율성   ④ 비용과 편익의 분리

🔍 정부실패의 원인 : 비용과 편익의 분리, 독점적 생산구조, 정부의 성과 및 산출기준 측정곤란, X-비효율성, 파생적 외부효과, 권력분배의 불평등, 정치인의 단기적 안목, 생산기술의 불확실성, 내부성 등

47 부서 통폐합으로 인하여 예산을 다시 하는 것은?   2013. 5. 25. 국민연금공단

① 이 체   ② 이 월
③ 전 용   ④ 유 용

🔍 ① 이체 : 정부조직 등에 관한 법령의 제정, 개정 또는 폐지로 인해 그 직무와 권한에 변동이 있을 때, 기획재정부장관의 승인을 얻어 예산을 옮겨 쓰는 것
② 이월 : 당해 회계연도에 지출을 마치지 못한 예산을 다음 연도의 예산으로 옮겨 사용하는 것
③ 전용 : 행정과목 간의 융통이므로 기획재정부장관의 승인을 얻도록 되어 있으며, 기획재정부 장관이 매 회계년도마다 정하는 범위 안에서는 각 세항 또는 목의 금액을 해당 중앙관서의 장이 자체 전용할 수 있다.
④ 유용 : 확정된 예산에서 같은 항에 속하는 목의 금액을 서로 융통하여 사용하는 것

48 다음 중 지방자치에 속하지 않는 것은?   2013. 5. 25. 국민연금공단

① 조례제정권   ② 자치재정권
③ 사법권   ④ 자치행정권

🔍 지방자치 : 일정한 지역을 기초로 하는 지방자치단체가 중앙정부로부터 상대적인 자율성을 가지고 그 지방의 행정사무를 자치기관을 통하여 자율적으로 처리하는 활동과정으로 사법권은 이에 속하지 않는다.

49 다음 대표관료제에 대하여 틀린 것은?   ☞ 2013. 5. 25. 국민연금공단

① 수직적 형평성에 기여

② 역차별이 발생할 수 있음

③ 내부통제의 강화

④ 행정의 전문성 향상

🔍 대표관료제 : 한 나라의 사회 · 경제적 인구구성, 즉 인구, 종교, 성, 지역, 신분, 계급, 계층 등의 기준에 의해 고르게 구성되어 그 관료제가 국민의 각 구성부분의 이익을 평등하게 대변하며 정책을 결정해 나가고 출신집단에 책임을 지도록 하는 관료제를 말한다. 한국의 경우 인재 지역할당제, 여성고용할당제, 장애인 의무고용할당제 등이 해당된다고 할 수 있다. 대표관료제는 공정성, 적극적 인사행정, 합의성, 민주성, 정치성, 대응성, 대표성 등을 이념으로 한다. 대표관료제는 행정의 전문성 저해, 역차별 초래, 관료제 내부의 권력 불균형을 가져 올 수 있다.

50 다음 결산에 대한 내용으로 틀린 것은?   ☞ 2013. 5. 25. 국민연금공단

① 감사는 결산을 확인하고 국회는 결산을 승인하는 것이다.

② 국회의 승인이 있으면 정부의 결산체계는 끝났다고 본다.

③ 결산에 문제가 있으면 취소할 수 있다.

④ 국회 개시 전까지 하여야 한다.

🔍 결산은 예산집행의 실적에 대한 사후조치이므로 비록 정부에 의한 위법부당한 지출이 있었다 할지라도 결산에 의해서 그 지출행위를 무효로 하거나 취소하는 효과를 가질 수는 없다.

51 다음 행정책임에 대한 내용으로 틀린 것은?   ☞ 2013. 5. 25. 국민연금공단

① 일정한 권리가 아니고 의무이다.

② 법률적 규범에 따라 행동하여야 하는 의무이다.

③ 직무를 수행함에 있어서 그 과정에서나 결과에 있어서 주어지는 책임이다.

④ 행정조직 내부에서 상관 또는 감독기관에 대한 책임을 외부적 책임이라 한다.

🔍 행정책임 : 행정관료가 도덕적 · 법률적 규범에 따라 행동해야 하는 의무로 행정행위의 내용에 대한 결과 책임뿐만 아니라 절차에 관한 과정책임도 포함된다. 행정책임은 또한 행정인 또는 행정기관이 행정조직 내부에서 상관 또는 감독기관에 대해 책임을 지는 내재적 책임과, 행정인 또는 행정기관이 대외적으로 입법부 · 사법부 또는 국민에게 책임을 지는 외재적 책임으로 나눌 수 있다.

52 다음 준예산 경비로 틀린 것은?   ◎ 2013. 5. 25. 국민연금공단

① 대외적으로 긴급하게 사용되어야 할 경비

② 헌법이나 법률에 의하여 설치된 기관 또는 시설의 유지 · 운영비

③ 법률상 지출의무의 이행을 위한 경비

④ 예산으로 승인된 사업의 계속비

🔍 준예산 경비
1. 헌법이나 법률에 의하여 설치된 기관 또는 시설의 유지 · 운영비
2. 법률상 지출의무의 이행을 위한 경비
3. 이미 예산으로 승인된 사업의 계속비 등을 전년도 예산에 준하여 집행할 수 있다.

53 다음 중 만족모형에 대한 설명으로 틀린 것은?   ◎ 2012. 10. 21. 국민연금공단

① 사람에 따라 만족의 정도가 달라질 수 있다.

② 인간의 능력에는 한계가 없다는 전제를 두고 있다.

③ 사회심리학적 요소를 기초로 하고 있다.

④ 조직에 적응하기 쉽다.

🔍 만족모형 : 현실적인 의사결정은 어느 정도 만족할 만한 대안의 선택으로 이루어진다는 의사결정 모형으로 인간의 능력에는 한계가 있다는 전제하에 정책결정자가 할 수 있는 가장 훌륭한 결정은 만족스런 정도의 것이라는 주관적 기준을 내세운 정책결정의 이론적 모형이다. 만족모형은 실제로 적용하기 쉽다는 뜻에서 실질적이라는 점과 조직이론상의 사회심리학적 요소를 기초로 하고 있다는 점이 장점이 있지만 사람에 따라 만족의 정도가 달라질 수 있으며, 또 객관성이 없다는 점에서 비판을 받기도 한다.

54 다음 상황적응이론에 대하여 옳은 것은?   ◎ 2012. 10. 21. 국민연금공단

① 환경임의론이다.

② 수직적이고 정태적인 조직에 적합하다는 것이다.

③ 유일 최선의 방법을 부정하고 상황에 따른 제약 안에서 효과적인 대안을 찾는 것이다.

④ 주관적으로 선택하는 것이다.

🔍 상황적응이론 : 조직이 환경과 어떠한 관계를 맺고 있으며 그 관련성이 조직에 어떠한 영향을 미치는가 하는 것에 초점을 두고 전개되는 이론으로 조직이 외부 환경과 교호작용을 할 경우 그것에 반응하여 하위체계가 움직이면 그것을 상황적응이라 하며, 그 상황적응이 어떠한 양상을 나타낼 때 바꾸어 말해서 조직이 환경과 어떠한 관계를 가질 때에 그 조직은 효과성을 높일 수 있게 되는가 하는 문제의 해답을 찾으려는 이론이 곧 상황적응 이론인 것이다.

55 다음 조세지출예산제도에 대한 설명 중 틀린 것은?　　2012. 10. 21. 국민연금공단

① 조세지출 내역을 대외적으로 공개한다.

② 과세의 수직적, 수평적 형평성을 파악할 수 없다.

③ 재원배분의 효율성을 제고한다.

④ 재정 운용의 투명성을 높인다.

🔍 조세지출예산제도 : 개인이나 기업에게 원칙적으로 부과해야 하는 세금이지만 정부가 비과세, 감면, 공제 등 세제상의 각종 유인장치를 통해 간접적으로 지원해 주는 세금 감면 제도로 사실상 직접적인 예산지출과 같은 효과를 거둔다는 점에서 조세지출예산이라고 한다. 이 제도는 조세지출을 재정지출과 연계하여 운용함으로써 재원배분의 효율성을 제고하고, 조세지출 내역을 대외적으로 공개하여 재정 운용의 투명성을 높임과 동시에 기득권화 · 만성화된 조세지출을 효과적으로 통제하는 데 있다.

56 다음 무의사결정론에 대하여 틀린 것은?　　2012. 10. 21. 국민연금공단

① 안보우선주의에 억눌려 억압받아온 경우가 무의사결정의 예이다.

② 정책의제 설정뿐만 아니라 정책과정 전반에서 발생한다.

③ 무의사결정은 테러 등의 폭력, 지배적 가치나 규범, 권력의 행사, 위장 합의, 편견의 동원 등을 통하여 변화나 새로운 정책에 대한 요구를 봉쇄하는 모습으로 나타난다.

④ 다원주의 국가에서 주로 나타난다.

🔍 무의사결정론 : 정책과정에서 지배엘리트의 이해관계에 일치하는 사회문제만 정책 의제화되고, 엘리트의 이익에 방해가 되거나 잠재적 도전이 되는 문제는 거론조차 못하게 억압하고 방해하는 현상유지적 비결정을 의미하는 것으로 무의사결정은 테러 등의 폭력, 지배적 가치나 규범, 권력의 행사, 위장 합의, 편견의 동원 등을 통하여 변화나 새로운 정책에 대한 요구를 봉쇄하는 모습으로 나타난다. 무의사결정은 분권적 · 개방적 · 민주적인 사회보다, 집권적 · 폐쇄적 · 권위적인 사회에서 보다 많이 나타나고 한국에서 노동문제, 환경문제, 사회복지문제 등이 경제성장 제일주의라는 정치이념에 억눌려 정책 의제화되지 못하거나, 진보적 정치세력들의 주장이 안보우선주의에 억눌려 억압받아온 경우가 무의사결정의 예이다.

57 다음 직위분류제에 대하여 틀린 것은?　　2012. 10. 21. 국민연금공단

① 부처간 이동이 원활하다.

② 변화하는 직무의 내용을 제대로 반영하지 못한다.

③ 공정한 인사행정을 할 수 있기 때문에 직원들의 사기가 진작된다.

④ 행정의 전문화를 촉진시킨다.

🔖 **직위분류제** : 조직 내의 직위를 각 직위가 내포하고 있는 직무 종류별로 분류하고, 또 직무 수행의 곤란성과 책임성에 따라 직급별·등급별로 분류해 관리하는 인사행정 제도

1. 장점
   ㉠ 동일한 업무에 대해 동일한 급여의 지급이 가능하기 때문에 보수 제도의 합리적인 기초 제공
   ㉡ 임용·인사배치·근무성적평정 등의 인사행정에 있어서 객관적인 기준 제공
   ㉢ 직무를 성질별, 난이도와 책임도에 따라 구체적으로 구분하기 때문에 행정의 전문화를 촉진시키고 책임의 한계 분명
   ㉣ 객관적인 기준에 따라 공정한 인사행정을 할 수 있기 때문에 직원들의 사기 진작
   ㉤ 급료의 산출과 충원의 파악이 쉬우므로 인력의 수급계획을 세우기 편리
2. 단점
   ㉠ 인사행정의 경직화 초래 가능
   ㉡ 직무가 지나치게 전문화됨으로써 부서 상호간에 협조와 조정 어려움
   ㉢ 변화하는 직무의 내용을 제대로 반영하지 못함

58 다음 공무원의 분류에 대하여 틀린 것은?　　　📷 2012. 10. 21. 국민연금공단

① 국회의원과 지방의원은 정무직이다.
② 국회수석전문위원은 별정직이다.
③ 소청심사위원장은 정무직이다.
④ 국정원 기획조정실장은 특정직이다.

🔖 기획조정실장은 별정직으로 하고 원장과 차장을 보좌하며, 위임된 사무를 처리한다(국가정보원법 제7조 제4항).

59 다음 예산에 대하여 틀린 것은?　　　📷 2012. 10. 21. 국민연금공단

① 수정예산은 국회에서 통과된 후 수정한 예산을 말한다.
② 예산운영 과정은 정부가 정책 목표를 달성하기 위해 제한된 재정자원을 배분하는 주기적인 의사결정 과정이다.
③ 예산은 정부가 1회계연도의 사업을 위해 동원하고 사용할 세입과 세출의 내용을 담고 있는 계획서를 말한다.
④ 경정예산은 예산이 확정된 후에 경비의 총액을 늘리지 않는 범위에서 내용이 변경된 예산이다.

🔖 ① 수정예산은 정부가 예산안을 국회에 제출한 후, 국회에서 심의하는 동안 국내외 정세의 변화 등 부득이한 사정으로 그 내용을 변경하지 않으면 안되는 경우 국회에서 예산이 의결되기 전에 정부가 예산안을 수정하여 이루어진 예산을 수정예산이라 한다.

정답 55 ② 　56 ④ 　57 ① 　58 ④ 　59 ①

60 다음 정책의제설정과정에 대한 설명으로 틀린 것은? 2012. 10. 21. 국민연금공단

① 내부주도형은 사회이슈화 → 공식의제 → 공중의제의 순으로 진행된다.

② 정책문제의 설정과정에는 사회문제, 사회적 이슈, 공중의제, 정부의제의 네 가지 단계가 있다.

③ 동원형은 국가 최고 관리층이 주도하고 내부주도형은 그보다 아래의 고위관리자가 주도한다.

④ 동원형은 제도의제 후 PR을 통해 공중의제화 한다.

🔎 ①은 외부주도형에 대한 설명이다. 외부주도형은 다원화되고 민주화된 선진국에서 주로 발생하며 의제는 주로 벤처지원, 전자상거래, 개방형임용제 등이 있다.

61 다음 노조에 가입이 가능한 공무원은? 2012. 10. 21. 국민연금공단

① 특정직 공무원 ② 5급 이하 일반직 공무원

③ 정무직 공무원 ④ 6급 이하의 일반직 공무원

🔎 가입범위(공무원의 노동조합 설립 및 운영 등에 관한 법률 제6조 제1항)
   1. 6급 이하의 일반직공무원 및 이에 상당하는 일반직공무원
   2. 특정직공무원 중 6급 이하의 일반직공무원에 상당하는 외무행정 · 외교정보관리직 공무원
   3. 6급 이하의 일반직공무원에 상당하는 별정직공무원

62 다음 행정과 경영의 차이점에 대한 설명으로 틀린 것은? 2012. 10. 21. 국민연금공단

① 행정은 공익을 추구하고, 경영은 사익 및 이윤을 추구한다.

② 행정에만 관료제가 적용되고 경영에는 적용되지 않는다.

③ 행정은 공개성을 원칙으로 하고 경영은 비공개를 원칙으로 한다.

④ 행정은 국민 모두에게 평등하게 대하는 것이 원칙이지만, 경영은 고객을 차별화하여 관리한다.

🔎 행정과 경영의 차이점
   1. 행정은 공익을 추구, 경영은 사익 및 이윤 추구
   2. 행정은 권력 수단이 강제적으로 작용, 경영에서는 공리적으로 작용
   3. 행정은 능률의 측정 곤란, 경영은 측정이 용이하고 수치화 가능
   4. 행정은 엄격한 법과 제도의 규제를 받지만, 경영은 덜 엄격하게 규제받는다.
   5. 행정은 공개성을 원칙, 경영은 비공개
   6. 행정은 국민 모두에게 평등 원칙, 경영은 고객을 차별화 관리
   행정과 경영의 유사점 : 목표 달성의 수단, 전문화와 계층제 및 분업 등의 관료제적 성격, 조직 계획수립, 통제, 리더십, 의사전달, 인사 방법 등의 관리 기술적 측면, 최선의 대안을 선택하는 의사결정과정, 목적 달성을 위한 집단의 협동 행위 등

63 다음 행정관리설(과학적 관리론)에 대한 설명으로 틀린 것은? 2012. 10. 21. 국민연금공단

① 행정을 국가 목적 실현을 위한 사람과 물자의 관리로 보는 관점을 말한다.

② 행정을 정책수립의 과정으로 본다.

③ 행정을 정책집행을 위한 전문적 관리기술로 이해한다.

④ 행정을 권력현상으로 보지 않고 능률을 위한 관리현상으로 파악한다.

🔎 행정관리설 : 행정을 국가 목적 실현을 위한 사람과 물자의 관리로 보는 관점을 말하는 것으로 정치와 행정은 분명히 구별된다는 정치·행정이원론의 입장에 입각해, 행정을 정책집행을 위한 전문적 관리기술로 이해한다. 행정을 이미 수립된 정책이나 법률을 구체적으로 집행 관리하는 기술적 과정으로 보는 입장으로 즉, 행정을 권력현상으로 보지 않고 능률을 위한 관리현상으로 파악한다.

64 다음 인간관계론에 대하여 틀린 것은? 2012. 10. 21. 국민연금공단

① 조직 내 비공식집단 등을 중시한다.

② 민주적·참여적 관리 방식을 처방하는 조직이론을 말한다.

③ 환경을 고려하였다.

④ 조직구성원들의 목표 간의 균형 유지를 지향한다.

🔎 인간관계론 : 조직구성원들의 사회적·심리적 욕구와 조직 내 비공식집단 등을 중시하며, 조직의 목표와 조직구성원들의 목표 간의 균형 유지를 지향하는 민주적·참여적 관리 방식을 처방하는 조직이론으로 조직구성원의 생산성은 생리적·경제적 유인으로만 자극받는 것이 아니라 사회·심리적 요인에 의해서도 크게 영향을 받는다는 점과, 이러한 비경제적 보상을 위해서는 대인 관계·비공식적 자생집단 등을 통한 사회·심리적 욕구의 충족이 중요하며, 이를 위해서는 조직 내에서의 의사전달·참여가 존중되어야 한다는 것이다.

65 다음 엽관제에 대하여 틀린 것은? 2012. 10. 21. 국민연금공단

① 안정적, 지속성이 있다.

② 정당정치가 발달한 영·미에서 시작되었다.

③ 행정질서의 교란 등의 폐단이 발생하였다.

④ 정치관습에서 나온 제도이다.

🔎 엽관제 : 공무원의 임면 및 승진을 당파적 정실에 의하여 행하는 정치관습에서 나온 제도로 성적제에 대응하는 개념이다. 정권을 획득한 정당이 관직을 그 정당에 봉사한 대가로 분배하는 정치적 관행에서 발생한 것으로서, 이러한 관행을 정당정치가 발달한 영·미에서 시작되었고, 이 제도로 인하여 행정능률의 저하, 행정질서의 교란 등의 폐단이 발생하였으며, 이러한 폐단을 제거하기 위해 성적제가 대두하였다.

66 다음 중 예산의 원칙과 그에 대한 예외가 틀리게 연결된 것은? *2011. 7. 3. 국민연금공단*

① 목적세는 단일성의 원칙에 대한 예외이다.

② 예산의 이용과 전용은 한정성의 원칙에 대한 예외이다.

③ 예비비는 사전의결의 원칙에 대한 예외이다.

④ 순계예산은 완전성의 원칙에 대한 예외이다.

🔎 ① 목적세는 통일성에 대한 예외이다.

보충설명

예산의 원칙과 예외

	정 의	예 외
공개성의 원칙	예산의 전과정(편성 · 심의 · 집행 · 회계검사 등)을 공개하여야 한다는 원칙이다.	신임예산
명료성의 원칙	모든 국민이 이해할 수 있도록 예산이 편성되어야 한다는 원칙이다.	
완전성의 원칙	예산총계주의 원칙이라고도 하며, 한 회계연도의 모든 세입 · 세출이 예산에 완전히 계상(計上)되어야 한다는 원칙이다.	순계예산
단일성의 원칙	정부의 예산은 단일하게 1개여야 한다는 원칙이다.	특별회계예산, 추가경정예산
통일성의 원칙	모든 세입은 국고로 납입되고, 예산 지출도 세원과 관계없이 필요에 따라 국고금에서 지출되도록 하는 것으로, 특정 세입과 특정 세출을 직접 연결해서는 안 된다는 원칙이다.	특별회계, 목적세
사전의결의 원칙	예산이 집행되기 전에 정부가 미리 국회의 심의 · 의결을 거쳐야 한다는 원칙을 말한다.	준예산, 사고이월, 전용, 예비비, 대통령의 긴급재정명령 등
한정성의 원칙	예산의 사용 목적 · 금액 · 기간을 엄수해야 한다는 원칙이다.	이용, 전용, 예비비, 이월, 계속비 등
엄밀성의 원칙	예산과 결산이 일치하여야 한다는 원칙이다.	

67 다음 경제성질별 분류예산에 대하여 틀린 것은? *2012. 10. 21. 국민연금공단*

① 국민경제에 미치는 영향을 파악할 수 있다.

② 단독으로 사용할 수 없다.

③ 정책실무자에게 유용하다.

④ 정부거래의 경제적 효과 분석이 용이하다.

🔎 경제성질별 분류예산 : 예산이 국민경제에 미치는 영향을 파악하는 데 도움을 주기 위한 분류방법으로서 정부재정정책 결정에 유용한 자료를 제공한다.
   1. 장점 : 정부의 예산이 국민경제에 미치는 영향 파악, 정부거래의 경제적 효과 분석이 용이, 경제정책 재정정책 수립 유용, 국가간의 예상경비의 비중비교 가능
   2. 단점 : 정부 예산의 경제적 영향의 일부만 측정, 정책결정을 담당하는 공무원에게는 유용하지만, 일선에서 사업계획을 수립·집행하는 공무원에게는 별로 유용하지 못함

68 다음 정책결정의 이론모형에 관한 설명 중 옳지 않은 것은?   🎯 2011. 7. 3. 국민연금공단

① Allison 모형 중 모형 I의 정책결정 단위는 행위자로서의 정부 단일체이다.

② 회사모형은 반복적 업무를 신속하고 신뢰성 있게 처리하기 위해 표준운영절차를 운용한다.

③ 혼합주사모형은 합리모형과 만족모형을 혼합한 제3의 접근방법을 말한다.

④ 쓰레기통모형은 실제의 정책결정이 일정한 규칙에 따르는 것이 아니라 쓰레기통처럼 혼합된 상태에서 이루어진다고 보는 이론이다.

🔎 ③ 혼합주사모형은 합리모형과 점증모형을 절충한 이론으로, A. Etzioni가 주장하였다. 혼합주사모형은 전체적인 결정에는 합리모형을, 부분적 결정에는 점증모형을 적용한 모형으로 상황에 따른 융통성을 강조한다.

보충설명 📁

Allison 모형

구 분	모형 I(합리모형)	모형 II(조직과정모형)	모형 III(관료정치모형)
정책결정의 단위	행위자로서의 정부 단일체	조직연합체	개인 및 집단
특 징	합리적 결정	제한된 합리성 추구	정치적 결정
응집성	강함.	약함.	가장 약함.

69 다음 근무성적평정방법에 대한 설명으로 옳은 것은?   🎯 2011. 7. 3. 국민연금공단

① 강제배분법은 관대화 경향과 집중화 경향이 나타나는 단점이 있다.

② 체크리스트법은 소수집단을 평가할 때는 타당성이 낮아지는 단점이 있다.

③ 목표관리평정은 직무 외적 요인인 직원 간의 인기에 치중한다는 단점이 있다.

④ 도표식 평정척도법은 도표에 따른 작성이 쉽고 경제적이다.

④ **도표식 평정척도법** : 도표에 업무실적 · 근무수행능력 · 근무수행태도를 나열하고, 등급 별로 점수를 합계하여 평정하는 방법을 말한다. 이 방법은 근무성적평정 적용범위가 넓고, 경제적이지만, 관대화 경향과 집중화 경향이 나타나는 단점이 있다.

① **강제배분법** : 도표식의 단점인 관대화 경향과 집중화 경향을 방지하기 위하여 등급에 따라 성적을 강제로 배분시켜 평정하는 방법을 말한다.

② 소수집단일 때 타당성이 낮아지는 것은 강제배분법의 방식을 택할 때 나타난다.

③ **다면평정** : 평가자 소수의 편견을 줄이기 위해 상관 · 부하 · 고객 등 여러 사람들이 동시에 평가하는 방법으로, 절차가 복잡하고 비용이 많이 들며 실적보다 직무 외적인 인기 등에 치중할 수 있다는 단점이 있다.

70 의사전달에 관한 설명 중 옳은 것은? 🖋 2011. 7. 3. 국민연금공단

① 공식적 의사전달방식을 포도넝쿨식의 의사전달이라고도 한다.

② 의사전달망 중 윤형은 신속하고 정확성이 높다.

③ 개방형은 계층제 구조에서 나타나는 의사전달망이다.

④ 원형은 종적으로만 의사전달이 가능하여 신속성이 높다.

① 비공식적 의사전달방식은 혈연 · 지연 · 학연 등의 자연발생적인 조직이 현식적인 인간관계를 통하여 소문 · 풍문 · 유언비어 등의 형태로 이루어지며, '포도넝쿨(grape vine)' 식의 의사전달이라고도 한다. 이는 신속한 전달과 적응성이 높다는 장점이 있는 반면, 책임소재가 불명확하고 의사전달이 왜곡될 수 있다는 단점이 있다.

③ 개방형은 각 구성원들이 대등한 입장에서 의사전달이 가능한 유형으로 가장 민주적이다.

④ 원형은 의사전달망 내의 구성원들이 대등한 위치에서 횡적으로만 의사전달이 가능하며, 신속성은 낮다.

보충설명

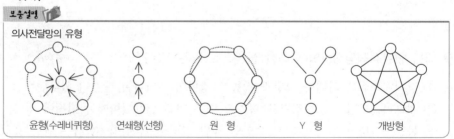

의사전달망의 유형

| 윤형(수레바퀴형) | 연쇄형(선형) | 원 형 | Y 형 | 개방형 |

71 행정이념에 대한 설명으로 바르지 않은 것은?   2011. 7. 3. 국민연금공단

① 신뢰성은 신국정관리방식인 New Governance에서 중시되는 행정이념이다.

② 가외성과 능률성의 행정이념은 동일방향으로 조화를 이루고 있다.

③ 민주성은 국민의 행정수요를 행정에 반영하고 국민에게 책임지는 행정을 말한다.

④ 사회적 형평을 확립하기 위해 장애인 의무고용제, 최저생활보장제도 등을 채택하는 것이 필요하다.

🔎 ② 가외성은 중복되어 비용이 증가하더라도 행정의 오류발생가능성을 감소시키는 것이고, 능률성은 비용을 최소화하여 목표달성을 추구하는 것이므로, 가외성과 능률성은 상호간 상충되어 반대방향으로 나가고 있다.

72 다음 중 옳지 않은 설명은?   2011. 7. 3. 국민연금공단

① 십분위 분배율은 하위 40% 소득계층의 점유율과 상위 20% 소득계층의 점유율의 비율을 말한다.

② 지니계수는 0~1 사이의 값으로 나타나며, 0에 가까울수록 소득분배가 평등하다는 것을 나타낸다.

③ 애킨슨지수의 값은 0과 1 사이이며, 그 값이 작을수록 소득분배가 불평등하다.

④ 로렌츠곡선은 대각선에 가까워질수록 평등하다.

🔎 ③ 애킨슨지수(Atkinson index) : 현재의 평균소득과 균등분배대등소득을 이용하여 소득분배상태를 측정하는 것으로 그 값이 작을수록 소득분배가 평등하다.
① 십분위 분배율 : 하위 40%의 소득을 상위 20%의 소득으로 나눈 값으로 십분위 지수가 커지면 소득 불평등은 개선되는 것이며, 특정계층의 소득분배를 나타내기 때문에 사회전체 소득분배상태를 알 수 없는 한계점을 가지고 있다.
② 지니계수 : 로렌츠곡선이 나타내는 소득분배상태를 하나의 숫자로 나타낸 것으로 그 값이 작을수록 소득분배가 평등하며, 사회전체의 소득분배 상태를 알 수 있다.
④ 로렌츠곡선 : 인구의 누적점유율과 소득의 누적점유율 사이의 관계를 나타낸 것으로 대각선에 가까워질수록 소득분배가 평등하다는 것을 나타낸다.

73 여성들의 고위직 진출이나 승진을 가로 막는 회사 내 보이지 않는 장벽을 무엇이라고 하는가?   2011. 1. 23. 국민연금공단

① 유리천장(Glass Ceiling)   ② 클러스터(cluster)

③ 플리바겐(plea bargain)   ④ 리니언시(leniency)

② 클러스터(cluster) : 유사 업종에서 다른 기능을 수행하는 기업이나 대학·연구소 등이 일정지역에 모여 상호작용을 통한 지식과 기술을 창출하는 것

③ 플리바겐(plea bargain) : '사전형량조정제도'로 검찰이 피의자와 협상을 통하여 유죄를 인정하는 대신 형량을 경감 혹은 조정하는 제도

④ 리니언시(leniency) : '담합 자진 신고자 감면제'로 기업이 공동행위(담합)를 자진하여 신고를 하면 과징금을 면제·경감시켜주는 제도

74 '회의에 출석이 특별히 허용된 사람이나 국가'를 가리키는 말로, 참관인이라는 의미를 지니고 있는 이 용어에 대한 설명으로 옳은 것은? *2011. 1. 23. 국민연금공단*

① 발언권을 가지지 못하고 의결권과 발의권도 없다.

② 발언권은 있으나 의결권이나 발의권이 없다.

③ 발언권과 의결권, 발의권을 모두 가진다.

④ 발언권은 가지지 못하지만 의결권과 발의권을 가진다.

'참관인'을 뜻하며, '회의에 출석이 특별히 허용된 사람이나 국가를 가리키는 말'은 옵서버(observer)이다. 옵서버(observer)는 발언권은 있으나 의결권이나 발의권이 없어 정식 구성원으로는 인정되지 않는다. 얼마 전 우리나라는 미국과 일본의 공동 군사합동 훈련에 옵서버 자격으로 참가하기도 하였다.

75 현재 가장 보편적으로 쓰이고 있는 인사평정방식은? *2011. 1. 23. 국민연금공단*

① 다단계 평정법   ② 점수식 평정척도법

③ 행태기준 평정척도법   ④ 도표식 평정척도법

④ **도표식 평정척도법** : 도표로 된 평정표를 사용해 근무성적평정을 하는 방법으로 가장 많이 사용되고 있다. 한편에는 근무평정에 필요한 평정 요소를 나열하고, 다른 한편에는 각 평정 요소마다 그 우열을 표시해 주는 척도인 등급이 나열된다.

① **다단계 평정법** : 평정척도를 5~7단계 이상의 여러 단계로 나누어 평가하는 방법이다.

② **점수식 평정척도** : 수, 우, 미, 양, 가 혹은 5, 4, 3, 2, 1의 숫자를 사용해 평가하는 방식이다.

③ **행태기준 평정척도법** : 과업별로 바람직한 행태의 유형 및 등급을 구분하여 제시한 뒤, 해당 사항에 표시하게 함으로써 평정하는 방법이다.

76 다음 중 애드호크라시(adhocracy)에 관한 설명으로 옳은 것은? 〽 2011. 1. 23. 국민연금공단

① 사회 환경의 변화에 따른 적응이 낮다.
② 전문성을 살릴 수 있다.
③ 권한과 책임의 한계가 명확하다.
④ 지위나 역할에 따라 종적으로 조직되어 있다.

🔍 애드호크라시(adhocracy) : 다양한 전문기술을 가진 비교적 이질적인 전문가들이 프로젝트를 중심으로 집단을 구성해 문제를 해결하는, 변화가 빠르고 적응적이며 임시적인 체제이다. 대체로 영구적인 부서나 공식화된 규칙 그리고 문제 처리의 표준화된 절차 없이 상황에 맞게 문제를 해결해 가는 특성을 지닌다. 또한 애드호크라시는 기존 관료제의 결함을 보완하고자 등장한 조직을 총칭하는 개념이므로 관료제조직에 비해 권한과 책임의 한계가 불명확하다는 특징을 가지고 있다.

77 다음 중 신중앙집권화의 촉진요인이 아닌 것은? 〽 2011. 1. 23. 국민연금공단

① 행정사무량의 증대　　② 지장자치단체의 재정능력 부족
③ 교통·통신수단의 발달　　④ 행정에 대한 민중통제의 강화

🔍 ④ 신중앙집권에 따라 행정에 대한 민중통제 기능은 약화된다.

> **보충설명**
> **신중앙집권화**
> 지방자치제도가 확고한 뿌리를 내리고 있는 곳에서 복지국가 건설이나 행정의 능률성 확보 등을 위해 중앙정부나 광역자치단체의 역할이 증가되어가는 것을 의미한다. 이러한 신중앙집권화는 지방행정의 민주성과 능률성을 동시에 확보하기 위한 것으로서 권력적·규제적 집권이 아니라 기술적·지식적·협동적 집권을 의미한다.

78 다음 중 '직무조정'에 대한 설명으로 옳은 것은? 〽 2011. 1. 23. 국민연금공단

① 직무 가능성 확대를 위해 직무를 재구성하거나 작업 환경을 수정하는 것이다.
② 직무에 관한 정보를 수집·분석하여 직무의 내용을 파악한 후, 각 직무의 수행에 필요한 제반 요건을 명확히 하는 과정이다.
③ 각 직무의 구체적 내용·직무 수행 방법 등을 설계하는 과정이다.
④ 직무의 구체적인 내용과 이를 수행하기 위해 요구되는 작업자의 자격요건을 바탕으로, 해당 직무의 수행 그 결과가 목표달성에 얼마나 공헌하였느냐를 판단하는 것이다.

🔍 ② 직무분석, ③ 직무설계, ④ 직무평가

79 기업에서 다른 부서와의 협력이나 교류 없이 자신이 속한 부서의 이익만을 추구하는 것을 무엇이라고 하는가? *2011. 1. 23. 국민연금공단*

① 플로시보 효과
② 자이가닉 효과
③ 사일로 효과
④ 윔블던 효과

🔍 ③ **사일로 효과** : 굴뚝 모양의 곡식 저장 창고인 사일로(silo)처럼 조직의 부서들이 서로 다른 부서와 담을 쌓고 자기 부서의 이익만을 추구하는 현상을 나타내는 말이다. 기업들의 성과주의 심화가 조직 이기주의라는 병리 현상으로 유발되면서 사일로 효과가 고착화되어 가고 있다.

80 직무평가방법에 대한 설명으로 틀린 것은? *2011. 1. 23. 국민연금공단*

① 서열법은 과학적인 방법이다.
② 분류법의 예로는 공무원에게 적용되는 1~9등급 체계가 있다.
③ 점수법은 평가항목 설정 및 점수 부여에 용이하다.
④ 점수법은 가장 체계적이며 정확하다.

🔍 ① 서열법과 분류법이 평가자의 주관적 판단이 적용될 수 있는 방법이라면, 요소비교법과 점수법은 계량 적인 방법으로 보다 직무평가를 정확하게 평가할 수 있다.

> **보충설명** 📋
>
> **직무평가방법**
> 1. **서열법** : 직무평가방법 중 가장 간단하고 쉬운 방법으로 각 직무의 곤란도, 책임도 등을 종합적으로 판단하여 상대적인 서열을 정하는 방법이다.
> 2. **분류법** : 직무의 가치를 단계적으로 구분하는 등급표를 만들고 평가직무를 이에 맞는 등급으로 분류하는 것으로, 공무원에게 적용되는 1~9급의 체계가 이에 해당한다.
> 3. **요소비교법** : 기준이 되는 대표직무의 가치와 비교하여 상대적 서열을 가리는 방법이다.
> 4. **점수법** : 대부분의 기업에서 많이 쓰는 기법으로, 책임 · 숙련 등의 항목을 중심으로 각 항목별로, 각 평가 점수를 매겨 점수의 합계로써 가치를 정한다. 가장 체계적이면서 정확하며 실행하기 편리하다.

81 불확실성에 대한 대처방안 중 적극적인 것이 아닌 것은? *2011. 1. 23. 국민연금공단*

① 불확실성을 발생시키는 기관 · 환경과 흥정이나 협상을 한다.
② 상황에 대한 정보를 획득하여 모형을 개발한다.
③ 불확실성을 발생시키는 상황자체를 통제한다.
④ 불확실성에 대비하여 복수의 대안을 제시한다.

🔍 불확실성에 대처하는 방안은 적극적인 대처방안과 소극적 대처방안으로 나눌 수 있는데 ④는 소극적 대처 방안(중복성의 확보방안, 민감도 분석 등)에 해당한다.

82 다음 중 조직화의 기본원리가 아닌 것은? *2011. 1. 23. 국민연금공단*

① 공식화 ② 개별화
③ 전문화 ④ 권한이양

조직화의 기본원리로는 전문화, 명령체계, 권한이양(상위자가 하위자에게 직무를 위임할 경우 권한도 이양됨), 관리범위, 집권화와 분권화, 공식화 등이 있다.

83 뉴 거버넌스(new governance)의 특징으로 가장 적절한 것은? *2011. 1. 23. 국민연금공단*

① 신뢰와 협력을 중시한다.
② 조직 간 계층에 초점을 맞춘다.
③ 신자유주의 인식론에 기초하고 있다.
④ 공공서비스의 민영화를 강조한다.

뉴 거버넌스(new governance) : 일방적이고 계층제적 통치를 의미하는 정부와 대비되는 개념이다. 거버넌스(governance)의 양식으로는 계층제(전통적 정부 조직)·시장·네트워크(network) 등이 있는데, 뉴 거버넌스는 이 중에서 네트워크식 국정관리 체계를 의미한다. 즉, 공공문제의 해결을 위한 정부와 시민사회 그리고 조직들과의 연결 네트워크를 강조하는 방식이다.
② 전통적 정부 조직의 특징
③ 공동체주의에 기초함.
④ 공공서비스의 공동 공급을 강조함.

84 부패행위에 대한 설명으로 옳지 않은 것은? *2007. 5. 6. 국민연금공단*

① 내부 고발자를 영어로 '휘슬 블로어(whistle blower)'라고 칭한다.
② 신고자가 신고의 내용이 허위라는 사실을 알았거나 알 수 있었음에도 불구하고 신고한 경우에 「부패방지 및 국민권익위원회의 설치와 운영에 관한 법률」의 보호를 받을 수 있다.
③ 조사기관은 신고를 이첩 받은 날부터 60일 이내에 감사·수사 또는 조사를 종결하여야 한다. 다만, 정당한 사유 시 그 기간을 연장할 수 있으며, 위원회에 연장사유 및 연장기간을 통보하여야 한다.
④ 신고자가 이 법에 의하여 신고한 뒤 위원회에 원상회복 등을 요구하거나 법원에 원상회복 등에 관한 소를 제기하는 경우, 해당 신고와 관련하여 불이익을 당한 것으로 추정한다.

② 신고자가 신고의 내용이 허위라는 사실을 알았거나 알 수 있었음에도 불구하고 신고한 경우에는 이 법의 보호를 받지 못한다(「부패방지 및 국민권익위원회의 설치와 운영에 관한 법률」 제57조).

정답 **79** ③ **80** ① **81** ④ **82** ② **83** ① **84** ②

85 다음 보기 중 허즈버그(Herzberg)의 위생요인에 해당하는 것을 모두 고르면?

🌀 2007. 5. 6. 국민연금공단

> ┌ 보기 ┐
> ㉠ 봉 급　　　　　　　㉡ 성취감
> ㉢ 승 진　　　　　　　㉣ 대인관계
> ㉤ 작업조건　　　　　　㉥ 직무자체

① ㉠, ㉢, ㉤　　　　　　　　　② ㉡, ㉢, ㉥
③ ㉢, ㉤, ㉥　　　　　　　　　④ ㉠, ㉣, ㉤

🔍 허즈버그의 위생요인으로는 봉급, 대인관계, 작업조건, 상관의 감독, 조직의 정책과 관리 등이 있고, 동기요인에는 성취감, 승진, 작업조건, 직무자체, 책임감 등이 있다.

86 예비비에 대한 설명 중 틀린 것은?

🌀 2007. 5. 6. 국민연금공단

① 예비비의 관리자는 기획예산처장관(現 기획재정부장관)이다.
② 예비비는 공무원의 보수 인상을 위한 인건비 충당을 위해 사용 될 수 없다.
③ 예비비는 일반회계 예산총액의 100분의 5 이내의 금액을 예비비로 계상할 수 있다.
④ 예비비는 사전의결 원칙의 예외에 해당한다.

🔍 ③ 정부는 예측할 수 없는 예산 외의 지출 또는 예산초과지출에 충당하기 위하여 일반회계 예산총액의 100분의 1 이내의 금액을 예비비로 세입세출예산에 계상할 수 있다. 다만, 예산총칙 등에 따라 미리 사용목적을 지정해 놓은 예비비는 본문의 규정에 불구하고 별도로 세입·세출예산에 계상할 수 있다(「국가재정법」 제22조 제1항).

87 다음 중 책임운영기관과 관련하여 옳지 않은 것은?

🌀 2007. 5. 6. 국민연금공단

① 책임운영기관의 성격은 정부조직이며, 신분도 공무원이다.
② 책임운영기관의 총 정원의 한도는 대통령령으로, 종류별·계급별 정원은 총리령 또는 부령으로, 직급별 정원은 기본운영규정으로 정한다.
③ 행정형 기관은 일반회계로 운영되고, 특별회계는 인정되지 않는다.
④ 기업형 기관은 책임운영기관 특별회계로 운영된다.

🔍 ③ 행정형 기관은 일반회계로 운영하되, 필요시 개별법에 의한 특별회계로 운영이 가능하다.

> ┌─ 보충설명 🖎
> **책임운영기관**(agency)
> 정부의 조직 기능을 정책결정과 집행으로 구분하여 집행 및 서비스 전달 업무를 담당하는 조직을 따로 분리시켜 집행의 재량을 부여하고 결과에 책임을 지도록 설계된 조직이다.

88 학습조직의 특징으로 타당하지 않은 것은? 2007. 5. 6. 국민연금공단

① 결과지향적 학습　　　　　　② 병렬적 학습

③ 의식적 학습　　　　　　　　④ 학습방법의 학습

🔎 학습조직은 조직의 모든 구성원들이 끊임없이 학습하고 학습과정을 의식적으로 관리하는 조직으로서 환경과의 상호작용을 통해 새로운 지식과 이해를 통하여 행동을 수정하고 변신을 추구하는 조직이다.

> **보충설명**
>
> 학습조직의 특징
> 1. 문제지향적 학습
> 2. 집합적 학습
> 3. 의식적 학습
> 4. 병렬적 학습
> 5. 학습방법의 학습

89 정치와 행정의 관계에 대한 설명으로 틀린 것은? 2006. 5. 7. 국민연금공단

① 행정은 본질적으로 정치성을 내포하고 있으며, 현대행정은 정치행정 일원론적 입장을 취한다.

② 정치행정 일원론은 미국의 뉴딜(New Deal)정책에 따라 행정의 적극적인 기능이 요청되면서 나타났다.

③ 정치행정 이원론의 성립배경에는 엽관주의의 폐단 극복과 실적주의 확립 등이 있다.

④ W. Wilson은 정치행정 일원론자로서 '행정의 연구'를 발표했다.

🔎 ④ W. Wilson은 정치행정 이원론자로 1887년 '행정의 연구'라는 논문에서 '행정의 분야는 사무의 분야이며 행정은 정치의 고유영역 밖에 존재하고 행정문제는 정치문제가 아니다'라고 주장했다.

90 행정학 접근방법에 대한 설명 중 옳지 않은 것은? 2006. 5. 7. 국민연금공단

① 과학적 관리법은 정치행정 이원론의 이론적 기초를 제공하였으며, 최소의 노력과 비용으로 최대의 효과를 얻기 위한 경영합리화 관리기법이다.

② 인간관계론은 인간의 사회적 욕구와 함께 경제적 욕구도 중요시 했다.

③ 행태론은 실험의 관찰·검증 등을 통해 논리실증주의를 강조한다.

④ 신행정론은 행정의 분권화, 인간가치존중을 실현하기 위해 시민참여를 확대하는 고객중심의 행정을 지향한다.

🔎 ② 인간관계론은 인간의 사회적 욕구는 중시하면서 경제적 동기를 무시하는 한계를 갖고 있다.

91 신공공관리론에 대한 설명으로 맞지 않는 것은? ⓘ 2006. 5. 7. 국민연금공단

① 정부는 방향키(steering)의 역할을 한다.

② 고객중심의 정부를 지향한다.

③ 독점적으로 공급해주는 정부이다.

④ 투입중심이 아닌 성과중심의 정부이다.

🔍 ③ 독점적으로 공급해주는 정부는 전통적 관료제의 정부이며, 신공공관리론이 지향하는 정부는 시장경쟁원리를 도입하여 경쟁을 통해 공급해주는 정부이다.

92 리플리와 프랭클린(Ripley and Franklin)의 정책유형에 대한 설명 중 옳지 않은 것은?

ⓘ 2006. 5. 7. 국민연금공단

① 리플리와 프랭클린의 정책유형은 정책집행과정에 따라 설정되었다.

② 주요 관련자들 관계의 안정성이 높은 것은 분배정책과 보호적 규제정책이다.

③ 안정적으로 정책을 집행할 수 있는 순서로는 분배정책, 경쟁적 규제정책, 보호적 규제정책, 재분배정책 순이다.

④ 감축관리의 우선순위가 가장 높은 것은 재분배정책이다.

🔍 ② 주요 관련자들 간의 관계의 안정성이 높은 것은 분배정책과 재분배정책이다.

93 쓰레기통 모형의 특징이 아닌 것은? ⓘ 2006. 5. 7. 국민연금공단

① 문제성 있는 선호   ② 불분명한 분석기술

③ 수시적 참여자   ④ 도구적 학습

🔍 ④ 도구적 학습은 사이버네틱스 모형의 특징이다.

모충설명

사이버네틱스모형의 특징
적응적 의사결정, 불확실성의 통제, 집단적 의사결정, 도구적 학습

94 정책평가의 타당도에 대한 설명 중 틀린 것은?

2006. 5. 7. 국민연금공단

① 구성적 타당도란 처리, 결과, 모집단 및 상황들에 대한 이론적 구성요소들의 성공적으로 조작된 정도를 말한다.

② 내적 타당도란 조작된 결과의 효과가 다른 원인들에 의해서라기보다는 조작된 처리에 의해 발생된 것이라고 보는 정도에 대한 것이다.

③ 외적 타당도는 제1종 및 제2종 오류가 발생하지 않은 정도의 타당성을 밝혀내는 것이다.

④ 통계적 결론의 타당도는 정책효과를 찾아낼 만큼 정밀하고 강력한 연구 설계가 이루어졌는지의 타당도이다.

🔍 ③ 제1종 및 제2종 오류가 발생하지 않은 정도를 밝혀내는 것은 통계적 결론의 타당도이다. 외적 타당도는 실험결과를 다른 상황에까지 일반화시킬 수 있는지의 정도를 밝힌다.

95 비용편익분석에 대한 설명 중 틀린 것은?

2006. 5. 7. 국민연금공단

① 할인율이 높을수록 초기에 편익이 많이 나는 사업이 유리하게 된다.

② 동일한 상황에서 순현재가치(B-C)나 비용편익비율(B/C) 중 어떤 것을 적용하느냐에 따라 사업의 타당성 여부는 달라지나, 사업의 우선순위는 달라지지 않는다.

③ 부의 편익에 대해 편익의 감소로 처리할 것인지, 비용의 증가로 처리할 것인가에 따라 B/C의 값이 달라진다.

④ 자본회수기간은 짧을수록 좋다.

🔍 ② 동일한 상황에서 순현재가치나 비용편익비율 중 어떤 것을 적용하느냐에 따라 사업의 채택여부나 타당성 여부는 달라지지 않지만, 사업의 우선순위는 달라진다.

96 계급제에 대한 설명으로 옳지 않은 것은?

2006. 5. 7. 국민연금공단

① 개개인의 자격·능력·신분을 분류기준으로 삼는다.

② 일반적으로 폐쇄형 인사제도를 채택하게 되어, 공무원의 신분보장이 강화된다.

③ 대규모의 복잡한 조직일 때 활용도가 높다.

④ 행정전반의 지식과 교양을 가진 일반행정가를 양성하기 때문에 전문행정가의 양성이 어렵다.

🔍 ③ 대규모의 복잡한 조직일 때 활용도가 높은 것은 직위분류제이며, 계급제는 소규모의 단순한 조직에 적합하다.

97 동기부여이론에 대한 설명으로 옳은 것은?　　　　🕙 2006. 5. 7. 국민연금공단

① Herzberg의 욕구충족 2개요인이론에서 불만을 제거해 주는 위생요인과 만족을 주는 동기요인은 서로 관련이 높다.

② A. Maslow의 욕구계층이론에서 욕구는 서로 계층화되어 있으며 하위욕구에서부터 우선순위의 계층을 이루며, 욕구가 역순으로 진행되는 것을 인정한다.

③ McClelland의 성취동기이론은 인간의 욕구는 학습되며 권력욕구, 친교욕구, 성취욕구로 욕구를 나누었으며 그 중 권력욕구를 중시했다.

④ Adams의 공정성이론은 타인과 비교하여 자신의 노력과 보상 간의 불일치를 자각할 경우, 이를 제거하는 방향으로 행동이 유발된다.

🔍 ① Herzberg의 욕구충족 2개요인이론에서 위생요인과 동기요인은 별개이다.
　② A. Maslow의 욕구계층이론에서 욕구는 역순으로 진행되지 않는다고 한다.
　③ McClelland의 성취동기이론에서 권력욕구, 친교욕구, 성취욕구 중 성취욕구를 중시했다.

98 브룸(Vroom)의 기대이론에 대한 설명 중 옳지 않은 것은?　　🕙 2006. 5. 7. 국민연금공단

① 브룸의 기대이론은 과정이론에 속한다.

② 인간행동의 동기부여는 유의성(valence), 수단성(instrumentality), 기대감(expection)으로 이루어진다.

③ 수단성(instrumentality)은 성과가 바람직한 보상을 가져다 줄 것이라고 믿는 주관적인 정도이다.

④ 브룸의 기대이론은 보상의 공평성이나 구성원의 특성 및 역할인지 수준도 포함하여 이론을 전개한다.

🔍 ④ 보상의 공평성이나 구성원의 특성 및 역할인지 수준에 의해 영향을 받는다는 점을 보완한 이론은 Porter & Lawer의 업적 · 만족이론이다.

보충설명 🔖

Porter & Lawer의 업적 · 만족이론
기대이론의 일종으로 브룸의 기대이론을 비판 · 보완하였다. 만족이 업적을 가져오는 것이 아니라 업적이 직무만족의 원인이라고 전제하고, 업적과 거기에 결부된 보상에 부여하는 가치 및 노력이 보상을 가져다 줄 것이라는 기대가 직무수행노력을 좌우한다고 본다.

99 준정부조직(QUAGO)에 대한 설명으로 옳지 않은 것은?   *2006. 5. 7. 국민연금공단*

① 준정부조직은 정부조직법에 의해 설립된 정부기관은 아니지만, 공공성을 가진 조직이다.

② 준정부조직은 정부로부터 어느 정도 독립하여 운영되나 정부로부터 인사·재정상 통제를 받는다.

③ 정부팽창의 은폐수단이 되며 퇴직한 관료들의 직위유지 수단으로 악용된다.

④ 준정부조직은 국민의 여론형성에 기여하고, 정부에 정책대안을 제시하는 정책제언자의 기능을 수행한다.

🔍 ④ 국민의 여론형성에 기여하고, 정부에 정책대안을 제시하는 정책제언자의 기능을 수행하는 조직은 비정부조직(NGO)이다.

> **보충설명** 📂
>
> 비정부조직(NGO)
> 사적 영역에서 공익적 기능을 수행하는 조직으로 비영리적·비정치적·공식적·자발적 조직이다.

100 다음 중 고객지향적, 고객중심적인 모형이 아닌 것은?

① 공공선택론　　　　　　　　　② 신행정론
③ 전자정부　　　　　　　　　　④ 행정서비스헌장
⑤ 행정관리론

🔍 ⑤ 행정관리론에서의 조직은 능률을 단일가치기준으로 삼아 주어진 목적의 달성에만 주력하게 되므로 내부지향적인 성격을 가지며, 따라서 외부의 요인들은 고려대상에서 제외시킨다.
　① 공공선택론은 행정의 분권화와 국민에 대한 행정의 대응성을 촉진시킴으로써 시민이 능동적으로 공공서비스를 선택할 수 있다고 본다.
　② 신행정론에서는 고객중심의 행정, 시민의 참여확대, 행정의 분권화 등을 강조한다.
　③ 전자정부는 고객지향적인 행정업무를 수행한다. 즉, 전자정부는 국민이 정부에 대한 요구사항 제시 및 서비스 접근이 용이하고, 정부는 국민의 요구에 대해 보다 효율적이고 신속한 대응이 가능한 정부이다.
　④ 행정서비스헌장은 행정기관이 제공하는 서비스의 기준과 내용, 제공방법 및 절차, 잘못된 서비스에 대한 시정 및 보상조치 등을 국민과 협의를 통해 구체적으로 정하여 공표하고 이의 실천을 국민에게 약속하는 것으로, 행정서비스의 질을 제고하고, 고객우선주의정책을 구현할 목적을 가진다.

101 행정이론에 대한 다음 설명 중 틀린 것은?

① 신행정론은 고객의 참여와 형평성을 중시한다.

② 행정체제론은 환경에 대한 체제의 피동적 대응을 중시한다.

③ 행태론은 행정연구의 구조기능주의에 반발하여 논리실증주의 방법을 적용하였다.

④ 신공공관리론은 정부실패를 해결하기 위하여 공공부문에 시장원리를 도입하자는 것이다.

⑤ 행정관리론은 행정을 공공사무의 관리라는 기술적 과정 또는 기술체계로 파악하였다.

🔎 행정연구의 구조기능주의에 반발하여 대두된 것은 발전행정론이다. 즉, 1950년대의 기능주의에 입각한 비교행정론은 이론의 정태성으로 말미암아 신생국들의 신속한 국가발전을 위한 실용적 이론을 활용하기에는 많은 문제점이 뒤따랐고, 이에 대한 반성으로 1960년대에 들어서면서부터 실용주의에 입각한 보다 새로운 규범적이며 처방적인 행정이론이 등장하게 되었는데, 이것이 발전행정론인 것이다.

102 정책목표(policy goal)에 대한 설명으로 옳은 것은?

① 문제발생 이전의 상태로 돌아가고자 하는 목표가 창조적 목표이다.

② 과거에 경험해보지 않은 새로운 상태를 창조하려는 목표가 치료적 목표이다.

③ 정책목표가 이미 달성되었거나 달성 불가능할 때 목표가 종결된다.

④ 상위목표일수록 이해관계의 대립이 커진다.

⑤ 목표를 구체화시킬수록 수정의 가능성이 더욱 커진다.

🔎 ① 문제발생 이전에 존재하던 상태로 되돌아가는 것을 목표로 삼는 것은 치료적 목표 또는 소극적 목표이다.
   ② 과거에 경험해보지 않은 새로운 상태를 창조하려는 목표는 창조적 목표 또는 적극적 목표이다.
   ③ 조직이 본래의 목표를 달성하였거나 달성이 불가능할 때에는 새로운 목표를 찾아 목표가 승계된다.
   ④ 상위목표·추상적 목표일수록 전체의 이해관계를 포용할 수 있으므로 대립의 가능성은 작아진다.

103 다음 중 무의사결정(non-decision making)과 관련이 없는 것은?

① 결정자의 무관심으로 인하여 의사결정이 이루어지지 않는 것이다.

② 정책의제로의 채택이 실패되는 현상으로 신엘리트이론에 속한다.

③ 우리나라의 1960~1970년대 노동, 복지, 환경 분야에서 다수의 사례를 볼 수 있다.

④ 엘리트들은 정책의제채택과정뿐만 아니라 집행과정에서도 권력을 사용하여 특정의제를 배제시키려 하기도 한다.

⑤ 무의사결정론은 정치권력이 두 얼굴을 가지고 있다고 주장한다.

🔎 ① 무의사결정은 정치체제의 특정한 행위자가 다른 행위자의 영향력 행사를 시도하지 못하도록 효과적으로 권력을 사용하는 과정이기 때문에 결정자의 적극적 관심과 적극적 권력행사의 결과라고 할 수 있다.

104 메타평가의 유용성으로 옳지 않은 것은?

① 공공부문에서의 서비스가 갖는 다면적 특성을 반영할 수 있다는 장점이 있다.

② 정책엘리트 중심의 평가방법으로서 비민주적이라는 비판을 받는다.

③ 메타평가의 구체적인 지표구성은 타당성과 신뢰성을 균형있게 확보해야 한다.

④ 평가대상의 특성을 표준화시켜 지표를 구성하는 기존의 측정방식에 대한 보완적 방법이다.

⑤ 메타평가는 일반적으로 평가에 대한 평가 또는 평가의 평가라는 개념으로 인식된다.

🔍 ② 메타평가는 평가활동의 과정 또는 결과로 나타나는 산출이나 영향을 평가대상으로 하는 평가를 다시 평가하는 것으로, 상위평가라고도 한다. 이러한 메타평가는 일차적 평가를 담당하지 아니한 제3자가 평가활동의 적정성 여부를 다시 평가하는 것이므로, 그 과정은 민주적이라고 할 수 있다.

105 조직유형의 특성에 관한 설명으로 옳은 것은?

① 네트워크조직은 심리적으로 설정되는 조직의 경계가 고정적이다.

② 가상조직은 전통적인 조직형태를 갖추고 있다.

③ 애드호크라시조직은 환경변화에 유연하게 적응할 수 있다.

④ 매트릭스조직은 관리상의 객관성과 예측성을 확보하기 쉽다.

⑤ 매트릭스조직은 일상적인 업무를 보다 신속하고 효율적으로 추진하고자 할 때 유용하다.

🔍 ① 네트워크조직은 심리적으로 설정되는 조직의 경계가 유동적이며 모호하다.
② 가상조직은 전자적인 가상공간에 의존하는 조직으로서, 전통적인 조직의 물리적 속성을 결여하고 있다.
④ 매트릭스조직은 조직의 공식화 정도가 낮아 표준화나 규칙이 느슨하므로 관리상의 객관성과 예측성을 확보하기 어렵다.
⑤ 매트릭스조직은 기능별 구조와 사업별 구조(프로젝트조직)를 결합한 것으로, 일상적인 업무보다는 특수과제나 사업 등 프로젝트를 추진하고자 할 때 유용한 조직이다.

106 전략적 선택이론에 대한 설명이 옳은 것은?

① 관리자의 재량적 결정이 환경을 능동적으로 결정한다.

② 조직이 처한 상황이 조직구조를 결정한다.

③ 희소자원에 대한 관리자의 통제능력이 조직의 역량을 결정한다.

④ 조직은 종속변수로서 환경에 피동적으로 대응한다.

⑤ 제도화된 조직은 내부의 관리자 및 외부의 이해관계대표자에 의한 조사와 평가를 최소화하려고 한다.

🔍 ①은 전략적 선택이론, ②는 상황이론, ③은 자원의존이론, ④는 개체군 생태학이론, ⑤는 제도화 이론에 대한 설명이다.

107 계획예산제도(PPBS)의 문제점으로 볼 수 없는 것은?

① 중앙집권화의 우려　　　　　　② 업무측정단위 선정의 곤란성
③ 목표설정의 정치적 한계성　　　④ 국회의 예산통제기능 약화
⑤ 목표의 명확한 제시 및 파악 곤란

🔍 ②는 성과주의예산제도의 문제점이다.

108 주민자치제도와 단체자치제도의 차이점으로 틀린 것은?

① 자치권의 인식에서 주민자치는 고유권으로, 단체자치는 전래권으로 본다.
② 자치의 중점에서 주민자치는 자치정보에의 주민참여로, 단체자치는 지방자치단체의 중앙정부로부터 독립이다.
③ 사무구분에서 주민자치는 자치사무와 위임사무로 구분하지 않지만, 단체자치는 이를 구분한다.
④ 이념에서 주민자치는 지방분권의 이념을, 단체자치는 민주주의이념을 실현하려는 것이다.
⑤ 지방세제에서 주민자치는 독립세주의를, 단체자치는 부가세주의를 취한다.

🔍 ④ 주민자치는 지역주민들이 사무를 대표자를 통하여 또는 스스로 처리하는 자기책임성에 입각한 민주주의 이념을 실현하는 것인데 비하여, 단체자치는 자치단체가 그 자신의 의사와 목적을 가지고 국가의 간섭을 배제하여 행정을 수행한다는 지방분권의 이념을 나타낸 것이다.

109 다음 중 주인-대리인이론이 행정원리에 미친 영향으로 가장 부적절한 것은?

① 행정정보공개제도의 촉진　　　② 행정공무원의 책임성 강화
③ 행정공무원의 주체의식 강화　　④ 국민과 공무원간 의사소통 촉진
⑤ 행정공무원들에 대한 통제의 필요성

🔍 ③ 대리인은 일반적으로 위임자(주인)에 비해 더 많은 정보를 가지고 있어 이를 자신에게 유리하게 활용하려는 기회주의적인 동기를 가지고 있다. 주인-대리인이론에서는 이를 방지하기 위하여 보상과 처벌을 통해 대리인으로 하여금 위임자의 이익과 복지를 극대화하도록 동기화하는데 관심을 가지고 계약의 최적형태와 협상기술, 그리고 효과적인 통제방법을 주로 연구한다. 따라서 행정의 능동성·주체성과는 거리가 멀다.

Part

4 경 영

경영의 개념

01 경영학의 역사와 발전

1. 과학적 관리

❖ 테일러와 포드의 시스템 비교

구 분	테일러 시스템	포드 시스템
명 칭	• 테일러리즘(Taylorism) • 과업관리	• 포디즘(Fordism) • 동시관리
원 칙	고임금, 저노무비	저가격, 고임금
기 준	• 작업의 과학적 측정과 표준화 • 과학적 1일 작업량 설정 • 달성 시 고임금 • 미달성 시 책임 추궁	• 기업은 사회적 봉사기관 • 경영관리의 독립 강조 • 경영공동체관 강조
내 용	• 시간연구와 동작연구 • 직능별 직장제도 • 차별적 성과급제도 • 작업지도표제도	• 생산의 표준화(3S+공장의 전문화) • 컨베이어 시스템(이동조립법) • 일급제(일당제도) • 대량생산과 대량소비 가능
특 징	개별생산공장의 생산성 향상	연속생산의 능률과 생산성 향상

2. 페이욜의 관리 5요소

(1) 여섯 가지의 직능

① 기술적 활동(생산, 제조, 가공)
② 상사적 활동(구매, 판매, 교환)
③ 재무적 활동(자본의 조달과 운용)
④ 보전적 활동(재화와 종업원의 보호)
⑤ 회계적 활동(재산목록, 재무상태표, 원가, 통계)
⑥ 관리적 활동(계획, 조직, 명령, 조정, 통제)

(2) 관리의 5요소

계획, 조직, 명령, 조정, 통제에 의하여 이루어진다.

3. 메이요와 인간관계론

현실의 인간은 보다 복잡한 전인적 존재임이 인식되면서 욕구의 충족이나 동기부여 문제에 점차 초점을 두게 되었다. 이러한 연구의 발단이 된 것이 메이요(G. E. Mayo)와 뢰스리스버거 (F. J. Roethlisberger)에 의한 호손실험(Hawthorne experiment)으로, 노동자의 작업능률과 그것에 영향을 미치는 여러 조건과의 관계를 구명하기 위한 대규모적인 조사와 실험이 전개되었다. 이후 아지리스(C. Argyris)는 동기부여이론을, 맥그리거(D. McGregor)는 X · Y이론을, 매슬로우(A. H. Maslow)는 욕구단계설을, 허즈버그(H. Herzberg)는 2요인이론을 주장하였다.

4. 버나드와 사이먼의 조직론

인간의 심리와 감정에 너무 치중하게 된 인간관계론의 보완책으로 나타난 이론이 바로 버나드 (C. I. Barnard)와 사이먼(H. A. Simon)의 조직론이다. 특히 사이먼은 조직 내 인간의 행동을 일련의 의사결정과정으로 파악하였다.

5. 쿤츠의 통일경영이론

관리론에 있어 여러 접근방법이 난립하자 정통적인 관리기능적 접근론파인 쿤츠(H. Koontz) 교수가 통일경영이론을 제창하기에 이른다. 그는 이러한 현상을 경영이론의 '밀림'으로 비유하면서 조속한 종식을 주장하였다.

6. 드러커의 경영철학

드러커(P. F. Drucker)는 전체적이고 객관적인 관점에서 격변하는 기업환경 속에서의 바람직한 경영상이나 경영철학(경영이론)을 강조하였다.

Chapter 2 기업의 형태와 경쟁전략

01 소유권과 기업형태

1. 개 념

기업형태란 경제적 행위주체로서 기업이 기업목적을 달성하기 위하여 취하고 있는 기업의 종류나 양식을 말한다.

2. 소유형태별 기업분류

	개인기업	개인기업이나 상인	
사기업	공동기업	소수공동기업	합명회사 · 합자회사 · 협동조합 · 민법상 조합
		다수공동기업	주식회사
공기업		–	
공사합동기업		–	

02 기업의 성장과 집중

1. 기업의 성장

(1) 기업성장의 개념

기업성장이란 기업의 규모, 능력, 판매액, 총자산, 자본이 증가하는 것을 말하며, 이는 외부적 환경과 내부적 활동에 의하여 결정된다. 기업은 탄생, 성장, 성숙, 쇠퇴, 재생의 사이클을 거친다.

(2) 기업성장의 방법

① 다각화
② 계열화
③ 집단화
④ 복합기업

2. 기업의 집중과 결합

(1) 카르텔(기업연합, kartell, cartel)

동종기업 간의 경쟁제한을 목적으로 상호 협정을 체결하는 형태로서 법률적, 경제적으로 각 기업 간의 독립성이 유지된다. 생산 카르텔, 구매 카르텔, 판매 카르텔이 있다.

(2) 트러스트(기업합동, trust)

동종기업이나 관계있는 이종기업 간의 인수·합병(M&A)으로서 법률적, 경제적으로 각 기업의 독립성이 완전히 상실된다. 콘체른형과 퓨전형이 있다.

(3) 콘체른(기업제휴, konzern, concern)

금융적 결합을 통하여 내부 통제를 강화하는 형태로서 법률적으로 독립성이 유지되나 금융상 종속되어 실질적으로는 독립성이 상실된다. 생산 콘체른(수직적 콘체른, 산업형 콘체른), 판매 콘체른(수평적 콘체른), 금융 콘체른(자본적 콘체른)이 있다.

(4) 합작투자(joint venture)

2개국 이상의 기업·개인·정부기관이 영구적인 기반 아래 특정기업체 운영에 공동으로 참여하는 국제 경영방식으로서 전체 참여자가 공동으로 소유권을 갖는다.

(5) 스핀아웃(spin out)전략

기업의 다각적 성장을 추구하는 전략으로 대기업 내부의 연구개발 부문이나 디자인 부문 등을 독립시켜 외부에 기업을 설립하는 것을 말한다.

(6) 인수·합병(M&A : mergers and acquisitions)

다른 기업의 경영권을 인수할 목적으로 소유지분을 확보하는 거래를 말한다. 인수대상 기업의 선호도에 따라 우호적 합병과 적대적 합병으로 나누어진다.

3. 기업집중의 제한

기업집중의 심화를 제한하기 위하여 한국의 경우 「독점규제 및 공정거래에 관한 법률」을 제정하여 공정하고 자유로운 경쟁을 촉진하고 불공정 거래행위를 규제하고 있다.

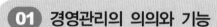

Chapter 3 경영관리와 기업조직

National Pension Service

01 경영관리의 의의와 기능

1. 경영관리의 의의

경영자가 수행하는 활동을 경영관리(management)활동이라고 한다.

2. 경영관리의 기능

(1) 계획화(planning) 기능

계획화 기능은 기업활동의 기본목표, 기본방침, 기본계획을 수립하여 각 계층의 직무수행자에게 방침과 지침을 부여하는 것으로서 관리과정의 출발점이 되는 기본적 기능이다.

(2) 조직화(organization) 기능

조직화 기능은 직무를 설계하여 그 직무에 책임과 권한을 부여하며, 직무 상호 간의 유기적 관계를 명시하여 인간과 직무를 결합시키는 것을 말한다. 조직화의 요소로는 직무(직능), 권한, 책임, 직위, 상호관계(라인관계와 스태프관계)가 있다.

(3) 충원 기능

계획과 조직을 담당할 실무자를 모집, 선발, 배치하는 것을 충원이라고 한다.

(4) 지휘 · 감독 기능

계획에 따른 직무가 차질 없이 수행되도록 상급자의 지도 · 감독이 이루어져야 한다.

(5) 통제화(controlling) 기능

경영활동의 전 과정에서 집행된 결과를 계획과 비교하여 검토하는 과정을 말하며, 이를 다음 계획에 반영하여 차기에 원활한 경영활동이 이루어질 수 있도록 하는 기능이다.

02 조직의 관리와 형태

1. 조직의 성격과 구조

(1) 공식적 성격

공식적 조직은 과업수행을 위하여 관리자들에게 부과된 직무와 권한 그리고 의무체계이며, 과업성취를 위하여 인위적으로 만들어진다.

(2) 비공식적 성격

전형적인 예로 조직 내에 개인적인 취향을 보장하는 각종 취미활동 그룹들이 있다.

(3) 유기적 조직

통제가 비교적 자유로운 경우와 동태적 환경에 적합하며 관리의 폭이 넓다. 공식화율은 낮고 분권화의 정도는 높으며, 갈등해결도 자유로운 토론방식에 의한다.

(4) 기계적 조직

철저한 통제가 필요할 경우와 안정적 환경에 적합하며 관리의 폭이 좁다. 명령과 지시에 의하며 갈등해결도 토론이 아닌 상급자의 의사결정에 따른다.

2. 조직의 형태

(1) 라인조직

라인조직(line organization)은 경영자 또는 관리자의 명령이 상부에서 하부로 직선적으로 전달되는 조직형태이다.

(2) 기능식 조직

라인조직의 결점을 보완하여 제안된 형태로 명령과 복종관계에서 진보된 조직이다. 기능식 조직(functional organization)은 관리자의 업무를 전문화하고 부문마다 다른 관리자를 두어 작업자를 전문적으로 지휘 · 감독한다.

(3) 라인 · 스태프조직(직계참모조직)

라인 · 스태프조직(line and staff organization)은 기능의 원리와 지휘, 명령, 통일의 원칙을 조화시킬 목적으로 라인과 스태프의 역할을 분리한 것이다.

(4) 사업부제조직

사업부제조직(divisional organization)은 제품별, 지역별, 고객별 각 사업부의 본부장에게 생산, 구매, 판매 등 모든 부문에 걸쳐 대폭적인 권한이 부여되는 분권적 관리형태이다. 독립채산제를 가장 큰 특징으로 한다.

(5) 프로젝트조직

프로젝트조직(project organization)은 특정한 목적을 일정한 시일과 비용으로 완성하기 위한 방법으로 이용된다.

(6) 위원회조직

위원회조직(committee organization)은 각 명령계통 혹은 부문 간의 의견 불일치에서 오는 불화나 마찰 등의 단점을 보완하기 위하여 고안된 임시적 조직형태이다.

(7) 매트릭스조직(행렬조직)

❖ 매트릭스조직의 장단점

장 점	단 점
• 다양한 환경에 적응 용이 • 복잡한 의사결정에 효과적 • 기능과 제품 간 통합기술 개발 가능 • 인적 자원의 활용 가능	• 양 부문 간에 갈등 형성 • 의사결정의 지연 초래 • 조직의 일체감 및 충성심의 저하

03 신경영론

1. 벤치마킹

벤치마킹(benchmarking)은 특정분야에서 뛰어난 업체를 자사의 혁신분야와 비교하여 창조적 모방을 통해 그 차이를 극복하는 경영혁신 방법을 말한다.

2. 리스트럭처링

리스트럭처링(restructuring, 구조조정)은 쉽게 말하면 현재의 경영활동을 재구성하는 것이다. 즉, 사업구조의 기본적인 전환을 통하여 기업의 체질개선과 경영자원의 재분배를 꾀하는 경영혁신의 한 방식이다.

3. 비즈니스 프로세스 리엔지니어링

비즈니스 프로세스 리엔지니어링(BPR : business process reengineering)은 프로세스별로 기업의 업무를 고객만족의 관점에서 근본적으로 재설계하는 것을 말한다.

4. 아웃소싱

아웃소싱(outsourcing)은 서비스 제공자가 업무의 기획과 설계에서부터 운영까지 모두 책임지는 것을 말한다. 문자적으로는 외부(out)의 경영자원(source)을 활용하는 것을 뜻하며 외주, 하청, 도급, 분사, 업무대행, 컨설팅, 인재파견 등이 포함된다.

5. 다운사이징

다운사이징(downsizing)은 기구축소 또는 감원이나 원가절감이 목표이기는 하나, 단기적 비용절감이 아니라 장기적인 경영전략을 의미한다.

판매전략(마케팅)

01 마케팅전략

1. 시장 세분화

첫째, 다양한 소비자의 욕구를 파악하여 그 욕구를 보다 잘 충족시켜 준다.
둘째, 숨어 있는 소비자의 욕구를 발견하여 새로운 시장기회를 찾아낸다.
셋째, 자사 상표들 간의 불필요한 경쟁을 방지한다.

2. 표적시장의 선정

표적(목표)세분시장 선정 시에 고려할 요인들은 시장의 크기와 예상매출, 기존 사업과의 연관성, 경쟁사의 전략, 제품의 수명주기 등이다.

3. 포지셔닝 전략(차별화 전략)

제품 포지셔닝(product positioning)은 표적소비자의 욕구를 근거로 경쟁사에 비하여 차별적인 제품을 개발하고 그 특성을 소비자들이 정확히 인식하도록 알려주는 일련의 과정을 말한다. 이러한 포지셔닝의 핵심은 차별화이다. 마케팅은 차별화의 종류와 성격을 분석하고 이를 전달함으로써 결실을 맺는다.

4. 마케팅믹스

(1) 마케팅믹스의 개념
통상적으로 제품, 가격, 촉진, (유통)경로의 적절한 배합을 말한다.

(2) 마케팅믹스의 요소
① 통제 가능한 요소(마케팅믹스의 4요소) : 제품, 경로, 촉진, 가격 등의 4P가 있으며 가장 중요하다. 즉, 기업 스스로 통제가 가능한 요소들이다.
② 통제 불가능한 요소 : 문화적 · 사회적 환경, 정치적 · 법률적 환경, 기업이 처해 있는 상황, 자본, 공기업 · 사기업과 같이 이미 규정된 기업목적 등이 있다.

02 마케팅요소의 전략

1. 제품의 수명과 특징

특 징 ＼ 단 계	도입기	성장기	성숙기	쇠퇴기
판매량	낮음	고성장	저성장	쇠퇴
원 가	높음	도입기보다 낮음	낮음	낮음
이 익	낮음	점점 높아짐	고(감소 시작)	더 낮아짐
고 객	혁신층	조기수용자	중기다수자	보수층
경쟁자	소수	증가	다수(감소 시작)	감소

2. 가 격

　가격은 경쟁에 가장 민감하게 반응하는 특징을 가지고 있다. 제품의 마케팅믹스에 비하여 가격은 상대적으로 즉각적인 대응이 가능하다.

3. 촉 진

　촉진 또는 마케팅 커뮤니케이션이란 기업의 제품이나 서비스를 소비자들이 구매하도록 유도할 목적으로 해당 제품이나 서비스의 성능에 대하여 실제 및 잠재고객을 대상으로 정보를 제공하거나 설득하는 마케팅 노력의 일체를 말한다.

4. 마케팅의 기법

(1) 다이렉트 마케팅(direct marketing)

① 데이터베이스 마케팅(data base marketing) : 소비자에 관한 데이터베이스를 구축·활용하여 필요한 고객에게 필요한 제품을 판매하는 전략으로 '원투원(one-to-one) 마케팅'이라고도 한다. 고객에 대한 정보를 바탕으로 구매성향을 분석하여 효율적인 판매전략을 수립하는 것이다.

② 텔레마케팅(telemarketing) : 상품이나 서비스를 판매하기 위하여 전화로 접촉하는 방식이다.

(2) 앰부시 마케팅

　앰부시는 '매복'을 뜻하는 말로, 앰부시 마케팅(ambush marketing)은 교묘히 규제를 피해가는 기법을 의미한다. 대개 행사의 중계방송 시 TV 광고를 구입하거나 공식 스폰서인 것처럼 속이기 위하여 개별선수나 팀의 스폰서가 되는 방법을 사용한다.

(3) 체험 마케팅

체험 마케팅(experience marketing)은 소비자의 직접적인 체험을 통하여 제품을 홍보하는 기법이다.

(4) 인터넷 마케팅(internet marketing, 전자상거래)

① B2C(business to consumer or business to customer) : B2C는 인터넷상에서 공급자와 실소비자 간에 행해지는 소매형태의 전자상거래를 말한다.

② B2B(business to business) : 거래주체인 기업과 기업 간의 전자상거래를 말하며, 기업이 기업을 대상으로 각종 물품을 판매하는 방식이다.

③ B2G(business to government) : 기업과 정부가 인터넷 공간을 통하여 물건을 사고팔거나 정보를 주고받는 거래를 말한다.

④ C2C(customer to customer) : 인터넷이 물건을 구매 혹은 경매하고자 하는 개인과 개인을 연결해 주는 중개자의 역할을 하는 전자상거래로 이베이나 옥션 등이 대표적이다.

⑤ C2B(customer to business) : 소비자와 기업의 거래에서 소비자가 능동적으로 자신이 구매할 제품의 가격을 결정해 나가는 전자상거래를 말한다.

⑥ B2E(business to employee) : 기업 대 고용인 개념의 전자상거래로서 인터넷을 기반으로 기업과 직원들의 복리후생에 대한 요구를 동시에 만족시키면서 수익원을 찾으려는 전자상거래의 한 개념이다.

Chapter 5 : 인사관리

01 인사관리의 의의와 원칙

1. 인사관리의 의의

일반적으로 조직이 필요로 하는 인력을 조달하고 유지·개발하며 이를 활용하는 관리활동의 체계라고 정의할 수 있다. 현대 기업의 인사관리는 종업원들의 자발성과 자율성의 원리에 입각하여 관리하는 것을 특징으로 한다.

2. 인사관리의 원칙

(1) 전인주의 원칙

인간적 욕구를 종합적으로 관리하여 의욕과 동기부여를 향상시킨다.

(2) 공정주의 원칙

공정성과 공평성을 유지한다.

(3) 업적주의 원칙

승진, 승급, 상여의 배분 등 업적에 의한 보상제도가 따른다.

(4) 정보공개주의 원칙

기업경영에 관한 정보는 공개주의를 취한다.

(5) 참여주의 원칙

종업원을 문제해결 능력자로 인식하고 의사결정에 참여시킨다.

3. 인사관리에서의 인간관

✤ X이론과 Y이론의 비교

X이론	Y이론
인간은 태어날 때부터 일을 기피	인간은 본능적으로 일에 대한 의욕 소유
강제·명령·처벌만이 목적달성에 효과적	자발적 동기유발 중요시
인간은 야망이 없으며 책임도 회피함	고차원의 욕구 소유
타인에 의한 통제 필요	자기통제 가능
인간을 부정적으로 인식(경제적 동기)	인간을 긍정적으로 인식(창조적 인간)

02 인사관리의 방법과 체계

1. 인사관리의 방법

(1) 기능적 접근법

계획, 조직, 지휘, 통제라는 관리기능으로 기업의 목적을 달성하기 위하여 인력확보, 개발, 보상, 통합, 유지, 이직의 업무를 추진하는 것을 말한다.

(2) 시스템적 접근법

시스템적 접근법은 인사관리체계를 하위 시스템들과 상위 시스템이 상호 연결된 시스템적 체제로 이해한다. 시스템적 접근법을 통상적으로 이용한다.

2. 인적 자원의 관리

인적 자원의 관리란 경영목적의 달성에 필요한 인적 자원의 조달, 계발, 유지 및 동기부여를 위한 일련의 관리활동 전부를 말한다.

3. 인사관리의 체계

인사관리는 크게 인사계획, 인사관리활동, 인사통제로 이루어진다. 인사계획에는 인력계획과 조직계획이 있고, 인사관리활동에는 충원(인력확보), 개발관리, 활용관리, 보상관리, 유지관리가 있으며, 인사통제에는 인사정보와 인사감사가 있다.

01 생산관리의 일반원칙과 작업관리

1. 생산관리의 일반원칙

생산관리에 있어 일반원칙(3S원칙)의 공통적인 장점이자 목표는 생산성의 향상에 있다.

2. 작업관리

(1) 작업관리의 의의

작업관리란 현장에서의 여러 가지 작업방법이나 조건 등을 조사·연구하여 최적의 작업조건을 마련하는 활동을 말한다.

(2) 작업관리의 내용

① 방법연구(methods study) : 동작연구를 중심으로 작업의 진행방법이나 작업조건을 연구·개선하는 최선의 방법을 찾아내는 것이다.
② 작업측정(work measurement) : 시간연구를 중심으로 한 방법연구의 결과로 얻은 최선의 방법을 이용하여 작업했을 경우의 표준시간 설정을 주목적으로 한다.

(3) 방법연구의 기법

① 공정분석(제1단계, process analysis) : 공정과정에 있어 작업자의 활동, 작업장, 작업순서, 제품, 원료, 기계, 공구 등을 조사·분석하고 그에 따른 개선방안을 모색하는 기법을 말한다.
② 작업분석(제2단계, operation analysis) : 작업자의 작업방법 또는 활동에 중점을 두고 분석대상 작업의 목적, 다른 작업과의 관련성, 작업방법, 사용재료, 운반방법 등을 조사·분석하는 기법을 말한다.
③ 동작분석(제3단계, motion analysis) : 한 장소에서 실시되는 작업을 토대로 그 작업을 수행하고 있는 작업자의 동작을 분석하여 개선방안을 마련하는 기법을 말한다.

02 재고관리 · 품질관리

1. 재고관리

(1) 재고관리의 의의

생산활동이 원활하게 진행되도록 계획 · 통제하는 관리활동으로서 기업 내에 존재하고 있는 재고품의 양과 질을 최적으로 유지하도록 관리하는 것이 재고관리이다.

(2) 재고관리의 목적

재고관리는 수요를 충족하는 제품의 생산 및 품절로 인한 손실과 재고유지비용 및 구매(준비) 비용의 합인 총재고비용을 최소화하는 것을 목적으로 한다.

(3) 재고관리의 방법

① **ABC 분류시스템** : ABC 분류란 재고품목을 누적매출액과 누적품목 수를 기준으로 세 개의 그룹으로 나누어 관리하는 방식을 말한다.

② **경제적 주문량**(EOQ : economic order quantity) : 단위기간당 발생하는 총재고유지비용과 총주문량을 최소화하는 1회 주문량을 의미한다.

③ **자재소요계획**(MRP : material requirement planning) : 자재소요계획은 제조기업에서 원자재와 부품의 수급계획에 쓰일 수 있는 대표적인 시스템이다.

④ **JIT**(just in time, 적시) **생산시스템** : 조직 내의 낭비적 요소를 제거함으로써 필요한 품목을 적시에 필요한 양만큼만 생산하여 공급하는 것을 목적으로 한다.

2. 품질관리

(1) 의 의

조직 내의 각종 집단의 품질유지와 품질개선을 위한 노력을 통합 · 조정하는 일련의 계속적인 순환활동으로서 고객에게 만족을 줄 수 있는 품질의 제품을 가장 경제적으로 생산할 수 있도록 하는 것이 품질관리의 목적이다.

(2) 품질관리의 종류

① **통계적 품질관리**(SQC : statistical quality control) : 생산의 모든 단계에 통계학적 원리와 기법을 원용한 품질관리방식이다.

② **종합적 품질관리**(TQC : total quality control) : 검사 위주의 품질관리에서 벗어나 조직 전체가 참여하는 사회적 차원의 품질관리로서 사내 각 부문의 활동을 조정 · 종합하기 위한 시스템을 말한다.

③ **종합적 품질경영**(TQM : total quality management) : 고객의 관점에서 최고경영자와 전 사원이 참여하여 품질향상을 도모하는 전사적인 활동을 말하며 고객중심, 공정개선, 전원참가의 세 가지 원칙하에 진행된다.

Chapter 7 : 기업회계

01 기업회계의 일반원칙

1. 회계의 목적과 기초개념

(1) 회계의 목적(기능)

회계는 기업의 현재 상태와 미래의 가치를 예측할 수 있도록 정보를 제공하여 투자자들이 투자 여부를 결정하는 데 매우 유용하게 활용된다.

(2) 기초개념

① **자산** : 과거의 거래나 사건의 결과로 특정실체에 의하여 획득된 미래의 경제적 효익, 즉 잠재력을 가진 자원이다.

② **부채** : 과거의 거래나 사건의 결과로 미래에 특정실체가 다른 실체에게 자산이나 용역을 이전해야 하는 특정실체의 의무이다.

③ **자본** : 소유주 지분이라고도 하며, 기업의 총자산에서 총부채를 차감하고 남은 잔여분으로서 독립적으로 평가되지 않고 있다.

④ **수익** : 주요 영업활동에 의하여 발생하는 순자산의 증가이다.

⑤ **비용** : 주요 영업활동에 의하여 발생하는 순자산의 감소이다.

⑥ **이익** : 이익은 수익에서 비용을 뺀 것이다.

2. 회계의 일반원칙

① 신뢰성의 원칙
② 명료성의 원칙
③ 충분성의 원칙
④ 계속성의 원칙
⑤ 중요성의 원칙
⑥ 안전성의 원칙
⑦ 실질우선의 원칙

02 재무상태표의 작성

1. 재무상태표의 의의

회계정보를 외부의 사람에게 전달하는 핵심수단으로서 회계의 기본이며, 일정시점에 있어 기업의 재무상태를 표시하는 정태적 보고서이다.

2. 자산·부채·자본

(1) 자 산

기업이 소유한 가치를 지닌 모든 항목으로서 일반적으로 유동자산과 비유동자산으로 나눈다. 유동자산은 현금, 상품, 받을어음 등과 같이 1년 이내에 현금으로 전환할 수 있는 것이며, 고정자산은 그 수명이 1년 이상 걸리는 항목이다.

(2) 부 채

부채는 한 기업의 채무, 즉 빚을 말한다. 부채도 1년 이내에 지급될 수 있는지에 따라 유동부채와 고정부채로 구별된다.

(3) 자 본

소유자 지분이라고 하며 총자산에서 총부채를 제한 것이다. 주식회사에서 소유자가 투자한 총액을 자본금이라 하며, 그 해에 벌어서 그 기업이 재투자한 이익금을 유보이익, 혹은 이익잉여금이라고 한다. 이 두 가지의 합계가 소유자 지분을 구성한다.

3. 재무상태표의 작성기준

① 구분표시의 원칙
② 총액표시의 원칙
③ 1년 기준의 원칙
④ 유동성 배열의 원칙
⑤ 자본잉여금과 이익잉여금의 구분
⑥ 특정비용의 이연

03 손익계산서의 작성

1. 손익계산서의 개념

재무상태표는 자산과 부채, 자본에 대해서만 기록되기 때문에 기업의 이익과 손실을 알기 위해서는 손익계산서가 필요하다. 손익계산서는 일정기간 동안의 경영성과를 나타내는 반면 재무상태표는 주어진 날짜의 재무상태를 나타낸다.

2. 손익계산서 작성기준

(1) 발생주의의 기준(실현주의 포함)

모든 수익과 비용은 그것이 발생한 기간에 정당하게 배분되도록 처리해야 한다. 단, 수익은 실현시기를 기준으로 계상하고, 미실현수익은 산입하지 않음을 원칙으로 한다.

(2) 비용·수익 대응의 기준

수익과 비용은 그 발생원칙에 따라 명확하게 분류하고, 각 수익항목과 이에 관련되는 비용항목을 대응 표시해야 한다.

(3) 총액주의의 기준

수익과 비용은 총액에 의하여 기재함을 원칙으로 하고, 수익항목과 비용항목을 직접 상계함으로써 그 전부 또는 일부를 손익계산서에서 제외해서는 안 된다.

(4) 구분계산의 기준

손익계산서는 매출총손익, 영업손익, 경상손익, 법인세비용차감전순손익과 당기순손익으로 구분하여 표시해야 한다.

04 자산과 부채의 평가

1. 자산의 평가

(1) 자산의 개념과 유형

자산은 여러 가지로 분류할 수 있다. 영업자산과 영업외자산으로 나누기도 하고, 유형자산과 무형자산, 유동자산과 고정자산으로 구분하기도 한다.

(2) 자산의 평가

평가란 경제관계와 경제관계의 변화에 가치를 부여하는 것을 의미한다. 따라서 자산평가란 기업이 소유하는 자산에 (화폐적) 가치를 부여하는 과정으로 정의될 수 있다.

(3) 자산의 종류

① 유동자산 : 당좌자산, 재고자산
② 고정자산(자본자산 · 비유동자산) : 비교적 장기간 기업의 정상적인 영업과정에서 재화의 생산, 판매 및 용역제공을 목적으로 보유하고 있는 자산을 말한다.

(4) 감가상각

유형자산과 무형자산은 사용 또는 시일의 경과에 따라 그 가치가 점차 감소되어 가는데 이를 자산의 감가라 한다. 즉, 결산 시에는 당기에 발생한 감가의 금액을 추정하여 비용으로 계상하는 동시에 해당하는 고정자산의 장부가액을 감소시켜야 한다. 이러한 절차를 감가상각(減價償却)이라 하며 비용으로 계상하는 금액을 감가상각비라 한다.

2. 부 채

(1) 부채의 개념

부채는 채무로부터 나타나는 장래에 예상되는 효익의 희생이다.

(2) 부채의 분류

부채는 화폐액의 표시 유무에 따라 화폐성 부채와 비화폐성 부채, 상환기간에 따라 단기부채와 장기부채, 측정가능성에 따라 확정부채와 추정부채로 분류한다. 일반적인 분류는 1년 이내의 상환 유무에 따라 유동부채와 고정부채로 분류하는 것이 대표적이다.

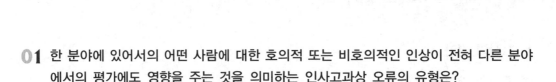
National Pension Service

나온문제 나올문제

01 한 분야에 있어서의 어떤 사람에 대한 호의적 또는 비호의적인 인상이 전혀 다른 분야에서의 평가에도 영향을 주는 것을 의미하는 인사고과상 오류의 유형은?

🖉 2016. 12. 3. 국민연금공단

① 현혹효과　　　　　　　　　　② 가혹화 경향

③ 상동적 태도　　　　　　　　　④ 관대화 경향

⑤ 중심화 경향

🔍 ① 현혹효과(halo effect)는 한 분야에 있어서의 어떤 사람에 대한 호의적 또는 비호의적인 인상이 다른 분야에 있어서의 그 사람에 대한 평가에 영향을 주는 경향을 말하며 후광효과라고도 한다.

02 다음에서 설명하는 페이욜(H. Fayol)의 경영관리원칙은?　🖉 2016. 6. 4. 국민연금공단

┌─ 보기 ──────────────────────────────────────┐

권력과 권한은 가능한 한 상위계층으로 집중화되어야 한다.

└──┘

① 분업화의 원칙　　　　　　　　② 명령통일의 원칙

③ 지휘통일의 원칙　　　　　　　④ 집권화의 원칙

⑤ 계층화의 원칙

🔍 ① 분업화의 원칙 : 분업은 동일한 노력으로 보다 많은 성과를 얻을 수 있도록 한다.
　② 명령통일의 원칙 : 하위자는 오직 1명의 상급자에게 보고하여야 한다.
　③ 지휘통일의 원칙 : 조직의 유사한 활동은 1인의 경영자에게 통합되어야 한다.
　⑤ 계층화의 원칙 : 구성원은 서로 상하관계를 갖고 있어야 한다.

03 다음 중 TQM에 대한 설명으로 틀린 것은?　🖉 2016. 6. 4. 국민연금공단

① 고객지향의 품질관리 활동이다.

② 총체적 품질관리를 뜻한다.

③ 단기적인 전략적 품질관리원칙이다.

④ 고객중심, 공정개선, 전원참가의 세 가지 원칙 하에 진행되는 특징이 있다.

⑤ 품질을 제품차원이 아니라 조직시스템 전체적인 차원에서 다룬다.

🔍 ③ TQM(종합적 품질경영)은 장기적인 전략적 품질관리를 하기 위한 관리원칙이다.

04 카페테리아 복리후생제도에 대한 설명으로 옳지 않은 것은?　　2016. 6. 4. 국민연금공단

① 선택적 복리후생프로그램이다.
② 선택항목 추가형, 모듈형, 선택적 지출계좌형의 유형이 있다.
③ 자율적 조직분위기 조성, 동기부여에 효과적이다
④ 실질적 복리후생비용이 증가한다.
⑤ 종업원의 선택권이 감소한다.

　⑤ 카페테리아 복리후생은 기업이 일방적으로 설계하여 운영하는 표준적 복리후생프로그램이 아니라 종업원이 스스로 원하는 것을 선택할 수 있도록 한 제도이다.

05 집단의사결정에 대한 설명으로 틀린 것은?　　2016. 6. 4. 국민연금공단

① 창의적인 과업의 경우는 집단의사결정이 개인의사결정보다 더 유리하다.
② 일반적으로 집단의사결정이 개인의사결정보다 정확도가 높다.
③ 여러 사람이 참여하는 만큼 문제 해결에 필요한 정보가 풍부해진다.
④ 의사결정을 할 때 많은 시간과 비용이 소모된다.
⑤ 결정사항에 대한 구성원의 만족과 지지는 높은 편이다.

　① 구조화된 과업의 경우는 집단의사결정이, 창의적인 과업의 경우는 개인의사결정이 더 유리하다.

06 프렌치(J. French)와 레이븐(B. Raven)이 분류한 다섯 가지 권력 중 개인이 가지고 있는 외모에서 풍겨오는 매력이나 카리스마 등이 바탕이 되어 발현이 되는 것은?
　　2016. 6. 4. 국민연금공단

① 합법적 권력(legitimate power)　② 보상적 권력(reward power)
③ 준거적 권력(referent power)　④ 전문적 권력(expert power)
⑤ 강압적 권력(coercive power)

　③ **준거적 권력(referent power)** : 권력 주체를 좋아해서 그에게 동화되고 그를 본받으려고 하는 데 기초를 둔 권력
　① **합법적 권력(legitimate power)** : 법규에 의해 부여되며, 조직 내의 직위에 의해 결정되는 권력
　② **보상적 권력(reward power)** : 다른 사람들에게 보상을 제공할 수 있는 능력에 기반을 두는 권력
　④ **전문적 권력(expert power)** : 전문적인 기술이나 지식에 기반해 발생하는 권력
　⑤ **강압적 권력(coercive power)** : 인간의 공포에 기반을 둔 권력, 즉 어떤 사람이 다른 사람을 처벌할 수 있는 능력 또는 육체적·심리적으로 다른 사람에게 위해를 가할 수 있는 능력에 기반을 둔 권력

07 다음 중 버나드의 권한수용설에 대한 설명으로 알맞은 것은? 2015. 11. 28. 국민연금공단

① 부하가 명령을 수용하지 않아도 관리자의 권한은 성립된다.

② 명령이 권한을 갖는지 여부의 결정은 명령을 내리는 관리자에게 있다는 주장이다.

③ 사이먼이 제창한 것을 버나드가 승계하여 발전시킨 것이다.

④ 하부직위가 명령을 수용하고 그 뜻에 따라 움직일 때 관리자의 권한이 성립된다는 주장이다.

⑤ 권한은 조직의 직능과는 아무 관련이 없다.

　① 부하가 명령을 수용하지 않으면 관리자의 권한은 성립되지 않는다.
　② 명령이 권한을 갖는지 여부의 결정은 명령을 내리는 관리자에게 있는 것이 아니라 명령을 받는 부하에게 있다.
　③ 버나드가 제창한 것을 사이먼이 승계하였다.
　⑤ 버나드는 권한이 조직의 직능에서 유래함을 설명하였다.

08 다음 SWOT 분석 중 기업에게 가장 유리한 상황은? 2015. 11. 28. 국민연금공단

① W−O　　　　　　　　　　② S−T

③ S−O　　　　　　　　　　④ W−T

⑤ 모두 동일하다.

　SWOT 분석

내 용	기업의 내부 환경과 외부 환경을 분석하여 이를 토대로 경영전략을 수립하는 기법
장 점	• 기업의 내 · 외부 환경 변화를 동시에 파악 가능 • 기업의 내부 환경을 분석하여 강점과 약점을 찾음 • 외부 환경 분석을 통해서는 기회와 위협을 찾음
전 략	• W−T(약점−위협전략) : 시장의 위협을 회피하고 약점을 최소화하는 전략 • S−O(강점−기회전략) : 시장의 기회를 활용하기 위해 강점을 사용하는 전략 • S−T(강점−위협전략) : 시장의 위협을 회피하기 위해 강점을 사용하는 전략 • W−O(약점−기회전략) : 약점을 극복함으로써 시장의 기회를 활용하는 전략

09 BCG 매트릭스에 대한 설명으로 알맞지 않은 것은? ☺ 2015. 11. 28. 국민연금공단

① 개 : 시장성장률과 시장점유율이 낮아 별다른 투자도 필요치 않은 상태로서 사업을 철수 또는 폐기해야 한다.

② 현금젖소 : 기업 자금 확보의 주원천으로 배당금이나 새로운 투자자금의 주된 공급원 역할을 하는 사업단위에 해당한다.

③ 스타 : 상대적으로 시장점유율이 높고 잠재적 성장가능성도 높아 전체 사업포트폴리오의 핵심위치에 있다.

④ 문제아 : 기업의 행동에 따라서는 차후 스타사업이 되거나 개사업이 될 수 있다.

⑤ 문제아 : 상대적으로 시장점유율은 높으나 시장성장성이 낮아 많은 투자가 요구되는 사업단위로 개발사업부라고 한다.

🔍 ⑤ 문제아 사업부는 시장성장률은 높으나 상대적으로 시장점유율이 낮은 사업단위로 일단 투자 결정을 했다면 많은 투자금액이 필요하며 개발사업부라고 한다.

10 다음 중 호손 연구에 대한 설명으로 틀린 것은? ☺ 2015. 4. 25. 국민연금공단

① 메이요와 뢰스리스버거에 의해 이루어진 실험이다.

② 호손 연구를 통하여 과학적 관리론의 관점에 변화를 주었다.

③ 종업원의 관심과 감정의 중요성 등을 인식하게 되었다.

④ 공식 조직의 중요성을 인식하고 강조하였다.

⑤ 감정적 · 심리적 요인과 생산성 간에 서로 관련이 있음을 보여주었다.

🔍 ④ 호손 연구를 통해 공식 조직의 중요성을 인식하고 강조하기 보다는 이 실험을 통해서 인간관계의 중요성이 강조되었다.

　　①, ②, ③, ⑤ 호손 연구는 메이요와 뢰스리스버거에 의해 이루어졌으며, 이 실험은 인간적인 측면을 경시하고 비인간적 관점에서 종업원을 사고하던 과학적 관리론의 관점을 변화시켜 주었다.

11 다음 중 주식회사에 대한 설명으로 틀린 것은? ☺ 2015. 4. 25. 국민연금공단

① 소유와 경영이 분리되어 있다.

② 증권을 통한 자본조달이 가능하다.

③ 주주는 무한책임을 진다.

④ 주식회사의 기관으로는 주주총회, 이사회, 감사가 있다.

⑤ 출자는 사원인 주주에 의해 이루어진다.

🔍 ③ 주식회사의 출자자인 주주는 모두 출자액 범위 내에서만 책임을 지는 유한책임이다.

①, ②, ④, ⑤ 소유와 경영이 분리되어 있으며 법인 회사로 최고의사결정기관인 주주총회, 업무집행기관인 이사회 및 대표이사, 회계감사기관인 감사가 있으며, 회사가 필요로 하는 자본을 매매양도가 자유로운 유가증권 형태인 주식으로 균일하게 발행하여 일반대중으로부터 기업자본을 조달하는 제도이다.

12 다음 중 MRP에 대한 설명으로 알맞지 않은 것은?　　🖋 2015. 4. 25. 국민연금공단

① 종속수요품 각 자재에 대한 별도의 수요예측이 필요하다.

② 최종제품의 생산수요에 따른 소요자체를 최소의 재고비용으로 적시에 공급해준다.

③ 시스템의 운영에 컴퓨터의 지원이 필수적인데 컴퓨터시스템의 도입 및 유지비용이 많이 발생한다.

④ 원재료 등의 종속소요량을 순 소요량의 소요시기에서 조달기간만큼 차감하여 결정하는 시간차감법에 의해서 발주한다.

⑤ 생산과정이 복잡하고 여러 단계를 거치는 경우에 적합한 시스템이다.

🔍 ① 종속수요품 각 자재에 대한 별도의 수요예측이 필요하지 않다.

13 다음 중 직무명세서에 대한 설명으로 틀린 것은?　　🖋 2015. 4. 25. 국민연금공단

① 직무명세서는 직무기술서의 내용을 기초로 한다.

② 직무 요건인 인적 요건에 큰 비중을 두고 있다.

③ 작업자들의 적성이나 기능 또는 지식과 능력 등이 일정한 양식에 기록되어 있다.

④ 고용이나 훈련, 승진 등에 기초자료가 된다.

⑤ 수행되어야 할 과업에 초점을 두며, 직무내용과 직무요건이 동일한 비중이다.

🔍 ⑤ 직무기술서에 대한 내용으로 수행되어야 할 과업에 초점을 두며 종업원의 직무분석 결과를 토대로 직무수행과 관련된 각종 과업 및 직무행동 등을 일정한 양식에 따라 기술한 문서이다.

①, ②, ③, ④ 직무명세서에 대한 내용으로 직무기술서의 내용에 기초하여 직무 요건인 인적 요건에 큰 비중을 두고 있으며 고용이나 훈련, 승진 등에 기초자료가 된다.

14 OJT에 대한 설명으로 옳은 것은? ⚲ 2015. 4. 25. 국민연금공단

① 교육 내용이 체계적이다.
② 직접 실무경험을 쌓을 수 있다.
③ 다수의 많은 종업원을 교육시킬 수 있다.
④ 직장 밖에서 실시하는 교육훈련이다.
⑤ Off JT에 비해서 비용이 많이 든다.

🔍 ②, ⑤ OJT는 직장 내 교육 훈련으로 작업 현장에서 직접 실무자에게 배우는 실무중심의 교육이며 Off JT에 비해서 비용이 적게 드는 장점이 있다.
①, ③, ④ Off JT에 대한 내용으로 직장 밖에서 연수원이나 강의실 등에서 강의 또는 토의를 통해 실시하는 교육훈련방식으로 다수의 많은 종업원을 교육시킬 수 있다.

15 브레인스토밍에 대한 설명으로 틀린 것은? ⚲ 2015. 4. 25. 국민연금공단

① 참가자는 다른 사람의 의견을 무시하거나 비판하지 않는다.
② 자유로운 분위기에서 서로 아이디어를 제시한다.
③ 한 가지 문제에 대해서 집단적으로 토의한다.
④ 많은 아이디어보다는 좋은 아이디어를 중시한다.
⑤ 독창적인 아이디어가 튀어나오도록 하는 아이디어 창출방법이다.

🔍 ④ 브레인스토밍은 질보다 양을 중요시하는 방법으로 자유로운 분위기에서 최대한 많은 아이디어를 수집한다.
①, ②, ③, ⑤ 브레인스토밍에 대한 내용으로 한 가지 문제에 대해서 자유로운 분위기에서 집단적으로 토의하며 참가자는 다른 사람의 의견을 무시하거나 비판하지 않는다.

16 다음 중 델파이법에 대한 설명으로 알맞지 않은 것은? ⚲ 2015. 4. 25. 국민연금공단

① 마지막에 모든 전문가들이 모여 정리한다.
② 시간이 많이 소요되는 방법 중에 하나이다.
③ 창의성 개발 방법 중에 하나이다.
④ 몇 명의 전문가들이 독립적인 의견을 우편으로 수집하고 요약한다.
⑤ 미국의 랜드연구소에서 개발한 집단의사결정기법으로 창의성의 개발방법으로도 이용 가능하다.

🔍 ① 델파이법은 몇 명의 전문가들이 독립적인 의견을 우편으로 수집하고 요약하여 다시 배부한 다음, 서로가 합의를 볼 때까지 피드백을 하는 것으로 직접 만나서 결정하지 않는다.
②, ③, ④, ⑤ 델파이법은 창의성 개발 방법 중에 하나로 몇 명의 전문가들이 독립적인 의견을 우편으로 수집하고 요약하기 때문에 시간이 많이 소요되는 방법 중의 하나이다.

17 다음 중 매슬로우의 욕구단계에 대한 설명으로 옳지 않은 것은? 🎯 2015. 4. 25. 국민연금공단

① 인간의 욕구를 계층별로 5단계로 구분하였다.
② 욕구 5단계는 낮은 데서 높은 데로 순서가 정해져 있다.
③ 인간은 다른 사람들에게 존경을 받고자 하는 욕구가 있다.
④ 욕구 단계의 최하위에는 생리적 욕구가 있다.
⑤ 인간은 다른 사람과 교제하고 교류하려는 욕구가 전혀 없다.

🔍 ⑤ 매슬로우는 인간은 사회적 존재이므로 소속되거나 다른 집단에서 자신을 받아 주기를 바라는 욕구, 즉 사회적 욕구가 있다고 하였다.
①, ②, ③, ④ 매슬로우의 욕구 5단계에는 생리적 욕구, 안전의 욕구, 사회적 욕구, 존경의 욕구, 자아실현의 욕구가 있으며, 항상 저차원에서 고차원의 순서대로 이루어지므로 동시에 여러 욕구의 충족이 불가능하다.

18 자사 상품의 수요를 의도적으로 줄이는 마케팅은? 🎯 2015. 4. 25. 국민연금공단

① 디마케팅(demarketing)
② 유지마케팅(maintenance marketing)
③ 개발적 마케팅(development marketing)
④ 동시화 마케팅(synchro marketing)
⑤ 대항적 마케팅(counter marketing)

🔍 ① 수요가 공급을 초과할 경우 수요를 일시적 또는 영구적으로 줄이는 마케팅을 말한다.
② 지금의 수요를 유지하는 마케팅을 말한다.
③ 수요를 개발하는 마케팅으로 잠재된 수요 상태에 있는 잠재고객들이 원하는 바를 충족시키는 것을 말한다.
④ 상품의 수요가 시간이나 계절 등의 영향으로 불규칙하지만 이를 특별 할인을 통해서 수요의 차이를 극복하는 마케팅을 말한다.
⑤ 소비자 또는 사회적 · 기업 내부적으로 건전하지 못한 수요가 많아 그러한 수요를 소멸시키려는 마케팅을 말한다.

19 다음 중 재무제표에 포함되지 않은 것은? @ 2015. 4. 25. 국민연금공단

① 현금흐름표 ② 손익계산서

③ 자본변동표 ④ 잔액시산표

⑤ 이익잉여금처분계산서

🔍 ④ 잔액시산표는 일정한 기간 안의 계정과목에 해당하는 잔액을 기록한 서식을 뜻한다.
   ① 현금흐름표는 일정기간 동안 기업실체의 현금유입과 현금유출에 대한 정보를 제공하는 재무보고서 이다.
   ② 손익계산서는 일정기간 동안 소유주와의 자본거래를 제외한 모든 원천에서 순자산이 증가하거나 감소 한 정도와 그리고 그 내역에 대한 정보를 제공하는 재무보고서이다.
   ③ 자본변동표는 일정시점 현재 기업실체의 자본의 크기와 일정기간 동안 기업실체의 자본의 변동에 관한 정보를 나타내는 재무보고서이다.
   ⑤ 이익잉여금처분계산서는 기업의 이익처분에 관한 내용을 나타내는 재무보고서이다.

20 다음 중 재무보고의 근본적 질적 특성이 아닌 것은? @ 2015. 4. 25. 국민연금공단

① 검증가능성 ② 중립적 서술

③ 예측가치 ④ 완전한 서술

⑤ 확인가치

🔍 ① 재무보고의 보강적 질적 특성으로는 비교가능성, 검증가능성, 적시성, 이해가능성이 있다.
   ②, ③, ④, ⑤ 목적적합성(예측가치, 확인가치, 중요성), 표현의 충실성(완전한 서술, 중립적 서설, 오류 없음)은 근본적 질적 특성에 해당한다.

21 다음 중 다른 상황이 동일한 조건에서 순운전자본이 증가하는 경우는? @ 2015. 4. 25. 국민연금공단

① 외상매출금이 증가하고 그만큼 재고자산도 증가하였다.
② 외상매입금이 감소하고 그만큼 지급어음이 증가하였다.
③ 매출채권이 감소하고 그만큼 단기차입금이 감소하였다.
④ 외상매입금이 감소하고 그만큼 외상매출금도 감소하였다.
⑤ 매출채권이 증가하고 그만큼 단기차입금이 증가하였다.

🔍 ① 순운전자본은 유동자산에서 유동부채를 뺀 차를 말하는 것이다.
　　유동자산에 속하는 항목으로는 재고자산, 외상매출금, 매출채권 등이 있다.
　　유동부채에 속하는 항목으로는 지급어음, 외상매입금, 단기차입금 등이 있다.
　　외상매출금과 재고자산은 모두 유동자산에 속하는 항목으로 외상매출금이 증가하고 그만큼 재고자산
　　도 증가하였다면 순운전자본이 증가하는 경우 중 하나이다.

22 회계의 기본기능으로 옳은 것은?　　　　　　　　　🎯 2014. 11. 22. 국민연금공단

① 투자의 자료와 정보 제공
② 총재고비용의 최소화
③ 자산취득에 필요한 자금 조달
④ 생산력 증대, 경쟁력 강화, 생산원가의 절감

🔍 ① 회계는 기업의 현재 상태와 미래의 가치를 예측할 수 있도록 정보를 제공하여 투자자들이 투자 여부를
　　결정하는 데 매우 유용하게 활용된다.

23 가뭄으로 물에 대한 수요가 너무 많은데 대한 대책으로 물의 수요를 감소시키기 위해 도입할 수 있는 마케팅으로 알맞은 것은?　　　🎯 2014. 11. 22. 국민연금공단

① 역마케팅(Demarketing)　　　　　　② 동시화 마케팅(Synchro marketing)
③ 재마케팅(Remarketing)　　　　　　④ 대항적 마케팅(Counter marketing)

🔍 역마케팅(Demarketing) : 제품이나 서비스에 대한 수요가 너무 많은데 대한 대책으로 일시적 또는
영구적으로 수요를 감소시키려는 마케팅이다.
② 동시화 마케팅 : 불규칙한 수요상황에서 제품이나 서비스의 공급능력에 맞게 수요의 발생시기를 조
정 또는 변경하는 마케팅이다.
③ 재마케팅 : 점점 감소해 가는 수요를 다시 증가시키기 위한 마케팅으로 표적시장, 제품 · 서비스 등
을 수정하는 방법으로 마케팅을 수행한다.
④ 대항적 마케팅 : 소비자 또는 사회적 · 기업 내부적으로 건전하지 못한 수요가 많아 그러한 수요를
소멸시키려는 마케팅이다.

24 인사고과상의 오류 중 평가자가 피평가자의 실제 능력이나 실제보다도 더 높게 평가하려는 경향은?

2014. 11. 22. 국민연금공단

① 상동적 태도
② 현혹효과
③ 관대화 경향
④ 중심화 경향

🔍 인사평가자가 범하게 되는 오류의 유형

상동적 태도	타인에 대한 평가가 그가 속한 사회적 집단에 대한 지각을 기초로 하여 이루어지는 것으로 고정관념에 의해 타집단을 평가하는 것
현혹효과 (halo effect)	• 타인을 평가하는데 있어 편견과 경향에 치우치는 것 • 한 분야에 있어서 호의적 혹은 비호의적인 인상이 전혀 다른 분야에서의 평가에도 영향을 주는 것
관대화 경향	개인을 평가할 때 가급적이면 후하게 평가하는 경향
중심화 경향	대다수의 평가가 중심으로 몰리는 것

25 제품수명주기에 대한 설명으로 옳지 않은 것은?

2014. 11. 22. 국민연금공단

① 성숙기에는 경쟁이 차차 증가한다.
② 도입기에는 제품에 대한 인지도가 낮다.
③ 쇠퇴기에는 판매가 감소하는 시기이다.
④ 성장기에는 수요가 급속히 늘어나는 현상이 보인다.

🔍 ① 성숙기에는 경쟁제품이 시장에 출현하여 경쟁이 가장 치열한 시기로 매출액이 서서히 감소하는 시기이다.
② 도입기에는 제품이 처음으로 시장에 출시되는 시기로 제품에 대한 인지도나 수용도가 낮은 시기이다.
③ 쇠퇴기에는 판매가 감소하는 단계로 이익이 매우 적은 시기이다.
④ 성장기에는 수요가 급속히 늘어나 실질적인 이익이 창출되는 시기이다.

26 다음 중 직무분석의 방법이 아닌 것은?

2014. 11. 22. 국민연금공단

① 직무를 여러 평가요소로 구분하여 각 요소별로 그 중요도에 따른 점수를 준 후 평가한다.
② 직무분석자가 직무수행자를 직접 관찰하여 직무를 분석한다.
③ 직무분석자가 직접 직무를 수행함으로써 실증자료를 얻는 방법으로 가장 우수한 방법이나 현실적으로 사용하기 힘들다.
④ 직무의 모든 측면을 파악할 수 있는 질문서를 작성하여 직무수행자로 하여금 기입하도록 하여 직무를 분석한다.

①은 점수법으로 직무평가의 방법에 해당한다.
②는 관찰법, ③은 경험법, ④는 설문지법으로 직무분석의 방법이다.

27 다음 중 품질관리의 기법(종류)이 아닌 것은?   2014. 6. 21. 국민연금공단

① ZD(Zero Defect)
② QC(Quaiity Control)
③ TQM(TotalQualityManagement)
④ EOQ(Economic Order Quantity)

④ EOQ(경제적 주문량)는 자재나 제품의 구입에 따르는 제비용과 재고유지비 등을 고려해 가장 경제적
이라고 판단되는 자재 또는 제품의 주문량으로, 주문 비용과 단위당 재고유지비용의 합계가 최저로
되는 최적의 비용이다.

28 다음 중 CAPM에 관한 설명으로 알맞지 않은 것은?   2014. 6. 21. 국민연금공단

① 이질적인 기대의 경우에는 CAPM이 성립하지 아니한다.
② 무위험자산이 없는 경우 제로베타포트폴리오를 구성하면 CAPM이 성립하게 된다.
③ 세금(소득세, 법인세)과 거래비용 등이 있는 완전한 시장의 존재라는 가정을 전제로
한다.
④ 위험자산과 무위험자산으로 구성된 포트폴리오의 기대수익률 간의 선형관계를 설명하
는 이론이다.

③ CAPM은 Markovits의 포트폴리오 이론에 필요한 가정뿐만 아니라 세금과 거래비용 등이 없는 완
전한 시장의 존재라는 가정과 무위험이자율로 무제한 차입과 대출이 가능하다는 가정을 전제로 한다.

29 다음 글에 대한 설명으로 알맞은 것은?   2014. 6. 21. 국민연금공단

> 보기
>
> 기존의 마케팅 믹스(4p's)에 정책과 여론을 추가하여 마케팅 믹스를 활용하는 마케팅이다.

① 메가마케팅   ② 관계마케팅
③ 심비오틱마케팅   ④ 니치마케팅

메가마케팅이란 기존의 마케팅 믹스인 4p(product, price, place, promotion)에 2p(politics,
public opinion information)를 추가하여 활용하는 마케팅을 말한다.

30 다음 중 가격전략에 관한 설명으로 알맞은 것은? 2014. 6. 21. 국민연금공단

① 신상품이 처음 나왔을 때 아주 낮은 가격을 매긴 다음, 시간이 흐름에 따라 점차 가격을 올리는 가격정책을 유보가격이라 한다.

② 구매자들은 가격인하보다는 가격인상에 더 민감하게 반응하는 경향이 있으며 이것을 심리학에서는 손실회피(loss aversion)라 부른다.

③ 여러 가지 상품을 묶어서 판매하는 가격정책을 캡티브 프로덕트 가격전략(captive product pricing)이라 한다.

④ 신제품에 대하여 시장도입초기 높은 가격을 책정한 후 시간이 지남에 따라 점차적으로 가격을 낮추는 전략을 포획가격전략이라고 한다.

🔍 ① 신상품이 처음 나왔을 때 아주 낮은 가격을 매긴 다음, 시간이 흐름에 따라 점차 가격을 올리는 가격정책을 침투가격이라 한다.
③ 여러 가지 상품을 묶어서 판매하는 가격정책을 묶음가격이라고 한다.
④ 신제품에 대하여 시장도입초기 높은 가격을 책정한 후 시간이 지남에 따라 점차적으로 가격을 낮추는 전략을 스키밍가격전략이라고 한다.

31 페이욜이 주장하는 기업의 본질적 기능 중 관리적 활동에 속하는 것은? 2014. 4. 19. 국민연금공단

① 구매, 판매, 교환의 기능이 있다.
② 가공, 생산, 제조의 기능이 있다.
③ 자본의 조달과 운용 기능이 있다.
④ 조정, 통제, 명령, 계획 등의 기능이 있다.

🔍 ④ 관리적 기능에 대한 설명이다. 기업의 본질적 기능에는 기술적 활동, 상업적 활동, 재무적 활동, 보전적 활동, 회계적 활동, 관리적 활동이 있다.

32 포터의 5 Force에 해당하지 않는 것은? 2014. 4. 19. 국민연금공단

① 대체재　　② 유통업자
③ 구매자　　④ 공급자

🔍 ② 포터의 5 Forces에는 공급자, 대체재, 산업 내 경쟁, 잠재적 경쟁자, 구매자가 있다.

33 다음 글에 대한 설명으로 알맞은 것은?   *2014. 4. 19. 국민연금공단*

> ─ 보기 ─
> 시장에서 경쟁을 배제하고 독점하기 위해 개별기업들이 경제적, 법률적으로 독립성을 완전히 상실하고 수평·수직적 결합한 기업집중형태이다.

① trust   ② cartel
③ concern   ④ syndicate

- ① 시장지배를 목적으로 시장에서 경쟁을 배제하고 독점하기 위해서 동종기업이나 관계 있는 이종기업 간의 인수와 합병을 하는 것으로 기업들이 법률적·경제적으로 독립성을 완전히 상실하는 것을 뜻한다. 트러스트는 시장에서 사적 독점에 의한 중대한 사회문제를 야기할 가능성이 있다.
  ② 동종기업 간에 법률적·경제적 독립성을 유지한 채 상호협정을 체결하는 형태로 생산 카르텔, 구매 카르텔, 판매 카르텔이 있다.
  ③ 금융적 결합을 통하여 내부통제를 강화하는 형태로 법률적으로 독립성이 유지되나 금융상 종속되어 실질적으로는 독립성이 상실된다.
  ④ 공동판매 카르텔로 가장 강력한 것으로 독과점 금지 규제의 대상이 된다.

34 다음 중 경제적 주문량(EOQ)의 목적으로 알맞은 것은?   *2014. 4. 19. 국민연금공단*

① 재고유지비용을 최소화하는 연간주문량 결정
② 재고주문비용을 최소화하는 연간주문량 결정
③ 재고유지비용과 재고주문비용의 합을 최대화하는 주문량의 크기를 결정
④ 재고유지비용과 재고주문비용의 합을 최소화하는 주문량의 크기를 결정

- EOQ(economic order quantity) : 단위기간 당 발생하는 총재고유지비용과 총주문량을 최소화하는 1회 주문량을 의미하는 것으로 재고관리의 합리화를 도모하려는 방법이다.

35 다음 중 직무 순환에 대한 설명으로 알맞지 않은 것은?   *2014. 4. 19. 국민연금공단*

① 직무에 지루함을 느낄 수 있다.
② 조직 구성이 돌아가면서 여러 가지 직무를 수행하는 것을 말한다.
③ 직무 순환이 가능하려면 작업자가 수행하는 직무까지 상호 교환이 가능해야 한다.
④ 직무 순환은 조직 구성원의 작업 활동을 다양화함으로써 지루함이나 싫증을 감소시켜 준다는 장점이 있다.

🔍 ① 직무 순환은 조직 구성원에게 돌아가면서 여러 가지 직무를 수행하게 하는 것을 말하며 조직 구성원의 작업 활동을 다양화함으로써 지루함이나 싫증을 감소시켜준다.

36 다음 중 OJT에 대한 설명으로 알맞지 않은 것은? 🔘 2014. 4. 19. 국민연금공단

① 직속상사가 개별지도한다.
② 특별한 훈련계획을 갖고 있지 않다.
③ 많은 종업원을 훈련시킬 수 없다.
④ 외부에서 전문가를 초빙하여 배운다.

🔍 ④ 직장 내 교육 훈련으로 직장 상사나 선배가 교육한다.

37 다음 중 재무상태표에 관한 설명내용으로 알맞지 않은 것은? 🔘 2014. 4. 19. 국민연금공단

① 받을 어음, 외상매입금 및 장·단기 차입금은 대변항목을 구성하는 요소들이다.
② 외상매출금, 수취어음, 예금 및 현금은 차변(좌변)항목들을 구성하는 요소들이다.
③ 재무상태표상 좌측은 자산이라 하여 현금자금이나 상품의 재고상태를 표시해 준다.
④ 재무상태표상 우측은 자본과 부채로 구성되며 좌변의 자산(자본 및 부채의 사용용도)의 크기에 상응하는 자금의 출처를 나타내 주고 파악할 수 있도록 구성해야 한다.

🔍 ① 받을 어음은 차변항목을 구성하는 요소이다.

38 다음 리콜제도에 대한 설명으로 틀린 것은? 🔘 2013. 5. 25. 국민연금공단

① 소비자를 보호하기 위한 제도이다.
② 환불이 안된다.
③ 제품의 결함이 있을 경우에 실시한다.
④ 소비자가 생명, 신체상의 위해를 입거나 입을 우려가 있을 경우에 실시한다.

🔍 리콜제도 : 제품의 결함으로 인하여 소비자가 생명, 신체상의 위해를 입거나 입을 우려가 있을 경우에 제품의 제조업자(수입업자), 유통업자 등이 스스로 또는 정부에 의하여 결함 제품의 위해성을 소비자에게 알리고 결함 제품 전체를 대상으로 적절한 시정 조치(수리, 교환, 환불 등)를 취하는 소비자 보호제도를 말한다.

39 차입금 등 타인 자본을 지렛대로 삼아 자기자본이익률을 높이는 것은?

🎯 2013. 5. 25. 국민연금공단

① 비대칭효과　　　　　　　　　　　② EVA
③ 스핀 아웃　　　　　　　　　　　　④ 레버리지 효과

🔍 ④ 레버리지 효과 : 지렛대를 의미하는 레버(lever)에서 파생된 말로 재무적 측면에서 타인 자본을 지렛대 삼아 자기자본 이익률을 높이는 효과를 일컫는다.
　② EVA : 기업이 영업활동을 통하여 얻은 영업이익에서 법인세, 금융, 자본비용 등을 제외한 금액을 말한다.
　③ 스핀 아웃 : 기업의 일부 사업부 또는 신규사업을 분리하여 전문회사를 만드는 것을 말한다.

40 다음 중 인수합병에 대하여 틀린 것은?　　　🎯 2013. 5. 25. 국민연금공단

① 인수하면 피인수기업은 사라진다.
② 신규사업참여에 소요되는 기간과 투자비용의 절감하기 위해 실시한다.
③ 우호적 인수합병도 있지만 적대적인 경우도 있다.
④ 주로 주식매수와 위임장대결을 통해 이루어진다.

🔍 인수합병 : 기업의 인수는 한 기업이 다른 기업의 주식이나 자산을 취득하면서 경영권을 획득하는 것이고, 합병은 두 개 이상의 기업들이 법률적으로나 사실적으로 하나의 기업으로 합쳐지는 것을 말한다. 역합병의 경우 실질적인 인수기업이 소멸하고 피인수기업이 존속한다.

41 다음 스톡옵션에 대한 설명으로 틀린 것은?　　　🎯 2013. 5. 25. 국민연금공단

① 시세보다 적은 금액으로 자사 주식을 매입하고 임의로 처분할 수 있는 권한을 주는 제도이다.
② 근로의욕을 북돋워 기업을 활성화하는 일종의 인센티브 제도이다.
③ 우리사주제도와 같다.
④ 본봉보다 더 많은 소득을 올리는 경우도 있다.

🔍 스톡옵션 : 회사가 임직원에게 일정 기간이 지나면 일정 수량의 자사 주식을 매입할 수 있도록 부여한 권한으로 스톡옵션을 받은 임직원은 자사 주식을 사전에 정한 행사가격으로 구입해 주가변동에 따른 차익을 얻을 수 있다. 미국에서는 스톡옵션이 일반화되어 전문경영인의 경우 스톡옵션을 통해 본봉보다 더 많은 소득을 올리고 있다. 스톡옵션은 철저하게 능력 중심으로 실시되기 때문에 직급 또는 근속연수를 기준으로 하는 우리사주조합제도나 자사 주식을 매입하는 임직원에게 그 비율에 따라 일정 주식을 무상으로 지급하는 스톡퍼처스(stock purchase) 제도와는 차이가 있다.

42 다음 설명으로 틀린 것은?   2013. 5. 25. 국민연금공단

① 합명회사는 유한 책임사원으로 구성한다.

② 합자회사는 무한책임사원과 유한책임사원으로 구성되는 회사이다.

③ 유한책임회사는 회사의 주주들이 채권자에 대하여 자기의 투자액의 한도 내에서 법적인 책임을 부담하는 회사를 말한다.

④ 주식회사는 주식으로 분할된 자본금에 대한 지분을 가지고 있는 주주가 주식의 인수가액을 한도로 회사에 대해서만 책임을 진다.

① 합명회사는 무한책임사원만으로 구성되는 회사이다.

43 지주회사에 대하여 설명한 것으로 틀린 것은?   2013. 5. 25. 국민연금공단

① 자회사를 관리하는 회사이다.

② 지배 목적만 가진 회사를 사업지주회사라 한다.

③ 지주회사는 공정거래위원회에 신고해야 한다.

④ 기업활동에 의하지 않고 지배하는 회사이다.

지주회사 : 둘 이상의 다른 회사(자회사)의 주식을 갖고 있으면서 그 회사의 경영권을 가지고 지휘·감독하는 회사로 즉 자회사의 주식을 전부 또는 지배가능 한도까지 매수하고 이를 자사의 주식으로 대위시켜 기업활동에 의하지 않고 지배하는 회사이다. 자회사를 관리하는 회사로 자산총액 1000억 원 이상, 자산총액 중 자회사 주식가액 합계의 비율이 50% 이상 되어야 하며 공정거래위원회에 신고해야 한다.

44 다음 사외이사에 대하여 틀리게 설명한 것은?   2013. 5. 25. 국민연금공단

① 외부의 전문가들로 이사회를 구성한다.

② 정부투자기관에서 사외이사제도를 실시하고 있다.

③ 대주주의 전횡을 방지하려는 데 목적이 있다.

④ 임의적이다.

사외이사 : 회사의 경영을 직접 담당하는 이사 이외에 외부의 전문가들을 이사회 구성원으로 선임하는 제도이다. 정부는 1998년부터 상장회사에 한하여 사외이사를 의무적으로 두도록 하였고 상장회사에서는 다른 기업체 임직원 출신이나 교수·공무원 등을 사외이사로 임명하고 있다.

45 다음 분식회계에 대한 사례로 볼 수 없는 것은?　　　　🔊 2013. 5. 25. 국민연금공단

① 임시로 들어온 자금이나 선수금을 매출액으로 잡는다.

② 비용을 많게 계상한다.

③ 올해 비용을 다음해로 넘긴다.

④ 외상판매를 가짜로 만들어 매출액을 늘린다.

🔍 분식회계 : 분식결산이란 회사의 실적을 좋게 보이게 하기 위해 회사의 장부를 조작하는 것을 말하는 것으로 가공의 매출 기록, 비용을 적게 계상 및 누락 등 기업경영자가 결산 재무제표상의 수치를 고의로 왜곡시키는 것이다.
　1. 재고자산을 실제보다 부풀린다.
　2. 외상판매를 가짜로 만들어 매출액을 늘린다.
　3. 자산가치를 실제가치보다 높게 평가한다.
　4. 못받게 된 외상매출금을 결손처리하지 않는다.
　5. 올해 비용을 다음해로 넘긴다.
　6. 기계장치 등 고정자산에 대한 감가상각비를 적게 계상한다.
　7. 임시로 들어온 자금이나 선수금을 매출액으로 잡는다.
　8. 단기채무를 장기채무로 표시한다.
　9. 있지도 않은 외상미수금을 만들어 영업수익을 늘린다.

46 다음 벤치마킹에 대한 설명으로 옳은 것은?　　　　🔊 2013. 5. 25. 국민연금공단

① 다른 회사의 좋은 점을 가져오는 것이다.

② 다른 업계의 경영기법의 도입은 벤치마킹이 아니다.

③ 벤치마킹은 원래 컴퓨터 분야에서 사용되던 말이었다.

④ 대상 기업을 적대적 인수합병을 위한 것이다.

🔍 ② 동종업계가 아닌 다른 업계의 경영기법도 비교 · 분석해 벤치마킹의 범위를 확대했다.
　③ 원래 토목 분야에서 사용되던 말이었다.
　④ 어느 특정 분야에서 우수한 상대를 표적으로 삼아 자기 기업과의 성과 차이를 비교하고, 이를 극복하기 위해 그들의 뛰어난 운영 프로세스를 배우면서 부단히 자기혁신을 추구하는 경영기법이다.

47 다음 OEM에 대한 설명으로 틀린 것은?　　　　🔊 2013. 5. 25. 국민연금공단

① 주문자위탁생산 또는 주문자상표부착생산이라 한다.

② 인건비가 비교적 저렴한 노동력을 이용할 수 있다.

③ OEM을 많이 할수록 무역마찰이 심해진다.

④ 유통망을 가진 업체가 생산성을 가진 업체에 상품을 제조하도록 위탁하는 것이다.

○ OEM : 주문자가 요구하는 제품과 상표명으로 완제품을 생산하는 것으로 주문자위탁생산 또는 주문자상표부착생산이라 한다. 유통망을 구축하고 있는 주문업체에서 생산성을 가진 제조업체에 자사에서 요구하는 상품을 제조하도록 위탁하여 완성된 상품을 주문자의 브랜드로 판매하는 방식을 취한다. 선진국에서는 높은 인건비로 인해 가격경쟁력을 상실하여 인건비가 비교적 저렴한 곳에 공장을 세우거나 현지의 제조공장에 OEM 방식을 이용하여 제품을 생산하여 제3국으로 수출하므로 무역마찰이 줄어든다.

48 다음 OJT에 대한 설명으로 틀린 것은?
2013. 5. 25. 국민연금공단

① 다양하고 급격한 변화에 대응하기 어렵다.
② 업무수행이 중단되는 일이 없는 것이 그 특색이다.
③ 교육훈련 내용의 체계화가 어렵다.
④ 대상은 비교적 하부조직의 직종이 된다.

○ OJT : 기업 내에서의 종업원 교육 훈련방법의 하나로 피교육자인 종업원은 직무에 종사하면서 지도교육을 받게 되며 업무수행이 중단되는 일이 없다. OJT는 지도자와 피교육자 사이에 친밀감을 조성하며 시간의 낭비가 적고 기업의 필요에 합치되는 교육훈련을 할 수 있다는 등의 장점이 있지만 지도자의 높은 자질이 요구되며 교육훈련 내용의 체계화가 어렵다는 등의 단점이 있다.

49 다음 적대적 M&A에 대하여 틀린 것은?
2013. 5. 25. 국민연금공단

① 대상기업의 범위가 넓다.
② 인수기업에 미리 조건을 알려준다.
③ 경영권 프리미엄이 포함되지 않는다.
④ 기존 대주주의 협의 없이 이루어진다.

○ 적대적 M&A : 기업소유지분의 인수 · 합병 가운데 기존 대주주의 협의 없이 이루어지는 기업지배권 탈취를 말한다. 매수자와 피매수기업이 합의하여 이루어지는 우호적 M&A와 달리 피매수 측의 의사에 반하여 이루어지는 M&A이다. 적대적 M&A는 우호적 M&A에 비해 대상기업의 범위가 넓고, 특히 인수가액에 경영권 프리미엄이 포함되지 않아 인수가액이 낮아진다는 매력이 있다.

50 다음 변혁적 리더십이 아닌 것은?
2012. 10. 21. 국민연금공단

① 변혁적 리더십이라는 용어는 제임스 맥그리거 번스가 1978년 처음 사용했다.
② 변혁적 리더십은 구성원을 리더로 개발한다.
③ 변혁적 리더십은 구성원들이 본래 기대했던 것보다 더 넘어설 수 있도록 고무시킨다.
④ 변혁적 리더십은 합리적인 사고와 이성에 호소한다.

🔍 ④ 거래적 리더십이 합리적인 사고와 이성에 호소한다면, 변혁적 리더십은 감정과 정서에 호소하는 측면이 더 크다.

변혁적 리더십 : 조직구성원들로 하여금 리더에 대한 신뢰를 갖게 하는 카리스마는 물론, 조직변화의 필요성을 감지하고 그러한 변화를 이끌어 낼 수 있는 새로운 비전을 제시할 수 있는 능력이 요구되는 리더십으로 리더가 조직구성원의 사기를 고양시키기 위해 미래의 비전과 공동체적 사명감을 강조하고 이를 통해 조직의 장기적 목표를 달성하는 것을 핵심으로 하는 것이다.

51 다음 DM에 대하여 틀린 것은?

🎯 2012. 10. 21. 국민연금공단

① 서신이나 카탈로그 등의 인쇄물을 이용한다.

② 다른 광고에 비하여 비효율적이다.

③ 고객과의 쌍방향 의사소통이 가능하다.

④ 광고주가 선정한 사람에게 발송한다.

🔍 **DM** : 상품 등의 광고나 선전을 위해서 특정 고객층 앞으로 직접 우송하는 서신이나 카탈로그 등의 인쇄물을 말하는 것으로 미국에서는 우편법이 제정된 해부터 이 광고방법이 실시되어, 신문·텔레비전에 이어 제3위의 비율을 차지하게 되었고 한국에서도 이 광고방법이 성행하고 있으며, 그 성과도 다른 광고매체에 못지않다.

52 다음 스톡옵션에 대하여 틀린 것은?

🎯 2012. 10. 21. 국민연금공단

① 상장회사에만 가능하다.

② 우리사주제도와는 다르다.

③ 행사시 가격이 결정된다.

④ 일종의 능률급이다.

🔍 **스톡옵션** : 회사가 임직원에게 일정 기간이 지나면 일정 수량의 자사 주식을 매입할 수 있도록 부여한 권한으로 상장회사뿐만 아니라 비상장회사도 가능하다.

53 다음 롱테일법칙에 대하여 틀린 것은?

🎯 2012. 10. 21. 국민연금공단

① 소수의 80%가 더 많은 가치를 창출한다는 이론이다.

② 인터넷의 발달에 따른 현상으로 분석된다.

③ 외면당하던 제품들이 전체적으로는 인기상품을 압도하는 결과를 낳아 새로운 비즈니스 모델로 떠오르게 되었다.

④ 파레토법칙과 함께한다.

🔍 롱테일법칙 : 결과물의 80%는 조직의 20%에 의하여 생산된다는 파레토법칙에 배치하는 것으로 80%의 사소한 다수가 20%의 핵심 소수보다 뛰어난 가치를 창출한다는 이론이다.

54 다음 PB에 대하여 틀린 것은?
2012. 10. 21. 국민연금공단

① NB(national brand)와 다르게 전국 아무 곳에서나 살 수 없다.
② 유통업체가 자체 개발한 상표를 붙여 판매하는 상품이 해당된다.
③ 유통회사 직영에서만 판매하는 것이 아니다.
④ 가격이 상대적으로 매우 저렴하다.

🔍 PB : Private Brand의 약자로 유통업체에서 직접 만든 자체 브랜드 상품을 뜻하며 자사 상표, 유통업자 브랜드, 유통업자 주도형 상표라고도 불린다. 유통전문업체가 독자적으로 상품을 기획한 후 생산만 제조업체에 의뢰하여 판매하는 상품 또는 유통업체가 제조업체로부터 상품을 저렴하게 받아 유통업체가 자체 개발한 상표를 붙여 판매하는 상품이 해당된다. 제조업체와 유통업체가 직거래를 통해 PB 상품은 가격이 상대적으로 매우 저렴하다는 장점이 있다.

55 다음 수직적 통합에 대하여 틀린 것은?
2012. 10. 21. 국민연금공단

① 원료부터 제품까지의 기술적 일관성이 있다.
② 원료의 독점으로 경쟁자를 배제한다.
③ 원자재업체는 후방통합, 제조업체는 전방통합을 한다.
④ 내부화 효과를 누릴 수 있다.

🔍 수직적 통합 : 제품의 전체적인 공급과정에서 기업이 일정 부분을 통제하는 전략으로 다각화의 한 방법이며, 전방통합과 후방통합으로 구분된다. 원료를 공급하는 기업이 생산기업을 통합하거나, 제품을 생산하는 기업이 유통채널을 가진 기업을 통합하는 것을 전방통합이라 하며, 이는 기업의 시장지배력을 강화시키기 위한 전략으로 사용된다. 반면 유통기업이 생산기업을 통합하거나, 생산기업이 원재료 공급기업을 통합하는 것을 후방통합이라 하며, 이는 기업이 공급자에 대한 영향력을 강화하기 위한 전략으로 사용된다. 수직적 통합은 원료의 독점으로 경쟁자를 배제하며, 원료부문에서 수익을 얻고, 원료부터 제품까지의 기술적 일관성이 이루어지는 등의 장점이 있다.

56 다음 소비자 의사결정의 두 번째 단계는?
2012. 10. 21. 국민연금공단

① 대안평가　　　　　　　② 정보탐색
③ 구매의사결정　　　　　④ 문제인식

🔍 소비자 의사결정 단계 : 문제인식 → 정보탐색 → 대안평가 → 구매의사결정 → 구매 후 의사결정

정답 50 ④　51 ②　52 ①　53 ④　54 ③　55 ③　56 ②

57 다음 브레인스토밍에 대하여 틀린 것은?   ◎ 2012. 10. 21. 국민연금공단

① 비판을 해서는 안된다.

② 자유발언을 통한 아이디어를 제시한다.

③ 한 사람보다 다수인 쪽이 제기되는 아이디어가 많다.

④ 빠른 결정시 사용된다.

🔍 브레인스토밍 : 일정한 주제에 관하여 회의형식을 채택하고, 구성원의 자유발언을 통한 아이디어의 제시를 요구하여 발상을 찾아내려는 방법으로 브레인스토밍에서는 어떠한 내용의 발언이라도 그에 대한 비판을 해서는 안 되며, 오히려 자유분방하고 엉뚱하기까지 한 의견을 출발점으로 해서 아이디어를 전개시켜 나가도록 하고 있다.

58 다음 SWOT분석에 의한 경영 전략에 대한 설명으로 틀린 것은? ◎ 2012. 10. 21. 국민연금공단

① SO전략 – 강점을 살려 기회를 포착

② ST전략 – 강점을 살려 위협을 회피

③ WT전략 – 약점을 보완하여 위협을 회피

④ WO전략 – 약점을 보완하여 위협을 회피

🔍 SWOT 분석에 의한 경영 전략
1. SO전략(강점–기회 전략) : 강점을 살려 기회를 포착
2. ST전략(강점–위협 전략) : 강점을 살려 위협을 회피
3. WO전략(약점–기회 전략) : 약점을 보완하여 기회를 포착
4. WT전략(약점–위협 전략) : 약점을 보완하여 위협을 회피

59 다음 아웃소싱에 관한 내용으로 틀린 것은?   ◎ 2012. 10. 21. 국민연금공단

① 인소싱과 같은 의미이다.

② 조직의 유연성과 민첩성을 제고하는 가장 효과적인 수단이다.

③ 너무 의존하면 핵심역량을 잃을 수 있다.

④ 제3자에 위탁해 처리하는 시스템이다.

🔍 아웃소싱 : 기업 내부의 프로젝트 활동을 기업 외부의 제3자에 위탁해 처리하는 시스템으로, 인소싱(insourcing)과 반대되는 개념으로 1980년대 후반에 미국 기업이 제조업 분야에서 활용하기 시작한 이후 전세계 기업들로 급격히 확산되고 있는데, 이는 기술 진보가 가속화되고 경쟁이 심화되면서 기업의 내부조직(인소싱)을 통한 경제활동비용보다 아웃소싱을 통한 거래비용이 적게 든다.

60 다음 유상증자와 무상증자에 대한 설명으로 틀린 것은?   *2012. 10. 21. 국민연금공단*

① 신주인수권에서 워런트 행사시 무상증자이다.

② 무상증자는 회사의 총자산에는 변화를 가져오지 않는다.

③ 무상증자는 회사에 실질적인 자본금의 증가가 이루어지지 않는 증자이다.

④ 유상증자는 일반으로부터 주주를 모집할 수 있다.

🔍 **유상증자와 무상증자**
1. **유상증자** : 주주로부터 증자납입금을 직접 징수하는 증자로 주주에게 신주인수권을 주어서 이들로부터 신주주를 모집하는 주주할당방법, 회사의 임원·종업원·거래선 등 연고관계에 있는 자에게 신주인수권을 주어서 신주를 인수시키는 제3자할당방법, 신주인수권을 준다는 행위가 아니라 널리 일반으로부터 주주를 모집하는 방법 등이다.
2. **무상증자** : 주주의 주금납입없이 기업이 준비금의 자본전입에 의하여 주식자본을 증가시키고 동액만큼의 신주를 발행하여 이를 주주에게 무상으로 할당하는 형태의 증자이다.

61 라이선스와 프랜차이즈에 대한 설명 중 틀린 것은?   *2012. 10. 21. 국민연금공단*

① 프랜차이즈는 제조업자나 판매업자가 독립적인 소매점을 가맹점으로 하여 하는 영업을 말한다.

② 라이선스는 상표 등록된 재산권을 가지고 있는 개인 또는 단체가 타인에게 대가를 받고 그 재산권을 사용할 수 있도록 상업적 권리를 부여하는 계약이다.

③ 프랜차이즈는 소규모 자본만으로 사업을 운영할 수 있다.

④ 라이선스보다 프랜차이즈가 통제가 낮다.

🔍 **라이선스와 프랜차이즈**
1. **라이선스** : 상표 등록된 재산권을 가지고 있는 개인 또는 단체가 타인에게 대가를 받고 그 재산권을 사용할 수 있도록 상업적 권리를 부여하는 계약으로 특허, 기업비결, 노하우, 등록상표, 지식, 기술 공정 등 가치있는 상업적 재산권의 일정한 영역을 라이선시에게 계약기간 동안 양도하는 것이다.
2. **프랜차이즈** : 제조업자나 판매업자가 독립적인 소매점을 가맹점으로 하여 하는 영업 상호, 특허 상표, 기술 등을 보유한 제조업자나 판매업자가 소매점과 계약을 통해 상표의 사용권, 제품의 판매권, 기술 등을 제공하고 대가를 받는 시스템이다. 프랜차이즈는 본사와 가맹점이 협력하는 형태를 가지므로 계약조건 안에서만 간섭이 성립된다.

62 다음 중 위험상황 하에서의 의사결정기법이 아닌 것은?   *2011. 7. 3. 국민연금공단*

① 사전정보를 이용한 의사결정   ② 대기행렬이론

③ 손익분기점분석   ④ 시뮬레이션

🔎 위험상황하에서의 의사결정 : 확실한 상황과 불확실한 상황과의 중간적인 상태에 해당하는 의사결정으로 사전정보를 이용한 의사결정, 사전정보와 표본정보를 이용한 의사결정, 의사결정수, 재고모형, 대기행렬 이론, 시뮬레이션, PERT, 마코브 분석 등이 있다.

63 다음 평정척도법에 관한 내용으로 틀린 것은?   🖉 2011. 7. 3. 국민연금공단

① 종업원의 자질을 직무수행상 달성한 정도에 따라 사전에 마련된 척도를 근거로 하여 고과자로 하여금 체크할 수 있도록 하는 방법이다.

② 행위자지향적 접근방법을 취한다.

③ 고과오류 발생 개연성 높다.

④ 작성하기가 비교적 복잡하다.

🔎 평정척도법의 장점과 단점
　1. 평정척도의 장점
　　㉠ 작성하기가 비교적 용이하고 사용하기 편리하기 때문에 수량화할 수 있어서 비교가 가능하다.
　　㉡ 다양한 범위의 행동 연구에 적용될 수 있고 짧은 시간 내에 실시가 가능하다.
　　㉢ 다른 연구의 보조도구로 사용될 수 있다.
　2. 평정척도법의 단점
　　㉠ 행동의 수준만을 기록하게 되기 때문에 행동의 원인 및 전후 사정을 설명할 수 없다.
　　㉡ 평정자의 개인적 편견이나 오류의 개입 가능성을 배제하기가 어렵다.

64 다음 의사결정모형에 관한 내용으로 틀린 것은?   🖉 2011. 7. 3. 국민연금공단

① 회사모형은 조직이 상이한 목표를 가진 하위 단위들의 상호작용에 의해 움직이며, 목표가 서로 대립하여 갈등적 관계에 놓여 있는 하위 단위 간의 갈등 해결이 의사결정이라고 본다.

② 점증모형은 정책결정이 기존 정책을 토대로 하여 그보다 약간 향상된 대안을 추구하는 점증적 방식으로 이루어진다는 정책결정의 이론 모형을 말한다.

③ 합리모형은 정책결정에 합리적 요소와 초합리적 요소를 모두 포괄하여 정책결정 체제의 성과를 최적화하려는 의사결정 모형을 말한다.

④ 합리모형은 인간과 조직의 합리성, 완전한 정보환경 등을 전제로 하여, 목표달성의 극대화를 위한 합리적 대안의 탐색 · 선택을 추구하는 규범적 · 이상적 정책결정 모형을 말한다.

🔎 ③은 최적 모형에 관한 설명이다. 합리모형은 인간과 조직의 합리성, 완전한 정보환경 등을 전제로 하여, 목표달성의 극대화를 위한 합리적 대안의 탐색 · 선택을 추구하는 규범적 · 이상적 정책결정 모형을 말한다.

65 다음 중 소득불평등에 관한 내용으로 틀린 것은?　　　　　2011. 7. 3. 국민연금공단

① 엣킨슨 지수는 1에 가까울수록 평등하다.
② 10분위분배율이 높으면 소득격차가 작다는 의미이다.
③ 지니계수가 낮으면 불평등이 낮아진다.
④ 로렌츠곡선이 대각선에 가까울수록 평등하다.

🔎 엣킨슨 지수 : 현실의 분배상태가 완전히 균등한 것이어서 평균소득이 바로 균등분배대등소득이 된다면 엣킨슨 지수는 0의 값을 갖고, 소득의 분배가 지극히 불평등하여 균등분배대등소득이 거의 0에 가깝다면 엣킨슨 지수는 1에 가까운 값을 갖는다.

66 다음 중 EVA에 대한 설명으로 틀린 것은?　　　　　2011. 7. 3. 국민연금공단

① EVA는 자기자본 이외의 타인자본은 반영하지 않는다.
② EVA는 성장성을 알 수 없다.
③ EVA는 모든 경영활동의 목표를 현금흐름의 유입을 기준으로 기존사업의 구조조정과 신규사업의 선택 그리고 업무의 흐름을 재구축시켜 기업의 가치를 극대화하는 경영기법이다.
④ EVA는 현금흐름의 현재가치에 의한 투자수익이 자본비용을 초과하는 크기의 합계로 계산된다.

🔎 세후 영업이익에서 자본비용을 차감한 잔액인 EVA는 현금흐름의 현재가치에 의한 투자수익이 자본비용을 초과하는 크기의 합계로 계산하는데 자본비용은 주주·채권자 등 투자자가 제공한 자본에 대한 비용이며, 외부차입에 의한 타인 자본비용과 주주 등의 이해관계자가 제공한 자기 자본비용의 가중평균값을 말한다. 자본비용 중에서 자기 자본비용은 기회비용의 성격으로 실제로 소요되는 비용이 아니기 때문에 객관적인 산출이 어렵고, EVA가 단순히 재무상태를 정확하게 나타내 줄 뿐이고 고객만족이나 내부평가, 성장성에 대해서는 알 수 없다는 단점이 있다.

67 다음 중 원가에 관한 내용으로 틀린 것은?　　　　　2011. 7. 3. 국민연금공단

① 원가는 어떠한 목적으로 소비된 경제가치를 화폐액으로 표시한 것을 말한다.
② 원가의 3요소는 재료비, 노무비, 경비로 구성된다.
③ 직접비에 제조에 소요된 간접비를 포함한 것을 제조원가라고 한다.
④ 재무회계를 목적으로 하는 경우에 원가는 장부계상 시의 원가로 측정된다.

🔎 재무회계를 목적으로 하는 경우, 원가는 취득원가기준, 즉 급부의 조달시점에서의 지급대가로 측정된다.

정답 62 ③　63 ④　64 ③　65 ①　66 ①　67 ④

68 다음 중 마케팅믹스에 관한 내용으로 틀린 것은?　　　　2011. 7. 3. 국민연금공단

① 기업이 기대하는 마케팅 목표를 달성하기 위해 마케팅에 관한 각종 전략·전술을 종합적으로 실시하는 것이다.

② 현대 마케팅의 중심 이론은 경영자가 통제 가능한 마케팅 요소인 제품(product), 유통경로(place), 판매가격(price), 판매원(people) 등 이른바 4P를 합리적으로 결합시켜 의사를 결정하는 것을 말한다.

③ 마케팅 믹스의 구성요소는 이 외에도 제품계획, 판매경로, 광고, 수송보관, 포장, 디스플레이 등이다.

④ 믹스는 기업의 종류, 상태에 따라 전략적으로 변경되며, 시장표적에 따라 달리 형성된다.

🔎 마케팅 믹스의 요소는 상품이나 서비스(product), 판매장소(place), 가격(price), 판매촉진의 형태(promotion) 등이다. 흔히 4Ps라고 한다.

69 다음 중 로크의 목표설정이론에 관한 설명으로 틀린 것은?　　　　2011. 7. 3. 국민연금공단

① 목표설정이론은 인간의 두 가지 인지인 가치와 의도에 의한다고 본다.

② 목표설정이론을 실제 조직경영에 적용하는 기법은 목표에 의한 관리제도(MBO)이다.

③ 목표설정이론은 어떠한 요인으로 하여금 개인이 목표를 수정하게 하는지를 구체적으로 제시하지 못하는 단점이 있다.

④ MBO에서의 목표설정과정을 보면 조직의 전반적인 예비목표가 하부에서 작성되어 상위로 전달되어 이루어진다.

🔎 MBO에서의 목표설정과정을 보면 조직의 전반적인 예비목표가 최고위층에서 작성되어 아래로 전달되어 이루어진다.

70 다음 중 매트릭스 조직에 관한 내용으로 틀린 것은?　　　　2011. 7. 3. 국민연금공단

① 프로젝트 조직과 기능식 조직을 절충한 조직 형태이다.

② 프로젝트가 끝나면 원래 조직 업무를 수행한다.

③ 계층 원리와 명령 일원화 원리 적용된다.

④ 구성원 개인을 원래의 종적 계열과 함께 횡적 또는 프로젝트 팀의 일원으로서 임무를 수행하게 하는 조직 형태이다.

🔎 매트릭스 조직의 특징
1. 계층 원리와 명령 일원화 원리 적용되지 않음
2. 라인과 스태프 구조가 일치하지 않음
3. 프로젝트가 끝나면 원래 조직 업무를 수행

71 다음 중 회계변경은 어느 원칙에 대한 예외인가?　　📖 2011. 7. 3. 국민연금공단

① 계속성　　　　　　　　　② 신뢰성
③ 충분성　　　　　　　　　④ 통일성

🔍 회계변경 : 계속성에 대한 예외
　1. 기업환경의 중대한 변화에 따라 회계정보의 목적적합성과 신뢰성을 현저히 높일 수 있는 대체적 방법이 있을 경우
　2. 회계기준의 개정에 따른 사회적 비용보다 그 변경으로 인하여 기대되는 사회적 효익이 큰 경우

72 다음 제품수명주기이론에 관한 내용으로 틀린 것은?　　📖 2011. 7. 3. 국민연금공단

① 도입기에는 유통망을 확보하기 위하여 마케팅 중간기관을 대상으로 인적 판매를 실시한다.
② 성장기에는 장기적인 시장지위를 확보하기 위하여 유통망을 확충하고 견고히 한다.
③ 성숙기에는 제품에 대한 새로운 용도를 개발하고 소비자에게 구매하도록 설득한다.
④ 쇠퇴기에는 새로운 지역시장, 인구통계적 시장, 기관시장 등으로 진출한다.

🔍 ④의 설명은 성숙기의 마케팅전략이다. 쇠퇴기에는 제품의 생산을 중단하여 제품계열에서 폐기시키거나, 제품은 계속 생산하면서 현재의 마케팅활동을 그대로 유지 또는 표적시장의 범위를 축소하여 현재 수준의 마케팅노력을 유리한 세분시장에만 집중하고, 마케팅노력을 축소시켜 현재의 이익을 증대시켜야 한다.

73 다음 중 변혁적 리더십에 관한 설명으로 틀린 것은?　　📖 2011. 7. 3. 국민연금공단

① 지도자가 부하들에게 기대되는 비전을 제시하고 그 비전 달성을 위해 함께 힘쓸 것을 호소하여 부하들의 가치관과 태도의 변화를 통해 성과를 이끌어내려는 지도력에 관한 이론이다.
② 번스는 변혁적 리더십을 '리더와 부하가 상호간 더 높은 도덕적 및 동기적 수준을 갖도록 만드는 과정'이라고 본다.
③ 리더가 부하들에게 장기적 비전을 제시하고 그 비전을 향해 매진하도록 부하들로 하여금 자신의 정서·가치관·행동규범 등을 바꾸어 목표달성을 위한 성취의지와 자신감을 고취시키는 과정으로 본다.
④ 거래적 리더십이론은 변혁적 리더십이론을 비판하면서 등장한 이론이다.

🔍 변혁적 리더십이론은 종래의 모든 리더십 이론을 거래적 리더십이론이라고 비판하면서 등장한 이론이다. 지도자가 제시한 조직목표를 구성원들이 성취하면 그것에 따른 보상을 주는 목표달성과 보상을 서로 교환하는 현상을 리더십으로 보는 입장이 거래적 리더십 이론이다.

74 다음 중 손익계산서에 관한 내용으로 틀린 것은? ⓘ 2011. 7. 3. 국민연금공단

① 기업경영의 성과를 밝히기 위하여 일정기간 내에 발생한 모든 수익과 비용을 대비시켜 당해 기간의 순이익을 계산 · 확정하는 보고서이다.

② 기업회계기준에서는 계정식을 원칙으로 하고 있다.

③ 손익계산서는 기업의 목적달성 정도를 측정하는 기준이며 경영정책의 수립과 방향 설정에 있어 가장 중요한 자료가 된다.

④ 매입비, 급료, 잡비 등은 기업의 가치를 감소시킨 원인이다.

🔍 손익계산서의 양식에는 계정식과 보고식이 있는데, 기업회계기준에서는 보고식을 원칙으로 하고 있고, 계정식은 총계정원장의 차변과 대변을 그대로 옮겨놓은 형식으로, 총비용과 총수익의 대조에 편리한 방식이나, 일반의 이해관계자가 이해하기 쉽고 편리한 형식을 채용하기 위해 보고식을 택하고 있다.

75 경영요소와 경영방식을 향상시키기 위해 경영과정 및 지원시스템을 근본적으로 재설계하는 경영혁신기법은? ⓘ 2011. 1. 23. 국민연금공단

① 리엔지니어링(reengineering)   ② 리스트럭처링(restructuring)

③ 다운사이징(downsizing)   ④ 벤치마킹(benchmarking)

🔍 리엔지니어링(reengineering) : 조직구조와 업무방법을 근본적으로 혁신시키는 재설계방법이다. 그 동안 기업에서도 품질관리, 과학적 경영 등 여러 가지 경영개선기법을 도입해 왔으나, 이러한 점진적인 경영개선방법은 기업경영의 본질적인 문제들까지는 해결해 주지 못했다. 그러나 리엔지니어링에는 인원 삭감, 조직의 재편 등의 개념까지 포함되어 있어 근본적인 문제를 혁신시키는 것이 가능하다.

76 다음 중 공기업의 발전요인이 아닌 것은? ⓘ 2011. 1. 23. 국민연금공단

① 정치적 신조   ② 독점적 사업의 통제

③ 공공재정의 풍족   ④ 민간자본의 부족

🔍 ③ 공공재정의 풍족이 아니라 공공수요의 충족(경제안정과 공익도모)을 위해 공기업이 설립되고 발전한 것이다. 이외에도 공기업의 발전요인으로는 민간자원의 부족, 국방상 및 전략상의 고려, 독점적 사업의 통제, 정치적 신조 등이 있다.

77 기업에 MBO(목표중심경영)를 적용할 때의 단점이 아닌 것은?　🔍 2011. 1. 23. 국민연금공단

① 최종 목표와 중간 목표가 항상 불일치한다.

② 단기 목표에 치중하여 장기 목표를 소홀히 할 가능성이 있다.

③ 무리한 목표의 강제는 목표 미달을 이유로 직원통제의 도구로 악용될 수 있다.

④ 성과개념이 명확하지 않은 경우에는 계량화한 목표설정이 어렵다.

🔍 MBO(management by objectives)란 '목표설정에 의한 관리'로, 조직원들의 참여과정을 통해 생산활동의 목표를 명확하고 체계적으로 설정·활용함으로써 관리의 효율을 기하려는 체계이다. 개인별로 명확한 목표를 설정하되 그 과정에 조직원들이 참여하며 결과에 대한 피드백이 주어지기 때문에 평가에 대한 수용성과 공정성이 크다. 따라서 구성원의 역량을 키우는 동기부여 및 성과주의인사 실현을 위한 필수조건이 되기도 한다.

78 노조전임자에게 회사 측의 임금지급을 금지하고, 회사 업무가 아닌 노사 공통의 이해가 걸린 활동에 종사한 시간을 근무시간으로 인정해 이에 대한 임금을 지급하는 것은?

🔍 2011. 1. 23. 국민연금공단

① 타임오프제　　　　　　　　② 임금피크제

③ 집중근무일제　　　　　　　④ 탄력근무시간제

🔍 ② 임금피크제 : 워크 셰어링(work sharing)의 한 형태로, 일정 연령이 된 근로자의 임금을 삭감하는 대신 정년까지 고용을 보장하는 제도이다.
　 ③ 집중근무일제 : 근로자의 생산성과 효과적인 자유시간 설계를 위해서, 1일 근무시간을 늘리는 대신 휴일을 추가로 갖는 제도이다.
　 ④ 탄력근무시간제 : 정해진 출·퇴근시간 없이 융통성 있게 노동시간을 관리하는 제도이다.

79 다음 중 부당노동행위에 해당하지 않는 것은?　🔍 2011. 1. 23. 국민연금공단

① 정당한 이유 없이 단체교섭을 거부하거나 계속 연기하는 경우

② 노조운영에 운영비를 지원하는 경우

③ 근로자의 3분의 2 이상이 가입한 노동조합에 가입할 것을 요구하는 경우

④ 노동조합에 가입하지 않거나 탈퇴를 고용조건으로 하는 경우

🔍 ③ 근로자를 고용할 때 노동조합에 가입하지 않거나 탈퇴할 것을 고용조건으로 하는 경우, 그리고 특정한 노동조합의 조합원이 될 것을 고용조건으로 하는 경우에는 부당노동행위가 된다. 다만, 그 노동조합이 그 사업장에 종사하는 근로자의 3분의 2 이상을 조합원으로 두고 있는 경우에 근로자가 그 조합의 조합원이 될 것을 고용조건으로 하는 것은 부당노동행위에 해당하지 않는다.

80 다음 중 국가회계제도에 관한 내용으로 틀린 것은?　　*2011. 1. 23. 국민연금공단*

① 단기부기와 현금주의　　　　　② 회계책임관 제도
③ 국가재무제표의 작성 및 제출　　④ 국가회계제도 심의위원회 설치

🔍 ① 2009년부터 복식부기와 발생주의 회계제도를 도입하도록 규정하였다.
　　② 국가회계법 제7조(회계책임관의 임명 등)
　　③ 동법 제15조(결산보고서의 작성)
　　④ 동법 제8조(국가회계제도 심의위원회 설치 등)

81 다음 중 재무분석에 관한 설명으로 잘못된 것은?　　*2011. 1. 23. 국민연금공단*

① 유동비율은 높을수록 좋다.
② 부채와 자기자본비율을 알면 부채비율을 알 수 있다.
③ 총자산이익률이 높을수록 좋다.
④ 유동부채가 높다는 것은 빠른 시일 내에 갚아야 하는 부채가 많음을 의미한다.

🔍 ① 유동비율은 재무책임을 충족시킬 수 있는 회사의 능력으로 이 비율이 높으면 회사의 지불능력이 커지는 것을 의미한다. 하지만 너무 높은 유동비율은 회사가 현금을 가만히 쌓아놓고만 있다는 것이므로 재무구조 조정이 필요하다.
② 부채비율은 타인자본(부채)과 자기자본의 관계를 나타내는 재무구조지표로서, 일반적으로 낮을수록 재무구조가 건전하다는 것을 의미한다.
③ 총자산이익률은 특정금융기관이 총자산을 얼마나 효율적으로 운용하여 얼마만큼의 순익을 창출했는지를 나타내는 지표이다.
④ 유동부채가 높으면 그만큼 빠른 시일 내에 갚아야 하는 부채가 많다는 것을 의미하기 때문에 기업들은 이를 막기 위해서 비유동부채로 기간을 유예하는 방법을 많이 사용한다.

82 W. Ouchi의 Z이론에 대한 설명으로 옳은 것은?

① 단기고용제를 특징으로 한다.
② 경력관리제를 도입하여 빠른 평가와 빠른 승진원칙을 주장하였다.
③ 종업원을 의사결정에 참여시키지 않았다.
④ 작업의 양을 강조하고 공식적 통제를 강조하였다.
⑤ 일본식 경영이론을 미국 기업의 경영방식에 접목시킨 이론이다.

🔍 ①, ② 종신고용제와 조직 구성원에 대한 느린 승진과 평가를 특징으로 한다.
③ 모든 구성원이 합의적 의사결정과정에 참여하는, 즉 집단적 의사결정과 집단적 책임을 특징으로 한다.
④ 품질개선을 위하여 근로자와 경영자가 공동작업을 하며, 비공식적 통제를 특징으로 한다.

83 테일러의 과학적 관리법에 관한 설명으로 틀린 것은?

① 전반적인 경영관리론의 모태가 되었다.

② 금전적인 동기부여만을 지나치게 강조하여 인간성을 무시하였다.

③ 표준작업량을 기준으로 고임금, 저노무비를 적용하였다.

④ 시스템을 합리적으로 운영하기 위하여 차별적 성과급제, 직능적 직장제도, 계획부제도, 지도표제도를 주장하였다.

⑤ 업무에 분업의 원리를 적용하여 업무의 세분화를 이루었다.

🔍 ① 테일러 시스템은 시간연구와 동작연구로 얻은 1일 표준작업량의 과업을 달성하는 것을 목표로 하여 이러한 과업에 적합한 근로자의 선택방법, 교육훈련방법 등을 고안하였으며, 효율적인 과업관리를 위한 구체적인 제도로서 차별적 성과급제도, 직능적 직장제도, 계획부제도, 지도표제도를 도입하였다. 그러나 그 대상영역이 전반적인 경영에까지 미치지 못하고 과업관리, 즉 생산관리나 노무관리에 그쳤으며, 인간의 보다 복잡한 특성을 고려하지 않고 사회적, 환경적 요인을 무시한 채 인간을 기계의 부속물로 보았다는 비판을 받았다.

84 다음 중 신디케이트에 해당하는 것은?

① 판매량, 생산량, 이윤의 분배를 중앙의 협정기관이 결정하는 것이다.

② 동종기업들이 공동판매소를 설치하여 판매를 담당하는 것이다.

③ 금융업자가 융자에 의하여 각 산업분야의 기업을 지배하는 것이다.

④ 다수의 기업이 합쳐서 새로운 독립적 기업체를 만드는 것이다.

⑤ 상호관련성이 없는 이종기업이 결합하는 것이다.

🔍 신디케이트(공동판매 카르텔)는 생산물의 공동판매와 자재의 공동구입을 일정한 공동시설을 통하여 행하며 참가기업의 개별거래행동을 인정하지 않는다.
① 카르텔에 대한 설명이다.
③ 콘체른 중 금융에 의한 결합형태(금융 콘체른)에 해당한다.
④ 퓨전형 트러스트 중 신설합병에 해당한다.
⑤ 콩글로메리트에 대한 설명이다.

85 목표에 의한 관리(MBO)의 설명으로 틀린 것은?

① 피터 드러커와 맥그리거가 주장하고 사용하였다.

② 구성요소에는 목표의 설정, 참여, 피드백이 있다.

③ 종업원의 동기부여에 큰 효과가 있다.

④ 양보다 질을 중요시하며, 장기적인 목표를 강조한다.

⑤ 궁극적인 목표의 채택권한은 하급자에게 있다.

🔍 ④ MBO(management by objectives)는 양을 중요시하는 관리방법이며, 단기적인 목표를 강조한다.

86 다음 중 M&A(기업인수합병)의 장점에 해당하지 않는 것은?

① 대리인 문제가 발생한다.
② 경영의 다각화를 실현할 수 있다.
③ 자본조달비용의 감소 등 재무시너지효과를 얻을 수 있다.
④ 규모의 경제와 범위의 경제를 동시에 달성할 수 있으며, 이를 통하여 비용절감과 생산성의 향상을 실현할 수 있다.
⑤ 유능한 경영자를 찾을 수 있어 관리능력이 향상된다.

> ① 기업의 인수 · 합병은 대리인 문제를 해소하는 한 방법으로 이용될 수 있다. M&A의 위협은 일반 주주들의 경영진에 대한 감독기능을 대신하게 되어 대리인 문제를 감소시키고 기업의 가치가 정상적으로 평가받을 수 있도록 기여하게 된다. 주주가치의 극대화를 위하여 노력하지 않는 경영자는 기업의 가치를 떨어뜨려 적대적 인수합병의 위험에 노출되기도 한다.

87 다음 중 T-group 훈련에 대한 설명으로 옳지 않은 것은?

① 개인적 · 사회적 통찰력을 높이는 것이 주된 목적이다.
② 집단생산성 방해요인을 제거하여 특정 프로젝트의 문제를 처리하려는 기법이다.
③ 브레드포드에 의하여 개발된 것으로 인간관계의 능력과 조직의 유효성을 향상시키기 위한 조직개발기법이다.
④ 사회적 고립조건하에서 집단생활을 하여 참가자를 훈련시킨다.
⑤ 감수성 훈련이라고도 한다.

> ② 감수성 훈련이라고도 하는 T-group 훈련은 1945년 미국의 브레드포드(L. Bredford)가 재직자 훈련의 일부로 시도하였으며, 이후 레빈(K. Lewin) 등에 의하여 그 기법이 개발되면서 조직발전의 원형이 되었다. 이질적인 성향의 낯선 소그룹 집단이 일정기간 동안 사회와 격리된 집단생활을 하면서 특정한 주제를 정하지 않고 서로 자유롭게 감정을 표현함으로써 지금까지 자신이 타인에게 어떤 영향을 주고 또 받아 왔는지 이해하며 본인의 사회적 위치와 역할을 깨닫게 되는 훈련이다. 어떤 문제의 해결방안이나 대인관계의 이해 및 이를 통한 인간관계의 개선 등에 목적을 두고 있다.

88 다음 중 글로벌화를 촉진시키는 요인으로 볼 수 없는 것은?

① 다자간 협상인 WTO 등의 추진
② 자국의 사업영역의 성장의 한계
③ 자국시장의 규모가 클 경우
④ 기업경영에 필요한 자원의 효율적인 조달
⑤ 규모의 경제 및 기술의 진보

> ③ 자국의 시장규모가 크면 해외 진출에 대한 필요성이 감소한다.

89 다음 중 게임이론에 대한 특징으로 옳지 않은 것은?

① 혼합전략이란 게임값을 얻기 위해 여러 가지 전략을 혼합하여 사용하는 것을 말한다.

② 안점이 존재하지 않는 게임에서는 반드시 혼합전략을 구사하여야 한다.

③ 순수전략이란 단 하나의 전략을 선택하여 서로 만족함으로써 안정상태에 도달하는 것을 말한다.

④ 상대방의 주어진 전략하에서 자신에게 가장 유리한 전략을 선택한 경우의 균형을 내쉬균형이라고 한다.

⑤ 지배전략이란 상대의 전략에 따라 자신의 입장에서 최적의 전략을 달리 선택하는 것을 말한다.

🔎 ⑤ 지배전략이란 상대방이 어떠한 전략을 택하더라도 본인에게 최선인 전략을 선택하는 것을 말한다.

90 시장위치 선정(포지셔닝)에 대한 설명으로 틀린 것은?

① 선택한 위치를 표적세분시장에 효과적으로 전달한다.

② 어떤 세분시장에 진출할 것인가를 결정한 후 위치를 선정한다.

③ 소비자의 마음속에서 경쟁제품과 비교하여 우위에 있는 위치를 선정한다.

④ 소비자들이 제품을 평가할 때 고려하는 속성 중 모든 제품에 대하여 유사하다고 느끼는 속성을 선택한다.

⑤ 제품에 있어 포지셔닝의 핵심은 차별화이다.

🔎 ④ 포지셔닝(positioning)은 표적소비자의 욕구를 근거로 경쟁사에 비하여 차별적인 제품을 개발하고 그 특성을 소비자들에게 인식시키는 일련의 과정이다.

91 다음 중 여러 고객집단에 판매 가능한 특정제품에 집중하는 전략적 시장진출 형태를 가리키는 것은?

① 선택적 특화   ② 제품특화

③ 단일세분시장 집중화   ④ 시장특화

⑤ 완전진출

🔎 ② 제품의 특화란 단일한 제품으로 전체 시장에 도달하는 전략으로서 여러 고객집단의 공통된 욕구를 포착하여 시장에 진출하는 것을 뜻한다.

92 직무평가의 궁극적인 용도는 무엇인가?

① 직무분석의 기초자료 제공
② 직무수행자의 적정한 평가
③ 직무기술서와 직무명세서의 작성
④ 공정한 임금체계 확립과 인사관리의 합리화
⑤ 기준 직무와 다른 직무의 비교

🔍 ④ 직무평가란 타 직무와 비교한 평가를 통하여 직무의 상대적 가치를 정하는 체계적인 방법으로, 해당 직무에 상응하는 임금체계와 합리적인 인사관리에 활용하기 위한 기술적인 절차이다.

93 다음 중 직무평가의 방법에 관한 설명으로 옳지 않은 것은?

① 서열법은 전체적인 관점에서 직무의 상대적 가치를 상호 비교하여 직무의 순위를 결정하는 방법으로 직무의 중요요소는 구분하지 못한다.
② 점수법은 직무를 구성요소별로 분해한 후 가중점수를 이용하여 직무의 순위를 결정하는 가장 합리적인 방법으로 공장의 기능직 평가에 많이 적용된다.
③ 분류법은 직무를 여러 등급으로 분류해서 포괄적으로 평가하여 강제적으로 배정하는 방법으로 정부, 학교 등 등급분류가 용이한 조직에 많이 적용된다.
④ 요소비교법은 기준직무를 미리 정하고 기준직무의 평가요소와 각 직무의 평가요소를 비교하여 직무의 순위를 결정하는 방법으로 상이한 직무에는 적용하지 못한다.
⑤ 서열법과 분류법은 비계량적(종합적) 방법이고, 점수법과 요소비교법은 양적(분석적) 방법이다.

🔍 ④ 요소비교법은 기업조직에 있어 핵심이 되는 몇 개의 기준직무를 선정하고 각 직무의 평가요소를 기준 직무의 평가요소와 비교함으로써 모든 직무의 상대적 가치를 결정하는 방법이다.

94 다음 중 포트폴리오의 분산투자효과에 관한 설명으로 틀린 것은?

① 상관계수가 1이면 분산투자의 효과가 없다.
② 비체계적 위험으로는 기업주의 교체, 노사문제 등이 있다.
③ 개별기업에만 한정되는 위험도 분산투자를 통하여 제거할 수 있다 .
④ 이자율 변동에 의한 위험은 체계적 위험에 해당한다.
⑤ 체계적 위험도 분산투자를 통하여 제거할 수 있다.

🔎 포트폴리오 위험의 종류
1. **체계적 위험(분산불가능 위험)** : 전쟁이나 인플레이션, 경기변동 등 전체 주식시장에 영향을 미치는 거시적 정보로부터 발생하는 위험으로서 포트폴리오를 구성하는 종목 수를 무한대로 증가시켜도 제거할 수 없는 위험을 말한다.
2. **비체계적 위험(분산가능 위험)** : 기업주의 교체, 노사문제 등 개별자산이나 특정주식에만 국한하여 영향을 미치는 정보로부터 발생하는 위험으로서 포트폴리오를 구성하는 종목 수를 무한대로 증가시킴으로써 제거할 수 있는 위험을 말한다.

95 다음 중 TQC와 TQM에 관한 설명으로 틀린 것은?

TQC(total quality control)	TQM(total quality management)
① 단위 중심	시스템 중심
② 구매자 위주	공급자 위주
③ 생산 및 제품 중심적 사고	고객지향적 사고
④ 생산현장 근로자의 품질개선	제도의 전 과정에서의 품질개선
⑤ 종합적 품질관리	종합적 품질경영

🔎 ② TQC(종합적 품질관리)는 통계적 품질관리와 같은 검사 위주의 기술적인 품질관리에서 벗어나 조직 전체가 참여하는 기업의 사회적 차원에서의 품질관리로서 사내 각 부문의 활동을 조정·종합하기 위한 시스템이다. TQM(종합적 품질경영)은 고객의 관점에서 최고경영자와 전 사원이 참여하여 품질향상을 도모하는 전사적인 활동을 말하며, 고객중심, 공정개선, 전원참가의 세 가지 원칙하에 진행된다.

96 다음 중 무결점운동에 관한 설명으로 옳지 않은 것은?

① 처음부터 올바르게 작업할 수 있도록 동기부여를 제안한다.
② 작업장이나 설비 등 품질의 물적 변동요인을 중요시한다.
③ 종업원의 작업의욕 등 심리적 변동요인을 중요시한다.
④ 불량품의 발생을 허용하지 않는다.
⑤ 전종업원이 주체이다.

🔎 ② 무결점운동(ZD : zero defects)은 종업원에게 계속적으로 동기를 부여함으로써 부주의, 훈련부족, 작업환경 불량 등 작업상의 결점을 0으로 줄이는 운동으로, 종업원의 기술이나 의욕 등 인적 변동과 심리적 요인을 중요시한다.

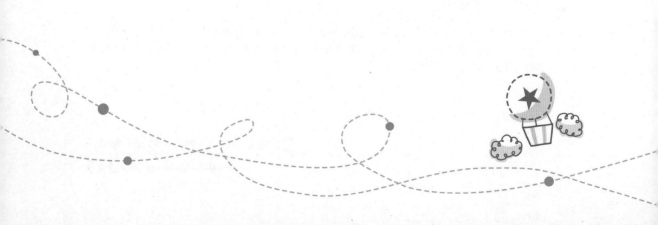

수요와 공급이론

1. 수 요

(1) 수요의 개념
① 수요 : 소비자가 일정기간동안 재화·서비스를 구매하고자 하는 욕구
② 수요량 : 소비자가 일정기간동안 주어진 가격으로 재화·서비스를 구매하고자 하는 양

(2) 수요에 영향을 주는 요인
당해 재화의 가격(P_x), 타 재화의 가격($P_1, \cdots, P_{x-1}$), 소비자들의 소득수준(M), 소비자 기호(T), 인구의 크기(N), 소득분배(I) 등

(3) 수요량의 변화와 수요의 변화
① 수요량의 변화 : 가격 이외에 수요에 영향을 미치는 변수, 예를 들면 인구, 소득, 타재화의 가격 등은 일정한 채 그 재화의 가격만이 변화하여 수요곡선상에서의 이동으로 나타나는 것
② 수요의 변화 : 수요함수에서 가격 이외의 수요결정요인의 변화, 즉 여타의 여건이 일정하다고 가정했던 요인들이 일정하지 않게 되면, 모든 임의의 가격수준에서 수요량 자체가 변동하게 되는데 이를 수요곡선의 이동인 수요의 변화

2. 공 급

(1) 공급의 개념
① 공급(Supply) : 공급자가 일정기간동안 어떤 재화나 용역을 판매하고자 하는 욕구
② 공급량 : 공급자가 일정기간동안 재화·용역을 판매하고자 하는 양

(2) 공급함수의 결정요인
당해 재화의 가격(P_x), 타 재화의 가격(P_{x-1}), 생산요소의 가격(F), 기업의 목표(G), 기업간의 경쟁 등

(3) 공급량의 변화와 공급의 변화
① 공급량의 변화 : 공급량의 변화는 주어진 공급함수 $S_x = f(S_x)$에서 가격변화에 대응하는 공급량의 증감을 의미한다.
② 공급의 변화 : 가격 이외의 공급변화요인 때문에 공급곡선 자체가 이동하게 되는 경우

3. 수요와 공급의 탄력도

(1) 수요의 탄력성

$$탄력성 = \frac{종속변수의\ 변화율}{독립변수의\ 변화율}$$

✢ 가격탄력도와 소비자의 총지출액

가격탄력도의 크기	소비자 총지출액($P \cdot Q$)	
	가격하락시	가격상승시
$0 < \varepsilon < 1$	감 소	증 가
$\varepsilon = 1$	불 변	불 변
$\varepsilon > 1$	증 가	감 소

(2) 공급의 탄력성

① 개념 : 가격의 변화에 대응하여 공급량의 변동 정도
② 공급탄력성의 결정요인 : 생산비, 기술수준, 상품의 성격, 기간의 장단, 진입장벽 등

4. 수요·공급이론의 응용

(1) 가격통제제도

① 최고가격제 : 전쟁 또는 기타의 요인으로 물가가 급격히 상승하거나 그 가능성이 있을 때, 가격안정과 소비자 보호를 위해서 정부가 재화의 판매가격을 일정수준 이하로 지정하는 것
② 최저가격제(최저임금제) : 열악한 생산자(농민)나 노동자를 보호하기 위하여 정부가 특정재화나 용역의 하한가를 정하여 그 이하로 가격이 내려가지 못하도록 통제하는 제도
③ 이중가격제(이중곡가제) : 정부가 균형가격 이상의 높은 가격으로 농산물을 구매하여 낮은 가격으로 소비자에게 판매하는 제도로서 생산자와 소비자를 모두 보호하기 위한 제도
④ Parity 가격정책 : 패리티 가격이란 어떤 연도를 기준으로 하여 비교연도에 있어서 농민들이 판매하는 농산물의 가격지수가 농민들이 구입하는 공산품의 가격지수와 같게 되도록, 즉 균형을 유지하도록 정부가 정책적으로 설정하는 농산물의 지지가격

(2) 조세부담의 귀착

수요 및 공급	수요자 부담 및 공급자 부담
① 수요가 완전탄력적이고 공급이 일반적인 경우	없음 모두 부담
② 수요가 일반적이고 공급이 완전탄력적인 경우	모두부담 없음
③ 수요가 공급보다 더 탄력적인 경우	수요자부담 < 공급자부담
④ 수요가 공급보다 덜 탄력적인 경우	수요자부담 > 공급자부담
⑤ 수요와 공급의 탄력도가 동일한 경우	수요자부담 = 공급자부담

소비자이론

1. 한계효용이론

(1) 가치의 역설

인간에게 유용한 물의 가격은 매우 낮은데 비하여, 전혀 존재하지 않더라도 살아가는데는 유용성이 그리 크지 못한 다이아몬드의 가격은 매우 높게 형성되는 사실을 지적하였는데 이를 가치의 역설이라고 한다.

(2) 소비자잉여

소비자가 그 재화없이 지내는 것보다는 그것을 얻기 위해 기꺼이 지불할 용의가 있는 가격이 실제로 지불하는 가격을 초과하는 부분

2. 무차별곡선의 성질

① 무차별곡선은 우하향하는 형태를 띤다.
② 무차별곡선은 원점에서 멀어질수록 더 높은 효용수준을 나타낸다.
③ 서로 다른 무차별곡선은 교차하지 않는다.
④ 무차별곡선은 원점에 대해 볼록하다.
⑤ 한계대체율체감의 법칙 : 동일한 효용수준을 유지하면서 Y재를 X재로 대체해 감에 따라 한계대체율이 점점 감소하는 현상

3 생산자이론

1. 생산이론

(1) 총생산물, 한계생산물, 평균생산물

① 총생산물 : 매기당 주어진 일정한 자본(K) 상태에서 노동의 투입량을 변화시킬 때 일정 노동 투입량으로 최대한 산출되는 총량

② 한계생산물 : 추가적인 노동 1단위 변화가 총생산물에 얼마만큼의 변화를 초래하는가를 나타 내는 것으로서, 노동투입 변화분(ΔL)에 대한 총생산물 변화분(ΔTP)

③ 평균생산물 : 평균생산물(AP)은 총생산물을 생산에 사용된 노동량으로 나눈 것

(2) 생산자 균형

① 등비용선 : 주어진 총비용으로 구입가능한 생산요소의 조합을 그림으로 나타낸 것으로 소비 자이론의 예산선과 동일한 개념

② 기술진보와 생산자균형의 이동 : 기술진보란 동일한 산출량을 더 적은 요소로 생산하거나, 동 일한 생산요소로 더 많은 산출량을 가져오는 것

③ 확장선 : 생산요소가격은 일정할 때 총비용을 증대시키면 이동하는 생산자 균형점을 연결한 선

2. 비용이론

(1) 단기비용함수와 단기비용곡선

① 총비용 : 기업이 생산 · 판매를 통하여 재생산활동을 지속시켜 나가는데 직접 · 간접으로 필요 로 하는 비용의 총액

② 한계비용 : 1단위를 증가시킬 때 증가하는 총비용의 증가분으로 각 생산량 수준에 대응하는 총비용곡선의 접선의 기울기 값

(2) 장기비용함수와 장기비용곡선

① 장기비용함수와 장기비용곡선 : 장기비용곡선은 각 생산설비에 대응하는 단기비용곡선 중에 서 주어진 생산량을 최소의 비용으로 생산할 수 있는 점들을 연결하여 구할 수 있으며 각각 의 산출량수준에서 최소의 비용으로 생산할 수 있는 단기총비용곡선의 포락선

② 규모의 경제와 장기비용곡선 : 규모의 경제란 산출량이 증대될 때 LAC 가 감소하는 것을 말하 며, 규모에 대한 보수불변은 산출량의 변화에 관계없이 LAC 가 일정한 경우를, 규모의 불경 제란 산출량이 증대함에 따라 LAC 가 증가하는 것

Chapter 4 : 시장이론

1. 시장이론의 기초

(1) 시장의 형태

시장종류 구별기준	완전경쟁	독 점	과 점	독점적 경쟁
참가자의 수 상품의 동질성 진입의 자유 시장지배력 가격설정권 시장정보	다수(소규모 영세기업) 완전동질품 완전자유 전혀 없음 없음(가격순응자) 완전한 정보	하 나 대체불가능한 동질품 금 지 상당히 큼 있 음 제한된 정보	소수의 대기업 동질 또는 이질 제 한 어느 정도 있음 상당 정도 있음 가변적 시장정보	다수(소규모 영세기업) 동종의 이질품 어느 정도 자유 어느 정도 있음 어느 정도 있음 완전경쟁과 비슷
예	농수산물 · 증권시장	담배, 전기, 수도, 철도	철강, 자동차, 시멘 트, 전자제품 등	식당, 다방, 약국, 주유소 등

(2) 기업의 이윤극대화를 위한 행동원리

$\pi = TR - TC$

① 필요조건 : $MR = MC$

② 충분조건 : $dMR < dMC$(MR 곡선의 기울기 $< MC$ 곡선의 기울기)

2. 실물시장의 형태

(1) 완전경쟁시장

$P = AR = MR$

(2) 독점시장

① 독점의 특징

ㄱ 독점기업의 공급량은 시장 전체의 공급량과 일치(독점산업＝독점기업)

ㄴ 독점기업은 시장지배력을 가진다. → 가격설정자 → 가격차별이 가능

ㄷ 밀접한 대체재가 존재하지 않는다.

② 독점의 원인 : 자연독점, 시장의 절대규모가 작은 경우, 시장에 진입장벽이 있는 경우

③ 독점기업의 단기공급곡선 : 독점기업의 경우는 공급곡선이 정의되지 않는다.

④ 가격차별 : 독점기업이 시장조건에 따라 동일 제품의 가격을 다르게 책정하는 경우, 시장별로 가격차이를 두는 것

⑤ 독점시장에 대한 규제 : 최고가격제도, 조세부과

1. 생산요소 고용량과 가격

(1) 생산요소에 대한 수요의 가격탄력도
① 생산요소의 대체정도가 많을수록 생산요소에 대한 수요의 탄력도는 크다.
② 상품에 대한 수요탄력도가 클수록 생산요소에 대한 수요탄력도는 크다.
③ 요소의 사용비용이 총생산비에 차지하는 비중이 클수록 생산요소에 대한 수요의 가격탄력도는 크다.
④ 생산요소에 대한 수요의 탄력도는 단기에서보다 장기에서 더 크다.

(2) 생산수요곡선과 생산공급곡선
① 생산수요곡선 : 상품시장이 완전경쟁적일 경우에는 한계수입(MR)과 산출물의 가격(P)이 항상 일치하므로, 한계생산물가치가 바로 수요곡선이 된다.
② 생산요소 공급곡선 : 완전경쟁이므로 개별기업은 요소가격에 영향을 미칠 수 없으므로 개별기업의 요소공급곡선은 주어진 요소가격수준에서 수평선이다.

2. 지대 · 이자 · 이윤

(1) 지 대
일정기간 동안 토지라는 생산요소가 제공하는 서비스(용역)에 대한 가격으로 토지소유자의 소득으로 귀속되는 임대료를 말하는 것

(2) 이 자
① 개념 : 자본용역의 사용에 대해서 지불되는 가격
② 명목이자율＝실질이자율＋예상인플레이션율

(3) 이 윤
기업가의 경영에 대한 대가로서 총수입에서 경제학적 비용을 공제하여 구한다.

(4) 계층별 소득분배
① 10분위 분배율

$$10분위\ 분배율 = \frac{최하위\ 40(\%)소득계층의\ 소득}{최상위\ 20(\%)소득계층의\ 소득}$$

② 로렌츠곡선 : 계층별 소득분포자료에서 인구의 누적점유율과 소득의 누적점유율 사이의 대응관계를 표시한 것으로 소득분배가 균등할수록 로렌츠곡선은 대각선에 가까워진다.
③ 지니계수 : 로렌츠곡선이 나타내는 소득분배상태를 하나의 숫자로 나타낸 것
④ 파레토계수 : α(파레토계수)가 클수록 소득분배가 평등하다.

공공경제학과 후생경제학

1. 자원배분의 효율성과 파레토 최적

(1) 파레토 효율

경제학에서 선택하는 가장 무난한 효율성 기준은 파레토 최적(Pareto Optimum)이며, 파레토 최적상태에서는 사회후생수준, 즉 사회적 잉여(소비자 잉여＋생산자 잉여)의 극대가 달성되기 때문에 파레토 최적상태에서 자원배분의 효율성이 달성되는 것

(2) 소비와 생산의 파레토 최적

한 경제 내에 존재하는 자원(L, K)으로 X, Y재를 최대한 효율적으로 생산하여 더 이상 사회적 효용극대를 달성할 수 없는 상품분배상태, 즉 소비와 생산의 동시적 파레토 최적이 달성됨과 동시에 소비자의 선호가 X, Y재의 생산물 구성에 반영되어 경제 전체의 효율적인 자원배분이 달성되는 상태

(3) 차선의 이론

하나 이상의 효율성조건이 이미 파괴되어 있다면 만족하는 효율성조건의 수가 많아진다고 해서 사회적 후생이 더 증가한다는 보장이 없음을 보여주는 이론

2. 시장실패의 원인과 대책

시장실패의 원인	대 책
공공재의 존재	공적 공급(조직)
외부효과의 발생	공적 유도(보조금), 정부규제(권위)
자연독점	공적 공급(조직), 정부규제(권위)
불완전 경쟁	정부규제(권위)
정보의 비대칭성	공적 유도(보조금), 정부규제
사적 목표의 설정(내부성)	민영화
X-비효율, 비용체증	민영화, 정부보조 삭감, 규제완화
파생적 외부효과	정부보조 삭감, 규제완화
권력의 편재(포획, 지대추구)	민영화, 규제완화

거시경제학의 기초

1. 국민총생산

(1) 국민총생산(GNP)

일정기간 동안에 일국의 국민에 의해서 생산된 최종생산물을 시장가격으로 평가한 총가치의 합계

(2) 기타 국민소득지표

① 국내총생산 : 일정기간 동안에 한 나라의 국경 안에서 생산된 모든 최종생산물의 시장가치
② 국민순생산
  NNP＝GNP－감가상각비＝순부가가치의 합계

2. 국민소득결정이론의 응용

(1) 절약의 역설

개인이 절약을 하여 저축을 증가시키면 오히려 총수요가 감소하고 그 결과 국민소득이 감소하여 국민경제 전체적으로 볼 때 총저축이 늘어나지 않거나 오히려 감소되는 현상

(2) 인플레이션 갭(Gap)과 디플레이션 갭(Gap)

① 인플레이션 갭 : 현재의 총수요가 완전고용 균형국민소득을 달성하는 총수요 수준보다 초과하고 있을 때의 갭(총수요 초과분)
② 디플레이션 갭 : 현재의 총수요가 완전고용 균형국민소득을 달성하는 총수요 수준에 미달하고 있을 때의 갭(총수요 부족분)

1. 절대소득가설(케인즈)

소비함수는 다른 요인들이 일정불변이라는 가정하에 단순히 당기 소득(Y)과 소비(C) 사이의 관계로 정의

2. 소비이론의 발전

(1) 상대소득가설

한 개인의 소비는 그 개인의 현재소득 뿐만 아니라 비교대상이 되는 타인의 소득 및 본인의 과거 최고소득수준에 의존한다는 것

(2) 항상소득가설(영구소득가설 : Friedman)

① 임시소비와 임시소득간의 상호독립성
② 항상소득과 임시소득 사이나, 항상소비와 임시소비 사이에도 상호독립적인 관계
③ 항상소비는 항상소득의 함수라는 관계 성립

(3) 라이프사이클가설(생애주기가설)

소득수준의 변화에 따라 저축도 유년기와 노년기에는 음($-$)의 저축을, 중년기에는 양($+$)의 저축

3. 투자함수론

(1) 투자의 개념

① 투자 : 실물자본의 증가와 유지를 위한 지출
② 투자의 성격 : 불안정성, 이중성, 불확실성 등

(2) 현재가치법(PV법)

기업의 투자결정이 투자에 의해서 장래에 발생될 것으로 예상되는 기대수익의 현재가치가 극대화될 때 이루어진다는 것

(3) 가속도원리

국민소득의 증가분에 대한 일정비율이 투자증가로 나타난다는 이론, 즉 소비재 수요의 증가가 새로운 투자의 유발과정을 가져오는 효과

Chapter 9 : 화폐금융론

1. 화폐의 공급

(1) 화폐의 기능

본원적 기능(교환수단, 가치척도), 파생적 기능(지급수단, 가치저장의 수단, 회계의 단위)

(2) 통화량과 통화지표

① 통화(M_1)＝민간보유현금(현금통화)＋은행의 요구불예금(예금통화)
② 총통화(M_2)＝통화량(M_1)＋준통화＝통화량(M_1)＋저축성예금＋거주자 외화예금

(3) 예금은행의 예금통화창조

① 신용창조 : 시중은행이 예금을 바탕으로 대출을 하여 예금통화를 증가시키는 것
② 예금통화창조

$$D_n = \frac{(1-r)}{r} \times S \cdots \text{필립스 공식}$$

(4) 금융정책

① 금융정책의 의의 : 정부가 직접적으로 또는 중앙은행을 통하여 간접적으로 통화량이나 이자
② 금융정책수단
　㉠ 일반적 금융정책수단(양적 금융정책) : 공개시장 조작정책, 재할인율 정책, 지불준비율 정책
　㉡ 선별적 금융정책수단(질적 금융수단) : 대출한도제, 이자율규제, 창구규제, 도의적 설득 등

2. 화폐의 수요

(1) 고전학파의 화폐수요이론

① 거래수량설(교환방정식) : $MV = PY$
② 현금잔고 수량설 : $Md = k \cdot P \cdot Y$ (k : 마샬의 k)

(2) 케인즈의 화폐수요이론(유동성 선호설)

① 유동성 선호설 : 사람들이 자산을 보유할 경우 이를 증권 등의 투자의 형태로 가지지 않고, 화폐·당좌예금과 같은 유동적 형태로 가지는 것을 선택하는 욕구(화폐에 대한 수요)
② 화폐수요의 동기 : 거래적 동기, 투기적 동기, 예비적 동기
③ 유동성함정 : 이자율이 매우 낮은 수준(증권가격이 매우 높은 수준)이 되면 개인들의 화폐수요곡선이 수평선이 되는 구간(화폐수요의 이자율탄력도＝∞)이 도출되는데 이를 유동성함정이라고 한다.

거시경제의 일반균형

1. 거시경제의 수요측면(IS-LM모형)

(1) IS곡선(실물경제)
① IS곡선 : 생산물시장에서 총수요(주입)와 총공급(누출)을 균형시켜 주는 국민소득(Y)과 이자율 (r)의 조합을 좌표평면(r, Y 평면)상에 표시한 궤적
② IS곡선의 기울기 : IS곡선은 우하향하는 형태

(2) LM 곡선(화폐경제)
① LM 곡선 : 화폐시장을 균형시켜 주는 이자율(r)과 국민소득(Y)과의 조합을 좌표평면(r, Y) 상에 표시한 궤적
② LM 곡선의 기울기
　㉠ 케인즈학파 : h크다 → LM완만 → 금융정책은 효과없음
　㉡ 통화주의학파 : h작다 → LM급경사 → 금융정책은 효과적

(3) 재정정책과 금융정책
① 재정정책 : 정부지출과 조세를 변화시켜 경제성장, 물가안정, 완전고용, 국제수지균형, 균등한 소득분배 등의 정책목표를 달성하려는 경제정책
② 금융정책 : 중앙은행이 각종 금융정책수단을 사용하여 물가안정, 경제성장, 완전고용, 국제수지균형 등의 정책목표를 달성하려는 경제정책

2. 거시경제의 공급측면(AD-AS모형)

(1) 총수요(AD)곡선
상품시장과 화폐시장을 균형시키는 물가와 국민소득수준 조합의 궤적

(2) 총공급곡선(AS)
총공급곡선은 노동시장과 총생산함수의 분석으로부터 유도할 수 있다.

인플레이션과 실업

1. 실업이론

(1) 실업의 개념과 종류
① 개념 : 일할 의사와 능력을 가진 사람이 정상적인 임금수준에서 일자리를 갖지 못한 상태
② 실업의 종류 : 마찰적 실업(자발적 실업), 경기적 실업, 구조적 실업, 계절적 실업, 기술적 실업 등

(2) 실업의 발생과정
① 고전학파 : 고전학파의 경우 노동시장에서의 임금의 신축성으로 인해 완전고용(이 때에도 자발적 실업은 존재함)이 항상 달성
② 케인즈학파 : 케인즈는 가격의 신축성 문제와 관련하여 고전학파와는 달리 특히 노동시장에서 임금이 상하 양방으로 신축적이지 않고 하방경직성을 갖는다고 보았다.

2. 인플레이션이론

(1) 인플레이션의 개념
일반물가수준이 지속적으로 상승하는 현상

(2) 인플레이션의 유형과 효과
① 인플레이션의 유형
  ㉠ 물가상승속도에 따른 분류 : 서행성 인플레이션, 주행성 인플레이션, 초 인플레이션
  ㉡ 정부의 직접통제 유무에 의한 분류 : 억압 인플레이션, 개방 인플레이션
  ㉢ 발생원인에 따른 분류 : 수요견인 인플레이션, 비용인상 인플레이션, 공급애로(병목) 인플레이션, 수요이동 인플레이션
  ㉣ 경기상태에 따른 분류 : 진정 인플레이션, 반 인플레이션, 스태그플레이션
② 인플레이션의 효과 : 자산(부)의 재분배, 소득의 재분배, 국제수지의 악화, 자원배분, 저축 감소 등

(3) 필립스곡선과 스태그플레이션
① 필립스곡선 : 필립스곡선은 물가상승률(인플레이션율)과 실업률간의 역의 관계를 나타낸다.
② 필립스곡선과 스태그플레이션 : 물가상승률도 높아지고 경기도 침체(즉, 실업률 증가)하는 스태그플레이션현상이 발생 → 필립스곡선의 우상방 이동(필립스곡선의 불안정성)

Chapter 12 : 경기변동, 경제성장 및 경제발전이론

1. 경기변동과 종류

(1) 경기변동

① 경기변동의 개념 : 생산, 고용, 물가수준 등 국민경제의 총체적 활동수준이 시차를 가지고 변동하는 현상

② 경기변동의 원인 : 태양흑점, 전쟁, 혁명 및 정변, 금의 발견, 인구의 증가, 신자원의 개발과 영토의 확장, 과학적 발명이나 기술혁신, 소비 및 투자 등 유효수효의 변동 등

(2) 경기변동의 4국면

경기변동은 호경기, 후퇴기, 불경기, 회복기의 4단계로 주로 구분

2. 경제성장론

(1) 고전학파의 성장이론

경제성장의 공급적 측면, 즉 생산능력의 증대만을 고려한 성장이론

(2) 솔로우(R. M. Solow)의 성장이론

생산요소간 대체가 기술적으로 가능하며 생산요소가격이 신축적으로 조정될 수 있다는 가정 도입

(3) 최적성장이론

이윤율＝인구증가율인 성장경로가 1인당 소비를 극대로 하는 최적성장경로

3. 경제발전이론

(1) 경제발전의 개념

경제성장은 총체적인 생산량의 증대추세(경제의 양적 증대)를 의미하는데 비해 경제발전은 경제사회의 모든 변화까지 고려(경제의 양적 및 질적 향상)하는 보다 더 포괄적인 개념

(2) 경제성장론과 경제발전론의 차이

① 경제성장론 : 경제외적인 요소를 무시하고 몇 개의 경제변수를 중심으로 지속적인 경제성장이 가능한 조건을 규명하는 이론

② 경제발전론 : 경제외적인 요소까지 포함하여 분석하고, 질적인 문제도 취급하며 보다 포괄적인 이론

Chapter 13 국제경제학

1. 국제무역론

(1) 국제무역의 정태이론

① **스미스의 절대생산비설** : 각국이 다른 국가보다 생산비가 저렴한(절대우위에 있는) 상품만을 생산(특화)하여 서로 교환함으로써 상호이익을 얻기 때문에 국제무역이 발생한다고 보는 이론

② **리카도의 비교생산비설** : 한 나라가 다른 나라에 비하여 모든 상품에 절대우위를 가진다 하더라도, 각국은 비교생산비가 저렴한 재화를 특화·생산하여 무역을 할 경우 상호이익이 증대된다는 이론

③ **근대적 비교생산비설** : 리카도의 비교생산비설에서 노동이 유일한 생산요소이고 기회비용은 일정불변이라는 가정을 수정하여, 생산요소에 자본·토지를 포함시키고 기회비용도 변동하는 것으로 보고 이론 전개

④ **헥셔-오린 정리** : 비교우위의 원인을 각국에 있어서의 생산요소의 부존량의 차이에서 설명하고, 또 생산요소가 국제간에 이동되지 않더라도 상품무역에 의하여 생산요소의 상대가격이 국제간에 균등화하는 경향이 있다는 일련의 이론

⑤ **레온티에프의 역설** : 자본이 상대적으로 풍부한 국가로 생각되는 미국이 오히려 자본집약적 재화를 수입하고 노동집약적 재화를 수출하고 있다는 사실 발견

(2) 국제무역의 동태이론

① **제품사이클이론(제품수명주기론)** : 신제품단계에서는 미국이 비교우위를 가지게 되지만, 성숙·표준화단계로 이행하게 됨에 따라 중진국·후진국들로 비교우위 이전

② **대표적 수요이론** : 무역거래국의 수요구조가 유사할수록 공산품의 무역량이 많아진다는 이론

③ **기술격차론** : 기술혁신을 먼저 달성한 국가는 다른 국가가 이 기술혁신을 모방하는데까지 걸리는 모방갭 기간동안 해당재화에 비교우위를 가지며 모방갭 기간동안 그 해당상품의 수출을 일시적으로 독점한다는 이론

(3) 교역조건

$$교역조건 = \frac{수입상품\ 수량}{수출상품\ 수량} = \frac{수출상품\ 상대가격}{수입상품\ 상대가격} = \frac{수출물가지수}{수입물가지수}$$

(4) 무역정책론

① **자유무역주의** : 무역활동을 자유롭게 방임하는 것이 국가적으로나 세계적으로나 다같이 이익이 된다는 이론

② **보호무역주의** : 보호무역주의는 국가가 적극적으로 무역활동에 간섭하여 국가산업을 보호·육성하고 경제성장을 위하여 국가가 적극적으로 수출을 통제하고 수입을 제한해야 한다는 이론

③ **신보호무역주의** : 신흥공업국들의 급속한 공업화에 따라 선진국의 일부 산업의 국제경쟁력이 크게 악화된데 근본적인 이유

2. 환율이론

(1) 환율의 기초개념
① 환율 : 일국 화폐의 대외가치, 즉 외화 또는 외국환어음에 대한 구매력
② 환율의 변동
  ㉠ 환율상승(＝평가절하) : 외화 1단위를 획득하기 위해서 지불해야 하는 자국화폐의 양이 증가한 것을 의미하고, 이는 외화에 비하여 자국의 화폐가치 하락
  ㉡ 환율하락(＝평가절상) : 외화 1단위를 획득하기 위해서 지불해야 하는 자국화폐의 양이 감소하는 것을 의미하고, 이는 외화에 비하여 자국의 화폐가치 상승

(2) 환율결정학설
① 국제대차설 : 고센(G. T. Gossen), 한 나라의 환율은 그 나라의 외환의 수요와 공급에 의해서 결정되고, 외환의 수요와 공급은 대외채권·대외채무, 즉 국제대차에 의해 결정
② 구매력 평가설 : 카셀(G. Cassel), 한 나라의 환율은 두 교역국간의 화폐의 구매력(자국화폐의 국내구매력과 외국화폐의 외국에서의 구매력)의 비율에 의해서 결정
③ 환심리설 : 아프탈리옹(A. Aftalion), 개별경제주체의 외환에 대한 심리적·종합적 평가이며, 이러한 심리적 요인은 질적 요인(구매력, 채무지불능력, 환율예상)과 양적 요인(국제수지상태, 자본이동)으로 구분

(3) 평가절상과 평가절하의 효과

평가절상(환율인하)	평가절하(환율인상)
$1=₩700 ← $1=₩800 → $1=₩1,000	
• 수입증가 • 수출감소 • 국내경기침체 가능성 • 외채부담 감소 • 국제수지 악화	• 수출증가 • 수입감소 • 인플레이션 발생가능성 • 외채부담 증가 • 국제수지 개선

(4) 환율제도
① 고정환율제도 : 금본위 또는 정부가 환율을 일정수준으로 고정시키고 이의 유지를 위해 중앙은행이 외환시장에 개입하는 제도
② 변동환율제도 : 정부가 외환시장에 전혀 개입하지 않고 환율이 외환의 수요와 공급에 의해서 자동적으로 결정되도록 방임하는 제도

01 다음 설명 중 규범경제학(Normative Economics)의 범주에 포함되는 내용으로 타당한 것은?

2016. 12. 3. 국민연금공단

① 생산요소의 고용을 늘리면 한계수확이 점차 줄어든다.
② 유치산업을 보호하기 위해서 수입관세를 인상해야 한다.
③ 완전경쟁기업이 독점화되면 사회적 순후생손실이 발생한다.
④ 정부의 확대재정정책은 이자율을 상승시켜 민간투자를 감소시킨다.
⑤ 철강수입을 규제하면 철강산업의 고용이 증대된다.

①, ③, ④, ⑤ 실증경제학(Positive Economics)의 범주에 포함되는 내용이다.

보충설명

규범경제학(Normative Economics)
1. 가치판단에 의해 어떤 경제상태는 바람직하고 어떤 경제상태는 바람직하지 못하다는 것을 설명하는 지식체로서, 마땅한 경제상태(당위, Sollen)를 추구하는 경제학의 이론지향
2. 경제의 있는 그대로(존재, Sein)의 모습을 기술하는 실증경제학의 결과를 응용하여 경제활동과 조직의 최적화 시도
3. 경제문제를 어떻게 해결할까, 경제의 제도적 장치를 어떻게 변화시키는 것이 바람직한가 등 경제정책의 기초가 되는 순수이론의 확립과 여러 가지 정책목표를 추구하는 구체적 정책론의 전개 지향

02 어떤 출판사가 1권에 5,000원에 팔 책을 출판하려고 한다. 책을 출판하는 데는 고정비용이 210만원 들며, 변동비용은 1권당 2,000원이다. 다음 중 이 책에 관한 손익분기점은?

2016. 12. 3. 국민연금공단

① 350권　　　　　　　　　　② 500권
③ 700권　　　　　　　　　　④ 1,000권
⑤ 1,500권

손익분기점은 총비용과 총수입이 일치하는 점이다.
총비용 $= 2,100,000 + 2,000 \times Q$, 총수입 $= 5,000 \times Q$이므로
$2,100,000 + 2,000Q = 5,000Q$
$\therefore Q = 700$권

03 한 산업에 두 기업이 있다고 하자. 경기침체로 인해 두 기업이 가격을 인하할 것인지 아니면 그대로 유지할 것인지 고민하고 있다. 각각의 경우 보수행렬은 다음과 같다. 괄호 안의 첫 번째 숫자는 기업 1의 보수(억원)를, 두 번째 숫자는 기업 2의 보수(억원)를 각각 나타낸다. 이 게임에서 내쉬균형은 몇 개인가?   ✐ 2016. 12. 3. 국민연금공단

		<기업 2>	
	구 분	가격 인하	가격 유지
<기업 1>	가격 인하	(20, 20)	(5, 10)
	가격 유지	(10, 5)	(10, 10)

① 0개   ② 1개
③ 2개   ④ 3개
⑤ 4개

🔍 ② 기업 1이 가격을 인하하면 기업 2도 가격을 인하하고, 기업 2가 가격을 인하하면 기업 1도 가격을 인하할 것이다. 또한, 기업 1이 가격을 유지하면 기업 2도 가격을 유지하고, 기업 2가 가격을 유지하면 기업 1도 가격을 유지할 것이다. 즉, 문제의 게임에서는 '가격 인하 – 가격 인하'와 '가격 유지 – 가격 유지'의 두 개의 내쉬균형이 존재한다.

> **보충설명**
>
> 내쉬균형(Nash Equilibrium)
> 1. 의의 : 상대방의 전략을 주어진 것으로 보고 자신의 이익을 극대화하는 전략을 선택할 때 도달하는 균형으로 존재하지 않을 수도, 복수로 존재할 수도 있으며, 게임이론에서 일반적으로 사용하는 균형개념이다.
> 2. 특징
>   ㉠ 내쉬균형은 상대방의 최적 전략에 대해서만 최적 대응이 될 수 있는 전략의 존재를 요구한다.
>   ㉡ 우월전략균형은 반드시 내쉬균형에 포함되어야 하지만, 내쉬균형은 우월전략균형에 포함되지 않을 수도 있다.
>   ㉢ 내쉬균형상태에서는 더 이상 전략수정에 대한 유인이 없으므로 안정적이다.
>   ㉣ 협력의 가능성이 없으며, 협력의 가능성이 있는 게임을 설명하지 못한다.
>   ㉤ 혼합전략하에서는 모든 게임에 있어 내쉬균형이 항상 존재한다.

04 치킨의 가격이 5,000원에서 10,000원으로 상승했을 때 수요량이 6개에서 3개로 감소했다면, 이때 치킨수요의 가격탄력성은?   ✐ 2016. 6. 4. 국민연금공단

① $\frac{1}{2}$ ② $\frac{1}{3}$

③ 1   ④ $\frac{3}{2}$

⑤ 2

🔍 치킨수요의 가격탄력성 $\varepsilon = -\dfrac{\text{수요량의 변화율}}{\text{가격의 변화율}} = -\dfrac{\Delta Q}{\Delta P} \times \dfrac{P}{Q} = -\left(\dfrac{-3}{5,000}\right) \times \dfrac{5,000}{6} = \dfrac{1}{2}$

05 경제학에서는 양을 나타내는 변수로서 유량(Flow)변수와 저량(Stock)변수를 구분하여 사용한다. 다음 중 저량변수에 해당하는 것은?　　　　🌀 2016. 6. 4. 국민연금공단

① 소　비
② 저　축
③ 수　요
④ 국내총생산(GDP)
⑤ 종합주가지수

🔎 유량변수와 저량변수

구 분	의 의	종 류
유량변수	어느 일정기간(1년 또는 1개월)이 명시되어야만 측정과 수량화가 가능한 변수들	소비, 저축, 소득, 생산량, 이윤, 투자, 수요, 공급, 인구변동, 재고변동, 국민총생산 등
저량변수	일정기간의 명시가 없어도 어느 한 시점에서 측정이 가능한 변수들	인구, 자본, 국부, 통화(량), 재고, 종합주가지수 등

06 다음 중 정부지출 증대의 결과로 타당하지 않은 것은?　　　　🌀 2016. 6. 4. 국민연금공단

① 고용 증가
② 물가 상승
③ 민간투자의 증가
④ 민간소비의 증가
⑤ 국민소득의 증가

🔎 정부지출 증대의 효과
• 국민소득 증가　• 이자율 상승
• 조세수입 증가　• 민간투자 감소
• 민간소비 증가　• 물가 상승
• 고용 증가　　　• 저축 증대

07 생산가능곡선(Production Possibility Curve)이 원점에 대해 오목한 경우에 한 재화의 생산이 증가함에 따라 그 재화의 기회비용은?　　　　🌀 2016. 6. 4. 국민연금공단

① 점점 증가한다.
② 점점 감소한다.
③ 처음에는 증가하지만 나중에는 감소한다.
④ 처음에는 감소하지만 나중에는 증가한다.
⑤ 아무런 변화가 없다.

🔎 ① 생산가능곡선이 원점에 대하여 볼록하면 기회비용이 체감하고, 오목하면 기회비용이 체증한다. 생산가능곡선의 기울기의 절대값은 X재 생산을 1단위 증가시킬 때 희생(감소)하는 Y재의 수량으로 표시되며 X재 1단위의 기회비용(한계변환율)을 Y재의 수량으로 표시한다.

08 두 나라 간의 자유무역협정(FTA)이 체결되어 농산물수입관세가 철폐되었다. 이 자유무역 협정으로부터 이득을 보기 어려운 계층을 모두 묶은 것은? ◎ 2016. 6. 4. 국민연금공단

┌─ 보기 ┐
ㄱ 농산물수입국의 농가   ㄴ 농산물수입국의 정부
ㄷ 농산물수출국의 농가   ㄹ 농산물수입국의 소비자
ㅁ 농산물수출국의 소비자
└──────────────────────────────────────┘

① ㄱ, ㄴ, ㄷ   ② ㄱ, ㄴ, ㅁ

③ ㄱ, ㄴ, ㄹ   ④ ㄱ, ㄹ, ㅁ

⑤ ㄴ, ㄹ, ㅁ

🔍 ㄱ, ㄹ 농산물수입관세가 철폐되면 수입국의 국내가격이 하락하여 국내생산과 생산자잉여가 감소하므로 수입국의 농가는 불리해지지만, 소비자는 유리해진다.
　　ㄴ 농산물수입국 정부는 농산물 수입관세가 철폐되면 재정수입이 감소하게 되므로 불리해진다.
　　ㄷ, ㅁ 농산물수출국은 수출이 증가하면서 수출국의 국내가격이 상승하므로 수출국의 농가는 유리해지지만, 소비자는 불리해진다.

09 수요곡선 $Q = 50 - 2P$일 때 재화의 가격이 20원에서 15원으로 하락하면 소비자잉여증 가분은? (단, Q는 수요량이고 P는 가격이다) ◎ 2016. 6. 4. 국민연금공단

① 15   ② 25

③ 50   ④ 75

⑤ 100

🔍 소비자잉여란 소비자가 일정량의 재화 구입에 대하여 지불할 용 의가 있는 금액과 실제로 지불한 금액과의 차액을 말하는 것으로, 재화가격이 20원에서 15원으로 하락할 경우 소비자잉여는 다음 그림의 A와 B의 면적을 합한 만큼 늘어나게 된다.
　• A의 면적 : $10 \times 5 = 50$
　• B의 면적 : $10 \times 5 \times \dfrac{1}{2} = 25$
　∴ 가격 하락에 따른 소비자잉여증가분은 $50 + 25 = 75$이다.

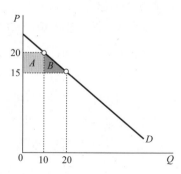

10 경제활동과정에서 제3자에게 의도하지 않은 혜택이나 손해를 끼치면서도 그에 대한 대가를 서로 치르지 않는 것을 의미하는 용어는?   *2016. 6. 4. 국민연금공단*

① 소득효과 ② 외부효과

③ 피구효과 ④ 가격효과

⑤ 톱니효과

② 외부효과 : 어떤 경제활동과 관련하여 다른 사람에게 의도하지 않은 혜택이나 손해를 가져다주면서도 이에 대한 대가를 받지도 않고 비용을 지불하지도 않는 상태

① 소득효과 : 어떤 상품가격이 하락할 때 가격의 하락이 소비자의 실질소득을 증가시켜 그 상품의 구매력이 늘게 되는 효과

③ 피구효과 : 경기불황이 심해짐에 따라 물가가 급속히 하락하고 경제주체들이 보유한 화폐량의 실질가치가 증가하게 되어 민간의 부가 증가하고 그에 따라 소비 및 총 수요가 증대되는 효과

④ 가격효과 : 어떤 재화의 가격변화가 그 재화의 수요(소비)량에 미치는 효과

⑤ 톱니효과 : 한번 올라간 소비수준이 쉽게 후퇴하지 않는 현상을 말하는 것으로, 소비의 상대적 안정성으로 인해 경기후퇴로 소득이 줄어든다 하더라도 소비가 같은 속도로 줄어들지 않기 때문에 소비가 경기후퇴를 억제하는 일종의 톱니작용을 하게 된다는 것

11 다음 중 GDP(국내총생산)계산에 포함되지 않는 것은?   *2016. 6. 4. 국민연금공단*

① 학생의 교과서 구입

② 국내 자동차회사의 공장 신설

③ 국내진출 외국기업의 제품생산

④ 대한민국 국민인 대학교수가 해외에서 강의를 하고 받은 돈

⑤ 당해 생산되었으나 미판매된 컴퓨터의 가치

④는 영토 밖의 생산이므로 GDP(국내총생산)에 포함되지 않는다.

12 다음 중 보기에서 설명하는 법칙으로 옳은 것은?   *2015. 11. 28. 국민연금공단*

┌ 보기 ┐

　　인간의 욕망은 무한한 데 반해 이를 충족시켜줄 수 있는 재화나 용역 등의 경제적 자원은 제한되어 있기 때문에 경제문제가 발생한다는 것으로, 인간의 경제생활에 있어서 선택의 문제가 발생하는 것은 이 법칙 때문이다.

① 한계효용 체감의 법칙 ② 수확 체감의 법칙

③ 수확 체증의 법칙 ④ 이윤극대화의 원칙

⑤ 희소성의 법칙

⑤ **희소성(Scarcity)의 법칙** : 인간의 욕망은 무한한 데 반해 이를 충족시켜줄 수 있는 재화나 용역 등의 경제적 자원은 제한되어 있기 때문에 경제문제가 발생한다는 법칙

① **한계효용 체감의 법칙** : 다른 재화의 소비량이 일정한 상태에서 한 재화의 소비를 증가시킴에 따라 그 한계효용은 점차 감소한다는 법칙

② **수확 체감의 법칙** : 자본과 노동 등 생산요소를 추가적으로 계속 투입해 나갈 때 어느 시점이 지나면 새롭게 투입하는 요소로 인해 발생하는 수확의 증가량은 감소한다는 법칙

③ **수확 체증의 법칙** : 투입된 생산요소가 증가할수록 산출량이 기하급수적으로 증가한다는 법칙

④ **이윤극대화의 원칙** : 기업은 수입과 비용의 차액인 이윤을 극대화하는 것을 행동원리로 한다고 하는 근대경제학의 사고방식

13 생산가능곡선에 대한 설명 중 틀린 것은?

2015. 11. 28. 국민연금공단

① 가변기회비용하에서의 생산가능곡선의 형태는 직선으로 나타난다.

② 곡선 외부의 점은 그 나라의 이용 가능한 자원과 기술로는 도달할 수 없음을 의미한다.

③ 곡선 내부의 점은 그 국민경제가 모든 자원을 충분히 이용하고 있지 않다는 것을 의미한다.

④ 생산가능곡선의 기울기는 한계변환율, 즉 다른 재화 한 단위를 더 생산하기 위해 포기해야 하는 어떤 재화의 양을 가리킨다.

⑤ 생산가능곡선은 생산의 최적성을 나타내므로 등량곡선, 무차별곡선, 계약곡선, 파레토최적 등으로도 표현할 수 있다.

① 생산가능곡선이란 한 나라의 모든 가용자원을 사용하여 생산할 수 있는 두 재화조합의 궤적으로, 가변기회비용하에서의 생산가능곡선은 원점에 대하여 볼록하거나 오목한 곡선의 형태로 나타난다.

14 평균비용(AC)곡선과 한계비용(MC)곡선에 대한 다음 설명 중 옳은 것은?

2015. 11. 28. 국민연금공단

① AC는 MC의 가장 높은 점에서 교차된다.

② MC는 AC의 가장 낮은 점에서 교차된다.

③ AC는 MC의 가장 낮은 점에서 교차된다.

④ MC는 AC의 가장 높은 점에서 교차된다.

⑤ MC와 AC는 서로 교차하지 않는다.

🔍 비용곡선의 관계

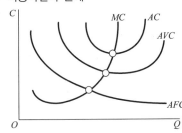

- MC : 한계비용
- AC : 단기평균비용
- AVC : 평균가변비용
- AFC : 평균고정비용

15 다음 중 Lerner의 독점도로 옳은 것은? (단, ϵ 는 수요의 가격탄력성이다)

📎 2015. 11. 28. 국민연금공단

① $\dfrac{MR - MC}{MR}$
② $MR = MC = P$

③ $MR = P\left(1 - \dfrac{1}{\epsilon}\right)$
④ $\dfrac{P - MR}{P} = \dfrac{P - MC}{P}$

⑤ $\dfrac{1}{\epsilon}$

🔍 독점도

- 러너의 독점도 : $d_m = \dfrac{P - MC}{P} = \dfrac{P - MR}{P}$
- 힉스의 독점도 : $d_m = \dfrac{1}{\varepsilon}$

16 인구수 1,000만명인 국가 A 에서 국민의 절반은 개인소득이 100달러이고, 나머지 절반은 개인소득이 200달러이다. 이 국가의 십분위분배율은?

📎 2015. 11. 28. 국민연금공단

① 0.25
② 0.50

③ 1.00
④ 2.00

⑤ 5.00

🔍 국민의 절반은 소득이 100달러이고, 나머지 절반은 200달러인 경우 하위 40%의 소득과 상위 20%의 소득이 동일하므로 십분위분배율 $D = \dfrac{\text{하위 40\%의 소득}}{\text{상위 20\%의 소득}} = \dfrac{100 \times 4}{200 \times 2} = 1$ 이 된다.

17 다음과 같은 내용을 의미하는 원칙은?　⊙ 2015. 11. 28. 국민연금공단

> ━● 보기 ●━
>
> 공급은 스스로 수요를 창출한다.

① 세이의 법칙(Say's Law)
② 엥겔의 법칙(Engel's Law)
③ 수요공급의 원칙(Law Of Demand And Supply)
④ 유효수요의 원리(Theory Of Effective Demand)
⑤ 희소성의 법칙(Law Of Scarcity)

🔍 ① 세이의 법칙(Say's Law) : 공급은 스스로 수요를 창출해낸다는 경제학 법칙으로 판로설(販路說)이라
고도 한다. 생산은 이에 참가한 생산요소에 대해서 이와 같은 소득을 가져오게 하며, 또 소비나 기타
다른 방도를 통하여 그 생산물의 수요가 되기 때문에 공급은 바로 그것에 대한 수요를 낳는 결과를
초래하여 경제 전반에 걸쳐서 과잉생산은 있을 수 없다는 것이다. 따라서 완전고용균형이 성립하며,
정부는 시장에 개입할 필요가 없다는 것이다.
② 엥겔의 법칙(Engel's Law) : 저소득 가계일수록 식료품비가 차지하는 비율이 높고, 고소득 가계일
수록 식료품비가 차지하는 비율이 낮다는 것이다.
③ 수요공급의 원칙(Law Of Demand And Supply) : 일반적으로 재화의 가격이 상승하면 공급은
늘고 수요는 감소하며, 가격이 하락하면 공급이 줄고 수요가 증가한다. 즉, 재화의 가격은 이러한
수요와 공급의 상호관계로 결정되며, 그 가격은 또 다시 수요와 공급에 영향을 미친다는 것이다.
④ 케인스(J. M. Keynes)의 유효수요의 원리(Theory Of Effective Demand) : 세이의 법칙을 비
판하며 케인스가 제시한 이론으로, 총수요의 크기가 총공급을 결정한다는 것이다.
⑤ 희소성의 법칙(Law Of Scarcity) : 인간의 욕망은 무한한 데 반해 이를 충족시켜줄 수 있는 재화나
용역 등의 경제적 자원은 제한되어 있기 때문에 경제문제가 발생한다는 법칙

18 다음 중 통화승수에 관한 설명으로 옳지 않은 것은?　⊙ 2015. 11. 28. 국민연금공단

① 현금통화비율이 감소하면 통화승수가 증가한다.
② 법정지급준비율을 인상하면 통화승수가 증가한다.
③ 중앙은행이 이자율을 인상하면 통화승수가 증가한다.
④ 신용카드 사용이 확대되면 통화승수가 변화될 수 있다.
⑤ 신용카드 사용이 확대되면 일반적으로 통화승수가 증가한다.

🔍 ①·② 통화승수 $m = \dfrac{1}{c + z(1-c)}$ 이므로 법정지급준비율을 인상하면 실제지급준비율(z)이 커지므로
통화승수가 감소하고, 현금통화비율(c)이 낮아지면 통화승수가 증가한다.
③ 이자율을 인상하면 화폐보유의 기회비용이 높아지게 되어 예금이 증가하므로 현금통화비율이 낮아지
게 된다. 따라서 통화승수가 증가한다.
④, ⑤ 신용카드 사용이 확대되면 사람들이 현금보유를 줄이게 되므로 현금통화비율이 낮아진다. 따라서
통화승수가 증가한다.

19 다음은 우리나라가 경기종합지수를 산출할 때 사용하는 경제지표들이다. 이 중 경기선행지수에 속하지 않는 것은?

2015. 11. 28. 국민연금공단

① 건설수주액
② 종합주가지수
③ 소비자기대지수
④ 구인구직자비율
⑤ 제조업가동률지수

⑤ 제조업가동률지수는 실제생산이 얼마나 이루어지고 있는지를 나타내는 것이므로 경기동행지수이다.

보충설명

경기종합지수(CI ; Composite Index)

구 분	경기선행지수	경기동행지수	경기후행지수
의 의	실제 경기순환에 앞서 변동하는 개별지표를 가공, 종합하여 만든 지수	실제 경기순환과 함께 변동하는 개별지표를 가공, 종합하여 만든 지수	실제 경기순환에 후행하여 변동하는 개별지표를 가공, 종합하여 만든 지수
활 용	향후 경기변동의 단기예측	현재 경기상황의 판단	현재 경기의 사후 확인
구성지표	• 구인구직자비율 • 재고순환지표(제조업) • 소비자기대지수 • 종합주가지수 • 건설수주액 • 기계수주액 • 금융기관유동성 • 자본재수입액 • 장단기금리차 • 순상품교역조건	• 비농가취업지수 • 산업생산지수 • 제조업가동률지수 • 건설기성액 • 내수출하지수 • 서비스업활동지수 • 도소매판매액지수 • 수입액(실질)	• 이직자수(제조업) • 상용근로자수(전산업) • 도시가계소비지출(전가구) • 소비재수입액 • 생산자제품재고지수 • 회사채유통수익률

20 X재의 수요가 감소할 때 일어나는 상황에 대한 설명으로 옳은 것은?

2015. 4. 25. 국민연금공단

① 대체재의 가격 하락
② 대체재의 가격 상승
③ 보완재의 가격 상승
④ 보완재의 가격 불변
⑤ 보완재의 수요 증가

X재의 수요 감소 → ┌ 대체재 : 수요 증가 → 가격 상승
　　　　　　　　　└ 보완재 : 수요 감소 → 가격 하락

21 다음 중 수요와 공급의 가격탄력성이 0인 생산물에 물품세를 부과할 경우 조세귀착에 대한 설명으로 옳은 것은?　　　🍡 2015. 4. 25. 국민연금공단

① 정부가 부담한다.　　　　　　　② 생산자가 모두 부담한다.

③ 소비자가 모두 부담한다.　　　　④ 소비자와 생산자가 반씩 부담한다.

⑤ 정부, 소비자, 생산자가 1/3씩 부담한다.

🔎 • 수요의 가격탄력성이 0인 경우 : 수요곡선이 수직인 경우-모두 소비자가 부담
　 • 공급의 가격탄력성이 0인 경우 : 공급곡선이 수직인 경우-모두 공급자가 부담

22 다음 중 가치의 역설에 대한 설명으로 옳은 것은?　　　🍡 2015. 4. 25. 국민연금공단

① 상품의 가격이 오르면 더욱 사려고 한다.

② 상품의 가격은 상품의 만족도와 비례한다.

③ 상품의 가격이 내리면 구매의욕이 사라진다.

④ 상품의 가격과 상품의 만족도가 항상 비례하는 것은 아니다.

⑤ 상품의 가격은 사용가치에 의해 결정된다.

🔎 ④ 가치의 역설이란 물이나 공기의 사용가치는 막대하지만 그 교환가치는 매우 적고, 다이아몬드의 경우 사용가치는 적으나 교환가치는 매우 크다는 것을 말한다. 즉, 재화의 가격은 사용가치(총효용)가 아닌 교환가치(한계효용)에 의해 결정된다는 것이다.

23 다음에서 설명하고 있는 것은?　　　🍡 2015. 4. 25. 국민연금공단

┌─ 보기 ─────────────────────────────────────┐

　주어진 가격 하에서 일정소득으로 구매할 수 있는 두 재화의 수많은 배합들로 이루어진 선을 의미한다.

└──┘

① 엥겔곡선　　　　　　　　　　② 가격소비곡선

③ 무차별곡선　　　　　　　　　④ 소득소비곡선

⑤ 예산선

🔎 ① 엥겔곡선 : 소득의 변화에 따라 소비재의 소비변화를 나타낸 곡선
　② 가격소비곡선 : 한 재화의 가격변화에 따른 소비자균형점을 연결한 곡선
　③ 무차별곡선 : 일정한 효용을 가져오는 두 재화의 소비방법을 직교좌표상에 표시하여 그린 곡선
　④ 소득소비곡선 : 가격이 일정할 때 소득증가에 의하여 나타나는 예산선(가격선)과 무차별곡선과의 접점, 즉 균형구입점을 연결한 곡선

24 다음 중 등량곡선에 대한 설명으로 옳지 않은 것은?   ● 2015. 4. 25. 국민연금공단

① 어떤 상품을 생산하는 데 있어서 동일한 수준의 산출량을 효율적으로 생산해 낼 수 있는 여러 가지 서로 다른 생산요소의 조합을 연결한 곡선이다.

② 등량곡선의 기울기를 한계기술대체율(Marginal Rate of Technical Substitution) 이라 한다.

③ 원점에 대하여 볼록하며, 원점으로부터 멀리 위치한 등량곡선일수록 높은 산출량을 나타낸다.

④ 한계기술대체율체감의 법칙이 적용되지 않을 경우에는 등량곡선이 원점에 대하여 볼록하지 않을 수도 있다.

⑤ 생산요소 간의 대체성이 낮을수록 등량곡선의 형태는 직선에 가깝다.

🔍 ⑤ 등량곡선은 생산요소 간의 대체성이 클수록 완만한 기울기를 가지며, 생산요소 간의 완전대체가 가능하면 일직선의 형태, 생산요소 간의 대체가 불가능하면 L자의 형태를 가진다.

25 가격차별과 관련된 다음 사례 중 성격이 다른 것은?   ● 2015. 4. 25. 국민연금공단

① 극장에서 아침에 상영되는 영화에 할인요금을 적용한다.

② 자동차회사는 차종에 따라 가격을 달리하여 자동차를 판매한다.

③ 구내식당의 점심메뉴는 저녁메뉴와 동일하지만 더 저렴한 가격으로 판매한다.

④ 자동차회사는 동일차종에 대해 해외시장과 국내시장에 다른 가격으로 판매한다.

⑤ 놀이공원의 입장료는 주중보다 주말에 더 비싸다.

🔍 ② 차종이 다르면 서로 다른 재화, 즉 제품의 품질이 다른 것이므로 차종에 따라 가격을 달리하여 자동차를 판매하는 것은 가격차별이 아니다.

26 완전경쟁시장의 일반균형에 대한 다음 설명 중 가장 옳지 않은 것은?
● 2015. 4. 25. 국민연금공단

① 예산집합에서 각 소비자의 효용이 극대화된다.

② 각 생산자의 이윤이 극대화되고 양의 값을 가진다.

③ 한 소비자의 후생을 높이려면 반드시 다른 소비자의 후생이 낮아져야 한다.

④ 선호체계와 생산기술에 대한 몇 가지 가정이 성립할 때 초기부존자원을 적절히 재분배하여 임의의 파레토효율적 배분을 일반균형이 되게 할 수 있다.

⑤ 각 재화시장이 불균형상태에 있을 경우 두 재화의 상대가격 변화를 통해 일반균형이 되게 할 수 있다.

🔍 ② 완전경쟁시장의 일반균형에서는 각 생산자의 이윤은 0이 된다.

27 Tobin의 자산선택이론에서 이자율이 상승할 때의 변화로 옳은 것은?

◉ 2015. 4. 25. 국민연금공단

① 대체효과는 변동되고 소득효과는 변동되지 않는다.
② 위험애호가의 경우에 화폐수요는 일반적으로 증대한다.
③ 소득효과가 대체효과보다 크면 유가증권의 수요는 증가한다.
④ 대체효과가 소득효과보다 크면 유가증권의 수요는 증가한다.
⑤ 소득효과가 대체효과보다 작으면 유가증권의 수요는 감소한다.

🔍 ④ Tobin의 자산선택이론은 이자율 상승시 화폐수요의 증감 여부는 대체효과와 소득효과의 상대적인 크기에 따라 결정된다는 것으로, 대체효과가 소득효과보다 크면 유가증권의 수요가 증가한다.

28 다음 중 통화주의자들에 의할 때 인플레이션의 원인으로 타당한 것은?

◉ 2015. 4. 25. 국민연금공단

① LM곡선의 좌측 이동
② LM곡선의 우측 이동
③ IS곡선의 좌측 이동과 LM곡선의 우측 이동
④ IS곡선의 우측 이동과 LM곡선의 좌측 이동
⑤ IS곡선과 LM곡선의 좌측 이동

🔍 ② 통화주의자들은 생산물시장에서 필요로 하는 통화량을 초과하는 통화공급 때문에 인플레이션이 발생한다고 본다. 즉, 통화량이 증가하면 LM곡선이 우측으로 이동하며, 그 결과 총수요곡선이 우측으로 이동하여 물가가 상승한다는 것이다.

29 다음 중 괄호 안에 들어갈 경제변수로 적당한 것은?

◉ 2015. 4. 25. 국민연금공단

> **보기**
>
> $$실업률 = \frac{실업인구}{(\qquad)} \times 100$$

① 총인구   ② 취업인구
③ 경제활동인구   ④ 비경제활동인구
⑤ 15세 이상의 인구

🔍 실업률은 실업인구를 경제활동인구(취업인구＋실업인구)로 나눈 것이다.

30 자연실업률에 대한 다음 설명 중 옳지 않은 것은?   *2015. 4. 25. 국민연금공단*

① 자연실업률은 경기의 흐름과는 관계없이 구조적으로 존재하는 장기균형상태에서의 마찰적 실업과 구조적 실업에 해당하는 부분이다.

② 현재의 실업률이 자연실업률보다 낮으면 현행 인플레이션을 평균적으로 더 높게 만든다.

③ 고전학파계열의 경제학자들은 정부가 안정화 정책을 쓰든 쓰지 않든 자연실업률수준은 불변이라고 가정한다.

④ 현재 진행되는 인플레이션을 가속시키지도 않고 감속시키지도 않게 해주는 실업률수준으로, 모든 노동시장에 걸쳐 구인자수와 구직자수가 같은 수준에서 형성되는 실업률이다.

⑤ 새케인스학파는 자연실업률수준은 고정되어 있다고 가정한다.

🔎 ⑤ 자연실업률을 고정된 것이라고 보는 것은 고전학파의 견해이다. 새케인스학파는 자연실업률은 고정되어 있지 않고 변할 수 있다고 보는 입장이다.

31 다음은 고전학파와 케인스학파의 거시경제관에 대한 설명이다. 가장 적절하지 못한 것은?   *2015. 4. 25. 국민연금공단*

① 고전학파와 케인스학파는 모두 채권, 주식 등 자산시장의 균형을 고려하지 않았다는 약점을 가지고 있다.

② 고전학파는 화폐가 실물경제변수에 영향을 미치지 못한다고 본 반면, 케인스학파는 화폐가 실물경제변수에 영향을 미친다고 본다.

③ 고전학파는 저축과 투자가 이자율의 조정에 의해 일치하게 된다고 본다.

④ 케인스학파는 저축과 투자가 국민총생산의 변화를 통해 일치하게 된다고 본다.

⑤ 고전학파는 노동에 대한 수요가 노동의 한계생산물의 가치에 의해 주로 결정된다고 보는 반면, 케인스학파는 재화시장의 수요량에 의해 큰 영향을 받는다고 본다.

🔎 ① 고전학파인 리카도는 공채누적이 자본축적을 저해하여 국민경제에 해롭다는 공채의 이론을 주장하였다.

32 다음 중 한 나라의 산업발전단계를 측정하는 유력한 기준의 하나로, 공업화 단계를 설명해주는 호프만비율을 구하는 공식으로 옳은 것은?   *2015. 4. 25. 국민연금공단*

① 호프만비율 $= \dfrac{\text{자본재산업소득}}{\text{소비재산업소득}}$

② 호프만비율 $= \dfrac{\text{소비재산업소득}}{\text{자본재산업소득}}$

③ 호프만비율 = 자본재산업소득 + 소비재산업소득

④ 호프만비율 = 자본재산업소득 × 소비재산업소득

⑤ 호프만비율 = 자본재산업소득 − 소비재산업소득

🔍 ② 호프만비율(Hoffmann Ratio)이란 한 나라의 산업발전단계를 측정하는 유력한 기준의 하나로, 자본재산업에 대한 소비재산업의 비율을 말한다. 호프만의 공업화 단계설은 산업구조의 고도화를 측정하는 구체적인 지표를 제시하고, 이를 각국에 대하여 숫자적으로 측정·입증한 데에 의의가 있으나, 특정의 산업은 자본재산업도 될 수 있고 동시에 소비재산업도 될 수 있으므로, 어떤 산업을 두 가지 범주로 뚜렷이 구분한다는 것은 현실적으로 불가능하다는 한계가 있다.

호프만비율 $= \dfrac{\text{소비재산업소득}}{\text{자본재산업소득}}$

33 다음 중 재화의 국제간 이동이 자유롭게 허용되는 자유무역하의 상황에 대한 설명으로 옳은 것은?   *2015. 4. 25. 국민연금공단*

① 국제 간의 임금격차를 감소시킨다.

② 각 국의 후생수준의 차이를 증가시킨다.

③ 국제 간의 요소가격의 차이를 증가시킨다.

④ 국제 간의 재화가격의 차이를 증가시킨다.

⑤ 임금이 높은 국가에서 임금이 낮은 국가로 이동하게 된다.

🔍 ① 재화의 국제간 이동이 자유롭게 허용되는 자유무역하에서는 국제 간의 임금격차를 감소시킨다. 즉, 임금이 낮은 국가에서 임금이 높은 국가로 이동하게 된다.

34 다음 중 환포지션에 관한 설명으로 옳지 않은 것은? ☞ 2015. 4. 25. 국민연금공단

① 외국환은행이 원화를 지불하고 매입한 외환금액과 원화를 받고 매도한 외환금액과의 차액을 말한다.
② 외환매매손익을 정확히 산출하기 위해 환포지션을 산출한다.
③ 외국환은행이 보유하고 있는 외환상품(외화채권)의 재고량이다.
④ 외환의 매입이 매도를 초과했을 경우를 Over—Bought Position이라고 한다.
⑤ 동종외화 간의 대체거래에서도 성립한다.

🔍 ⑤ 매입환과 매출환의 차이를 환포지션이라 한다.

35 만일 수요곡선이 P=100−4Q이고 공급곡선이 P=40+2Q(여기서 P는 가격, Q는 수요량 또는 공급량)라고 한다면 균형가격과 수량은? ☞ 2014. 11. 22. 국민연금공단

① P=60, Q=10　　　　② P=10, Q=6
③ P=40, Q=6　　　　④ P=20, Q=20

🔍 수요곡선 P=100−4Q에서 $Q(수요량)=25-\frac{1}{4}P$, 공급곡선 P=40+2Q에서 $Q(공급량)=-20+\frac{1}{2}P$ 가 된다. 균형점에서는 수요와 공급이 일치하므로 $25-\frac{1}{4}P=-20+\frac{1}{2}P$에서 P=60, Q=10이 된다.

36 다음 중 돼지고기에 대한 수요곡선을 좌측으로 이동시키는 요인은? (다만, 돼지고기와 소고기는 대체재 관계이다.) ☞ 2014. 11. 22. 국민연금공단

① 돼지고기의 공급 증가　　　② 소고기의 가격 하락
③ 돼지고기의 공급 감소　　　④ 소고기의 가격 상승

🔍 ② 수요곡선이 좌측으로 이동한다는 것은 그 재화의 수요가 감소된다는 것을 의미하는데, 소고기와 돼지고기는 대체재이므로 소고기의 가격 하락은 소고기의 수요량 증가와 돼지고기의 수요 감소를 유발한다.

37 다음 중 기펜재에 대한 설명으로 옳지 않은 것은?

🔘 2014. 11. 22. 국민연금공단

① 가격이 하락할수록 수요가 감소하는 재화이다.

② 소득효과는 (+), 대체효과는 (−)이다.

③ 가격효과로부터 도출되는 수요곡선은 (+)의 기울기를 갖는다.

④ 대체효과의 크기가 소득효과보다 큰 재화이다.

🔍 ④ 기펜재는 가격이 하락할 때 그 재화의 수요량이 증가하는 대체효과(−)에 비해서 수요량이 감소하는 소득효과(+)가 더 크기 때문에 수요가 감소하게 된다.

38 경기침체에도 불구하고 물가가 상승하는 현상을 무엇이라 하는가?

🔘 2014. 11. 22. 국민연금공단

① 인플레이션   ② 디플레이션

③ 스태그플레이션   ④ 빈인플레이션

🔍 ③ 스태그플레이션(Stagflation)이란 경제가 침체하여 생산활동이 위축되고 실업률이 높음에도 불구하고 높은 인플레이션이 계속되는 상태를 말한다.

39 다음은 고전학파의 주장과 관련된 것들이다. 옳지 않은 것은?

🔘 2014. 6. 21. 국민연금공단

① 자발적 실업만 존재한다.

② 노동수요는 실질임금의 함수이다.

③ 통화정책은 실질변수에 영향을 미치지 못한다.

④ 저축과 투자는 소득변화에 의한 저축변화로 항상 같게 된다.

🔍 ④ 고전학파는 저축과 투자가 이자율에 탄력적이라고 보고, 이자율은 투자와 저축에 의해서 결정된다는 입장이다.

40 다음 중 재정의 자동안정화 장치에 대한 설명으로 틀린 것은?

　　　　　　　　　　　　　　　　　　🖋 2014. 11. 22. 국민연금공단

① 불경기에는 조세수입이 감소한다.
② 호경기에는 정부지출이 감소한다.
③ 사회복지정책은 자동안정화 장치의 기능을 하지 않는다.
④ 정책의 인식과 실행에 따르는 시차가 문제되지 않는다.

🔍 ③ 사회복지정책은 크게 2가지의 방법으로 자동안정장치의 기능을 한다. 첫째, 특정한 형태의 사회복지 지출은 민간소비재와 달리 경비변동에 크게 영향을 받지 않기 때문에 호경기에는 상대적으로 안정된 사회복지 지출이 경기가 과열되는 것을 막아주고, 반대로 불경기에는 지속적인 불황의 늪에 빠지지 않도록 어느 정도의 사회적 유효수요를 유지해 줌으로써 투자를 유도할 수 있다. 둘째, 전자가 소극적인 형태의 자동안정화 기능을 하는 것과는 달리 적극적인 자동안정화 기능을 하는 특정한 형태의 사회복지 지출도 있다. 이러한 형태의 사회복지 지출은 호경기에는 그 수요가 감소하여 민간에서의 유효수요를 줄여줌으로써 경기가 과열되는 것을 막고, 반대로 불경기에는 그 수요가 증대되어 사회적으로 필요한 유효수요를 증대시킨다.

41 다음 중 수요곡선을 이동시키지 않는 것은?　🖋 2014. 4. 19. 국민연금공단

① 가격의 변화　　　　② 소득의 변화
③ 소득분포의 변화　　④ 구매력을 가진 인구의 변화

🔍 ① 수요곡선은 다른 조건이 불변이란 가정하에 가격과 수요량의 관계를 나타내는 곡선으로 가격의 변화는 수요곡선상의 이동으로 나타난다.
② · ③ · ④ 수요에 영향을 미치나 불변이라고 가정된 조건들, 즉 가격 외에 다른 재화의 가격, 소득의 변화 및 소득분포의 변화(소비성향이 높은 저소득계층으로 소득의 이전), 인구 증가, 기호의 변화, 날씨의 변화들이 변하면 수요곡선이 이동한다.

42 노동과 자본 사이의 대체탄력성(σ)에 대한 설명으로 틀린 것은? 🖋 2014. 4. 19. 국민연금공단

① 생산요소가격 1%의 변화에 따른 요소결합비율 몇 % 변화를 나타낸다.
② 생산함수가 규모에 대한 수확 불변인 Cobb-Douglas생산함수인 경우 $\sigma=1$이다.
③ $\sigma>1$일 때 임금이 이자율에 비하여 상대적으로 오르면 국민소득 가운데서 노동자의 몫이 증가한다.
④ $\sigma=1$일 때 이자율이 임금에 비하여 상대적으로 올라도 국민소득 가운데서 노동자가 차지하는 몫은 일정하다.

•$\sigma > 1$: 임금이 인상될 때 노동의 소득분배율 감소, 자본임대료(이자율)가 인상될 때 자본의 소득분배율 감소
•$\sigma = 1$: 일정
•$\sigma < 1$: 임금이 인상될 때 노동의 소득분배율 증가, 자본임대료(이자율)가 인상될 때 자본의 소득분배율 증가

43 소득불평등도를 분석하는 방법에 대한 설명으로 가장 옳지 않은 것은?

2014. 4. 19. 국민연금공단

① 로렌츠곡선은 서로 교차하지 않는다.
② 로렌츠곡선은 서수적 평가방법이고 지니계수는 기수적 평가방법이다.
③ 지니계수는 대각선과 로렌츠곡선 사이의 면적을 대각선 아래 삼각형의 면적으로 나눈 비율이다.
④ 로렌츠곡선은 저소득자로부터 누적가계들이 전체 소득의 몇 %를 차지하는가를 나타내는 곡선으로, 대각선에 가까울수록 평등한 소득분배에 접근하게 된다.

① 소득분배의 불평등도가 서로 다른 집단의 로렌츠곡선은 서로 교차할 수 있다.

44 소득분배에 관한 다음 설명 중 가장 옳지 않은 것은?   2014. 4. 19. 국민연금공단

① 지니계수가 높을수록 소득분배가 더 불균등하다는 것을 의미한다.
② 앳킨슨지수가 높을수록 소득분배가 더 불균등하다는 것을 의미한다.
③ 십분위분배율의 값이 클수록 소득분배가 더 불균등하다는 것을 의미한다.
④ 소득분배의 불균등도가 높을수록 로렌츠곡선은 대각선의 아래로 더 늘어지게 된다.

③ 십분위분배율은 최하위 40%의 소득점유율이 최상위 20%의 소득점유율에서 차지하는 비율을 의미하므로, 십분위분배율의 값이 클수록 소득분배가 균등하다는 것을 의미한다.

45 듀젠베리의 상대소득가설에 관한 설명 중 옳지 않은 것은?   2014. 4. 19. 국민연금공단

① 기대소득과 소비지출의 의존관계를 설명하고 있다.
② 소비행동의 상호의존관계를 전시효과로 설명하였다.
③ 절대소득가설이 설명하지 못하는 소비관습의 지속성을 설명하였다.
④ 소비의 시간적 비가역성으로 인한 톱니효과(Ratchet Effect)를 주장하였다.

　① 평생소득가설과 일생주기가설에 근거한 소비이론이다.

　②, ③, ④ 듀젠베리는 소비에 영향을 주는 요인으로서 소비자 본인의 현재소득은 물론 비교대상이 되는 타인의 소득과 본인의 과거소득을 중요시 하였다. 특히, 개인의 소비는 사회적 의존관계에 있는 타인의 소득수준에 의해 영향을 받게 된다는 전시효과(Demonstration Effect)로 소비행동의 상호의존관계를 설명하였으며, 소비의 시간적 비가역성으로 인한 톱니효과(Ratchet Effect)를 주장하여 절대소득가설이 설명하지 못하는 소비관습의 지속성을 설명하였다.

46 $IS-LM$ 모형에 대한 설명으로 옳지 않은 것은? 2014. 4. 19. 국민연금공단

① 물가가 상승하면 LM곡선은 좌측으로 이동한다.
② 소득세율을 인상하면 IS곡선은 좌측으로 이동한다.
③ 통화량을 증가시키면 LM곡선은 우측으로 이동한다.
④ IS곡선과 LM곡선이 만나는 점은 거시경제의 일반균형이다.

　④ IS곡선과 LM곡선이 만나는 점에서 균형국민소득과 균형이자율이 결정되고, 실물시장과 화폐시장의 동시균형이 결정되지만, 환율변동 등의 영향을 분석할 수는 없다. $IS-LM$곡선은 기본적으로 총수요 측면을 강조한 부분균형모형으로서 안정적인 물가수준, 유휴생산설비 및 불완전고용이 존재하여 공급은 얼마든지 가능하다고 전제하며, 폐쇄경제를 가정한 모형이다.

47 필립스곡선(Phillips Curve)에 대한 설명으로 옳지 않은 것은? 2014. 4. 19. 국민연금공단

① 예상인플레이션이 높을수록 단기의 필립스곡선의 위치가 높아진다.
② 총공급곡선이 우측으로 이동하면 필립스곡선이 우측으로 이동한다.
③ 합리적 기대가 가능할수록 단기필립스곡선은 자연실업률수준에서 장기필립스곡선과 일치한다.
④ 물가연동제를 실시하는 노동계약의 비중이 클수록 단기필립스곡선은 더 가파른 기울기를 가진다.

　② 필립스곡선과 총공급곡선은 표리관계에 있으므로 총공급곡선이 우측으로 이동한다는 것은 필립스곡선이 좌측으로 이동한다는 것을 의미한다.

　① 예상인플레이션이 높을수록 단기필립스곡선은 상향 이동한다.

　③ · ④ 물가연동제란 물가 상승에 따라 임금이 오르는 것으로, 물가 상승에 대한 합리적 기대가 이루어질 때 실시가 가능하다. 즉, 합리적 기대가 가능할수록 단기필립스곡선은 자연실업률수준에서 장기필립스곡선과 일치하게 된다.

48 다음 중 실물적 경기변동이론의 주장으로 옳은 것만 바르게 묶은 것은?

2014. 4. 19. 국민연금공단

> • 보기 •
> ㉠ 경기변동의 주요인은 기술의 변화이다.
> ㉡ 이자율이 상승하면 현재의 노동공급이 감소한다.
> ㉢ 통화량의 변화가 경기변동을 초래하는 원인이다.
> ㉣ 경기변동은 외부충격에 대한 시장의 자연스런 반응이다.

① ㉠, ㉡   ② ㉡, ㉢

③ ㉠, ㉣   ④ ㉢, ㉣

🔍 ㉡ RBC에서는 이자율이 상승하면 노동의 기간간 대체가 발생하여 현재의 노동공급이 증가한다. 노동의 기간간 대체란 상대임금이 상승한 기간의 노동공급을 증가시키고, 상대임금이 하락한 기간의 노동공급을 감소시키는 것을 말한다.
     ㉢ RBC에서는 화폐의 중립성을 주장하므로 통화량의 변동은 경기변동을 가져올 수 없다고 본다. 통화량의 변화가 경기변동을 초래하는 원인이라고 보는 것은 화폐적 균형경기변동이론(MBS ; Monetary Business Cycle)으로 MBS란 불확실성하에서의 예상치 못한 화폐적 충격, 즉 예상치 못한 통화량의 변화가 경제주체들의 물가변동에 대한 기대에 혼동을 야기시킴으로써 경기변동이 일어난다는 이론이다.

49 경기 불황에도 불구하고 물가가 낮아지고 저축률이 늘어나는 효과는?

2013. 5. 25. 국민연금공단

① 소득효과   ② 외부효과

③ 피구효과   ④ 가격효과

🔍 ③ 피구효과 : 경기불황이 심해짐에 따라 물가가 급속히 하락하고 경제주체들이 보유한 화폐량의 실질가치가 증가하게 되어 민간의 부가 증가하고 그에 따라 소비 및 총 수요가 증대되는 효과를 말한다.
     ① 소득효과 : 어떤 상품가격이 하락할 때 가격의 하락이 소비자의 실질소득을 증가시켜 그 상품의 구매력이 늘게 되는 효과
     ② 외부효과 : 어떤 경제활동과 관련하여 다른 사람에게 의도하지 않은 혜택이나 손해를 가져다주면서도 이에 대한 대가를 받지도 않고 비용을 지불하지도 않는 상태
     ④ 가격효과 : 어떤 재화의 가격변화가 그 재화의 수요(소비)량에 미치는 효과

50 다음 임금과 실업률 관계를 나타내는 것은?   *2013. 5. 25. 국민연금공단*

① 래퍼곡선   ② J커브 효과

③ 로렌츠곡선   ④ 필립스 곡선

④ **필립스 곡선** : 임금상승률과 실업률과의 사이에 있는 역(逆)의 상관관계를 나타낸 곡선
① **래퍼곡선** : 세수와 세율 간의 관계를 나타낸 곡선
② **J커브 효과** : 환율의 변동과 무역수지와의 관계를 나타내는 것으로 무역수지개선을 위해 환율상승(원화절화)을 유도하더라도 그 초기에는 무역수지가 오히려 악화되다가 상당기간이 경과한 후에야 개선되는 현상
③ **로렌츠곡선** : 소득분포의 불평등도를 측정하는 방법

51 다음 손익분기점으로 옳은 것은?
2013. 5. 25. 국민연금공단

① 매출액과 총비용이 일치하는 점
② 매출액이 순이익을 초과하는 점
③ 이익이 비용을 초과하는 점
④ 매출액이 한계생산비와 일치하는 점

손익분기점 : 일정 기간의 매출액과 매출로 인하여 발생한 총비용이 일치되는 지점으로 소비된 총비용을 회수할 수 있는 매출액을 나타낸다.

52 다음 중 이전지출에 대하여 틀린 것은?
2013. 5. 25. 국민연금공단

① 보조금 이에 해당한다.
② 이전지출의 주체는 대부분 정부이다.
③ GDP에 포함된다.
④ GNP에 포함되지 않는다.

이전지출 : 정부가 다른 경제주체에 대해서 일방적으로 급부하여 수급자의 수입의 일부를 구성하는 것으로서 사회보장금, 보조금 등이 이에 해당한다. 이전지출은 새로운 소득의 창출이 아니므로 GDP에 포함되지 않는다.

53 다음 중 슈바베법칙은 무엇을 설명하는가?
2013. 5. 25. 국민연금공단

① 의료비 계산   ② 식료품비 계산
③ 문화비 계산   ④ 주거비 계산

슈바베법칙 : 근로자의 소득과 주거비로 지출되는 비용과의 관계를 나타낸 법칙으로, 소득수준이 높을수록 전체 생계비에서 주거비가 차지하는 비율이 낮아지고, 소득수준이 낮을수록 전체 생계비에서 주거비가 차지하는 비율이 높아진다는 것을 말한다.

54 다음 이전소득에 대한 내용으로 틀린 것은?   ◎ 2013. 5. 25. 국민연금공단

① 주식의 이전은 포함되지 않는다.
② 증여나 구제금 등이 그 대표적이다.
③ 반대급부도 없이 지불되는 소득을 말한다.
④ 전혀 비생산적인 목적에 금전을 대부하여 얻는 이자는 이전소득으로 본다.

🔍 이전소득 : 생산활동에 있어서 하등의 반대급부도 없이 지불되는 소득을 말한다. 증여나 구제금 등이 그 대표적인 예이지만 은급연금이나 실업수당 등도 포함시키는 것이 관례로 되어 있다. 주식의 이전도 이전소득에 포함된다.

55 다음 카르텔에 대한 설명으로 틀린 것은?   ◎ 2013. 5. 25. 국민연금공단

① 초과이윤을 획득하는 것을 목적으로 한다.
② 기업은 경제적으로 독립성을 잃지 않는다.
③ 공동행위는 협약의 범위 내로만 한정한다.
④ 동일제품 생산 기업일수록 효과가 없다.

🔍 • 카르텔 : 시장통제를 목적으로 동일 산업부문의 독립기업을 독점적으로 결합시키는 기업연합형태를 말하는 것으로 기업과 기업간의 경쟁으로 일어나는 불이익을 제거하고 시장을 독점하며 초과이윤을 획득하는 것을 목적으로 하고 있는 점에서는 트러스트와 비슷하나 카르텔의 특징은 독립기업의 연합형태, 즉 협약에 의한 결합형태인 것 그리고 시장통제를 목적으로 하는 것에 있다. 참가기업은 법률적으로는 물론 경제적으로도 독립성을 잃지 않고 공동행위는 협약의 범위 내로만 한정되며, 그 이외에서는 자유로이 경쟁할 수가 있다.
  • 카르텔의 성립 및 존속조건 : 참가기업이 비교적 소수일 것, 참가기업의 경제력의 차가 적을 것, 강력한 외부의 경쟁자가 존재하지 않을 것, 생산되는 상품의 표준화가 용이할 것 등

56 다음 중 설명이 틀린 것은?   ◎ 2013. 5. 25. 국민연금공단

① 무역의존이 높으면 내수시장이 강화된다.
② 완전고용 국민소득수준에서 총공급곡선은 수직이다.
③ 수입물가의 상승으로 인하여 발생하는 인플레이션은 비용인상 인플레이션이다.
④ 경제성장과 경제발전의 개념은 서로 다르다.

🔍 무역의존이 높으면 교역조건에 따라서 내수시장의 변동이 커지게 된다. 따라서 무역의존이 높으면 내수시장이 약화되고 물가가 불안하게 된다.

57 다음 토빈세에 대한 설명으로 틀린 것은?   🔎 2013. 5. 25. 국민연금공단

① 우리나라는 이미 시행 중에 있다.

② 단기성 외환거래에 부과하는 세금이다.

③ 국제 투기자본에 대하여 통화위기를 막기 위한 규제방안이다.

④ 국제 투기자본(핫머니)의 급격한 자금 유·출입을 막기 위한 것이다.

🔎 토빈세 : 단기성 외환거래에 부과하는 세금으로 외환, 채권, 파생상품, 재정거래 등으로 막대한 수익을 올리고 있는 국제 투기자본(핫머니)의 급격한 자금 유·출입으로 각국의 통화가 급등락하여 통화위기가 촉발되는 것을 막기 위한 규제방안이다. 토빈세는 국제적 협약, 투기자본의 구분 등 여러 가지 문제점으로 인하여 아직 시행되지 않고 있다.

58 규모의 경제와 규모의 비경제에 대한 설명으로 틀린 것은?   🔎 2012. 10. 21. 국민연금공단

① 생산규모가 클수록 비용 감소한다.

② 도자기 만드는 장인은 생산량이 많아지면 비용이 증가한다.

③ 소규모 산업에서는 항상 규모의 비경제가 일어난다.

④ 대규모 제조산업에도 일시적으로 규모의 비효율성이 나타난다.

🔎 ② 도자기 만드는 장인의 생산량이 많아지면 비용이 감소한다.

59 우리나라는 불황이고 미국은 경기가 과열일 경우 올바른 정책은?

🔎 2012. 10. 21. 국민연금공단

① 수출 위주의 경제정책을 취한다.

② 재정흑자정책을 실시한다.

③ 실물경제에 대한 세율을 높인다.

④ 조세감면, 재정적자정책을 실시한다.

🔎 경제가 불황일 경우 경기를 부양하기 위하여 조세를 감면해주거나 재정적자정책을 실시하여야 한다.

정답 **54** ① **55** ④ **56** ① **57** ① **58** ② **59** ④

60 다음 설명 중 틀린 것은?   ▣ 2012. 10. 21. 국민연금공단

> • 보기 •
> ㉠ 라면 가격 상승시 햄버거 수요 감소와 비빔밥 수요증가
> ㉡ 소득증가시 라면 수요감소와 비빔밥 수요증가 및 김밥 수요 변화 없음

① 김밥은 독립재이다.
② 라면의 가격 상승시 비빔밥의 수요가 증가하므로 라면과 비빔밥은 대체재의 관계이다.
③ 소득증가로 라면의 수요가 감소하므로 라면은 열등재이다.
④ 소득증가시 비빔밥의 수요가 증가하므로 비빔밥은 정상재이다.

🔍 독립재 : 어떤 상품이 대체관계도 없고 또한 보완관계도 없는, 즉 한 상품의 가격변동이 다른 한 상품의 수요에 별다른 영향을 주지 않을 때 두 상품은 독립관계에 있다. 라면, 비빔밥, 김밥은 대체관계에 있을 수도 있으므로 독립재는 아니다.

61 다음 유동성 함정에 관한 내용으로 틀린 것은?   ▣ 2012. 10. 21. 국민연금공단

① 금리가 더 이상 낮아질 수 없는 한계금리에 다다른 상태이다.
② 1930년 대공황 이후 이를 설명하기 위해 케인스가 제시했다.
③ 금리가 낮아져도 투자는 경기부양효과가 없다.
④ 재정정책이 효과없다.

🔍 유동성 함정 : 1930년대 미국 대공황을 직접 목도한 케인스가 붙인 이름으로 아무리 금리를 낮추고 돈을 풀어도 경제주체들이 돈을 움켜쥐고 내놓지 않아 경기가 살아나지 않는 현상을 돈이 함정에 빠진 것과 같다고 해 유동성 함정이라 한다. 각 경제 주체들이 미래의 경제 상황을 낙관하지 못해 소비가 얼어붙고 기업이 투자를 꺼리기 때문이다. 이 때 케인스는 통화정책은 효과가 없으므로 재정정책을 통하여 정부지출을 늘려야 한다고 보았다.

62 다음 외평채에 대하여 틀린 것은?   ▣ 2012. 10. 21. 국민연금공단

① 외화자금의 수급조절을 위해 발행한다.
② 정부가 지급보증형식으로 발행하는 채권이다.
③ 금융감독원이 발행과 운용사무를 맡고 있다.
④ 국채에 해당한다.

🔍 **외평채** : 외국환평형기금채권의 약칭으로 환율 안정을 목적으로 조성되는 외국환 평형 기금 조달을 위해 정부가 발행하는 채권이다. 외평채는 정부가 지급을 보증하는 채권인 만큼 발행 규모에 따라 국가 채무에 영향을 미치기 때문에 발행한도를 기획재정부장관 건의를 통해 국회에서 결정하고 발행과 운용사무는 한국은행에서 맡고 있다.

63 다음 실업에 대하여 틀린 것은?   📅 2012. 10. 21. 국민연금공단

① 마찰적 실업을 해결하기 위하여 총수요를 늘린다.
② 자발적 실업자는 실업률에 포함하지 않는다.
③ 경기적 실업은 주로 불경기에 노동력에 대한 총수요의 부족으로 인해 발생한다.
④ 구조적 실업은 경제구조의 특질에서 오는 만성적·고정적인 실업형태이다.

🔍 ①은 구조적 실업에 대한 대책이다.
   마찰적 실업 : 마찰적 실업을 감소시키기 위해서는 자원의 이동성을 제고시키고 고용기회에 관한 정보를 합리적으로 운용시킴으로써 정보수집활동에 필요한 시간을 경감시키는 것이 보다 중요하다.

64 디플레이션, 인플레이션, 스태그플레이션에 대하여 틀린 것은?   📅 2012. 10. 21. 국민연금공단

① 디플레이션은 통화공급과 신용의 수축으로 일반적인 물가수준의 하락현상을 말한다.
② 인플레이션은 통화량의 증가로 화폐가치가 하락하고, 모든 상품의 물가가 전반적으로 꾸준히 오르는 경제 현상이다.
③ 스태그플레이션이 발생하면 수입을 억제하여야 한다.
④ 애그플레이션은 곡물가격이 상승하는 영향으로 일반 물가가 상승하는 현상이다.

🔍 스태그플레이션은 경제불황 속에서 물가상승이 동시에 발생하고 있는 상태를 말하는 것으로 스태그플레이션에서 벗어나기 위한 가장 좋은 길은 기술혁신으로 기술혁신에 따른 생산성의 증대는 상품 생산원가를 감소시켜 상품 가격의 인하를 가져오고 가격이 하락하면 수요가 증대한다.

65 어떤 경제에 실업자가 10만명이고 실업률이 5%라고 할 때 이 경제의 경제활동인구는?   📅 2011. 7. 3. 국민연금공단

① 50만명   ② 100만명
③ 200만명   ④ 250만명

🔍 실업률＝실업자/경제활동인구(취업자＋실업자)×100이므로 경제활동인구는 200만명이다.

66 제약된 시간하에서 학점의 평점을 극대화하고자 하는 학생이 있다. 이 학생의 경우, 중간시험 전과 중간시험 후의 TV 시청의 기회비용에 대한 설명 중 옳은 것은?

2011. 7. 3. 국민연금공단

① 두 기회비용은 서로 동일하다.
② 두 기회비용은 서로 동일할 수도 있다.
③ 중간시험 전 TV 시청의 기회비용은 중간시험 후 TV 시청의 기회비용보다 작다.
④ 중간시험 전 TV 시청의 기회비용은 중간시험 후 TV 시청의 기회비용보다 크다.

🔍 시험공부의 중요성이 중간시험 후보다 전이 크므로 ④가 타당하다.

67 2011년 중 우리나라의 물가상승률은 9%, 미국의 물가상승률은 5% 상승한 반면, 달러화에 대한 원화의 가치가 상승하여 대미 명목환율이 10% 하락하였다고 할 때, 원화의 실질구매력을 나타내는 대미 실질환율은 어떻게 변동하였는가?

2011. 7. 3. 국민연금공단

① 4% 상승하였다.　　　　　　　② 6% 상승하였다.
③ 6% 하락하였다.　　　　　　　④ 14% 하락하였다.

🔍 실질환율 $\epsilon = \dfrac{e \times P_f}{P}$ 를 변동률로 나타내면 실질환율변동률＝명목환율변동률＋외국물가상승률－국내물가상승률이 된다. 즉, $\dfrac{d\epsilon}{\epsilon} = \dfrac{de}{e} + \dfrac{dP_f}{P_f} - \dfrac{dP}{P} = -10\% + 5\% - 9\% = -14\%$

∴ 대미 실질환율은 14% 하락하게 된다.

68 다음 고정환율과 변동환율에 관한 내용으로 틀린 것은?

2011. 7. 3. 국민연금공단

① 고정환율제도는 정부가 특정 통화에 대한 환율을 일정 수준으로 고정시키고 이를 유지하기 위해 중앙은행이 외환시장에 개입하는 제도이다.
② 변동환율제도에서 원화 가치가 상승하면 대외 채무가 작아진다.
③ 변동환율제도에서 원화 가치가 낮아지면 수출이 증가한다.
④ 변동환율제도에서 내수진작을 위하여 통화량을 증가시킬 때 국내 화폐의 가치는 상승한다.

🔍 변동환율제도에서 내수진작을 위하여 통화량을 증가시키면 상대적으로 화폐량이 많아져서 가치가 하락한다.

69 다음 완전경쟁시장에 관한 내용으로 틀린 것은? 　　　　2011. 7. 3. 국민연금공단

① 독과점 시장은 완전경쟁시장의 공급곡선과 일치한다.
② 시장균형가격이 한계비용과 일치한다.
③ 개별기업이 직면하는 수요곡선이 우하향한다.
④ 시장가격의 변화는 단기공급곡선을 이동시키지 못한다.

🔍 독과점 시장은 공급공선이 존재하지 않는다.

70 완전경쟁적 요소시장에서 한 개별기업이 직면하는 요소의 공급곡선의 형태는? 　　　　2011. 7. 3. 국민연금공단

① 시장에서 결정된 요소가격수준에서 수평선이다.
② 그 기업의 고용량 수준에서 수직선이다.
③ 우상향한다.
④ 요소공급곡선은 존재하지 않는다.

🔍 완전경쟁적 요소시장에서 기업은 가격순응자로서 완전탄력적인 요소공급곡선에 직면한다.

71 다음 중 한계효용곡선에 관한 내용으로 틀린 것은? 　　　　2011. 7. 3. 국민연금공단

① 한계효용곡선은 항상 원점에 대하여 오목하다.
② 한계효용곡선상의 점들은 파레토점과 일치한다.
③ 생산가능곡선이 원점에 대하여 오목한 것은 기회비용 체증을 나타낸다.
④ 한계효용곡선이 항상 원점에 대하여 오목한 것은 아니다.

🔍 소비가 증가할수록 효용의 정도는 점점 감소하므로 한계효용곡선은 항상 원점에 대하여 오목하다.

72 다음 중 가격효과에 관한 내용으로 틀린 것은? 　　　　2011. 7. 3. 국민연금공단

① 정상재의 경우 소득효과와 대체효과의 방향이 동일하다.
② 이자율이 오르고 소득효과보다 대체효과가 클 때 소비보다 저축이 많다.
③ 대체효과는 임금상승으로 여가의 실질가격이 상승함에 따라 노동시간이 증가하는 효과를 말한다.
④ 열등재 중에서 소득효과가 대체효과보다 더 큰 재화는 기펜재이다.

🔍 어떤 상품의 가격 변화가 실질소득의 변화를 통하여 각 상품의 수요에 영향을 미칠 경우 그 효과를 소득효과라 하고, 상대가격의 변화가 각 상품의 수요 변화에 미치는 효과를 대체효과라 한다. 따라서 대체효과보다 소득효과가 클 때 소비보다 저축이 많아진다.

73 다음 리카도의 비교우위에 관한 내용으로 틀린 것은?　　🔖 2011. 7. 3. 국민연금공단

① 두 국가 모두 같은 제품을 특화해서 교역하면 모두 이익을 얻는다.
② 비교우위에 따라 교역에 참여하면 어느 나라도 이익을 얻을 수 있다는 이론적 배경을 제공함으로써 국가 간 자유무역을 확대하는 데 큰 역할을 한다.
③ 비교우위이론은 절대우위이론을 포함하는 개념이다.
④ 상대국이 특정 상품을 더 효율적으로 생산하는 것이다. 이를 상대국이 특정 상품의 생산에 비교우위가 있다고 말한다.

🔍 비교우위이론은 한 나라가 국제무역에서 모든 교역 대상 품목을 낮은 비용으로 생산한다 할지라도, 최소한 하나 이상의 특정 상품에서는 상대국이 더 낮은 비용으로 생산하는 경우가 있으므로, 즉 상대국이 특정 상품을 더 효율적으로 생산하는 것이다. 이를 상대국이 특정 상품의 생산에 비교우위가 있다고 말한다.

74 다음 공급곡선에 관한 설명이 바르지 않은 것은?　　🔖 2011. 7. 3. 국민연금공단

① 수요의 변화에도 불구하고 생산설비규모의 변화가 불가능한 단기에서 상품가격과 공급량의 관계를 나타내는 곡선을 단기공급곡선이라 한다.
② 수요증가에 따라 생산설비규모의 확장이 가능한 장기에서 상품가격과 공급량의 관계를 나타내는 곡선을 장기공급곡선이라 한다.
③ 단기 공급곡선이 우상향하는 것은 한계생산물체증의 법칙이 작용하기 때문이다.
④ 수확체감의 법칙은 단기에 거의 모든 부문에서 나타나는 일반적인 현상이다.

🔍 단기에 가변요소의 투입량을 증가시키면 어떤 단계를 지나고부터는 그 가변요소의 한계생산물이 지속적으로 감소하는 현상으로 한계생산물체감의 법칙이라고도 한다.

75 다음 설명 중에서 그 내용이 바르지 않은 것은?　　　　　　　2011. 7. 3. 국민연금공단

① 계약곡선상의 모든 점은 한사람의 효용을 감소시키지 않고는 다른 사람의 효용을 증가시킬 수 없으므로 파레토 효율적이다.

② 독과점 시장에서는 파레토최적이 달성될 수 없다.

③ 자원배분이 가장 효율적으로 이루어진 상태를 파레토 최적이라 한다.

④ 파레토개선이란 하나의 자원배분 상태에서 다른 사람에게 손해가 가하면서 최소한 한 사람 이상에게 이득을 가져다주는 것을 말한다.

　　🔎 파레토개선이란 하나의 자원배분 상태에서 다른 사람에게 손해가 가하지 않으면서 최소한 한 사람 이상에게 이득을 가져다주는 것을 말한다.

76 다음 환율제도에 관한 내용으로 바르지 않은 것은?　　　　　　2011. 7. 3. 국민연금공단

① 변동환율제에서 환율이 오르면 달러 부채에 대한 상환부담이 줄어든다.

② 고정환율제도에서는 국제수지의 불균형이 자동적으로 조정되지 않는다.

③ 변동환율제에서 평가절하가 이루어지면 단기적으로 국제수지가 개선된다.

④ J커브 효과는 환율의 변동과 무역수지와의 관계를 나타내는 것으로 무역수지개선을 위해 환율상승(원화절화)을 유도하더라도 그 초기에는 무역수지가 오히려 악화되다가 상당기간이 경과한 후에야 개선되는 효과를 말한다.

　　🔎 변동환율제에서 환율이 오르면 달러 부채에 대한 상환부담이 늘어나고, 환율이 내리면 달러 부채에 대한 상환부담이 줄어든다.

77 다음 중 외부효과에 관한 설명으로 틀린 것은?　　　　　　　2011. 7. 3. 국민연금공단

① 개인의 소비가 다른 사람의 소비에 영향을 주는 효과를 소비의 외부효과라 하고 이에는 베블렌효과, 스놉효과, 밴드왜건효과 등이 있다.

② 완전경쟁시장보다 독점시장에서의 생산량은 가격기구에 의한 최적 생산량보다 미달하게 생산된다.

③ 정부가 환경에 대한 규제를 강화하여 오염배출을 억제하는 것은 직접규제에 해당한다.

④ 외부경제의 경우 재화의 소비량이 증가할수록 외부한계편익은 증가한다.

　　🔎 외부경제의 경우 재화의 소비량이 증가할수록 외부한계편익은 감소하고, 외부불경제의 경우 재화의 소비량이 증가할수록 외부한계편익은 증가한다.

78 다음 중 소득분배에 관한 내용으로 틀린 것은?　　　🔎 2011. 7. 3. 국민연금공단

① 앳킨스 지수가 1이면 완전 평등하다.
② 지니계수가 작을수록 평등하다.
③ 소득분배가 불평등할수록 10분위분배율이 작아진다.
④ 로렌츠곡선의 대각선에 가까울수록 균등하게 배분된다.

　🔍 앳킨스 지수의 값은 0과 1사이이며 그 값이 작을수록 소득분배가 균등함을 나타낸다.

79 다음 실업에 관한 내용으로 바르지 않은 것은?　　　🔎 2011. 7. 3. 국민연금공단

① 구조적 실업이 발생할 경우 노동자들에게 직업훈련을 받게 하여 실업을 해소하도록 한다.
② 마찰적 실업이 발생할 경우 정부는 수요확대정책을 편성하여 고용을 늘리도록 한다.
③ 경기적 실업을 줄이기 위해 안정화 정책이 필요하다.
④ 완전고용상태에서도 실업자는 존재한다.

　🔍 마찰적 실업은 노동수급의 일시적 부조화에 따른 실업으로 해소방안에는 일자리에 관한 정보를 제공하는 정보망의 확충 등이 있다.

80 다음 소비자잉여와 생산자잉여에 관한 내용이 바르지 못한 것은?🔎 2011. 7. 3. 국민연금공단

① 생산자잉여는 생산자가 낮은 가격을 받고서라도 생산·판매하고 싶은 재화를 실제로는 그보다 높은 가격으로 판매할 경우, 그로부터 얻는 이윤을 말하며 생산자지대라고도 한다.
② 소비자잉여란 소비자가 어떤 재화를 구입하지 않는 것보다는 오히려 구입하는 편이 낫다고 생각하여 지불하고자 하는 최대가격이 실제로 그가 지불하는 시장가격을 넘는 초과액을 말한다.
③ 생산자잉여는 교환을 통하여 생산자가 얻은 이득의 크기를 화폐액으로 측정한 것이다.
④ 사회 전체의 총잉여는 생산자잉여나 소비자잉여 한가지만을 중심으로 측정한다.

　🔍 사회 전체의 총잉여는 시장의 가격기구를 통하여 재화가 생산, 교환, 소비되면서 나타나는 사회 전체의 후생증가분을 말한다. 따라서 사회 전체의 총잉여는 생산자잉여와 소비자잉여를 합한 면적으로 측정된다.

81 다음 중 국제수지에 대한 설명으로 옳지 않은 것은?   ⓘ 2011. 1. 23. 국민연금공단

① 국내에서 해외로 송금을 하면 경상이전수지가 좋아진다.

② 다른 나라로부터 자본을 빌리게 되면 단기적으로 자본수지가 악화된다.

③ 아이티 대지진이 일어났을 때 아이티로 구호 물품을 보내는 것은 경상이전수지에 포함된다.

④ 외국인 노동자에게 지급하는 임금은 우리나라 소득수지에 마이너스 요인이 된다.

🔍 **국제수지**
한 나라가 다른 나라와 일정기간 동안 행한 모든 경제적 거래를 분류한 것
1. **경상수지** : 각종 재화와 서비스의 수출과 수입에서 발생한 수지타산
   ㉠ 상품수지 : 물건을 수출하고 수입한 결과의 수지 차
   ㉡ 서비스수지 : 외국과의 서비스 결과 벌어들인 돈과 지급한 돈의 수지 차
   ㉢ 소득수지 : 생산요소를 제공하면서 발생되는 임금·이자 등 수입과 지급의 차이로, 외국인 노동자에게 지급하거나 내국인 해외 근로자가 수취하는 임금 등의 차
   ㉣ 경상이전수지 : 아무런 대가를 수반하지 않는 일방적인 거래의 수지로, 자선단체로부터의 기부금과, 정부간의 무상원조 등이 해당
2. **자본수지** : 공공기관에서 이루어지는 금융자산의 국제적 기록
   ㉠ 투자수지 : 직접투자, 간접투자, 기타투자
   ㉡ 기타 자본수지

82 다음 중 inflation이 발생할 때의 설명으로 옳지 않은 것은?   ⓘ 2011. 1. 23. 국민연금공단

① 파업 발생으로 노동력 감소시 cost push inflation이 발생한다.

② 외국의 인플레이션으로 인한 수출이 증대되면 demand push inflation이 발생한다.

③ 소득정책으로 소득이 증가하게 되면 단기적으로 cost push inflation 억제가 가능하다.

④ 해외 원자재 가격의 상승은 demand-pull inflation의 원인이 된다.

🔍 1. **수요견인 인플레이션(demand-pull inflation)** : 많은 화폐가 상대적으로 적은 재화를 쫓는 현상으로 설명되는데, 일반적으로 통화공급량의 급속한 증가와 관련이 있다.
   2. **비용인상 인플레이션(cost-push inflation)** : 생산비(임금)의 상승에 따라 생산물의 가격을 올려 받음으로써 인플레이션이 일어나는 것으로, 우리나라는 원자재의 많은 부분을 외국으로부터 수입하고 있기 때문에 해외원자재 가격이 오르면 국내물가도 큰 영향을 받게 된다.

83 다음 중 통화 공급을 늘리는 통화정책을 실시할 때 나타나는 결과에 대한 설명으로 옳은 것은?   ⓘ 2011. 1. 23. 국민연금공단

① 이자율이 일시적으로 상승한다.   ② 순수출이 감소한다.

③ 기업투자가 증가한다.   ④ 민간소비가 감소한다.

🔍 통화 공급을 늘리면 시중에서 돈을 구하기가 쉬워지기 때문에 이자율이 낮아지고 이자율이 낮아지면 기업투자가 늘어날 것이다. 국내 이자율이 낮아지면 높은 이자수익을 얻기 위해 국내 자본이 해외로 이동하게 되고 이 과정에서 환율은 올라간다. 환율이 상승하면 수출은 증가하고 수입은 감소한다. 또한, 빚을 지고 있는 가계의 이자부담이 줄어들고 내구재에 대한 할부구매 등으로 소비가 증가하게 된다.

84 다음 중 실업에 관한 설명으로 잘못된 것은? 🔊 2011. 1. 23. 국민연금공단

① 대학생은 직업을 구하지 못해도 실업자에 포함이 되지 않는다.
② 경기적 실업은 경기침체가 노동시장에 미치기 시작할 때 발생한다.
③ 케인즈는 유효수요 감소로 인한 실업 발생을 자발적 실업이라 하였다.
④ 구조적 실업은 산업구조 변화로 인한 산업간 인력수급 불균형으로 인해 발생한다.

🔍 ③ 케인즈는 실업을 자발적 실업과 비자발적 실업으로 구분하였는데, 자발적 실업이란 일할 능력을 가지고 있으면서도 현재의 노동환경에서 일할 의사를 가지고 있지 않은 상태의 실업을 의미한다.

85 변동환율제도하에서 통화량을 늘렸을 때 나타나는 결과에 대한 설명으로 바른 것은?

🔊 2011. 1. 23. 국민연금공단

① 외채상환부담이 감소한다.
② 국내물가가 안정된다.
③ 화폐의 가치가 절하된다.
④ 재화와 용역의 수출이 감소한다.

🔍 통화량이 증가하면 돈의 가치가 하락하여 환율이 상승하게 되는데, 이처럼 한 나라의 통화가치가 대외적으로 떨어지는 것을 평가절하(Devaluation)라고 한다. 이는 외국돈을 사는 데 더 많은 국내 돈이 필요해짐을 의미하는데, 한 나라가 자국의 통화가치를 평가절하하면 수출가격이 낮아져서 수출경쟁력은 강화되지만 수입가격의 상승으로 물가는 오르게 된다.

86 수요, 공급에 대한 다음 설명 중 가장 옳지 않은 것은?

① 소득이 증가하면 상품수요곡선은 항상 오른쪽으로 이동한다.
② 공급의 변화란 공급곡선 자체의 이동을 말한다.
③ 수박 값이 오르면 대체재인 참외의 수요는 증가한다.
④ 수요는 소비자가 특정 상품을 구입하고자 하는 사전적인 욕망이다.
⑤ 어떤 상품에 대한 수요가 증가하고 공급이 감소하면 균형가격은 증가한다.

🔍 ① 소득이 증가함에 따라 그 수요가 증가하여 수요곡선이 오른쪽으로 이동하는 상품은 정상재(상급재)이
다. 열등재(하급재)의 경우에는 소득이 증가해도 수요가 감소하여 수요곡선이 왼쪽으로 이동한다. 예
컨대, 돼지고기를 소비하던 사람이 소득증가로 돼지고기 대신 쇠고기를 찾는다면 돼지고기(열등재)는
수요가 감소하고 쇠고기(정상재)는 수요가 증가한다.

87 수요의 가격탄력성을 결정하는 요인이 아닌 것은?

① 대체재의 존재여부
② 소비에서 차지하는 재화의 비중
③ 가격변화가 일시적인지 항구적인지의 여부
④ 재화의 저장가능성
⑤ 재화가 필수품인지 사치품인지의 여부

🔍 수요의 가격탄력성 결정요인
1. 대체재의 존재여부 : 필수품이라 하더라도 대체재가 존재하면 가격상승시 수요가 대체재에 이전되므
로 가격변화에 민감하다.
2. 기간의 장단 : 장기에는 대처능력이 커지므로 가격변화에 따른 수요량의 변화가 크다.
3. 가격변화가 일시적인지의 여부 : 일시적이면 그냥 그대로 지낼 것이나 항구적이면 대안을 마련할 것
이므로 가격변화에 대한 수요량의 변화가 크다.
4. 소비총액에서 차지하는 비중 : 볼펜의 가격변화에는 수요량이 크게 증감하지 않으나 TV, 냉장고의
가격변화에는 민감하다.
5. 재화가 필수품인지 사치품인지의 여부 : 사치품의 경우 줄이거나 없애도 생활에 큰 지장을 주지 않
으므로 가격변화에 민감하다.

88 최고가격제를 실시한 경우의 결과로서 옳지 않은 것은?

① 초과수요가 발생한다.
② 암시장이 발생하고 암거래가 성행한다.
③ 장기적으로 공급증가가 나타난다.
④ 제품의 품질이 저하되며 이로 인한 실질적인 가격상승이 나타난다.
⑤ 가격규제에 의한 자원배분의 비효율이 발생한다.

🔍 최고가격제를 실시하면 균형가격보다 낮은 가격에서 거래가 되므로 공급이 감소하게 되고 이에 따라 초
과수요가 발생한다.

89 다음 무차별곡선에 대한 설명 중 틀린 것은?

① 무수하게 많이 존재한다.

② 원점에 대하여 항상 볼록하다.

③ 선택 대상 상품들이 유용한 것들이라면 우하향한다.

④ 무차별곡선 그 자체는 효용의 서수성을 표현하여 주지 않는다.

⑤ 무차별곡선들은 서로 교차하지 않는다.

🔍 ②, ③ 무차별곡선의 모양은 상품이 유용한 재화(goods)냐, 비재화(bads)냐, 중립재냐에 따라 또는 대체관계에 있느냐 보완관계에 있느냐에 따라, 또는 대체정도 · 보완정도에 따라 다른 모양을 갖기 때문에 원점에 대하여 항상 볼록한 것은 아니다.
    ① 좌표상의 모든 점들은 하나의 무차별곡선이 지나가므로 무수히 많다.
    ④ 효용의 서수성은 무차별지도에 의해 표시된다.
    ⑤ 무차별곡선이 서로 교차한다면 다른 무차별곡선과 효용이 같다는 것을 의미하기 때문에 모순이 되므로 무차별곡선은 서로 교차하지 않는다.

90 조세의 귀착과 소비자 잉여에 관한 옳은 표현은?

① 필수품은 조세의 귀착이 크고 소비자 잉여도 크다.

② 필수품은 조세의 귀착이 작고 소비자 잉여가 크다.

③ 필수품은 조세의 귀착이 작고 소비자 잉여도 작다.

④ 사치품은 조세의 귀착이 작고 소비자 잉여가 크다.

⑤ 사치품은 조세의 귀착이 크고 소비자 잉여도 크다.

🔍 필수품은 상대적으로 수요가 비탄력적이므로 조세가 부과되었을 때 소비자에게 귀착되는 부분이 크다. 그러나 사치재는 수요가 탄력적이므로 생산자에게 귀착되는 부분이 크다.

91 어떤 가계의 주거비는 1,500원, 광열비는 1,500원, 여가문화비는 4,000원, 식료품비 1,800원, 보험비는 1,200원이다. 엥겔계수는?

① 40%   ② 15%

③ 12%   ④ 25%

⑤ 18%

🔍 엥겔계수는 가계의 소비지출 중에서 음식비가 차지하는 비율을 나타낸다.

$$엥겔지수 = \frac{1,800}{10,000} \times 100 = 18\%$$

92 다음 중 생산에 따르는 규모의 경제에 대한 아래 서술로 맞는 것은?

① 정부는 경쟁시장을 유도하기 위하여 소규모 기업체로 분할하여야 한다.

② 기업은 항상 초과이윤을 얻는다.

③ 생산기술에 규모의 경제가 있어도 완전경쟁체제가 성립할 수 있다.

④ 생산물이 증가함에 따라 단위당 비용이 하락한다.

⑤ 생산기술과는 아무런 관계가 없는 현상이다.

🔎 규모의 경제란 생산규모가 커짐에 따라서 평균비용이 점차 감소하는 것으로, 기업이 생산량을 증가시킬 때 생산요소의 투입비율이 변하는 것까지 포함해서 장기평균비용이 낮아지는 것을 의미한다.

93 생산가능곡선(production possibility curve)이 원점에 대해 볼록한 경우에, 한 재화의 생산이 증가함에 따라 그 재화의 기회비용은?

① 점점 증가한다.

② 점점 감소한다.

③ 처음에는 증가하지만 나중에는 감소한다.

④ 처음에는 감소하지만 나중에는 증가한다.

⑤ 생산량과 관계없이 일정하다.

🔎 생산가능곡선이 원점에 대하여 오목하면 기회비용이 체증하고, 볼록하면 기회비용이 체감한다.

94 완전경쟁기업이든 불완전경쟁기업이든 기업의 이윤을 극대화하기 위해서 필요한 조치는?

① 평균생산비가 최소가 될 때까지 생산한다.

② 평균생산비가 가격과 같아질 때까지 생산한다.

③ 총생산비가 총수입과 같아질 때까지 생산한다.

④ 한계생산비가 한계수입보다 작게 되도록 생산한다.

⑤ 한계생산비가 한계수입과 같아질 때까지 생산한다.

🔎 어떤 형태의 시장이든 이윤극대화의 조건은 MR=MC이다.

정답 89 ② 90 ① 91 ⑤ 92 ④ 93 ② 94 ⑤

95 완전경쟁시장에서 나타나는 특징을 설명한 것 중 가장 옳지 않은 것은?

① 시장균형가격이 한계비용과 일치한다.
② 장기균형에서 시장가격은 평균비용보다 약간 높은 수준에서 결정된다.
③ 장기균형에서 생산량은 평균비용이 최소화되는 수준에서 결정된다.
④ 장기균형에서 기업들은 초과이윤을 전혀 얻지 못한다.
⑤ 완전경쟁시장의 장기균형은 장기평균비용의 최저점에서 달성된다.

🔍 완전경쟁시장의 장기균형조건 : SAC=SMC=LAC=LMC=P=MR

96 다음 중 독점발생의 원인이 될 수 없는 것은?

① 새로운 기업의 진입에 대한 정부의 규제
② 특허권의 인정
③ 규모의 경제
④ 대외개방화 정책
⑤ 특정 생산요소의 독점적 소유

🔍 대외개방화 정책을 시행하게 되면 외국상품들이 국내로 유입되므로 경쟁이 보다 치열해지므로 대외개방
정책은 오히려 독점력을 약화시키게 된다.

97 다음 중 독점시장에 대한 진입장벽이라고 볼 수 없는 것은?

① 규모의 경제   ② 정부의 규제
③ 원료공급에 대한 지배   ④ 판로의 배타적 소유와 지배
⑤ 수출보조금 제도

🔍 특정산업에 대하여 수출보조금을 지급하게 되면 기업들의 입장에서 볼 때 수익성이 높아지므로 시장으
로의 진입이 촉진된다.

98 소득분배가 불평등할수록 로렌츠곡선의 변화는?

① 보다 대각선에 가까워진다.   ② 대각선에서 보다 멀어진다.
③ 직선에 가까워진다.   ④ 삼각형의 형태를 나타낸다.
⑤ 대각선과 교차한다.

🔍 로렌츠곡선이 대각선에 가까우면 가까울수록 소득분배의 평등도는 높아진다. 반면에 대각선에서 멀어지
면 멀어질수록 소득분배의 불평등도는 높아진다.

99 다음 중 소득재분배정책으로서 가장 효과적인 것은?

① 상속세　　　　　　　② 누진소득세
③ 이전지출　　　　　　④ 부가가치세
⑤ 증여세

🔍 소득세에 대한 누진율 적용은 소득재분배의 효과가 크다. 소득이 높으면 높을수록 세율이 높아지므로 소득을 재분배하기에 적합한 조세이다.

100 파레토 최적성(Pareto optimality)에 대한 설명으로 옳지 않은 것은?

① 사회의 경제적 후생이 극대화되는 상태이다.
② 파레토 최적배분에서는 생산요소를 어떻게 재결합하여도 한 생산물을 감소시키지 않고서는 다른 생산물을 증가시킬 수 없다.
③ 파레토 최적배분에서는 생산물을 어떻게 재결합하여도 한 사람의 효용을 감소시키지 않고서는 다른 사람의 효용을 증가시킬 수 없다.
④ 파레토 최적성은 시장경제에서만 얻어질 수 있다.
⑤ 모든 시장이 완전경쟁적이면 파레토 최적성이 얻어진다.

🔍 파레토 최적조건은 시장의 형태와 관계없이 모든 사회에서 통용될 수 있는 것이다.

101 시장의 실패가 발생하는 원인과 거리가 먼 것은?

① 진입장벽　　　　　　② 기업의 이윤추구
③ 공공재의 존재　　　　④ 외부효과
⑤ 소득분배의 불공평

🔍 기업의 이윤추구는 보이지 않는 손(가격기구)이 효율적인 자원배분 형성에 일조를 하므로 시장실패의 원인이 아니다.

> **보충설명**
> 시장실패의 원인
> 1. 시장의 불완전성과 규모의 경제(불완전 경쟁, 진입장벽)
> 2. 외부효과
> 3. 공공재의 존재
> 4. 소득분배의 불공평
> 5. 불확실성

102 다음 중 GNP에 포함되는 것은?

① 외국 노동자가 우리나라에서 일하여 얻은 임금

② 대마초를 불법으로 생산 판매한 수익

③ 중간생산물

④ 부동산 가격이 올라 얻은 재산 수익

⑤ 우리나라 상사가 외국에서 영업을 하여 얻은 수익

🔍 국민총생산(GNP)은 일정기간 동안에 일국의 국민에 의해서 생산된 최종 생산물을 시장가격으로 평가한 총가치의 합계로 외국에서 내국인이 생산하여 얻은 소득은 포함되며 국내에서 외국인이 생산한 것은 제외된다.

103 다음은 국민소득의 여러 개념을 설명한 것이다. 틀린 것은?

① NI＝NNP－간접세＋보조금　　　② GNP＝총생산액－중간생산물

③ DI＝PI－개인세　　　　　　　　④ NNP＝총생산액－감가상각

⑤ PI＝NI－(사회보장부담금＋법인세＋사내유보이윤)＋이전지출

🔍 NNP＝GNP－감가상각

104 평균소비성향이 장기적으로 소득의 증가에 따라 감소한다는 가설은?

① 상대소득가설　　　　　　　　　② life-cycle가설

③ 항상소득가설　　　　　　　　　④ 절대소득가설

⑤ 유동자산가설

🔍 ④ 절대소득가설 : J. M. Keynes의 절대소득가설은 소득이 증가하면 소득 중에서 소비가 차지하는 비율(평균소비성향)이 감소한다고 본다.
　① 상대소득가설 : 소비성향은 절대소득 수준뿐만 아니라, 과거의 최고소득에도 의존한다고 본다.
　② life-cycle가설 : 개인은 노동소득이 증가하는 청년기나 장년기에는 소득 이하로 소비를 억제하여 차액을 저축함으로써 자산을 축적하고, 노년기에 들어와서 소득이 감소되면 이것을 소비함으로써 소비수준을 유지한다고 본다.
　③ 항상소득가설 : 소득을 정기적이고 확실한 항상소득과 임시적 수입인 변동소득으로 구분할 때, 항상소득의 일정비율은 소비되며, 변동소득은 저축으로 돌려지는 경향이 강하기 때문에 소득에서 차지하는 항상소득의 비율이 클수록 소비성향이 높고 저축성향은 낮아진다.
　⑤ 유동자산가설 : 소비성향은 현재의 소득뿐만 아니라 과거에 축적된 유동자산의 크기에도 영향을 받는다는 것으로, 토빈(J. Tobin), 클라인(L. R. Klein) 등이 소비함수에서 절대소득가설을 보완하여 주장하였다.

105 중앙은행이 실시하는 다음 정책 가운데 시중의 통화량을 늘리는 것은?

① 국채를 발행해서 민간은행에 판매한다. ② 민간은행의 법정 지불준비율을 인하한다.

③ 재할인율을 인상한다. ④ 보유외환을 외환시장에서 판다.

⑤ 기준금리를 인상한다.

🔑 중앙은행이 민간은행의 법정 지불준비율을 인하하면 민간에 대출을 더 많이 할 수 있게 되어 시중의 통화량을 증가시킨다.

106 IS 곡선과 LM곡선이 만나는 곳에서 이루어지는 균형의 의미는?

① 생산물시장만의 균형 ② 화폐시장만의 균형

③ 경제의 수요측면의 균형 ④ 경제의 공급측면의 균형

⑤ 경제의 수요 및 공급측면의 균형

🔑 IS-LM곡선은 기본적으로 총수요 측면을 강조한 부분균형모형으로서 안정적인 물가수준 · 유휴생산설비 및 불완전고용이 존재하여 공급은 얼마든지 가능하다고 전제하며, 폐쇄경제를 가정한 모형이며 환율변동 등의 영향을 분석할 수 없다.

107 기준년도가 2000년일 때 2000년도의 소비자 물가지수가 125, 2010년도의 소비자 물가지수가 150이라면 2000년과 2010년 사이의 소비자 물가상승률은?

① 20% ② 25%

③ 50% ④ 100%

⑤ 125%

🔑 2000년도 소비자 물가지수 125, 2010년도 소비자 물가지수가 150이므로 2000~2010년도 사이의 물가상승률은 2000년이 기준년도가 되므로 물가변화분을 기준년도 물가로 나누어 100을 곱하면 된다.
$[(150-125)/125] \times 100 = 20\%$

108 다음 중 인플레이션이 발생할 경우 가장 유리한 사람은?

① 봉급 생활자 ② 채권자

③ 채무자 ④ 주식소유자

⑤ 연금 생활자

🔑 인플레이션이 발생하면 화폐가치는 하락하여 봉급, 연금, 금리생활자에게 피해를 주고 채무자와 실물소유자에게는 이익을 가져다준다.

109 경제성장률이 10.0%이고 인구증가율이 5%라면 1인당 국민소득 증가율은?

① 2.0% ② 5.0%

③ 15.0% ④ 10.0%

⑤ 20.0%

🔍 1인당 국민소득 증가율＝경제성장률－인구증가율
∴ 1인당 국민소득 증가율＝5%

110 쥬글라 파동은 대개 얼마의 주기로 순환되는가?

① 17~18년 ② 40~60년

③ 20~25년 ④ 3~4년

⑤ 9~10년

🔍 경기변동에 대한 슘페터의 분류

종 류	주 기	원 인	발견자	비 고
키친파동	40개월	이자율 변동, 재고변동	J. Kitchin	소순환, 단기파동
쥬글라파동	9~10년	설비투자 변동	C. Juglar	주순환, 중기파동
콘드라티에프파동	40~60년	기술혁신	N. D. Kondratieff	장기파동
건축순환	17~18년	건축투자 변동	A. H. Hansen	
쿠즈네츠파동	20~25년	인구변동→경제성장률 변동	S. Kuznets	

111 환율인상이 가져올 수 있는 직접적 효과 중 옳지 않은 것은?

① 수출경쟁력을 높인다. ② 수입수요를 억제한다.

③ 물가를 안정시킨다. ④ 외국관광객의 수가 증가한다.

⑤ 국제수지가 개선된다.

🔍 환율인상은 장기적으로 국내 물가를 상승시킨다.

Part

6 국민연금 및 사회보험

1. 총 칙

(1) 목적(법 제1조)

국민의 노령, 장애 또는 사망에 대하여 연금급여를 실시함으로써 국민의 생활 안정과 복지 증진에 이바지하는 것을 목적으로 한다.

(2) 관장(법 제2조)

국민연금사업은 보건복지부장관이 맡아 주관한다.

(3) 용어의 정의(법 제3조 제1항)

① "근로자"란 직업의 종류가 무엇이든 사업장에서 노무를 제공하고 그 대가로 임금을 받아 생활하는 자(법인의 이사와 그 밖의 임원을 포함한다)를 말한다. 다만, 대통령령으로 정하는 자는 제외한다.

② "사용자(使用者)"란 해당 근로자가 소속되어 있는 사업장의 사업주를 말한다.

③ "소득"이란 일정한 기간 근로를 제공하여 얻은 수입에서 대통령령으로 정하는 비과세소득을 제외한 금액 또는 사업 및 자산을 운영하여 얻는 수입에서 필요경비를 제외한 금액을 말한다.

④ "평균소득월액"이란 매년 사업장가입자 및 지역가입자 전원(全員)의 기준소득월액을 평균한 금액을 말한다.

⑤ "기준소득월액"이란 연금보험료와 급여를 산정하기 위하여 국민연금가입자(이하 "가입자"라 한다)의 소득월액을 기준으로 하여 정하는 금액을 말한다.

⑥ "사업장가입자"란 사업장에 고용된 근로자 및 사용자로서 제8조에 따라 국민연금에 가입된 자를 말한다.

⑦ "지역가입자"란 사업장가입자가 아닌 자로서 제9조에 따라 국민연금에 가입된 자를 말한다.

⑧ "임의가입자"란 사업장가입자 및 지역가입자 외의 자로서 제10조에 따라 국민연금에 가입된 자를 말한다.

⑨ "임의계속가입자"란 국민연금 가입자 또는 가입자였던 자가 제13조 제1항에 따라 가입자로 된 자를 말한다.

⑩ "연금보험료"란 국민연금사업에 필요한 비용으로서 사업장가입자의 경우에는 부담금 및 기여금의 합계액을, 지역가입자·임의가입자 및 임의계속가입자의 경우에는 본인이 내는 금액을 말한다.

⑪ "부담금"이란 사업장가입자의 사용자가 부담하는 금액을 말한다.

⑫ "기여금"이란 사업장가입자가 부담하는 금액을 말한다.

⑬ "사업장"이란 근로자를 사용하는 사업소 및 사무소를 말한다.

⑭ "수급권"이란 이 법에 따른 급여를 받을 권리를 말한다.

⑮ "수급권자"란 수급권을 가진 자를 말한다.

⑯ "수급자"란 이 법에 따른 급여를 받고 있는 자를 말한다.

⑰ "초진일"이란 장애의 주된 원인이 되는 질병이나 부상에 대하여 처음으로 의사의 진찰을 받은 날을 말한다. 이 경우 질병이나 부상의 초진일에 대한 구체적인 판단기준은 보건복지부장관이 정하여 고시한다.

⑱ "완치일"이란 장애의 주된 원인이 되는 질병이나 부상이 다음 중 어느 하나에 해당하는 날을 말한다. 이 경우 증상의 종류별 완치일에 대한 구체적인 판단기준은 보건복지부장관이 정하여 고시한다.

   ㉠ 해당 질병이나 부상이 의학적으로 치유된 날

   ㉡ 더 이상 치료효과를 기대할 수 없는 경우로서 그 증상이 고정되었다고 인정되는 날

   ㉢ 증상의 고정성은 인정되지 아니하나, 증상의 정도를 고려할 때 완치된 것으로 볼 수 있는 날

⑲ "가입대상기간"이란 18세부터 초진일 혹은 사망일까지의 기간으로서, 다음의 각 목에 해당하는 기간을 제외한 기간을 말한다. 다만, 18세 미만에 가입자가 된 경우에는 18세 미만인 기간 중 보험료 납부기간을 가입대상기간에 포함하고, 초진일이나 사망일 이전에 ㉡과 ㉢에 해당되는 기간에 대하여 제92조에 따라 보험료를 추후 납부하였을 경우에는 그 추후 납부한 기간을 가입대상기간에 포함한다.

   ㉠ 제6조 단서에 따라 가입 대상에서 제외되는 기간

   ㉡ 18세 이상 27세 미만인 기간 중 제9조 제3호에 따라 지역가입자에서 제외되는 기간

   ㉢ 18세 이상 27세 미만인 기간 중 제91조 제1항 각 호에 따라 연금보험료를 내지 아니한 기간(제91조 제1항 제2호의 경우는 27세 이상인 기간도 포함)

2. 국민연금가입자

(1) 가입 대상(법 제6조)

국내에 거주하는 국민으로서 18세 이상 60세 미만인 자는 국민연금 가입 대상이 된다. 다만, 「공무원연금법」, 「군인연금법」, 「사립학교교직원 연금법」 및 「별정우체국법」을 적용받는 공무원, 군인, 교직원 및 별정우체국 직원, 그 밖에 대통령령으로 정하는 자는 제외한다.

(2) 가입자의 종류(법 제7조)

가입자는 사업장가입자, 지역가입자, 임의가입자 및 임의계속가입자로 구분한다.

(3) 가입자 자격의 취득 시기(법 제11조)

① 사업장가입자는 다음의 어느 하나에 해당하게 된 날에 그 자격을 취득한다.

   ㉠ 제8조 제1항 본문에 따른 사업장에 고용된 때 또는 그 사업장의 사용자가 된 때

   ㉡ 당연적용사업장으로 된 때

② 지역가입자는 다음의 어느 하나에 해당하게 된 날에 그 자격을 취득한다. ㉢ 또는 ㉣의 경우 소득이 있게 된 때를 알 수 없는 경우에는 제21조 제2항에 따른 신고를 한 날에 그 자격을 취득한다.

 ㉠ 사업장가입자의 자격을 상실한 때

 ㉡ 제6조 단서에 따른 국민연금 가입 대상 제외자에 해당하지 아니하게 된 때

 ㉢ 제9조 제1호에 따른 배우자가 별도의 소득이 있게 된 때

 ㉣ 18세 이상 27세 미만인 자가 소득이 있게 된 때

③ 임의가입자는 가입 신청이 수리된 날에 자격을 취득한다.

(4) 가입자 자격의 상실 시기(법 제12조)

① 사업장가입자는 다음의 어느 하나에 해당하게 된 날의 다음 날에 자격을 상실한다. 다만, ㉤의 경우에는 그에 해당하게 된 날에 자격을 상실한다.

 ㉠ 사망한 때

 ㉡ 국적을 상실하거나 국외로 이주한 때

 ㉢ 사용관계가 끝난 때

 ㉣ 60세가 된 때

 ㉤ 제6조 단서에 따른 국민연금 가입 대상 제외자에 해당하게 된 때

② 지역가입자는 다음의 어느 하나에 해당하게 된 날의 다음 날에 자격을 상실한다. 다만, ㉢과 ㉣의 경우에는 그에 해당하게 된 날에 그 자격을 상실한다.

 ㉠ 사망한 때

 ㉡ 국적을 상실하거나 국외로 이주한 때

 ㉢ 제6조 단서에 따른 국민연금 가입 대상 제외자에 해당하게 된 때

 ㉣ 사업장가입자의 자격을 취득한 때

 ㉤ 제9조 제1호에 따른 배우자로서 별도의 소득이 없게 된 때

 ㉥ 60세가 된 때

③ 임의가입자는 다음의 어느 하나에 해당하게 된 날의 다음 날에 자격을 상실한다. 다만, ㉥과 ㉦의 경우에는 그에 해당하게 된 날에 그 자격을 상실한다.

 ㉠ 사망한 때

 ㉡ 국적을 상실하거나 국외로 이주한 때

 ㉢ 제10조 제2항에 따른 탈퇴 신청이 수리된 때

 ㉣ 60세가 된 때

 ㉤ 대통령령으로 정하는 기간 이상 계속하여 연금보험료를 체납한 때

 ㉥ 사업장가입자 또는 지역가입자의 자격을 취득한 때

 ㉦ 제6조 단서에 따른 국민연금 가입 대상 제외자에 해당하게 된 때

3. 급 여

(1) 급여의 종류(법 제49조)

국민연금법에 따른 급여의 종류는 다음과 같다.
① 노령연금
② 장애연금
③ 유족연금
④ 반환일시금

(2) 급여 지급(법 제50조)

① 급여는 수급권자의 청구에 따라 공단이 지급한다.
② 연금액은 지급사유에 따라 기본연금액과 부양가족연금액을 기초로 산정한다.

(3) 수급권 보호(법 제58조)

① 수급권은 양도·압류하거나 담보로 제공할 수 없다.
② 수급권자에게 지급된 급여로서 대통령령으로 정하는 금액 이하의 급여는 압류할 수 없다.
③ 급여수급전용계좌에 입금된 급여와 이에 관한 채권은 압류할 수 없다.

4. 비용 부담 및 연금보험료의 징수 등

(1) 국고 부담(법 제87조)

국가는 매년 공단 및 건강보험공단이 국민연금사업을 관리·운영하는 데에 필요한 비용의 전부 또는 일부를 부담한다.

(2) 연금보험료의 부과·징수 등(법 제88조)

① 보건복지부장관은 국민연금사업 중 연금보험료의 징수에 관하여 이 법에서 정하는 사항을 건강보험공단에 위탁한다.
② 공단은 국민연금사업에 드는 비용에 충당하기 위하여 가입자와 사용자에게 가입기간 동안 매월 연금보험료를 부과하고, 건강보험공단이 이를 징수한다.
③ 사업장가입자의 연금보험료 중 기여금은 사업장가입자 본인이, 부담금은 사용자가 각각 부담하되, 그 금액은 각각 기준소득월액의 1천분의 45에 해당하는 금액으로 한다.
④ 지역가입자, 임의가입자 및 임의계속가입자의 연금보험료는 지역가입자, 임의가입자 또는 임의계속가입자 본인이 부담하되, 그 금액은 기준소득월액의 1천분의 90으로 한다.
⑤ 공단은 기준소득월액 정정 등의 사유로 당초 징수 결정한 금액을 다시 산정함으로써 연금보험료를 추가로 징수하여야 하는 경우 가입자 또는 사용자에게 그 추가되는 연금보험료를 나누어 내도록 할 수 있다. 이 경우 분할 납부 신청 대상, 분할 납부 방법 및 납부 기한 등 연금보험료의 분할 납부에 필요한 사항은 대통령령으로 정한다.

5. 국민연금기금

(1) 기금의 설치 및 조성(법 제101조)

① 보건복지부장관은 국민연금사업에 필요한 재원을 원활하게 확보하고, 이 법에 따른 급여에 충당하기 위한 책임준비금으로서 국민연금기금(이하 이 장에서 "기금"이라 한다)을 설치한다.

② 기금은 다음의 재원으로 조성한다.

   ㉠ 연금보험료   ㉡ 기금 운용 수익금

   ㉢ 적립금   ㉣ 공단의 수입지출 결산상의 잉여금

(2) 기금의 관리 및 운용(법 제102조 제1항)

기금은 보건복지부장관이 관리·운용한다.

6. 심사청구와 재심사청구

(1) 심사청구(법 제108조)

① 가입자의 자격, 기준소득월액, 연금보험료, 그 밖의 이 법에 따른 징수금과 급여에 관한 공단 또는 건강보험공단의 처분에 이의가 있는 자는 그 처분을 한 공단 또는 건강보험공단에 심사청구를 할 수 있다.

② 심사청구는 그 처분이 있음을 안 날부터 90일 이내에 문서(「전자정부법」 제2조 7호에 따른 전자문서를 포함한다)로 하여야 하며, 처분이 있은 날부터 180일을 경과하면 이를 제기하지 못한다. 다만, 정당한 사유로 그 기간에 심사청구를 할 수 없었음을 증명하면 그 기간이 지난 후에도 심사 청구를 할 수 있다.

(2) 재심사청구(법 제110조)

① 심사청구에 대한 결정에 불복하는 자는 그 결정통지를 받은 날부터 90일 이내에 대통령령으로 정하는 사항을 적은 재심사청구서에 따라 국민연금재심사위원회에 재심사를 청구할 수 있다.

② 재심사청구의 방법 및 절차 등은 보건복지부령으로 정한다.

사회보장 일반에 대한 논의

National Pension Service

1. 사회보장의 개념(사회보장기본법 제3조)

(1) 사회보장

출산, 양육, 실업, 노령, 장애, 질병, 빈곤 및 사망 등의 사회적 위험으로부터 모든 국민을 보호하고 국민 삶의 질을 향상시키는 데 필요한 소득·서비스를 보장하는 사회보험, 공공부조, 사회서비스를 말한다.

(2) 사회보험

국민에게 발생하는 사회적 위험을 보험의 방식으로 대처함으로써 국민의 건강과 소득을 보장하는 제도를 말한다.

(3) 공공부조

국가와 지방자치단체의 책임 하에 생활 유지 능력이 없거나 생활이 어려운 국민의 최저생활을 보장하고 자립을 지원하는 제도를 말한다.

2. 이념(사회보장기본법 제2조)

① 모든 국민이 다양한 사회적 위험으로부터 벗어나 행복하고 인간다운 생활을 향유할 수 있도록 자립을 지원
② 사회참여·자아실현에 필요한 제도와 여건을 조성하여 사회통합과 행복한 복지사회를 실현

3. 사회보장 운영 원칙(사회보장기본법 제25조)

① 국가 및 지방자치단체는 사회보장제도를 운영함에 있어 이를 필요로 하는 모든 국민에게 적용하여야 한다(보편성).
② 국가 및 지방자치단체는 사회보장제도의 급여수준 및 비용부담 등에 있어서 형평성을 유지하여야 한다(형평성).
③ 국가 및 지방자치단체는 사회보장제도의 정책결정 및 시행과정에 공익의 대표자 및 이해관계인 등을 참여시켜 민주성을 확보하여야 한다(민주성).
④ 국가 및 지방자치단체는 사회보장제도를 운영함에 있어서 국민의 다양한 복지요구를 효율적으로 충족시키기 위하여 연계성·전문성을 높여야 한다(연계성·전문성).
⑤ 사회보험은 국가의 책임으로 시행하고, 공공부조와 사회서비스는 국가와 지방자치단체의 책임으로 시행하는 것을 원칙으로 한다.

4. 사회보험과 공공부조의 비교

사회 보험	공공 부조
급여의 양을 예상할 수 있다.	급여의 양을 예상하기 어렵다.
욕구/자산조사가 필요하지 않다.	욕구/자산조사가 필요하다.
지정된 조세·기여금으로 재원을 조달한다.	정부의 일반조세에서 재원을 조달한다.
모든 참여자가 피보험자이고 특정한 시점부터 일부만 수혜자가 된다.	신청에 의해 수급권자로 인정되어 직접 참여하는 자는 모두 수혜자이다.
낙인이 아닌 권리로 인정된다.	낙인을 받게 되어 신청기피의 소지가 있다.
원칙적으로 근로능력이 있는 사람을 위한 제도이다.	원칙적으로 근로능력이 없는 사람을 원조하기 위한 제도이다.
법적 권리성이 강하고 구체적이다.	법적 권리성이 추상적이다.
수평적 재분배 기능이 크고, 수직적 재분배 기능도 있다.	수직적 재분배 기능이 크다.

5. 민간보험과 사회보험의 비교

사회보험과 민간보험의 공통점
1. 위험의 이전(Transfer)에 기초하고 있고 위험의 광범위한 공동분담에 기초를 둔다.
2. 적용범위, 급여 및 재정과 관련된 모든 조건이 구체적이고 완전하게 제공된다.
3. 급여의 적격 여부와 양이 엄격한 수리적 계산을 필요로 한다.
4. 프로그램의 비용을 충족시키는 데 충분한 기여금과 보험료 지불을 필요로 한다.
5. 드러난 욕구에 기초하지 않고 미리 사전에 결정된 급여를 제공한다.
6. 전체 사회를 대상으로 경제적 안정을 제공한다.

사회보험과 민간보험의 차이점		
구 분	사회 보험	민간 보험
원 리	사회적 적합성의 원리의 기초	개인적 공평성의 원리에 기초
참 여	강제적, 비선택적인 참여	임의적, 선택적, 자발적 참여
관 계	제도적, 법적인 관계	보험자와 피보험자 간의 계약관계
기여 방식	형평성에 의한 기여(소득수준에 따른 차등부과)	충분한 기여금의 적립을 위한 능력성 요구(위험정도·보험급여수준에 따른 부과)
보호 수준	최저보호 수준	요구와 능력에 의해 결정
차별 요소	사회적 적합성, 보장성 강조	개인적 적합성, 효율성 강조
완전 적립기금 여부	완전적립기금방식 취하기 어려움.	완전적립기금 방식 가능
물가상승기 보전	사회보험은 물가상승기에는 보험급여 보전을 정부의 역할에 의해 대처해 나간다(인플레이션에 비취약성).	물가상승기에는 물가상승에 대한 보험급여 보전이 어렵다(인플레이션에 취약성).

빈곤과 공공부조

1. 빈곤원인 이론과 빈곤의 측정

(1) 빈곤원인 이론

① 사회문제론적 시각

 ㉠ 기능주의 관점 : 빈곤이란 사회에 긍정적인 기능을 수행하지 않기 때문에 발생하는 일탈 행위의 결과이며 사회적 징벌 그 자체가 된다.

 ㉡ 갈등주의 관점 : 빈곤은 권력집단들이 자신들의 더 많은 이익을 위해 다른 집단을 착취하기 때문에 착취받은 집단은 빈곤하게 된다.

② 개인적 원인론

 ㉠ 인적자본이론 : 교육이나 직업훈련 등에 대한 개인적 투자가 없거나 적은 경우 지식과 기술이 부족하여 낮은 생산성의 원인이 되며 결국 저임금과 저소득으로 빈곤에 이르게 된다.

 ㉡ 개인선택이론 : 빈곤은 여가와 노동 간에 어느 것을 선택하느냐 또는 안정을 추구하느냐 아니면 위험부담을 감수하고 도전을 하느냐 하는 양단 간에 대한 개인의 선택에 의해 결정된다.

 ㉢ 상속이론 : 개인의 소득은 상속받은 인적·물적 재산의 격차에 의해 영향을 받는다. 상속받은 재산에는 물질적 재산뿐만 아니라 유전적 인자, 부모의 양육, 사회적 교류 등이 포함된다.

 ㉣ 우연성이론(＝기회이론) : 어느 한 개인이 빈곤하게 되는 것은 인간자본에 대한 투자가 없거나(인적자본이론), 잘못된 개인적 선택(개인선택이론)이나 상속(상속이론)이나 다른 사회적인 원인에 의해 나타나는 것이 아니라 우연히 닥친 불운과 같은 요인에 의해 발생한다(도산, 교통사고, 화재, 수해 등).

(2) 빈곤의 측정 – 불평등지수

① 로렌츠 곡선 : 미국의 통계학자 M. Lorenz가 창안한 소득분포의 불평등도를 측정하는 방법

② 지니계수 : 지니계수가 작을수록 평등하며 클수록 불평등이 심화된다.

③ 십분위 분배율 : (1−4등급 소득합계/9−10등급 소득합계)×100

2. 공공부조

(1) 공공부조의 장·단점

① 장 점

    ㉠ 조세를 재원으로 하고 가장 소득이 낮은 계층을 대상으로 집중적으로 급여를 제공하기 때문에 수직적 재분배가 가장 크게 나타난다.

    ㉡ 제한된 예산을 저소득층에게 집중적으로 사용할 수 있다는 점에서 목표효율성의 장점을 가진다.

② 단 점

    ㉠ 수급자격을 결정하는 데 있어 소득·자산 조사를 실시하기 때문에 이를 위한 행정비용이 많이 소요된다.

    ㉡ 수급자의 근로의욕을 크게 저하시킨다.

    ㉢ 사회보험과 사회수당과 달리 권리 측면이 약하고 저소득을 수급의 기준으로 하기 때문에 수급자의 수치심을 유발할 가능성이 크다.

    ㉣ 사회보험이나 사회수당에 비해 정치적 지지를 적게 받는 경향이 있다. 중산층 및 고소득층과 빈곤계층의 대립과 갈등을 심화시키고 사회보장제도 확대에 필요한 조세 납부를 거부하는 조세저항을 초래할 수 있다.

(2) 공공부조의 원리와 실시원칙

① 공공부조의 원리 : 생존권보장 원리, 국가책임 원리, 최저생활보장 원리, 자립조장(자활조성) 원리, 무차별평등 원리, 보충성 원리

② 공공부조의 실시원칙 : 신청직권병행 원칙, 보호기준 및 정도의 원칙, 세대단위 원칙, 현금급여 원칙, 거택보호 원칙, 필요즉응 원칙, 개별성의 원칙, 가족부양 우선의 원칙, 타급여 우선의 원칙, 보편성 원칙

사회보장기본법

1. 목 적

이 법은 사회보장에 관한 국민의 권리와 국가 및 지방자치단체의 책임을 정하고 사회보장정책의 수립·추진과 관련 제도에 관한 기본적인 사항을 규정함으로써 국민의 복지증진에 이바지하는 것을 목적으로 한다.

2. 기본이념

사회보장은 모든 국민이 다양한 사회적 위험으로부터 벗어나 행복하고 인간다운 생활을 향유할 수 있도록 자립을 지원하며, 사회참여·자아실현에 필요한 제도와 여건을 조성하여 사회통합과 행복한 복지사회를 실현하는 것을 기본이념으로 한다.

① 모든 국민이 다양한 사회적 위험으로부터 벗어나 행복하고 인간다운 생활을 향유할 수 있도록 자립을 지원

② 사회참여·자아실현에 필요한 제도와 여건을 조성하여 사회통합과 행복한 복지사회를 실현

3. 사회보장 수급권 제한

① 사회보장수급권은 제한되거나 정지될 수 없다. 다만, 관계 법령에서 따로 정하고 있는 경우에는 그러하지 아니하다.

② 사회보장수급권이 제한되거나 정지되는 경우에는 제한 또는 정지하는 목적에 필요한 최소한의 범위에 그쳐야 한다.

Chapter 5 : 사회보험

1. 국민연금법

이 법은 국민의 노령, 장애 또는 사망에 대하여 연금급여를 실시함으로써 국민의 생활 안정과 복지 증진에 이바지하는 것을 목적으로 한다.

2. 국민건강보험법

이 법은 국민의 질병·부상에 대한 예방·진단·치료·재활과 출산·사망 및 건강증진에 대하여 보험급여를 실시함으로써 국민보건 향상과 사회보장 증진에 이바지함을 목적으로 한다.

3. 고용보험법

고용보험의 시행을 통하여 실업의 예방, 고용의 촉진 및 근로자의 직업능력의 개발과 향상을 꾀하고, 국가의 직업지도와 직업소개 기능을 강화하며, 근로자가 실업한 경우에 생활에 필요한 급여를 실시하여 근로자의 생활안정과 구직 활동을 촉진함으로써 경제·사회 발전에 이바지한다.

4. 산업재해보상보험법

산업재해보상보험 사업을 시행하여 근로자의 업무상의 재해를 신속하고 공정하게 보상하며, 재해근로자의 재활 및 사회 복귀를 촉진하기 위하여 이에 필요한 보험시설을 설치·운영하고, 재해 예방과 그 밖에 근로자의 복지 증진을 위한 사업을 시행하여 근로자 보호에 이바지한다.

5. 노인장기요양보험법

이 법은 고령이나 노인성 질병 등의 사유로 일상생활을 혼자서 수행하기 어려운 노인 등에게 제공하는 신체활동 또는 가사활동 지원 등의 장기요양급여에 관한 사항을 규정하여 노후의 건강증진 및 생활안정을 도모하고 그 가족의 부담을 덜어줌으로써 국민의 삶의 질을 향상하도록 함을 목적으로 한다.

6. 5대 사회보험법의 체계적 정리

(1) 전달체계

	국민연금	건강보험	고용보험	산재보험	노인장기요양보험
기 관	국민연금공단	국민건강보험공단 건강보험심사평가원	1. 근로복지공단 2. 고용지원센터	근로복지공단	국민건강보험공단
업무 원칙	보험료징수, 급여 지급	보험료징수, 급여 지급	보험료징수, 급여 지급	보험료징수, 급여 지급	보험료징수, 급여 지급
정책결정 기구	국민연금심의위 원회	건강보험정책심 의위원회	고용정책심의회	산업재해보상보 험 및 예방심의 위원회	장기요양위원회
관장 부서	보건복지부(장관)	보건복지부(장관)	고용노동부(장관)	고용노동부(장관)	보건복지부(장관)
보험자	국민연금공단	국민건강보험공단	고용노동부	근로복지공단	국민건강보험공단

(2) 할당체계(가입자)

① **국민연금** : 국내에 거주하는 18세 이상 60세 미만의 국민(외국인 포함−상호주의 원칙)
② **국민건강보험** : 소득이 있는 모든 사람(단, 의료급여대상자는 제외)
③ **산업재해보상보험** : 사용자 100% 부담
④ **고용보험** : 1인 이상 근로자가 있는 사업장
⑤ **노인장기요양보험** : 건강보험가입자

(3) 시효(국민연금)

① 연금보험료, 환수금, 그 밖의 징수금을 징수하거나 환수할 국민연금공단의 권리 : 3년
② 급여를 받거나 과오납금을 반환받을 국민연금 수급권자 또는 가입자 등의 권리 : 5년
③ 나머지 거의 모든 보험은 시효가 3년이다.
④ 기초연금 : 5년

나온문제 나올문제

01 공공부조의 특성과 가장 거리가 먼 것은? 　　　　　　　🔍 2016. 12. 3. 국민연금공단

① 빈곤에 대한 최후의 국가적 대응이다.

② 일반 조세를 통하여 재원을 조달한다.

③ 소득의 재분배적 기능을 도모할 수 있는 제도이다.

④ 대상자를 선정하여 원조를 제공하는 선택주의 제도이다.

⑤ 차별성의 원리 또는 형평주의에 기초하고 있다.

🔎 ⑤ 공공부조는 무차별평등의 원리 또는 평등주의에 기초하고 있다. 따라서 법률적 요건을 충족하면 요보호 상태에 빠지게 한 요인이 무엇이던지 또는 인종, 성별, 신조, 사회적 신분 여하를 불문하고 법의 적용에 있어 차별적인 취급을 받지 않아야 한다.

02 세계 최초로 사회보험을 도입한 나라는 어디인가? 　　　　　🔍 2016. 12. 3. 국민연금공단

① 독　일　　　　　　　　　　② 영　국

③ 미　국　　　　　　　　　　④ 스웨덴

⑤ 스위스

🔎 ① 독일은 1883년 질병보험, 1884년 노동재해보험, 1889년 노령폐질보험 등 사회보험을 세계 최초로 도입하였다.

03 국민연금법상 국민연금 의무가입 나이는? 　　　　　　　　🔍 2016. 12. 3. 국민연금공단

① 15세 이상 60세 미만　　　　② 18세 이상 60세 미만

③ 19세 이상 65세 미만　　　　④ 20세 이상 60세 미만

⑤ 20세 이상 65세 미만

🔎 ② 국내에 거주하는 국민으로서 18세 이상 60세 미만인 자는 국민연금 가입 대상이 된다(국민연금법 제6조).

04 다음 중 국민연금공단의 핵심가치에 해당하지 않는 것은?　　🖉 2016. 12. 3. 국민연금공단

① 신뢰(Trust)　　　　　　　　　② 소통(Open)

③ 봉사(Service)　　　　　　　　④ 열정(Passion)

⑤ 행복(Happy)

🔍 **국민연금공단의 핵심가치**
1. **신뢰(Trust)** : 모든 관계에서 신뢰 중시
2. **소통(Open)** : 소통을 위한 열린 자세
3. **열정(Passion)** : 세계 최고가 되기 위한 열정
4. **행복(Happy)** : 국민과 구성원에게 행복을 더하는 노력

05 다음 중 사회보장수급권에 관한 설명으로 틀린 것은?　　🖉 2016. 6. 4. 국민연금공단

① 사회보장수급권의 포기는 취소할 수 없다.

② 사회보장수급권은 관계 법령에서 정하는 바에 따라 양도 · 담보제공 · 압류할 수 없다.

③ 모든 국민은 사회보장 관계 법령에서 정하는 바에 따라 사회보장수급권을 가진다.

④ 사회보장수급권은 원칙적으로 제한되거나 정지될 수 없다.

⑤ 사회보장수급권은 정당한 권한이 있는 기관에 서면으로 통지하여 포기할 수 있다.

🔍 ① 사회보장수급권의 포기는 취소할 수 있다(사회보장기본법 제14조 제2항).

06 국민연금의 급여 지급사유를 가장 옳게 나열한 것은?　　🖉 2016. 6. 4. 국민연금공단

① 노령, 질병, 사망　　　　　　② 노령, 장애, 사망

③ 업무상의 재해　　　　　　　④ 고령이나 노인성 질병

⑤ 질병 · 부상, 출산 · 사망 및 건강검진

🔍 이 법은 국민의 노령, 장애 또는 사망에 대하여 연금급여를 실시함으로써 국민의 생활 안정과 복지 증진에 이바지하는 것을 목적으로 한다(국민연금법 제1조).

07 다음 중 국민연금의 의무 가입 대상에 해당하는 자는?   ☞ 2016. 6. 4. 국민연금공단

① 월 1,000만원을 버는 17세 학생

② 공무원

③ 직업군인

④ 59세 회사 임원

⑤ 월세 300만원을 받고 있는 63세 국민

🔍 ④ 국내에 거주하는 국민으로서 18세 이상 60세 미만인 자는 국민연금 가입 대상이 된다. 다만, 「공무원 연금법」, 「군인연금법」, 「사립학교교직원 연금법」 및 「별정우체국법」을 적용받는 공무원, 군인, 교직 원 및 별정우체국 직원, 그 밖에 대통령령으로 정하는 자는 제외한다(국민연금법 제6조).

08 국민연금에 관한 설명으로 틀린 것은?   ☞ 2016. 6. 4. 국민연금공단

① 국민연금사업은 보건복지부장관이 맡아 주관한다.

② 국민연금수급권은 양도·압류할 수 없다.

③ 급여는 수급권자의 청구에 따라 공단이 지급한다.

④ 국민연금보험료 산정의 기초가 되는 기준소득월액에는 하한선은 없고 상한선만 있다.

⑤ 연금보험료, 환수금, 징수금을 징수하거나 환수할 권리는 3년간 행사하지 아니하면 소멸시효가 완성된다.

🔍 ④ 국민연금보험료 산정의 기초가 되는 기준소득월액에는 상한선과 하한선을 두고 있다. 기준소득월액 의 상한액과 하한액은 국민연금 사업장 가입자와 지역가입자 전원(납부예외자 제외)의 평균소득월액 의 3년간 평균액이 변동하는 비율을 반영하여 매년 3월말까지 보건복지부장관이 고시하여 해당연도 7월부터 1년간 적용한다.

⑤ 연금보험료, 환수금, 그 밖의 이 법에 따른 징수금을 징수하거나 환수할 권리는 3년간, 급여를 받거나 과오납금을 반환받을 수급권자 또는 가입자 등의 권리는 5년간 행사하지 아니하면 각각 소멸시효가 완성된다(국민연금법 제115조 제1항).

09 베버리지 보고서가 제시한 사회보험운영의 6대 원칙 중 실업·장애에 의해 중단되거나 퇴직에 의해 상실된 소득의 양에 관계없이 보험급여의 액수가 동일해야 한다는 것을 의미 하는 것은?   ☞ 2016. 6. 4. 국민연금공단

① 균일생계급여의 원칙   ② 균일갹출의 원칙

③ 적용범위 포괄성의 원칙   ④ 급여 적절성 보장의 원칙

⑤ 대상 계층화의 원칙

🔍 베버리지 보고서가 제시한 사회보험운영의 6대 원칙

1. **균일생계급여(정액급여)의 원칙** : 보편성의 원칙에 따라 모든 국민에게 평등하게 최저한도의 소득을 보장한다는 원칙이다.
2. **균일갹출(정액기여)의 원칙** : 보험료도 소득의 다과(多寡)에 상관없이 일률적으로 갹출한다는 원칙이다.
3. **적용범위(위험대상) 포괄성의 원칙** : 기본적 생활욕구의 충족을 위해 사회보장의 모든 분야에서 급여가 고르게 이루어져야 한다는 원칙이다.
4. **급여 적절성(충분한 급여) 보장의 원칙** : 급여의 종류와 수준이 최소한 인간다운 생활을 영위하는 데 적절해야 한다는 원칙이다.
5. **관리·운영 통합(행정책임통합)의 원칙** : 사회 보장의 모든 부문별 행정·운영을 일원화하여 통합한다는 원칙이다.
6. **대상 계층화(피보험자 구분)의 원칙** : 노동연령의 여섯 계층을 피용자, 자영업자, 실업자, 가정주부, 노동연령 미달자(아동), 정년 퇴직자(노인) 등으로 나눈 다음 계층별 대책을 수립하여야 한다는 원칙이다.

10 다음과 관련이 있는 공공부조의 원리는?

🎯 2015. 11. 28. 국민연금공단

─● 보기 ●─
> 부양가족의 도움을 먼저 받고 도저히 생활할 수 없을 경우 최종적으로 국가의 도움을 받는다.

① 자립조장의 원리   ② 국가책임의 원리
③ 생존권 보장의 원리   ④ 사회적 형평성의 원리
⑤ 보충성의 원리

🔍 공공부조의 원리

1. **국가책임의 원리** : 생활능력이 없는 국민에 대하여 국가의 책임을 규정
2. **생존권 보장의 원리** : 건강하고 문화적인 최저생활을 보장하여 국민의 생존권을 보장하여야 한다는 원리
3. **보충성의 원리** : 자신의 자산과 근로능력을 활용한 후 부족분을 보충한다는 원리
4. **자립조장의 원리** : 수급권자가 급여 수급에 의존하지 않고 자립할 수 있도록 하여야 한다는 원리
5. **사회적 형평성의 원리** : 동일한 상황에 있는 대상자를 똑같이 보장하여야 하고(수평적 형평), 다른 상황에 있는 대상자는 다른 보장을 받아야 한다는 원리(수직적 형평)

11 산업재해보상보험법상의 업무상 재해로 인정될 수 없는 것은? *2015. 11. 28. 국민연금공단*

① 사업주가 행사에 참가하도록 지시한 야유회에 참가하여 발생한 사고
② 사업주가 제공한 시설물의 결함으로 발생한 사고
③ 사업주의 지시를 받아 사업장 밖에서 업무를 수행하던 중에 발생한 사고
④ 업무시간 중 개인적인 사유로 외출 후 사업장으로 돌아오던 도중에 발생한 사고
⑤ 사업주가 제공한 교통수단을 이용하여 출퇴근하다 발생한 사고

④ 업무시간 중이라도 사업장을 이탈한 상태에서 순수한 개인적인 용무로 발생한 사고는 업무상 사고로 인정될 수 없다.

12 다음 공공부조에 대한 설명 중 틀린 것은? *2015. 4. 25. 국민연금공단*

① 행정비용이 많이 든다.
② 수급자의 수치심을 유발할 가능성이 크다.
③ 소득재분배 효과가 크다.
④ 수급자의 근로의욕을 크게 상승시킨다.
⑤ 다른 계층과의 대립 및 조세저항을 초래할 수 있다.

공공부조 : 국가와 지방자치단체의 책임 하에 생활 유지 능력이 없거나 생활이 어려운 국민의 최저생활을 보장하고 자립을 지원하는 제도를 말한다(사회보장기본법 제3조 제3호).
1. 장점 : 소득재분배 효과, 목표 효율성 등
2. 단점 : 행정비용 많이 소요, 근로의욕 저하, 수급자의 수치심 유발, 다른 계층과 대립 및 조세저항 초래 등

13 행위별수가제에 대한 설명으로 옳은 것은? *2015. 4. 25. 국민연금공단*

① 하나의 질병에 대해 미리 정해진 총치료비를 지급하도록 하는 진료비지불제도이다.
② 과잉진료와 의료비 급증을 야기할 수 있다.
③ 의료기관이 환자를 조기에 퇴원시키려는 문제를 야기할 수 있다.
④ 요양급여비용 심사에 따른 의료공급자와 심사기관과의 마찰을 줄일 수 있다.
⑤ 의료행위에 대한 자율성이 감소될 수 있다.

② 행위별수가제는 진료할 때마다 진찰료, 검사료, 처치료, 입원료, 약값 등에 따로 가격을 매긴 뒤 합산하여 진료비를 산정하는 제도로서, 진료의 다양성과 의사의 전문성을 인정한다는 장점이 있는 반면 과잉진료와 의료비 급증을 야기할 수 있다는 단점이 있다.
①, ③, ④, ⑤는 포괄수가제에 대한 설명이다.

14 부부가 모두 기초연금을 받는 경우에는 각각에 대하여 산정된 기초연금액의 얼마를 감액하는가?

2015. 4. 25. 국민연금공단

① 10%   ② 15%

③ 20%   ④ 25%

⑤ 30%

🔍 ③ 본인과 그 배우자가 모두 기초연금 수급권자인 경우에는 각각의 기초연금액에서 기초연금액의 100분의 20에 해당하는 금액을 감액한다(기초연금법 제8조 제1항).

15 국민연금의 보험료율은 몇 %인가?

2015. 4. 25. 국민연금공단

① 3%   ② 5%

③ 10%   ④ 7%

⑤ 9%

🔍 ⑤ 국민연금보험료는 기준소득월액의 9%에 해당하는 금액이다. 사업장가입자는 본인과 사업장의 사용자가 각각 4.5%씩 부담하여 매월 사용자가 납부하여야 하고, 지역가입자는 본인이 전액 부담한다.

16 국민연금가입자의 종류에 해당하지 않는 것은?

2015. 4. 25. 국민연금공단

① 사업장가입자   ② 지역가입자

③ 임의가입자   ④ 연계가입자

⑤ 임의 계속가입자

🔍 ④ 국민연금가입자는 사업장가입자, 지역가입자, 임의가입자 및 임의계속가입자로 구분한다(국민연금법 제7조).

17 국민연금에 대한 설명으로 맞는 것은?

2015. 4. 25. 국민연금공단

① 주 가입대상은 근로자로 한정된다.

② 노후를 위한 자산 확보를 위한 목적이며 퇴직금의 개념이다.

③ 국민연금수급권은 양도·압류하거나 담보로 제공할 수 없다.

④ 개인의 결정에 따라 임의로 가입하여야 한다.

⑤ 국민의 장기저축에 대한 관심을 높이고 장기 금융시장의 발전을 도모할 수 있는 계기를 마련하였다.

🔍 ①, ②는 기업(퇴직)연금의 특징이고, ④, ⑤는 개인연금의 특징이다.

18 다음 중 국민연금 반환일시금의 수급요건에 해당하지 않는 것은?

2016. 12. 3. / 2015. 4. 25. 국민연금공단

① 가입기간이 20년 미만인 자가 65세가 된 때
② 가입자가 사망한 때
③ 가입자였던 자가 사망한 때
④ 국적을 상실한 때
⑤ 국외로 이주한 때

🔑 ① 가입기간이 10년 미만인 자가 60세가 된 때에 반환일시금을 지급받을 수 있다(국민연금법 제77조 제1항 제1호).

19 국민연금 가입자가 실직, 병역, 재학, 교정시설 수용 등의 사유로 연금보험료를 낼 수 없을 경우 그 사유가 계속되는 기간동안 연금보험료를 내지 않을 수 있도록 한 제도는?

2015. 4. 25. 국민연금공단

① 납부유예제도　　　　　　　② 추후납부제도
③ 분할납부제도　　　　　　　④ 납부예외제도
⑤ 납부면제제도

🔑 ④ 납부예외제도란 국민연금 가입자 중 실업자, 군인, 학생, 재소자, 행방불명자, 장기입원자 등이 일정 기간동안 보험료를 내지 않을 수 있도록 한 제도를 말한다.

20 노인장기요양보험제도의 원칙적인 수급대상자는?　　　2014. 11. 22. 국민연금공단

① 65세 이상의 노인 또는 65세 미만의 자로서 치매 등 노인성질병을 가진 자
② 60세 이상의 노인 또는 60세 미만의 자로서 치매 등 노인성질병을 가진 자
③ 62세 이상의 노인 또는 62세 미만의 자로서 치매 등 노인성질병을 가진 자
④ 70세 이상의 노인 또는 70세 미만의 자로서 치매 등 노인성질병을 가진 자

🔑 우리나라 노인장기요양보험제도는 65세 이상의 노인 또는 65세 미만의 자로서 치매·뇌혈관성 질환 등 노인성질병을 가진 자 중 6개월 이상 혼자서 일상생활을 수행하기 어렵다고 인정되는 자를 그 수급대상 자로 하고 있다.

21 영국의 베버리지 보고서가 제시한 사회보험운영의 6대 원칙이 아닌 것은?

2014. 11. 22. 국민연금공단

① 정액급여의 원칙

② 적용범위의 포괄성 원칙

③ 행정책임분리의 원칙

④ 피보험자 구분의 원칙

🔍 베버리지 보고서가 제시한 사회보험운영의 6대 원칙
1. 정액급여(균일급여)의 원칙
2. 정액기여(균일각출)의 원칙
3. 위험대상(적용범위)의 포괄성 원칙
4. 급여적절성(충분한 급여)의 원칙
5. 행정책임통합(관리 · 운영 통합)의 원칙
6. 피보험자 구분(대상의 계층화)의 원칙

22 다음 중 틀린 것은?

2014. 11. 22. 국민연금공단

① 1960년대 산업재해보상보험 제도를 실시하였다.

② 1970년대 후반에 전국민에 대하여 의료보험을 실시하였다.

③ 1995년 고용보험 도입 후 4대 보험체계를 갖췄다.

④ 2000년 기초생활보장제도를 실시하였다.

🔍 ② 의료보험은 보험을 통해 일상생활에서 사고와 부상으로 인해 발생하는 가계지출부담을 분산시킴으로써 생활의 안정을 도모하는 사회보장제도로 우리나라에서는 1977년 500인 이상 사업장 근로자를 대상으로 직장의료보험제도가 처음으로 실시한 이후 1979년 공무원 및 사립학교 교직원과 300인 이상 사업장 근로자, 1988년 농어촌지역 의료보험, 1989년 도시자영업자를 대상으로 의료보험이 실시되면서 전국민 의료보험시대를 맞았다.

23 다음 중 국민연금의 기본급여에 해당하지 않는 것은?

2014. 6. 21. 국민연금공단

① 장애연금   ② 노령연금

③ 분할연금   ④ 반환일시금

🔍 국민연금법에 따른 급여의 종류에는 노령연금, 장애연금, 유족연금, 반환일시금이 있다. 분할연금은 노령연금의 일정부분을 받는 것으로 기본급여가 아니다.

24 기초연금법상 기초연금의 수급가능연령은? ⊚ 2014. 6. 21. 국민연금공단

① 만 60세 이상　　　　　　　② 만 65세 이상

③ 만 70세 이상　　　　　　　④ 만 75세 이상

🔍 ② 기초연금은 65세 이상인 사람으로서 소득인정액이 보건복지부장관이 정하여 고시하는 금액 이하인 사람에게 지급한다(기초연금법 제3조 제1항).

25 다음 노인장기요양보험법에 대한 설명 중 틀린 것은 어느 것인가? ⊚ 2014. 6. 21. 국민연금공단

① 장기요양기관을 설치·운영하고자 하는 자는 소재지를 관할 구역으로 하는 특별자치시장·특별자치도지사·시장·군수·구청장으로부터 지정을 받아야 한다.

② 본인일부부담금은 재가급여의 경우 당해 장기요양급여비용의 100분의 15이다.

③ 본인일부부담금은 시설급여의 경우 당해 장기요양급여비용의 100분의 15이다.

④ 의료급여수급권자에 대하여는 본인일부부담금의 100분의 50을 감경한다.

🔍 ③ 본인일부부담금은 시설급여의 경우 당해 장기요양급여비용의 100분의 20이다(법 제40조 제1항 제2호).

26 다음 중 4대 보험에 포함되지 않는 것은? ⊚ 2014. 6. 21. 국민연금공단

① 실업보험　　　　　　　　　② 산업재해보상보험

③ 의료보호　　　　　　　　　④ 건강보험

🔍 4대 보험 : 산업재해보상보험, 건강보험, 국민연금제도, 실업보험

27 비에스텍(Biestek)의 사회복지 실천 7대 원칙으로 틀린 것은?   ◉ 2014. 6. 21. 국민연금공단

① 개별화   ② 의도적인 감정표현
③ 수 용   ④ 심판적 태도

🔍 비에스텍(Biestek)의 사회복지 실천 7대 원칙
1. 개별화 : 개인적으로 처우 받고 싶은 욕구
2. 의도적인 감정표현 : 클라이언트가 감정을 표명하고 싶은 욕구
3. 통제된 정서적 관여 : 클라이언트가 공감을 받고 싶은 욕구
4. 수용 : 가치 있는 개인으로 인정받고 싶은 욕구
5. 비심판적 태도 : 심판받지 않으려는 욕구
6. 클라이언트의 자기결정권 : 클라이언트 자신이 선택과 결정을 내리고 싶은 욕구
7. 비밀보장의 원칙 : 자신의 비밀을 간직하려는 욕구

28 베버리지 보고서의 5대악이 아닌 것은?   ◉ 2014. 6. 21. 국민연금공단

① 폭 력   ② 빈 곤
③ 질 병   ④ 나 태

🔍 베버리지 보고서의 5대악 : 빈곤, 질병, 무지, 불결, 나태

29 다음 중 실업급여에 대한 설명으로 틀린 것은?   ◉ 2013. 5. 25. 국민연금공단

① 근로자에는 법인의 이사와 기타 임원도 포함된다.
② 지급대상은 비자발적 이직자를 원칙으로 한다.
③ 수급 자격자는 1~4주마다 고용센터가 지정한 실업인정일에 출석하여 재취업 활동을 확인하여야 한다.
④ 실업급여는 근로자가 없는 자영업자가 대상이다.

🔍 실업급여 : 고용보험에 가입한 근로자가 실직하였을 때 일정한 기간에 급여를 지급함으로써 실직자와 그 가족을 생활 안정을 도모하고 재취업할 수 있도록 지원하기 위하여 마련된 제도로 실업은 근로의 의사와 능력이 있음에도 불구하고 취업하지 못한 상태에 있는 것을 의미한다. 65세 이후에 고용되거나 자영업을 개시한 사람, 소정 근로시간이 대통령령으로 정한 시간에 미만인 사람 등 고용보험법에서 정한 적용 제외 근로자는 해당되지 않는다.

30 다음 사회보험에 대하여 틀린 것은?

◎ 2013. 5. 25. 국민연금공단

① 가입에 강제성을 띤다.
② 사회적 적합성의 원리에 기초를 둔다.
③ 소득수준에 관계없이 공평하게 부과한다.
④ 법적인 뒷받침이 있어야 한다.

🔍 **사회보험** : 사회 구성원의 질병, 장애, 노령, 실업 등에 의한 경제상의 어려움을 구제하기 위한 보험제도로 소득수준에 따라 차등하여 부과한다.

31 베버리지 보고서에 관한 내용으로 틀린 것은?

◎ 2012. 10. 21. 국민연금공단

① 2차 세계대전 이후 사회보장을 목적으로 제출한 보고서이다.
② 국가는 관리와 비용 부담의 책임을 져야 한다는 것이다.
③ 5가지 프로그램을 총괄적으로 수행하는 것이다.
④ 빈곤, 질병, 무지, 나태, 불결 등 5대악을 제거하는 것이다.

🔍 **베버리지 보고서** : 영국에서 1941년 6월에 창설된 '사회보험 및 관련 사업에 관한 각 부처의 연락위원회'의 위원장인 베버리지가 1942년에 제출한 보고서로 현대사회에서 진보를 가로막고 있는 사회문제의 5대 악으로서 빈곤, 질병, 나태, 무지, 불결을 들고, 이 가운데 사회보장의 궁극적인 목표는 궁핍 해소라고 하였다.

32 사회보장제도 공급자로서 정부의 역할이 바르지 않은 것은?

◎ 2012. 10. 21. 국민연금공단

① 행복한 삶 보장
② 국민생활의 최저보장
③ 일정 소득의 보장
④ 국민소득의 재분배

🔍 사회보장은 궁핍의 퇴치라고 하며 이는 국민소득의 재분배로 실현할 수 있으며 이를 통한 일정 소득의 보장은 결국 국민생활의 최저보장을 의미하는 것이다.

33 다음 기초연금에 대하여 틀린 것은?　　　⊙ 2012. 10. 21. 국민연금공단

① 본인 및 그 배우자가 모두 연금을 지급받는 경우에는 각각의 연금액에 대하여 100분의 20을 감액

② 65세 이상 기준소득 이하인 자에게 지급

③ 20년 이상 기여하여야 한다.

④ 수급액에 대해서는 세제혜택

🔎 기초연금 : 생활형편이 어려운 노년층에게 매달 생활비를 보조해 주는 제도로 65세 이상으로 확대하여 매월 일정액의 연금을 지급하는 제도다. 기초연금은 대상자의 금융·부동산 등 재산과 근로 및 연금소득 등을 합산한 뒤 기준에 따라 월별 소득인정액을 산출하여 수급대상자를 결정한다. 국가 및 지방자치단체는 필요한 비용을 부담할 수 있도록 재원을 조성하여야 한다.

34 다음 중 국민기초생활보장법에 의한 급여의 종류가 아닌 것은?　⊙ 2011. 7. 3. 국민연금공단

① 휴직급여　　　　　　　　　② 해산급여

③ 장제급여　　　　　　　　　④ 의료급여

🔎 급여의 종류(국민기초생활보장법 제7조 제1항) : 생계급여, 주거급여, 의료급여, 교육급여, 해산급여, 장제급여, 자활급여

35 다음 중 연금제도의 특성을 모두 고른 것은?　　　⊙ 2011. 7. 3. 국민연금공단

보기
| ㉠ 안정성 | ㉡ 공공성 | ㉢ 수익성 |
| ㉣ 전문성 | ㉤ 형평성 | |

① ㉠, ㉡, ㉣, ㉤　　　　　　　② ㉠, ㉡, ㉢

③ ㉠, ㉡, ㉢, ㉣　　　　　　　④ ㉠, ㉡, ㉢, ㉣, ㉤

🔎 연금기금은 연금급여에 충당할 책임준비금으로서 가입자 및 사용자가 납입한 갹출료 등으로 조성되며, 안정성·수익성 및 공공성의 원칙에 따라 운용된다.

36 다음 중 직장폐쇄와 관련된 것으로 틀린 것은? 　　　　🎯 2011. 7. 3. 국민연금공단

① 직장폐쇄 기간 동안에는 임금을 지급하지 않아도 된다.

② 직장폐쇄는 사용자의 적극적인 권리이다.

③ 직장폐쇄를 금지하는 단체협약은 무효이다.

④ 직장폐쇄를 사전에 노동쟁의를 막기 위해 실시하는 경우에는 사전에 해당관청과 노동 위원회에 신고해야 한다.

🔍 노동조합 및 노동관계조정법은 직장폐쇄를 사용자측의 쟁의수단으로서 이를 인정하고 있다(노동조합 및 노동관계조정법 제2조). 직장폐쇄는 노사간 교섭력의 균형유지를 위하여 법률이 보장하는 사용자의 대항수단이므로 직장폐쇄를 금지하는 단체협약은 위법이며 무효이고, 근로자들이 파업 · 태업 등을 단행하여 직장을 점거한 상태에서 사용자로 하여금 직장을 폐쇄하는 방어수단을 취할 수 있도록 하는 것은 형평의 원칙상 당연하다. 사용자는 노동조합이 쟁의행위를 개시한 이후에만 직장폐쇄를 할 수 있다. 사용자는 직장폐쇄를 할 경우에는 미리 행정관청 및 노동위원회에 각각 신고하여야 한다(노동조합 및 노동관계조정법 제46조).

37 다음 중 근로관계에 관한 내용으로 바르지 않은 것은? 　　　🎯 2011. 7. 3. 국민연금공단

① 사용자는 근로자에게 1주일에 평균 1회 이상의 유급휴일을 주어야 한다.

② 사용자는 연장근로와 야간근로 또는 휴일근로에 대하여는 통상임금의 100분의 50 이상을 가산하여 지급하여야 한다.

③ 사용자는 1년간 8할 이상 출근한 근로자에게 10일의 유급휴가를 주어야 한다.

④ 사용자는 계속하여 근로한 기간이 1년 미만인 근로자에게 1개월 개근 시 1일의 유급휴가를 주어야 한다.

🔍 ③ 사용자는 1년간 80퍼센트 이상 출근한 근로자에게 15일의 유급휴가를 주어야 한다(근로기준법 제60조 제1항).
　① 근로기준법 제55조
　② 근로기준법 제56조
　④ 근로기준법 제60조 제2항

38 다음 중 4대 보험의 행정체계에 관한 설명으로 맞는 것은?   📷 2011. 7. 3. 국민연금공단

① 피보험자의 중복
② 보건복지부에서 국민건강보험과 국민연금의 통합관리
③ 4대 보험의 성격상 통합의 어려움
④ 고용보험은 근로복지공단에서 관장

🔎 ③ 4대 보험은 각 보험마다 성격이 다르기 때문에 통합관리가 어렵다.
  ① 보험의 성격이 다르기 때문에 피보험자가 중복되지 않는다.
  ② 4대 보험의 징수업무(고지, 수납)는 국민건강보험공단에서 통합관리하며, 사업장관리업무 · 피보험
     자관리업무 · 급여 및 보상업무는 해당 공단에서 각각 관리한다.
  ④ 고용보험은 고용노동부장관이 관장(고용보험법 제3조)

39 다음 중 소득불평등에 관한 내용으로 틀린 것은?   📷 2011. 7. 3. 국민연금공단

① 엣킨슨 지수는 1에 가까울수록 평등하다.
② 빈곤률은 빈곤의 정도를 나타낸다.
③ 지니계수가 낮으면 불평등이 낮아진다.
④ 로렌츠곡선이 대각선에 가까울수록 평등하다.

🔎 엣킨슨 지수 : 현실의 분배상태가 완전히 균등한 것이어서 평균소득이 바로 균등분배대등소득이 된다면
  엣킨슨 지수는 0의 값을 갖고, 소득의 분배가 지극히 불평등하여 균등분배대등소득이 거의 0에 가깝다
  면 엣킨슨 지수는 1에 가까운 값을 갖는다.

40 다음 중 공공부조에 속하지 않는 것은?   📷 2011. 7. 3. 국민연금공단

① 기초생활보장급여   ② 최저임금
③ 의료급여   ④ 장제급여

🔎 최저임금제는 정책상의 제도이지 공공부조가 아니다. 공공부조와 관련해서는 의료급여법과 국민기초생
  활보장법이 적용되고 있는데 국민기초생활보장제도는 가족이나 스스로의 힘으로 생계를 유지할 능력이
  없는 최저생계비 이하의 절대빈곤층 국민에게 필요한 급여를 제공하고, 근로능력이 있는 자에게는 자활
  지원 서비스를 국가가 제공하여 기본적인 생활을 보장한다. 의료급여제도는 생활유지 능력이 없거나 생
  활이 어려운 국민들의 의료문제를 지원하고, 질병으로 인한 빈곤을 방지하기 위하여 국가가 보장한다.

41 다음에서 설명하고 있는 제도는 무엇인가?   ✏️ 2011. 7. 3. 국민연금공단

> ┌ 보기 ┐
>
> 가족이나 스스로의 힘으로 생계를 유지할 능력이 없는 최저생계비 이하의 어려운 분들에게 생계, 주거, 교육, 의료, 장제, 해산 등의 급여를 통해 기본적 생활을 국가가 보장해 주고, 근로능력이 있는 분들에게는 체계적인 자활지원서비스를 제공하여 자립 · 자활할 수 있도록 지원해 주는 제도

① 생존권보장　　　　　　　　② 인간다운 생활의 보장
③ 최저생활보장　　　　　　　　④ 문화생활의 보장

🔍 **최저생활보장** : 가족이나 스스로의 힘으로 생계를 유지할 능력이 없는 최저생계비 이하의 어려운 국민들에게 생계, 주거, 교육, 의료, 장제, 해산 등의 급여를 통해 기본적 생활을 국가가 보장해 주고, 근로능력이 있는 국민들에게는 체계적인 자활지원서비스를 제공하여 자립 · 자활할 수 있도록 지원해 주는 제도

42 다음 중 엘리자베스 구빈법의 내용이 아닌 것은?

① 공공부조의 효시　　　　　　② 국가재원으로 구빈세 징수
③ 가족의 일차적 책임강조　　　④ 보편적 급여
⑤ 세계 최초로 국가의 구빈책임과 법률 제정

🔍 ④ 엘리자베스 구빈법은 빈민의 범주화에 따른 대상별 처우를 한다. 노동능력 있는 빈민은 작업장 수용, 노동능력 없는 빈민은 구빈원에 수용, 아동은 입양 또는 도제를 실시한다.

43 다음 중 베버리지 보고서에 대한 설명으로 틀린 것은 어느 것인가?

① 국가의 재건을 위해 5대 악의 제거와 기본적인 소득수준을 보장하는 것을 목적으로 한다.
② 5가지 프로그램으로 아동수당, 포괄적 의료서비스, 완전고용, 사회보험, 공공부조가 있다.
③ 박애주의로 볼 수 있다.
④ 국가에 의한 사회보험 중심으로 국민소득을 보장하는 사회보장 개념을 도입하였다.
⑤ 사회보험의 6원칙으로 균일기여, 균일급여, 급여의 적절성, 적용범위의 포괄화, 가입자의 분류, 행정책임통합이 있다.

🔍 ③ 박애주의는 자선조직협회에 대한 설명이다.

44 다음 중 최초로 원외구호를 규정한 것은?

① 엘리자베스 구빈법   ② 정주법
③ 스핀햄랜드법   ④ 개정구빈법
⑤ 길버트법

🔍 ⑤ 길버트법은 노동능력 있는 근면한 빈곤자들이 자신의 집에서 공공부조를 받게 되는 원외구제제도를 도입하여 거택보호제도의 효시가 되었다.

45 다음 중 인보관에 관한 내용으로 틀린 것은?

① 영국의 헐 하우스가 대표적인 인보관이다.
② 사회조사를 통하여 여러 가지 통계자료를 구축하였다.
③ 빈민지구를 조사하여 생활실태를 파악하였다.
④ 집단사회사업과 지역사회조직의 기반이 되었다.
⑤ 빈곤을 자본주의 제도의 모순에 따른 사회적 문제로 보았다.

🔍 ① 영국의 토인비 홀과 미국 시카고의 헐 하우스가 대표적인 인보관이다. 미국 최초의 인보관은 1886년 근린길드이다.

46 다음 영국 사회복지정책의 역사에 관한 내용 중 잘못 설명된 것은 어느 것인가?

① 자선조직협회에서는 공공구제 확대를 주장하며 공공지출 증가를 지지하였다.
② 씨봄 보고서는 지역사회 보호를 강조하였다.
③ 파울러의 보고서에서는 대처리즘, 가족과 개인책임을 강조하였다.
④ 베버리지 보고서는 전제조건으로 아동수당지급, 포괄적인 보건 서비스, 완전고용 달성을 전제조건으로 내세웠다.
⑤ 인보사업운동은 국가개입에 의한 사회개혁을 주장하였다.

🔍 ① 자선조직협회의 한계점으로 빈곤의 사회적 기반을 무시하고 공공구제 확대를 반대하였다.

47 다음 법에 대한 설명으로 옳지 않은 것을 고르시오.

① 구빈법-구빈에 대한 최초의 국가책임으로 공공부조의 효시이다.
② 작업장법-직업보도 프로그램의 효시이다.
③ 길버트법-최저생활 기준에 미달되는 임금의 부족분을 구빈세로 보조하였다.
④ 스핀햄랜드법-빵 값을 기준으로 임금을 정해서 버크셔 빵 법이라고도 한다.
⑤ 정주법-빈민의 자유로운 이동을 금지한 법령이다.

🔍 ③ 최저생활 기준에 미달되는 임금의 부족분을 구빈세로 보조한 것은 스핀햄랜드법이다. 길버트법은 실질적 원외구제로 작업장에서의 빈민의 비참한 생활과 착취를 개선하기 위해 제정되었다.

48 다음은 미국의 사회보장 역사에 대한 설명이다. 틀린 것은 어느 것인가?

① 남북전쟁 이후 노동운동이 활성화되고 자유방임주의가 등장하였다.
② 사회보장법을 제정하여 세계 최초로 "사회보장"이라는 용어를 사용하였다.
③ 케네디 대통령은 빈곤자 원조를 사회정의로 규정하였다.
④ 존슨대통령이 위대한 사회 구상에 기초하여 빈곤과의 전쟁을 선포하였다.
⑤ 레이건 대통령은 복지프로그램의 확대와 신언방주의를 표방하였다.

🔍 ⑤ 레이건 대통령은 복지프로그램을 축소하였다.

49 다음 중 독일의 사회복지 역사에 대한 설명으로 틀린 것은 어느 것인가?

① 3대 사회보험법은 노동재해보험법, 노령폐질보험법, 국민보험법이다.
② 함부르크 구빈제도는 빈민에게 도움을 주고자 하였지만 실패하였다.
③ 엘버펠트 제도는 함부르크 구빈제도의 미비점을 수정·보완한 것으로 자선조직협회(COS)에 많은 영향을 끼쳤다.
④ 엘버펠트 제도는 전적으로 공공의 조세에 의해 운영되었다.
⑤ 비스마르크는 노동자 통제를 위해 사회주의자 진압법을 만들었으며 나중에 3대 사회보험법을 제정하였다.

🔍 ① 3대 사회보험은 노동재해보험, 노령폐질보험, 질병보험(최초 사회보험)이며, 국민보험법은 영국의 보험법이다.

50 다음은 우리나라의 사회보장 역사에 대한 내용이다. 틀린 것은 어느 것인가?

① 고려시대 5대 진휼사업은 재면지제, 은면지제, 수한질려진대지제, 납속보관지제, 환과고독진대지제가 있다.

② 고려시대 지방에 있던 구제기관은 상평창과 의창이다.

③ 고려시대 오늘날의 병원과 복지원(수용시설)을 겸한 기관은 동서대비원이다.

④ 조선시대의 민간구제 중 두레는 주민 상호 간의 노동력을 교환하는 노동협동 방식이다.

⑤ 조선 후기의 가장 대표적인 아동복지 관련법령은 자휼전칙이다.

🔍 ④ 조선시대의 민간구제 중 품앗이는 주민 상호 간의 노동력을 교환하는 노동협동 방식이다.

51 다음 민간보험과 사회보험의 비교 중 틀린 것을 고르시오.

	사회보험	민간보험
① 원 리	사회적 적합성의 원리의 기초	개인적 공평성의 원리에 기초
② 참 여	강제적, 비선택적인 참여	임의적, 선택적, 자발적 참여
③ 관 계	제도적, 법적인 관계	보험자와 피보험자 간의 계약 관계
④ 재 원	소득수준에 따른 차등부과	위험정도 · 보험급여수준에 따른 부과
⑤ 기여 방식	충분한 기여금의 적립을 위한 능력 요구	형평성에 의한 기여

🔍 ⑤ 사회보험은 소득수준에 따른 차등부과로 형평성에 의한 기여이고, 민간보험은 위험정도 · 보험급여수준에 따른 부과로 충분한 기여금의 적립을 위한 능력을 요구한다.

52 다음 사회보험과 공공부조에 관한 설명 중 틀린 것은 어느 것인가?

① 사회보험은 모든 참여자가 피보험자이고 특정한 시점부터 일부만 수혜자가 된다.

② 법적 권리성이 강하고 구체적인 것은 공공부조이다.

③ 사회보험은 자산조사를 필요로 하지 않으나 공공부조는 자산조사를 하여야만 한다.

④ 구체적인 권리로서 사회보험은 소송도 가능하다.

⑤ 사회보험은 수평적 소득재분배이고, 공공부조는 수직적 소득재분배이다.

🔍 ② 법적 권리성이 강하고 구체적인 것은 사회보험이다.

53 다음 중 국민연금 지역가입자 가입대상에서 제외되는 경우가 아닌 것은?

① 18세 이상 27세 미만인 자로서 학생이거나 군복무 등의 이유로 소득이 없는 자

② 1년 이상 행방불명된 자

③ 퇴직연금 등 수급권자

④ 국민기초생활보장법에 의한 생계급여 수급자

⑤ 지역가입자의 배우자로서 별도의 소득이 있는 자

　　⑤ 사업장가입자, 지역가입자 및 임의계속가입자의 배우자로서 별도의 소득이 없는 자는 지역가입자 가입대상에서 제외된다(국민연금법 제9조).

54 다음 국민연금에 대한 설명 중 틀린 것은 어느 것인가?

① 국내에 거주하는 18세 이상 60세 미만의 국민은 국민연금 가입대상이 된다.

② 사업장가입자가 부담하는 금액을 부담금이라 한다.

③ 연금액은 지급사유에 따라 기본연금액과 부양가족연금액을 기초로 산정한다.

④ 가입기간이 10년 이상인 가입자 또는 가입자였던 자에 대하여는 60세가 된 때부터 그가 생존하는 동안 노령연금을 지급한다.

⑤ 유족연금의 지급순위는 배우자＞자녀＞부모＞손자녀＞조부모 순이다.

　　② 사업장가입자가 부담하는 금액을 기여금이라 하고, 사업장가입자의 사용자가 부담하는 금액을 부담금이라 한다.

55 다음 중 고용보험에 대한 설명으로 틀린 것은 어느 것인가?

① 고용보험료율은 고용안정·직업능력개발사업의 보험료율 및 실업급여의 보험료율로 구분하여 정한다.

② 실업급여의 보험료율은 사업주와 근로자가 각각 0.65%씩 모두 1.30% 부담한다.

③ 고용안정 및 직업능력개발사업의 보험료는 100% 사업주가 부담한다.

④ 육아휴직 급여를 지급받으려면 육아휴직을 시작한 날 이전에 피보험 단위기간이 통산하여 90일 이상이어야 한다.

⑤ 육아휴직 급여를 지급받으려는 사람은 육아휴직을 시작한 날 이후 1개월부터 육아휴직이 끝난 날 이후 12개월 이내에 신청하여야 한다.

④ 육아휴직 급여를 지급받으려면 육아휴직을 시작한 날 이전에 피보험 단위기간이 통산하여 180일 이상이어야 한다(고용보험법 제70조).

56 다음 중 국민기초생활보장법에서 사용하는 용어와 그 뜻의 연결이 바르지 않은 것은 어느 것인가?

① 수급권자-이 법에 따른 급여를 받는 사람
② 부양의무자-수급권자를 부양할 책임이 있는 사람으로서 수급권자의 1촌의 직계혈족 및 그 배우자
③ 소득인정액-보장기관이 급여의 결정 및 실시 등에 사용하기 위하여 산출한 개별가구의 소득평가액과 재산의 소득환산액을 합산한 금액
④ 최저생계비-국민이 건강하고 문화적인 생활을 유지하기 위하여 필요한 최소한의 비용으로서 보건복지부장관이 계측하는 금액
⑤ 차상위계층-수급권자에 해당하지 아니하는 계층으로서 소득인정액이 기준 중위소득의 100분의 50 이하인 사람

① 수급권자란 이 법에 따른 급여를 받을 수 있는 자격을 가진 사람을 말하고, 수급자는 이 법에 따른 급여를 받는 사람을 말한다(국민기초생활보장법 제2조).

57 다음 중 최저생계비에 대한 설명으로 옳지 않은 것은 어느 것인가?

① 최저생계비는 보건복지부장관이 공표한다.
② 매년 9월 1일까지 다음 연도의 최저생계비를 공표한다.
③ 국민이 건강하고 문화적인 생활을 유지하기 위하여 필요한 최소한의 비용이다.
④ 최저생계비 계측을 위하여 5년마다 실태조사를 실시한다.
⑤ 실태조사를 하지 않는 해에는 물가상승률을 반영해 결정한다.

④ 최저생계비 계측을 위하여 3년마다 실태조사를 실시한다(국민기초생활보장법 제20조의2 제4항).

정답 53 ⑤　54 ②　55 ④　56 ①　57 ④

58 다음 중 노인장기요양보험에 대한 설명으로 틀린 것은 어느 것인가?

① 노인장기요양보험의 가입자는 국민건강보험의 가입자로 한다.

② 국민건강보험공단은 장기요양보험료를 국민건강보험료와 통합하여 징수하고 공동회계로 관리한다.

③ 장기요양급여의 종류는 재가급여, 시설급여, 특별현금급여로 구분한다.

④ 장기요양인정을 신청할 수 있는 자는 노인등으로서 장기요양보험가입자 또는 그 피부양자, 의료급여수급권자이다.

⑤ 장기요양급여는 노인등이 가족과 함께 생활하면서 가정에서 장기요양을 받는 재가급여를 우선적으로 제공하여야 한다.

🔎 ② 장기요양보험료는 국민건강보험료와 통합하여 징수한다. 이 경우 공단은 장기요양보험료와 건강보험료를 구분하여 고지하여야 하며, 통합 징수한 장기요양보험료와 건강보험료를 각각의 독립회계로 관리하여야 한다(노인장기요양법 제8조 제2항 및 제3항).

59 사회보험법상의 권리구제에 대한 설명으로 옳은 것을 모두 고르면?

┌─ 보기 ─
│ ㉠ 국민건강보험법상의 권리구제 중 심판청구는 국민건강보험공단에 한다.
│ ㉡ 국민연금법상의 권리구제는 심사청구와 재심사청구로 구성되어 있다.
│ ㉢ 고용보험법상의 권리구제 중 심사청구는 고용보험심사위원회에 한다.
│ ㉣ 산재보험법상의 권리구제 중 심사청구는 근로복지공단에 한다.
└─

① ㉠, ㉡, ㉢   ② ㉠, ㉢

③ ㉡, ㉢, ㉣   ④ ㉠, ㉡, ㉣

⑤ ㉡, ㉣

🔎 ㉡ 국민연금법상의 심사청구는 처분을 한 공단 또는 국민연금공단에 하고, 재심사청구는 보건복지부 국민연금재심사위원회에 한다.

㉣ 산업재해보상보험법상의 권리구제는 심사청구, 재심사청구로 이루어진다. 심사청구는 근로복지공단에 하고, 재심사청구는 고용노동부 산업재해보상보험재심사위원회에 한다.

㉠ 국민건강보험법상의 권리구제는 이의신청, 심판청구, 행정소송으로 이루어진다. 이의신청은 국민건강보험공단 또는 국민건강심사평가원에 하고, 심판청구는 보건복지부 건강보험분쟁조정위원회에 한다.

㉢ 고용보험법상의 권리구제는 심사청구, 재심사청구로 이루어진다. 심사청구는 고용보험심사관에 하고, 재심사청구는 고용노동부 고용보험심사위원회에 한다.

60 다음 중 사회보장수급권에 관한 설명으로 틀린 것은 어느 것인가?

① 사회보장수급권은 관계 법령에서 정하는 바에 따라 다른 사람에게 양도하거나 담보로 제공할 수 없으며, 이를 압류할 수 없다.

② 사회보장수급권은 원칙적으로 제한되거나 정지될 수 있다.

③ 사회보장수급권이 제한되거나 정지되는 경우에는 제한 또는 정지하는 목적에 필요한 최소한의 범위에 그쳐야 한다.

④ 사회보장수급권은 정당한 권한이 있는 기관에 서면으로 통지하여 포기할 수 있다.

⑤ 사회보장수급권의 포기는 취소할 수 있다.

🔎 ② 사회보장수급권은 원칙적으로 제한되거나 정지될 수 없다(사회보장기본법 제13조 제1항).

61 다음 노인장기요양보험법에 대한 설명 중 틀린 것은 어느 것인가?

① 장기요양사업의 관리운영기관은 국민건강보험공단으로 한다.

② 국민건강보험공단은 장기요양사업에 대하여 독립회계를 설치·운영하여야 한다.

③ 장기요양인정 및 장기요양등급 판정 등을 심의하기 위하여 보건복지부에 장기요양등급판정위원회를 둔다.

④ 장기요양인정·장기요양등급·장기요양급여·부당이득·장기요양급여비용 또는 장기요양보험료 등에 관한 공단의 처분에 이의가 있는 자는 국민건강공단에 이의신청을 할 수 있다.

⑤ 이의신청에 대한 결정에 불복하는 자는 결정처분을 받은 날부터 90일 이내에 장기요양심판위원회에 심사청구를 할 수 있다.

🔎 ③ 장기요양인정 및 장기요양등급 판정 등을 심의하기 위하여 국민건강보험공단에 장기요양등급판정위원회를 둔다(노인장기요양보험법 제52조 제1항).

62 다음 중 기초연금법에 대한 설명으로 틀린 것은 어느 것인가?

① 기초연금 수급권은 양도하거나 담보로 제공할 수 없으며, 압류 대상으로 할 수 없다.

② 기초연금으로 지급받은 금품은 압류할 수 없다.

③ 기초연금액이 기준연금액을 초과하는 경우 기준연금액을 기초연금액으로 본다.

④ 기초연금은 65세 이상인 사람으로서 소득인정액이 보건복지부장관이 정하여 고시하는 금액(선정기준액) 이하인 사람에게 지급한다.

⑤ 보건복지부장관은 선정기준액을 정하는 경우 65세 이상인 사람 중 기초연금 수급자가 100분의 50 수준이 되도록 한다.

🔍 ⑤ 보건복지부장관은 선정기준액을 정하는 경우 65세 이상인 사람 중 기초연금 수급자가 100분의 70 수준이 되도록 한다(기초연금법 제3조 제2항).

63 다음 노인장기요양보험법에 대한 설명 중 틀린 것은 어느 것인가?

① 장기요양급여란 6개월 이상 동안 혼자서 일상생활을 수행하기 어렵다고 인정되는 자에게 제공되는 서비스나 현금 등을 말한다.

② 장기요양보험사업은 보건복지부장관이 관장한다.

③ 장기요양보험사업의 보험자는 국민건강보험공단으로 한다.

④ 보건복지부장관은 3년 단위로 장기요양기본계획을 수립 · 시행하여야 한다.

⑤ 국민건강보험공단은 통합 징수한 장기요양보험료와 국민건강보험료를 각각의 독립회계로 관리하여야 한다.

🔍 ④ 보건복지부장관은 노인등에 대한 장기요양급여를 원활하게 제공하기 위하여 5년 단위로 장기요양기본계획을 수립 · 시행하여야 한다(노인장기요양보험법 제6조 제1항).

64 다음 중 우리나라 국민건강보험제도에 대한 설명으로 맞는 것은 어느 것인가?

① 단기보험 성격을 가지고 있다.

② 조합주의 방식으로 운영된다.

③ 국민건강보험공단 산하에 건강보험심사평가원을 두고 있다.

④ 월별 보험료의 총체납횟수가 3회 이상인 경우에는 보험급여가 제한된다.

⑤ 본인의 자유의사에 의해 가입한다.

🔍 ① 건강보험은 연금보험과는 달리 1회계연도를 기준으로 수입과 지출을 예정하여 보험료를 계산하며, 지급조건과 지급액도 보험료 납입기간과는 상관이 없고 지급기간이 단기이다.
② 통합주의 방식으로 운영되고 있다.
③ 국민건강보험공단 산하에 건강보험심사평가원이 있는 것이 아니라 별도의 전달체계로 존재한다.
④ 보험료의 체납기간에 관계없이 월별 보험료의 총체납횟수(이미 납부된 체납보험료는 총체납횟수에서 제외함)가 6회 이상인 경우에는 보험급여가 제한된다(국민건강보험법 제53조 제3항 단서 및 같은 법 시행령 제26조 제2항).
⑤ 건강보험은 일정한 법적 요건이 충족되면 본인의 의사에 관계없이 강제가입된다.

65 다음 긴급복지지원법에 대한 설명 중 틀린 것은 어느 것인가?

① 이 법에 따른 지원은 위기상황에 처한 사람에게 일시적으로 신속하게 지원하는 것을 기본원칙으로 한다.
② 생계지원, 주거지원, 사회복지시설 이용 지원 및 그 밖의 지원은 1개월간의 생계유지 등에 필요한 지원으로 한다.
③ 의료지원 및 교육지원은 한 번 실시한다.
④ 시 · 도에 긴급지원심의위원회를 둔다.
⑤ 시장 · 군수 · 구청장은 지원을 받았거나 받고 있는 긴급지원대상자에 대하여 긴급지원이 적정한지의 여부를 조사하여야 한다.

🔍 ④ 시 · 군 · 구에 긴급지원심의위원회를 둔다(긴급복지지원법 제12조 제1항).

66 다음 중 사회보험과 민간보험에 대한 설명이 틀린 것은 어느 것인가?

① 사회보험은 사회적 적합성을 중시하지만 민간보험은 개인적 공평성을 중시한다.
② 사회보험은 수요예상이 가능하지만 민간보험은 수요예상이 불가능하다.
③ 사회보험의 가입대상은 모든 국민이지만 민간보험의 가입대상은 계약을 체결한 특정 개인이다.
④ 사회보험은 강제적 가입이 원칙이지만 민간보험은 자발적 가입이 원칙이다.
⑤ 사회보험은 소득수준에 따라 차등부과하지만 민간보험은 완전적립방식으로 위험정도와 급여정도에 따라 부과한다.

🔍 ② 사회보험은 수요예상이 불가능하지만 민간보험은 수요예상이 가능하다.

67 다음 중 10분위분배지수와 지니계수에 관한 설명으로 틀린 것은 어느 것인가?

① 소득불평등 지수를 의미한다.

② 지니계수는 0과 1의 사이 값을 취한다.

③ 10분위분배지수는 상위 20%의 소득 누적액과 하위 40%의 소득 누적액의 비율이다.

④ 10분위분배지수는 수치가 클수록 불평등하고 지니계수는 클수록 평등하다.

⑤ 10분위분배지수는 이론적으로 0과 2사이의 값을 가질 수 있다.

🔍 ④ 10분위분배지수는 수치가 클수록 평등하고 지니계수는 클수록 불평등하다.

68 다음 국민연금 가입기간에 관한 설명 중 틀린 것은 어느 것인가?

① 연금보험료를 내지 아니한 기간은 가입기간에 산입하지 아니한다.

② 완전노령연금 : 10년 이상

③ 조기노령연금 : 10년 이상

④ 반환일시금 : 10년 미만

⑤ 분할연금 : 혼인 기간이 10년 이상

🔍 ⑤ 분할연금 : 혼인 기간(배우자의 가입기간 중의 혼인 기간만 해당한다)이 5년 이상

69 다음 중 고용보험에 관한 내용이다. 틀린 것은 어느 것인가?

① 고용안정사업과 직업능력개발사업의 보험료는 사업주와 근로자가 절반씩 부담한다.

② 실업급여는 구직급여와 취업촉진 수당으로 구분한다.

③ 우리나라 4대 사회보험 중 가장 늦게 도입되었다.

④ 실업의 신고일부터 계산하기 시작하여 7일간은 대기기간으로 보아 구직급여를 지급하지 아니한다.

⑤ 구직급여는 퇴직전 평균임금의 50%를 소정급여일수만큼 지급한다.

🔍 고용안정사업과 직업능력개발사업의 보험료는 100% 사업주가 부담하고, 실업급여의 보험료는 사업주와 근로자가 절반씩 부담한다.

70 다음 중 산업재해보상보험의 내용이 아닌 것은 어느 것인가?

① 사업주가 산재보험료를 100% 부담한다.
② 산재급여의 2대 요건은 업무수행성과 업무기인성이다.
③ 공무원 및 사립학교교직원에게도 적용된다.
④ 장해급여는 1등급에서 14등급까지 나뉜다.
⑤ 산업재생보상보험사업은 고용노동부장관이 관장한다.

🔍 ③ 공무원, 군인, 사립학교교직원 등은 적용제외 대상이다.

71 다음 중 국민연금 부과방식에서의 소득분배방식은 어느 것인가?

① 세대간 소득재분배   ② 수직적 소득재분배
③ 정기적 소득재분배   ④ 세대내 소득재분배
⑤ 수평적 소득재분배

🔍

세대간 재분배		국민연금의 부과방식
세대내 재분배	수직적 재분배	공공부조, 사회보험(미약)
	수평적 재분배	사회보험

72 다음의 사회보험 중 수혜자가 보험료를 부담하지 않는 것은 어느 것인가?

① 고용보험   ② 국민건강보험
③ 산재보험   ④ 국민연금
⑤ 노인장기요양보험

🔍 산재보험은 사업주가 전액 부담한다.

73 다음 중 산재보험급여에 해당하지 않는 것은 어느 것인가?

① 요양급여   ② 휴업급여
③ 장해급여   ④ 상병보상연금
⑤ 실업급여

🔍 ⑤ 실업급여는 고용보험 급여이다. 산재보험급여의 종류에는 요양급여, 휴업급여, 장해급여, 간병급여, 유족급여, 상병(傷病)보상연금, 장의비(葬儀費), 직업재활급여가 있다.

74 다음 중 엥겔계수와 관련이 있는 내용은 어느 것인가?

① 일정 기간 가계 소비지출 총액에서 주거비가 차지하는 비율을 뜻한다.

② 불평등지수와 관련성이 있다.

③ 주관적 방식에 해당한다.

④ 소득수준이 높아짐에 따라 점차 엥겔계수는 감소한다.

⑤ 일반적으로 엥겔계수가 40% 이하이면 최상류층이라고 할 수 있다.

🔍 1857년에 당시 작센의 통계국장인 엥겔은 153세대의 가계지출을 조사한 결과 지출 총액 중 저소득 가계일수록 식료품비가 차지하는 비율이 높고, 고소득 가계일수록 식료품비가 차지하는 비율이 낮음을 발견하였다. 이 통계적 법칙을 '엥겔의 법칙'이라 하며, 총가계지출액에서 식료품비가 점하는 비율을 엥겔계수(Engel's coefficient)라고 한다. 따라서 식료품비가 가계의 소비지출 총액에서 차지하는 비율, 즉 엥겔계수는 소득수준이 높아짐에 따라 점차 감소한다. 일반적으로 엥겔계수를 통해 가계의 생활수준을 분류하자면, 25% 이하는 최상류, 25~30%는 상류, 30~50%는 중류, 50~70% 이하는 하류, 70% 이상은 극빈층이라고 할 수 있다.

75 교육이나 직업훈련 등에 대한 개인적 투자가 없거나 적은 경우 지식과 기술이 부족하여 낮은 생산성의 원인이 되며 결국 저임금과 저소득으로 빈곤에 이르게 된다는 이론은 무엇인가?

① 상속이론　　　　　　　　　② 개인선택이론

③ 인적자본이론　　　　　　　④ 기회이론

⑤ 우연성이론

🔍 ③ 인적자본이론 : 교육을 받고 기술을 배우면 생산성이 증가하여 빈곤하지 않게 된다.
　① 상속이론 : 상속받은 인적·물적 재산의 격차에 의해 빈곤의 여부가 결정된다.
　② 개인선택이론 : 일을 선택하면 빈곤하지 않게 되고, 여가를 선택하면 빈곤에 이르게 된다.
　④, ⑤ 기회이론(우연성 이론) : 우연히 닥친 불운과 같은 요인(도산, 교통사고, 화재, 수해 등)에 의해 빈곤에 이르게 된다.

76 다음 중 공공부조에 있어서 "저소득자가 소득의 증가로 인하여 수혜대상자에서 제외될 수 있기 때문에 스스로 일자리를 구한다거나 소득증대의 노력을 하지 않는 현상"을 무엇이라고 하는가?

① 실업의 함정　　　　　　　　② 빈곤의 격차

③ 빈곤의 덫　　　　　　　　　④ 열등처우의 원칙

⑤ 빈곤의 악순환

"저소득자가 소득의 증가로 인하여 수혜대상자에서 제외될 수 있기 때문에 스스로 일자리를 구한다거나 소득증대의 노력을 하지 않는 현상"을 빈곤의 덫 또는 빈곤의 함정이라 한다. 이 경우 아무리 노력해도 가난을 이겨낼 수 없으며, 차라리 실업자로 정부의 재정적 지원을 받는 게 낫다는 근로에 대한 의욕상실이 생긴다.

77 다음 우리나라 사회복지역사에 관한 설명 중 옳지 않은 것은 어느 것인가?

① 고구려에는 춘궁기에 곡식을 빌려주는 진대법이 있었다.

② 조선시대의 구제제도로 상평창, 의창, 사창 등의 비황제도가 있었다.

③ 일제강점기의 조선구호령은 광복 후 생활보호법이 제정되기 전까지 공공부조의 지침 구실을 했다.

④ 1970년대에 들어 사회복지사업법과 사회보장기본법이 제정되었다.

⑤ 우리나라 사회보험 중 가장 먼저 도입된 제도는 산업재해보상보험이다.

④ 사회보장기본법은 1995년에 제정되었다.

78 다음 중 적립방식의 특징으로 맞는 것은 어느 것인가?

① 장래의 보험료 부담이 경감된다.

② 인구변동으로 인한 위험이 크다.

③ 연금의 실질가치를 보호할 수 있다.

④ 정부가 연금의 급여수준 및 보험료율을 변화시키는 정치적 위험이 부과방식보다 크다.

⑤ 장기적인 측면에서는 재정운영이 불안정해진다.

1. 적립방식

적립방식이란 가입자의 근로기간 중 보수의 일부를 갹출하여 그 원금과 운용수입을 적립하여 이를 급여재원으로 하는 방식이다. 이 방식은 가입자 각자에 대하여 개별계정이 설정되어 장래를 향하여 보험료가 적립된다.

① 장 점

㉠ 가입기간 중 납부되는 보험료에 대한 이자의 축적으로 보험료 총액보다 높은 연금액을 지급받을 수 있다.

㉡ 장래의 보험료 부담이 경감된다.

㉢ 부과방식에 따르는 인구변동으로 인한 위험이 적다.

㉣ 적립된 기금이 잘 활용되는 경우 경제발전에 기여할 수 있다.

㉤ 재정의 안정화를 기할 수 있다.

② 단 점
   ㉠ 인플레이션으로 인해 연금의 실질가치를 보호하지 못한다.
   ㉡ 수급자의 생활수준의 향상과는 원칙적으로 무관하게 일정금액을 지급받게 된다.
   ㉢ 충분한 적립기간이 요구된다.
   ㉣ 투자위험이 존재한다.

2. 부과방식
 노령세대에 지급하여야 할 연금에 소요되는 재원을 당시의 경제활동세대가 부담하는 방식으로 매 연도마다 지급될 연금액만큼 당해 연도에 보험료를 납부하게 된다.
① 장 점
  연금수지차가 거의 없어 연금의 실질가치 대책이나 연금수지의 장기추계를 필요로 하지 않는다.
② 단 점
   ㉠ 인구구조의 변화에 영향을 많이 받는다.
   ㉡ 장기적인 측면에서는 재정운영이 불안정해진다.
   ㉢ 사회경제적 환경의 변화를 반영하여 정부가 연금의 급여수준 및 보험료율을 변화시키는 정치적 위험이 적립방식보다 크다.

79 다음 중 전액 조세로 운영되는 제도는 무엇인가?

① 국민연금제도   ② 국민기초생활보장제도
③ 고용보험제도   ④ 산업재해보상보험제도
⑤ 국민건강보험제도

🔍 전적으로 조세를 가지고 운영하는 것은 국민기초생활보장제도이다.